卡夫卡日记

〔奥〕弗兰茨·卡夫卡 —— 著

徐迟 —— 译

人民文学出版社
PEOPLE'S LITERATURE PUBLISHING HOUSE

图书在版编目(CIP)数据

卡夫卡日记 / (奥)弗兰兹·卡夫卡著；徐迟译.

北京 ：人民文学出版社，2024(2025.1重印). -- ISBN 978-7-02 -018865-9

Ⅰ．K835.215.6

中国国家版本馆 CIP 数据核字第 2024FG3387 号

责任编辑　朱卫净　傅　钰
封面设计　汪佳诗

出版发行　人民文学出版社
社　　址　北京市朝内大街 166 号
邮政编码　100705

印　　刷　山东临沂新华印刷物流集团有限责任公司
经　　销　全国新华书店等

字　　数　355 千字
开　　本　889 毫米×1194 毫米　1/32
印　　张　16.5
版　　次　2024 年 9 月北京第 1 版
印　　次　2025 年 1 月第 2 次印刷

书　　号　978-7-02-018865-9
定　　价　89.00 元

如有印装质量问题,请与本社图书销售中心调换。电话:010-65233595

目　录

一九一〇年

火车驶过的时候，旁观者愣住了。

"若他总问起我。"脱离句中的那个"è"[1]像草地上的一颗球那般飞落。

他的严肃快把我逼疯了。衣领中的头颅，发丝在脑袋上排列得纹丝不动，下方的肌肉紧绷在脸颊上应该在的位置……

森林还在那里吗？森林定然还在那里。可我的目光方移开十步，我就放弃了，又被困入无聊的对话。

在黑暗的森林中，在湿软的土地上，我只能借助他衣领的白色寻路。

---

1 原文是指"frägt（问）"一词中的"ä"这个元音。——为了完整还原日记编者马克斯·布罗德［（1884—1968），捷克裔以色列作家、剧作家、评论家，亦是卡夫卡的挚友，卡夫卡正是在他的影响下开始记日记。卡夫卡去世后，布罗德违背了他的遗愿，搜集、整理、编辑了卡夫卡的著作并将其出版。］在编辑本书时留下的印记，亦为了部分还原两人之间的友谊，本书的脚注分为译者注与原编者注，无特殊标注者为译者注。

我在梦中请女舞者艾杜尔多娃再跳一回查尔达什[1]。她脸庞中央，额头下缘与下巴间有一道宽阔的阴影或光线。恰逢此时，有人以不自觉的密谋者姿态告诉她，火车马上就要开了。看她听消息的模样，我非常清楚，她不会再跳了。"我是个坏女人，不是吗？"她说。"哦，不，"我说，"不是的。"我转身随意找了个方向离开。先前我向她打听过她腰带上插的花。"它们来自欧洲所有的侯爵。"她说。这些新插在她腰带上的花朵是欧洲所有的侯爵送给她的，我思考其中的含义。

爱好音乐的女舞者艾杜尔多娃无论去哪儿都有两个小提琴手陪同，连坐电车时也是，她常让他们演奏。因为反正没有禁令，要是演奏得好，乘客愉快又不花钱——换句话说，如果事后不收钱的话——为何不能在电车里拉琴呢？虽说起初它确实让人意外，一小会儿之后，每个人都觉得不合适。但是，在行驶的全程中、在强劲的气流里、在寂静的街道上，它是多么悦耳。

在户外的女舞者艾杜尔多娃不如在舞台上漂亮。那苍白的肤色；那紧绷在皮肤上、让脸庞快要体现不出什么强烈表情的颧骨；那像是从低洼中升起、不能拿来开玩笑的大鼻子，比如说测测鼻尖的硬度，或是轻轻捏住鼻梁，来回动一动，道一句"你总算是跟来了"；那腰线甚高、套着一条太多褶皱的裙子的宽大身段——谁能喜欢这些呢——她看起来几乎就像我的一个阿姨，一位上了年纪的女士，许多人的老阿姨都长得差不多。然而，除了一双极漂亮的脚，户外的艾杜尔多娃其实没办法弥补这些缺点，

1　一种起源于马札尔人及吉卜赛人的匈牙利民俗舞蹈。

真的没有什么可以引发爱慕、讶异，或者哪怕只是注意的东西。所以，我常常见到艾杜尔多娃遭冷遇，即便平素极其老练、行为极其端正的先生们也无法掩饰这种冷漠，尽管他们在面对一位如此知名的舞者时自是已耗费了大量心力，毕竟那是艾杜尔多娃。

我的耳廓摸起来像一片树叶那样清新、粗糙、清凉而多汁。

我写下这些，必定是出于对自己身体、对这具身体之未来的绝望。

若绝望表现得如此肯定，与它的对象连接得如此紧密，像一名掩饰自身败退又因此遭其撕裂的士兵那般受到抑制，它就不是真正的绝望。真正的绝望立刻且永远先行于它的目标，（到了这个逗号这里就清楚了，只有第一句话是正确的）。[1]

你绝望了？

是吗？你绝望吗？

逃跑？你想躲起来？

作家们讲臭话。

穿白衣的裁缝女工在倾盆大雨中[2]。

生命中过去的五个月里，我什么都没能写出来，对此我也许是满意了，尽管可能一切都得为此负责，于我而言，这依旧是什么力量都取代不了的，五个月后，我终于有了再次和自己对话的念头。每当我真心自问，我依旧一一作答，这里总还有些东西要从我身上蹿出来，从已经做了五个月稻草堆的我身上，它的命运似乎是在夏日里被点燃、焚尽，比旁观者眨一下眼还迅捷。但愿这能发生在我身上！十倍于此的事情应该发生在我身上，因为我对这段多灾多难的时光竟然毫无悔意。我的状况既非不幸，却也并非幸运，不是冷漠，不是虚弱，不是倦怠，也不是有了其他兴趣，那它到底是什么？我不明白，或许和我写不出东西有关。而

---

1 图上的文字从"我写下……"到"……正确的"为止，是从卡夫卡日记上摘录下来的。

2 见一九一〇年十二月十六日对豪普特曼《比绍夫斯堡的少女》（出版于一九〇七年的喜剧）的评论。——原编者注

我想，我无须知道原因就能理解它。因为，所有我突然想起来的
事情都不是从根源上，而是在接近中间的某处出现的。那就让人
试着抓住它，让某人试着抓住一根从茎中间才开始生长的草。或
许有能做到这一点的人，比如攀在梯子上的日本杂耍演员，这把
梯子不摆放在地面上，而是撑在一个半平躺者高举的鞋底上，它
也不靠在墙上，只浮升在空中。我做不到，更何况我的梯子根本
没有那面可供使用的鞋底。这当然还不是全部，此等质询还不足
以让我开口。可每天都至少要有一行文字指着我，就像有人用望
远镜指着彗星。而我若真的出现在那句话面前，受那句话引诱，
就好比去年圣诞节，那时候我走得太远了，只恰巧还可以把控住
自己，仿佛我真的站上了自己梯子的最后一格，然而，它静静地
架在地面上，靠在墙上。可那是什么样的地面！那是什么样的
墙！那把梯子却没有倒下，我的脚就这样将它按在地面上，它就
这样把我的脚抬到墙上。

比如说今天，我有过三回放肆的言行，一次是对着一名售票
员，一次是对着一个被引荐给我的人，这么说来才两回，可它
们像胃疼那样让我痛苦。从任何人的角度来看，这都是放肆无
礼的，从我的角度来看同样如此。于是我走出自己内心，在弥漫
着大雾的空气中挣扎，然而最糟糕的是，没有人注意到，即便在
我的同伴面前，我也把这种放肆当作一种必须为之的放肆，当作
正确的表情和必须承担的责任。最恶劣的却是，我的一个熟人甚
至不把这种放肆当成一种性格的标志，而将它看作性格本身，让
我注意到自己的放肆，叫我去欣赏它。我为什么不留在自己内

心里？可现在，我对自己说：瞧，世人被你打败了，你离开的时候，售票员和被引荐给你的人心平气和，后者还与你道了别。可这毫无意义。一旦背离自己，你什么都做不成，可在你的圈子里，你又能错失些什么呢？对于这番话，我只能回答：比起在圈子之外揍人，我宁可在自己的圈子挨揍，可这见鬼的圈子究竟在哪里？有一阵子，我确实见到它平躺在地上，像是被溅了石灰，可它现在只是像这样在我面前飘荡，好吧，甚至都不飘了。

五月十七日、十八日，彗星夜。和布莱、他的妻子和孩子在一起，时而在自身之外听见自己的声音，大致像是一只幼猫的呜咽，不过好歹是叫了。

又悄悄过去了多少日子；今天是五月二十八日，难道我连每天拿起这支蘸水钢笔、拿起这块木头的决心都没有吗？我想我确实没有。我划船、骑马、游泳、躺在太阳下。因此我的小腿肚很好，大腿不坏，肚子也还成，胸腔就很差劲了，要是我的头转到后脖颈……

星期日，一九一○年七月十九日 [1]，睡觉，醒来，睡觉，醒来，悲惨的生活。

异文

我经常思考，任想法不受干扰地驰骋，无论我转向何方，我总能得出这个结论：我接受的教育在某些方面对我造成了可怕的

1　经核实，公历此日期为星期二。

伤害。这种认知中包含一种之于许多人的责难。有父母亲戚、某位特定的厨娘、教师、几位作家——他们用于伤害我的爱使他们的罪孽更加深重，因为，他们竟用爱伤我至此——几个和我家交好的家庭、一位游泳教练、避暑胜地的当地人、城市公园里几位没人会去细看的女士、一位理发师、一个女乞丐、一名舵手、一位家庭医生，还有不少其他人，如果我愿意且能够一一列出名字的话，那就更多了，简而言之，多到我得注意别在这堆人当中叫重名字的地步。这时候，有人或许会觉得，单看那么大的基数，这种责难的稳固性就很成问题，因为它又不是什么将军，只会笔直前进，不懂得如何自我分配。尤其是在这种针对的是逝去之人的情况下。这些人可能会随着一股遗忘的力量而保留在记忆中，他们身下几乎不再有地面，连他们的腿也已化作烟尘。现在去向处在这种状态下的人问责，追究他们在早些年抚养一个男孩时犯下的过错，于他们而言是完全不可理解的，正如我们完全不理解他们一样。可你根本无法让他们回忆起那些时光，没人能强迫他们，但显然，你根本连强迫都谈不上，他们什么都记不住，如果你硬要逼迫他们，他们就默默地把你推到一边，因为他们极有可能根本没听这些话。他们像疲惫的狗那样站着，因为，为了在记忆里保持正直，他们用尽了力量。然而，如果你真的任他们听和说，那你的耳畔只会充斥着反唇相讥的嗡鸣，因为人们将死者为尊的信念带入了彼世，并以十倍的努力为之辩护。即便这种观点可能并不是正确的，死者对生者可能怀有极大的敬畏，那他们就更该呵护他们活着时的过去，毕竟那才离他们最近，我们的耳畔又得嗡嗡作响了。即便这种观点并不正确，死者才正该不偏不倚，纵是如此，他们也绝对不愿受无法证实的责难缠扰。因为这种责难已然因人而异，无从证实。无法证实以往教育中犯下的过错是否存在，就好比作者的著作权。现在我所展示的就是在这种情况下没有变作一声叹息的责难。

这是我不得不提出的责难。它的内部很坚实，有理论支持。不过，我暂且忘了自己内心真正腐坏的东西，或者说，我原谅了它，还没对此发出什么牢骚。相反，我每分每秒都可以证实，我受的教育打算把我塑造成一个与现在不同的人。按照教育者的意愿，我或许受了伤害，我因而就此向他们发难，要求从他们手上取回现在的自己，由于他们给不了我，我便把责难和大笑打成鼓点，一直敲到那个世界去。但这一切都只是为了另一个目的。我指责他们毁损了我的一部分——优秀且美丽的一部分——这种指责有时会出现在我梦里，就像别人梦中死去的新娘。此等责难总在成为叹息的边缘上徘徊，它首先应该成为一句恳切之语，不受损害地传到听者的耳朵里，这也是它原本的模样。什么事情都撼动不了的大型责难把小型责难攥在手里，大的走了，小的蹦蹦跳跳，可一旦小的到了，它仍然与众不同，我们一直期待着它，对着鼓点吹起了喇叭。

我经常思考，任想法不受干扰地驰骋，但我总是得出结论：我受的教育对我造成的损害超出了我理解的范畴。在外表上，我与其他人无异，因为我受的体育教育与常人没有差别，我的身体也很寻常，就算我个子相当矮小，还有点胖，但喜欢我的人依旧不少，包括女孩。这一点没什么可说的。就在最近，有个姑娘还说了句很动听的话："呀，我要是能见一见您的裸体就好了，肯定更好看，让人想亲吻。"可是，如果我这儿缺一片上嘴唇，那儿少一个耳廓，这儿漏一根肋骨，那儿差一根手指；如果我头上有斑秃，脸上长麻子，也都不足以对应我内在的不完美。这样的不完美并非与生俱来，因而让人更加难以承受。因为，和所有人一样，我生来就带着重心，就连最愚蠢的教育也无法使之动摇。我仍然拥有这种良好的重心，可从某种程度而言，我再也不具备与之匹配的身体。一个毫无作用的重心会变成铅，像一颗猎枪的子弹那样卡在身体里。但这种不完美也并非我所应得，我不是因为犯下过错，才非得忍受它的出现。所以，无论我如何寻觅，我心里依旧毫无悔意。因为于我而言，悔恨或许是好事，反正它自己会痛哭，会把痛苦推到一边，单独把每一件事都解决好，仿佛一场为名誉而进行的决斗。有了悔恨的慰藉，我们就将保持正直。

我说过，我的不完美既非与生俱来，亦非应得，即便如此，与其他人相较，在旺盛的幻想与精挑细选的救济品的帮助下，我比别人更能承受这种不幸，比如令人厌恶的妻子、凄惨的人际关系、潦倒的职业，而且我绝对没有绝望到脸色发乌，而是白里透着红。

如果我受的教育能如其所愿地渗透到我心里，我就不会变成现在这样。或许是我的青春过于短暂，我已经年届四十，却依旧高声赞颂着青春之短暂。只有这样，我才可能保留些许力量，去体悟自己青年时代受到的损害，进而将其遗忘，进而对过去的各方各面提出责难，最后为自己储下剩余的力量。可这所有力量又只是我儿时就拥有的力量的残余，使我比别人更容易受到青春的朽损，诚然，一辆上佳的赛车先得让灰尘与风追赶和超越，它的轮胎才能飞越障碍，人们几乎都要相信爱了。

从打算自我体内涌出的责难之力中最能看清楚，我现在依旧是怎样一个人。有时候我心中空无一物，只有受愤怒驱使的责难，身体还算康健的我在街上紧紧地拽住陌生人，因为我心里的责难从一侧灌注到另一侧，就像一只被人迅速端起的洗脸盆中的水。

那些时刻已经过去。责难像陌生的工具般躺在我周围，我几乎没有重提它们的勇气。与此同时，我受的老式教育之腐朽似乎越来越明显地体现在我身上，回忆的瘾——或许是我这个年龄段的单身汉的普遍特征——使我的心再次向那些应该受我责难的人敞开，恍如昨日之事，它曾像吃饭那样频繁，现在却如此稀罕，为此，我将其记录在案。

但除此之外，我还是我自己，放下笔、打开窗户的这个我或许是我敌对者最好的助手。因为我低估了自己，这已然是一种对他者的高估，再说我确实也高估了他们。更别提我还在自我伤害呢。责难他人的欲望涌上心头时，我就看向窗外。谁又能否认，坐在自己船里的渔民就像从学校被拖到河边的小学生。好吧，他们的静止往往是不可理解的，就像窗玻璃上的苍蝇。电车在桥上行驶，当然和以往一样，带来一阵粗糙的风声，像腐朽的钟那样鸣响。毋庸置疑，那个从上至下一身黑、胸口闪烁着勋章金光的警察只能让人想起地狱，现在，他和我抱着同样的想法，观察着突然向船侧俯下身去的渔民——他是在哭，是遇上了幽灵，还是浮子动了？都没错，可那都属于他的时刻，现在唯有我的责难是正确的。

它针对了一大群人——着实令人害怕，望着窗外的不止是我，其他人也宁愿盯着河水看——先是父母和亲戚，他们对我的伤害出自于爱，这让他们的罪孽更加深重，因为他们本来完全可以因为爱我而让我受益；然后是眼神怨毒的友人家庭，罪恶感令他们感到沉重，不愿多加回忆；接着是一大堆育儿保姆、教师和作家，其中还有某位特定的厨娘；随后，作为惩罚而把他们混为一谈的是一位家庭医生、一名理发师、一名舵手、一个女乞丐、一个贩卖纸张的、一个公园门卫、一个游泳教练，然后是城市公园里没人会去细看的陌生女士、避暑胜地的当地人（对无辜的自然表示嘲讽），还有许多其他人；但我要是愿意且能够一一列出名字的话，那就更多了，简而言之，多到我得注意别在这堆人当中叫重名字的地步。

我经常思考，任想法不受干扰地驰骋，但我总是得出相同的结论：教育对我产生的腐蚀超过了我认识的所有人，超出我能理解的范畴。我却只能时不时地提起这一点，事后人们会问我："真的吗？这可能吗？这叫人怎么相信？"我已经因为神经质的恐惧而试着控制自己不提这些。

从外观上来看，我和其他人一样；我有腿、躯干和脑袋，穿着裤子、外套，也戴着帽子；我接受过适当的体育锻炼，哪怕我还是长得非常矮小瘦弱，这也是难以避免的事情。再说，喜欢我的人不少，包括年轻的姑娘，就连不喜欢我的人也觉得我还过得去。[1]

想到这一点时，我不得不说，我接受的教育在某些方面对我

1　异文部分到此为止。

造成了极大的伤害。我的确不是在什么偏远地方，也许山区中的哪座废墟里受的教育，我对此不能责难半句。冒着从前所有老师都无法理解的风险，我愿意，也最希望成为废墟中那个渺小的居民，被残骸间来自四面八方、照耀在我温热常春藤上的阳光灼焦，即便起初我可能会受自己心中的良好个性压制而显得软弱，但它定会随杂草的力量茁壮。

想到这一点时，我不得不说，我接受的教育在某些方面对我造成了极大的伤害。责难波及许多人，我的父母、一些亲戚、几个我们家的访客、各色作家、那位送我上了一年学的厨娘、一群老师（我不得不在记忆中把他们紧密地挤在一起，不然我时而又会忘记其中的某一位，可正因为我把他们挤得那么紧，这个整体中的哪一部分又分崩离析了）、一名学校督察员、缓慢行走的路人。总之，这种责备像一把匕首在社会上迂回，没有人，我重复一遍，可惜没有人可以肯定，匕首的尖端不会突然出现在前面、后面或侧面。我不想听到任何反驳这种责备的言论，因为我已经听过太多反驳，也因为我在大多数的反驳中遭到了驳斥，我把这些反驳囊括在我的责难里。现在我宣布，我受的教育和这些反驳在许多方面对我造成了极大的伤害。

或许有人觉得，我是在某个偏远地区受的教育？不，我是在城市正中受的教育，城市正当中。不是在什么废墟、山脉或湖边。我的父母与他们的身边人至今受我责难，为此感到愤懑，不过现在，他们轻松地把它推到一边，露出微笑。因为我把手从他们身上移开，放到自己的额头上，我想：我本该是废墟中那个渺小的居民，听着寒鸦的鸣唳，被它们的影子笼罩，在月光下获得宁静，被残骸间来自四面八方、照耀在我常春藤营地上的阳光灼焦，即便起初我可能会受自己心中的良好个性压制而稍显软弱，但它定会随杂草的力量苗壮。

据称，且我们也愿意相信，处于险境中的男人甚至对美丽的陌生女子都敬而远之；一旦这些女人在燃烧的剧院里挡住他们逃跑的去路，他们就把她们撞到墙上，用头、手、膝盖和肘部推搡她们。此刻，这些滔滔不绝的女人们陷入了沉默，她们无休止的对话成了动词和句点，原本平坦的眉毛挑起，大腿与臀部不再随呼吸起伏，因为恐惧，嘴巴仅能松弛地闭合，里面灌入的空气比平时更多，脸颊似乎有些鼓起来了。[1]

"哎，"说着我用膝盖轻轻地推了推他（有些唾液从我的嘴里溅了出来，这是突然发话的坏兆头），"你别睡着了！"

"我没有睡着，"他答，睁开眼睛时还摇了摇头，"如果我睡着了，怎么能保护你呢？我难道不应该保护你吗？你当时在教堂门前不就是因此才拽着我不放吗？是啊，那是很久以前的事了，我们都明白，只要把你的手表放在口袋里就行了。""因为现在已经很晚了。"我说。我不得不挤出一个微笑，为了掩饰，我紧张地朝屋子里瞧去。

---

[1] 卡夫卡《沉思》一书中的《不幸》据此写成。该段草稿未完成，其中空缺数行。新的一页上只拟了《废墟中的渺小居民》这个题目，显然与前文中批判教育的片段有关。接下去几个残章组成了一幅难以拼接的马赛克，其中有些片段重复了数次。叙述反复以相同的几个词开始，一九一一年的日记中亦有与之类似的片段。整段文字与短篇小说《一次斗争的描述》中的几个章节可以相互对照，尤其是《与祈祷者展开的谈话》这一章；亦见于卡夫卡《沉思》中的《揭穿一个骗子》（一译《形迹败露的骗徒》）。——原编者注

"你真的想这样吗？你很想上去，非常想？那你开口就是了，我又不会吃了你。你瞧，如果你觉得上去要比留在下面更好，那就上去，赶紧的，不用考虑我。这就是我的看法，换句话说，也就是随便哪个路人的看法，你很快就会再下来，要是不知怎么的，这里站了个人，多好啊，你都看不清他长什么样子，他却挽起你的手臂，把你拽到附近的酒馆里喝红酒，然后把你带到他的房间，多么寒酸的房间，可它和夜晚还隔着几块窗玻璃呢，眼下你当然可以对这个看法嗤之以鼻。真的，要是你希望，我可以向任何人重复，我们在下面惨透了，过的简直是狗一般的生活，可现在什么都帮不了我，无论是躺在这里的水沟里，用嘴堵住雨水，还是在上面的枝形吊灯下，用同一双嘴唇品尝香槟，对我而言都没有区别。顺便说一句，我甚至没有在这两件事之间选择的机会，在我身上从没发生过什么引人注目的事，在对我而言不可或缺的仪式的上层建筑之下，又怎么可能发生这种事呢？在这种仪式下，我当然只有继续爬行，不比一条害虫好多少。而你，谁知道你心里藏着什么。你有勇气，起码你觉得你有，试试看吧，去做你敢做的事情——要是留神的话，你已经能在门口的仆人脸上认出你自己。"

异文

"哎，"说着我用膝盖轻轻地推了推他（有些唾液从我的嘴里溅了出来，这是突然发话的坏兆头），"你这是睡着了吧！"

"我没忘了你。"他说，睁开眼睛时还摇了摇头。

"我又不怕。"我说。我没有搭理他的微笑，往铺石路上看去。"我只想告诉你，我现在无论如何都得上去。因为你知道，有人邀请我上去，天色晚了，大家都在等我。或许有些活动会推迟到我去的时候再开始。我不想这么断定，但这还是有可能的。你马上就要问我，我是不是根本放不下这些人，对吧？"

"我不会这么问的，因为首先，我看你火急火燎地想告诉我，其次，我根本不在乎，因为对我来说，上面和下面根本都一样。无论我是躺在下面的水沟里，用嘴堵住雨水，还是在上面的枝形吊灯下，用同一双嘴唇品尝香槟，对我来说完全没有区别，就连口味都没有，顺便说一声，我很想得开，因为我既不可以这么做，也不可以那么做，所以我不应该拿自己和你比较。因为你！你来城里多久了？你在城里待了多久了，我问你。"

"五个月，但我已经很了解它了。我和你说，我没让自己安生过。要是回过头看看，我根本不清楚有没有出现过黑夜，对我来说，你能想象吗，这一切就像是一日，没有白昼，就连光线没有半点变化。"[1]

"要是我能确定你对我是真诚的就好了。我早就上去了。我怎么能确定你对我真不真诚？你现在这么看着我，好像我是个小孩子，这对我有什么用，只能让情况更糟糕。但或许你就想把它搞得更糟糕。况且，我再也受不了这小巷里的空气了，我已经属于上面那个团体了。只要一留神，我喉咙就发痒，你也是吧，我得咳嗽了。那你知道我要怎么上去吗？在后脚还没踏出去以前，我踏进大厅的前脚就已经改变了。"

"你说得对，我对你不真诚。"

---

[1] 异文部分到此结束。

"我想走，想上楼梯，要是有必要，翻跟头上去都行。我期待这个群体为我提供一切我缺乏的东西，首先就是如何调动我的力量，情况如此激化，我的力量有所不足，而这种攀登是小巷单身汉唯一的可能性。他的躯体虽已残破，可如果能凭借它保住几餐饭，免受他人影响，他就已经很满足了，简而言之，他要在日益消解的世界里坚守。哪怕看上去只不过是在取回自己曾经的所有物（情况通常也是这样），哪怕它们已经被改变、被削减，他却要试着用暴力夺回自己失去的东西。因此，他的存在是一种自杀式的存在，只剩下啃噬自己肉体的牙齿和供自己牙齿啃噬的肉体。因为没有核心、没有职业、没有爱情、没有家庭，也没有退休金，换句话说，在面对世界的时候，如果没有保留一个总体规划——当然只是尝试性的——没有以庞大的财产集合在某种程度上令世界惊愕的话，就无法规避眼前毁灭性的损失。这个单身汉有一套单薄的衣裳、一身乞讨的功夫、一双不屈不挠的腿和一间令人生畏的出租房，还有那平素拼拼凑凑、过了那么久之后再次显露出的本性，他张开双臂以把这一切都拢到一起，要是随机抓到哪一件无足轻重的东西，他总要丢掉两件别的。这当然就是真理所在，真理在任何地方都不会表现得更加纯粹。因为，真正以完美公民形象出现的人，更确切地说，好比一个乘船在海上航行、前有泡沫后有航迹、四周存在各种影响的人，完全不同于浮在浪中几块木板上的人，更何况就连这些木头还相互碰撞，彼此挤压——他，这位先生暨公民，面临着不小的危险。因为他和他的所有物并不统一，而是两件东西，若有谁破坏了这种关联，他也将被一并破坏。在这方面，我们与我们相熟的人确实难以分辨，因为我们极其隐蔽，比如说，我现在被我的职业，被我臆想出或真实存在的痛苦，被对文学的喜好等物遮蔽。可是，对自身根基感受得过于频繁、过于强烈的正是我，在此过程中，我几乎感觉不到半点满足。我只需要不间断地感受此等根基一刻钟，有毒的世界就会灌进我嘴里，就像灌进溺亡者口中的水。

"此刻我和那个单身汉之间几乎没有区别，只不过我还能回忆自己在村中度过的青春岁月，如果我愿意的话，哪怕只是形势所迫，我或许还能把自己扔回那个地方。可单身汉面前一无所有，身后也一无所有。此刻，这也无甚分别，可是单身汉只有这一刻。如今没有人能够理解那个时代，因为没有什么能如那个时代般遭到摧毁。当他持续地感受着自己的根基，仿佛一个突然注意到躯干上长了溃疡的人，他就错过了那个年代。直到现在，溃疡依然是我们身上最微末的东西，甚至还不是最微末的，因为它好像还没有出现，现在却比我们身上打出生以来就拥有的一切更重要。直到现在，我们都全身心地投入于我们手头的工作，投入于我们眼睛所见到的、投入于我们耳朵所听到的、投入于我们踏出的脚步，我们就此突然向完全相反的方向转去，就像山间的风向标。

"即便那已是他最后的方向，他当时也并未逃跑——因为只有逃跑才能保他立于脚尖，又只有脚尖才能保他立于世界——相反，他躺下了，就像冬天里时不时会有孩子为求冻死而躺在雪地里。他和这些孩子都相当清楚，无论是躺下，还是以其他任何方式屈服，都是他们的过错，他们知道自己无论如何都不应该这么做，但他们无从得知的是，现在，经历过田野上或城市里的变化以后，他们将忘记从前所有的过错与压迫，在适宜他们生存的新环境中活动，仿佛那是他们初生时的环境。可在这种情况下，忘记并非一个合适的词语。与他的想象力一样，这个人的记忆力并没有受到什么损害。可就连山岳也无法动摇它们；此人站在我们民族之外，站在我们人类之外，动辄饥肠辘辘，只有那一刻属于他，永不休止的受难时刻，没有亮起星点令他恢复元气的火花，他始终只有一件东西：他的痛苦，可世上没有哪个角落可以找到第二重痛苦来当作药物，他只拥有两只脚需要的地面，以及一双手可以覆住的支撑物，换而言之，他拥有的比杂技剧院里的空中飞人还少得多，起码他们还在下面为他挂了一张网。

"我们其他人确实受到过去与未来的牵制。为了让它们在浮沉中保持平衡，我们不仅几乎耗尽了所有闲暇，更为此花费了那么多工作上的时光。未来在体积上占优的东西被过去以质量取代，在它们的尽头，两者不再有差别，最早的青年此后将变得与未来一样明亮，而我们其实已经在叹息中经历过未来的尽头与过去。所以，我们正沿着这个几乎已经关闭的圈子的边缘行走。说来这圈子确实属于我们，可只有我们死守着它的时候，它才属于我们，但凡我们不知何故在一次自我遗忘、一次消遣、一次惊吓、一次震惊或一次疲倦中稍加侧身，那我们便已将它遗落在空间中，直到如今，我们的鼻子依然卡在时间的洪流中，现在，我们这些昔日的游泳者，今日的散步者踏上了回程，迷失了道路。我们在法则之外，没有人知晓，却都依此对待我们。"

"你现在千万别考虑我。你又怎么能和我相比？毕竟我已经在这个城市里待了二十多年了。况且你真的能想象这意味着什么吗？这样的四季，我已经经历过二十次了。"他松垮垮的拳头在我们头顶上晃动，"这儿的树已经长了二十年，人在树下显得何等渺小。在这许多夜晚，你懂的，在所有这些屋子里。你一会儿靠着这堵墙，一会儿靠着那一堵，窗户就这么绕着你转。在这许多清晨，你看着窗外，从床边拖来沙发椅，坐下来喝咖啡。还有这许多傍晚，你支起手臂，以手托腮。是啊，若一切不止如此该有多好！要是我们至少能养成一些新习惯，就像每天都能在这里的小巷里见到的那样就好了。——现在在你眼里，我是不是像在抱怨？可是，不，我为什么要抱怨这些呢？没有谁会允许我这么做的。我只能去散散步，这应该就足够了，况且世界上还没有我没法去散步的地方。可现在看起来，我又在为之自负了。"

"所以还是我轻松。我又无须在这房子前面站着。"

"所以你才不要和我比，不要因为我而让你觉得不安。你是个成年人了，反正你在这个镇上也显得很孤僻。"

我确实近乎孤僻。我的保护色似乎消融在这个镇上了，最初几日我容光焕发，因为此等消融受到神化，令我们活着的一切都就此从我们身边飞离，然而，在飞离的时刻，它还用人性的光芒最后一次将我们点亮。我就以这样的面貌站在我那单身汉的面前，他极有可能因此喜爱我，却不清楚为什么。他的言谈中似乎时不时地表现出，他知道该如何应付，他清楚眼前站着的是谁，因而他可以随心所欲。不，并非如此。倒不如说，他将用这种方式对抗所有人，因为他只能以隐居者或寄生虫的身份过活。他只是被迫成为隐居者，一旦迫力被某种他所未知的力量克服，他就已然是一条明目张胆、尽情依附的寄生虫了。然而世上再没有什么可以拯救他，所以，人们可以从他的所作所为中想到一具溺毙者的尸体，它被不知哪道洪流驱逐到水面，撞上一位疲倦的游泳人，双手搭在他身上，想要紧紧抓住他。尸体不会复活，甚至都不会获救，却可以把人拉下水。

十一月六日。Ch. 夫人关于缪塞[1]的座谈会。犹太女人有吃饭咂嘴的习惯。做好了一切理解法语的准备，包括轶事之困难，就在结语来临之前，那一句停留在整个轶事的废墟上，本该留在我们心间的结语来临以前，法语在我们眼前熄灭了，或许一直到那一刻，我们都过于专注，懂法语的人在结束前就离开了，因为他们已经听够了，其他人则远远未听够，大堂的音响效果，比演说词更清楚的是包厢里传出的咳嗽声；在拉歇尔那儿用晚餐，她和缪塞一起读拉辛[2]的《费德尔》，书放在他俩中间的桌子上，顺便提一下，桌子上放着各式各样的东西。

克劳德尔领事[3]的眼睛闪闪发亮，他宽阔的脸庞吸收、反射着这道光，他总想着告别，甚至还成了一两次，不过总的来说，他没成功，因为与一个人道完别，另一个人就站了过来，接着又有他已经道过别的人排了过来。演讲台上有个供管弦乐队奏

---

1 阿尔弗雷德·德·缪塞（1810—1857），法国浪漫主义诗人、小说家、剧作家。下文中的拉歇尔是他剧作《在拉歇尔小姐处进晚餐》（*Un Souper chez Mademoiselle Rachel*）中的女主人公。

2 让·拉辛（1639—1699），法国古典主义剧作家，《费德尔》（*Phèdre*）是他最后一部作品，揭露了法国宫廷与贵族腐化堕落的生活。

3 诗人，时任法国驻布拉格领事，卡夫卡从未与他结交。——原编者注

乐的游廊。各种各样的噪声干扰着。走廊上的服务员，隔间里的客人，钢琴声，远处的弦乐，最后的一记音锤，一场极难辨清方位因而令人烦躁的吵嚷。包厢里，一位女士的耳环上镶着钻石，它的光线不停地变幻。柜台边站着一圈法国上层人士，都是身着黑衣的年轻人。其中一位正在向别人鞠躬致意，他的眼睛都快落到地面上了。他的脸上满是笑意。可这笑脸只是摆给姑娘看的，看男人的时候，他便直截了当地盯着对方的脸，严肃地抿着嘴，把先前的致意解释为一种或许可笑但无论如何都不可或缺的礼节。

十一月七日。韦格勒[1]的黑贝尔[2]讲座。他坐在讲台上，房间的装潢很现代，仿佛他的爱人要从门外冲进来，最后开始演一出戏。不，他在作报告。黑贝尔的饥渴。和艾莉莎·伦辛[3]复杂的关系。他学校里有个女老师，是个老姑娘，她抽烟、吸鼻烟、打人，给好孩子发葡萄干吃。他漫无目的地到处旅行（海德堡、慕尼黑、巴黎）。他先给教区督察当仆人，和楼梯下的马车夫睡在同一张床上。

尤利乌斯·施诺尔·冯·卡洛斯费尔德[4]——弗里德里

---

1 保罗·韦格勒（1878—1949），德国作家、翻译。他翻译了法国象征主义诗人儒勒·拉福格的短篇小说集《传说道德集》（*Moralités légendaires*），对卡夫卡产生了极大的启发。

2 弗里德里希·黑贝尔（1813—1863），德国剧作家、诗人。

3 艾莉莎·伦辛（1804—1854），黑贝尔多年的女友和资助人，这位女裁缝多年来一直对他倾囊相助。

4 尤利乌斯·施诺尔·冯·卡洛斯费尔德（1794—1872），德国浪漫主义时期画家。

希·奥利维尔[1]所绘。他在斜坡上作画，他是多么英俊严肃（一顶高帽子，像是压扁的小丑帽，又硬又窄的帽檐深深遮住面部，波浪般的长发，眼睛只盯着画，两手很稳，膝盖上放着木板，坡上的一只脚滑得有些低）。哦，不，那是施诺尔画的弗里德里希·奥利维尔。

十一月十五日，十点。我不会让自己累着。就算我的中篇小说会割开我的脸，我也要跳进去。

十一月十六日，十二点。我读《在陶里斯的伊菲革涅亚》[2]。除了几处明显的错误，从一个纯洁的男孩口中吐出的干涸德语着实使人震惊。在阅读的那一刻，每个词都被读者眼前的诗句托至高处，那里有一道或许微弱却能穿透人心的光线。

十一月二十七日。伯恩哈德·凯勒曼[3]的朗诵会。"我笔下一些没付印的东西"，他这么起的头。他人看起来很不错，几乎灰白的头发直立着，脸费了不少功夫刮得一干二净，鼻子尖尖的，脸颊上的肌肉常像波浪那样在颧骨上起伏。他是个平庸的作家，有些段落写得很好（一个男人走到外面的走廊上，咳嗽，四下看看是不是没有人），也是个诚恳的人，他想诵读事先说定的

---

1 沃尔德玛·弗里德里希·冯·奥利维尔（1791—1859），德国浪漫主义时期画家。

2 古希腊悲剧诗人欧里庇德斯的悲剧，后由歌德改编为一出五幕剧。

3 伯恩哈德·凯勒曼（1879—1951），德国作家、诗人。

内容，但听众们不依，由于对第一个精神病院的故事感到恐惧，也由于对叙述的方式感到无聊，尽管故事没什么悬念，依然零星不断地有听众带着一股热切离开，仿佛隔壁有人在讲故事似的。故事读完前三分之一，他喝了点矿泉水，这时候走了一大批人。他吓了一跳。"快结束了。"他干脆说了个谎。等他朗诵完，所有人都站了起来，掌声稀稀拉拉的，听起来像是有谁坐在所有坐着的人中间为自己鼓掌。可此时，凯勒曼还想继续读另一个故事，或许不止一个。面对着离去的人，他只张了张嘴。最后，他听从了劝告，说："我想再读一个短小的童话故事，只有十五分钟。我休息五分钟。"有些人留下来听他读童话，里面的段落大概可以让任何人从大厅最远的地方起跑，越过所有听众跑到外头去。

十二月十五日。我简直无法相信自己在如今这个状况下得出的结论，它已经持续了将近一年，而且该状况实在过于严重。我甚至不清楚，自己可不可以把这说成是一种全新的状况。然而，我的实际看法是：它是新的状况，我有过类似的，但还没有过这样的。我就像是石头做的，我像自己的墓碑，没有缝隙留给怀疑或信任、热爱或憎恨、勇气或畏惧，无论特殊的还是一般的都没有，只存着一份模糊的希望，却并不比墓碑上的铭文好。我写的每个字几乎都彼此不相合，我听见辅音破锣般排列在一起，元音则像展览会上歌唱的黑人。我的怀疑在每个词周围转悠，还没看到词，我就见到了它，可那又如何！我根本看不见那个我发明的词。这大概还不算是最大的不幸，只不过，我大概必须发明出能够将尸体的气味朝一个方向吹的词语，它还不能直接吹到我和读者的脸上。坐在写字台前时，我的状况并不比一个在歌剧院广场的车流中跌倒、摔断了双腿的人好。尽管喧腾，所有的车辆却沉默地从各个方向来，又向各个方向去，可那人的痛苦带来了井然的秩序，连警察都没法比，痛苦令他闭上眼睛，车辆不必掉头，广场和街道就已经变得荒芜。那么多的生命令他痛苦，因为他毕竟阻碍了交通，但空虚也不遑多让，因为它让他实际的痛苦消失了。

十二月十六日。我再也不放下这本日记了。我必须在这里坚守住自己，因为我只能在这里这么做。我想解释一下我心里时不时出现的幸福感，就好比刚才。它确实是一种带着气泡的东西，以轻盈、舒适的颤栗彻底地将我填满，说服我相信其能力，我无时不刻都可以确信这能力并不存在，哪怕是现在我都确信无疑。

黑贝尔称赞尤斯提努斯·凯尔纳[1]的《旅行之影》："这样的作品几乎不存在，没人见识过。"

W. 弗雷德[2]的《荒凉路》。这种书是怎么写出来的？一个工于刻画微小的人把自身的才能延伸到一部小说的宏大中，使用的是一种令人恶心的可悲方式，即便如此，在错误运用自身才能时迸发出的能量还是值得我钦佩的。

这种对小说、戏剧等作品中次要人物的追寻。我在过程中得

1　尤斯提努斯·凯尔纳（1786—1862），德国医生、作家、诗人。
2　阿尔弗雷德·维克斯勒（1879—1922），奥地利记者、出版商、作家。W. 弗雷德是其笔名。

到的这种归属感！在《比绍夫斯堡的少女》(是叫这个名字吗？)中，有两个给剧里的新娘做白嫁衣的女裁缝。这两个姑娘过得好不好？她们住在哪儿？如果她们不能出现在剧里，而得死板地待在外面又会如何？她们会不会站在挪亚方舟前，被倾盆大雨淹没，最后只能把脸贴在船舱的窗户上，只能让下层的乘客看见片刻的黑暗？

十二月十七日。芝诺[1]在说起某个紧急的问题时随意提到，是不是不存在静止的东西：不，飞箭不动。

如果法国人天生就像德国人，他们又怎么会被德国人钦佩呢？

我已经搁置、划去了许多东西，实际上，几乎是我今年写下的一切，不管怎么说，它们也非常妨碍我的写作。那是一座山，是我写过所有东西的五倍，单单是它庞大的体积就已经将我所写的一切从我的笔下拖走。

十二月十八日。如果我把信（即便是那些内容估计不甚重要的信，比如刚才那封）放一段时间不拆封的原因并不确定，只是软弱与胆怯而已——它们犹豫着要不要打开一封信，就像它们犹豫着要不要打开一扇房间的门那样，而这个房间或许已经有个不耐烦地等着我的人——那么把信放在那里的这种行为就可以用缜密来解释。假设我是个缜密之人，我必须尽可能地

1　埃利亚的芝诺（约前490—前425），古希腊埃利亚学派哲学家。

尝试延展与信有关的一切，即慢慢将其开封，慢慢读它，读很多遍，思考良久，为誊清稿打许多遍草稿，最后还得犹豫地把它寄出。这一切都由我掌控，只是这封信的突然而至是无法避免的。好吧，我也人为地放慢了速度，我很久没有打开它，它就在我面前的桌子上，一直在等我出现，我一直拥有它，却没有接收它。

晚上，十一点半。只要我不从自己的办公室中解脱，我就会迷失，这对我来说再清楚不过，这只是在于，只要有可能，我就能把头抬得足够高，那我就不会淹死。这将是多么困难，这得要从我身上引出怎么样的力量啊，今天我没有遵循新作息，晚上八点到十一点并没有坐在写字台前，从这件事上就能看出来，我甚至不把它当作眼下最大的不幸，我只是为了上床睡觉而匆忙地写下了这几行字。

十二月十九日。开始在办公室里上班。下午在马克斯那儿。

读了一些歌德的日记。距离已经平静地记录下这种生活，这几本日记给它添了一把火。一切事件经过的明晰让它们变得神秘，就好比观看远处草坪的时候，公园的栅栏让眼睛感到宁静，却又将我们置于一种不平等的敬畏中。

刚才，我已婚的妹妹[1]第一次来探望我们。

---

1 卡夫卡身后留下了三个妹妹。三姐妹，包括卡夫卡最喜欢的妹妹奥特拉，都死在了灭绝营，两个妹夫、一个侄子、一个侄女，以及日记中提到的许多与卡夫卡关系密切的人亦丧命于此。——原编者注

十二月二十日。我该用什么来为昨天关于歌德的评论辩护呢（它几乎和它所描述的感受一样不真实，因为真实的感受已经被我妹妹驱散了）？没东西可用。我又用什么来为今天什么东西都没写辩护呢？没东西可用。主要是我的状况还不是最糟糕。我的耳畔常有种呼喊："你快来吧，看不见的审判！"

为了让不惜任何代价也想从故事中脱逃的虚假片段最终能给我带来平静，我把这两段写下来：

"他的呼吸声响亮，像关于一场梦的叹息，梦中的不幸比我们世界里的更容易忍受，所以简单的呼吸就足以成为叹息。""此刻，我如此自由地通观它，就像人们通观一道小小的难题，对此，他们说，我不能把小球放进它的孔洞里，这又有什么关系，毕竟一切都是我的，这玻璃、这框子、这些小球，还有其他东西都是我的；我可以直接把这些玩意儿都塞进我的口袋。"

十二月二十一日。米哈伊尔·库兹明[1]的《亚历山大传奇》中的奇闻异事：

"上半身死了而下半身活着的孩子，孩子的尸体上长着会动的小红腿。"

"他把以蠕虫与苍蝇为食的不洁之王歌革与玛各[2]驱逐到裂开的岩崖中，用所罗门的印记封印他们，直到世界终结。"

---

1 库兹明·米哈伊尔·阿列克谢耶维奇（1872—1936），俄国白银时代诗人，亦是作家、作曲家。
2 出现在《圣经》与《可兰经》中，形象各异，例如人、超自然生物等，在某个版本的《亚历山大传奇故事》中，他们是不洁之国的国王，因为大帝建立起的城墙而无法进入欧洲大陆。有关两者的预言一般会在时间终结时出现。

"石头河，咆哮的石头在水流处翻滚，经过向南流三天，向北流三天的沙溪。"

"亚马孙人，右乳被烧尽的女人，短发，男鞋。"

"用尿液烧毁树木的鳄鱼。"

在鲍姆[1]那儿听了些非常精彩的东西。我身子很虚弱，和以前一样，一直都这样。有种被绑起来的感觉，同时还有另一种感觉：要是我被解开的话，情况会更加糟糕。

十二月二十二日。今天我甚至不敢自责。朝这个空虚的日子里呐喊可能会带来令人作呕的回声。

十二月二十四日。现在，我更加仔细地端详了一下我的办公桌，发现自己在上面做不成什么好事情。这里乱摆着那么多东西，形成了一种无序，它不具有平衡，对失序之物完全没有任何容忍度，要不然，不管什么无序都是可以容忍的。就连那块绿布上的无序也随心所欲，老剧院的底层座位可能也会是这样。不过从站位上看……

〔明天继续写〕

十二月二十五日。……桌面下打开的抽屉里冒出装订成册的

---

1 盲人诗人奥斯卡·鲍姆，卡夫卡与编者最亲密的朋友之一，一九四〇年死于德国占领的布拉格（实际上他死于一九四一年，译者按），他的妻子死在特雷辛的犹太人聚集区。他最重要的作品是描写可萨人的小说《难眠之民》。——原编者注

旧报纸、目录、明信片、信件，全都是部分撕开、部分打开的状态，摆成露天台阶的形状，这种不体面的状态破坏了一切。底层座位上个别相对庞大的物件以最扎眼的方式出现，仿佛剧院里允许商人在观众席上安排账目、木匠敲敲打打、军官挥舞马刀、神职人员与灵魂沟通、学者与思想对话、政治家谈论公民精神、恋人之间不再压抑感情，诸如此类。只有我的写字台上直立着一面剃须用的镜子，就像人们剃胡子时需要的那样，衣服刷刷面朝上，放在桌子上，钱包敞开，做好了付钱的准备，钥匙圈上露出一把待使用的钥匙，领带的一部分还缠在褪下衣服的领口上。下一个打开的抽屉被侧面锁上的小抽斗限制，和废物间没什么分别，好比观众席中间低矮的楼座，基本上就是剧院里最显眼的位置，那是留给最卑鄙的人，留给由内而外逐渐涌出污秽的老油子，留给把脚搁在座位扶手上的野蛮家伙的。有许多孩子的家庭，你只能稍微看一眼，没法把他们数清楚，这里排列着可悲的儿童包间的污垢（已经淌到了底层），患不治之症的人坐在黑暗的背景中，所幸的是，只有在灯光照到他们时你才能见到他们，诸如此类。这个抽屉里还有些旧纸片——我要是有个废纸篓，早就把它们都扔掉了——还有几支断了笔尖的铅笔，一个空火柴盒，一个来自卡尔斯巴德[1]的镇纸、一把边缘凹凸不平的尺子（要是它来画公路的话就糟了）、不少领子上的纽扣、用钝的刮胡刀片（世上没有它的用武之地）、领带夹、又一个沉重的铁镇纸。在上面的抽屉里——

1　温泉城市，今捷克卡罗维发利。

悲惨，悲惨却又带着好的意愿。现在的确是半夜里，可这是因为我白天睡得很足，这只是借口，毕竟我白天根本什么都不会写。亮着的灯泡、安静的公寓、外面的黑暗、最后清醒的片刻，它们给了我写作的权利，即便那是最悲惨的事情。我仓促行使这一权利。所以这就是我。

十二月二十六日。两天半时间里——虽然不算彻底——我独自一人，而且，就算还没有改变，我确实也在改变的过程中了。独处给予我一种永不失败的力量。我的内心正在松动（暂时只是表面），准备好迎接更深层次的东西。我的内心开始建立起一个小小的秩序，我不需要更多，能力不足引起的混乱最为不堪。

十二月二十七日。我的力量再也不足以完成任何句子。是啊，如果那是关于词语的问题就好了，如果安排好一个词就已足够，就可以带着平静的意识转身离开，让这个词自行填充就好了。

下午睡过去一会儿，醒过来的时候，我躺在沙发上，思考少年时的一些恋爱经历，气恼地在一个错过的机会上（我当时有些感冒，躺在床上，家庭女教师给我朗读《克莱采奏鸣曲》，她很懂如何享受我的激动）耽搁了不少时间，想象着全素的晚餐，为我的消化系统感到满意，也为我的视力是否能保持一生而担忧。

十二月二十八日。如果我在几个小时里表现得很友好，比如今天和马克斯在一起的时候，还有后来在鲍姆家的时候，那么临睡前，我就已经很傲慢了。

一九一一年

一月三日。"哎。"说着我用膝盖轻轻地推了推他。

"我要告辞了。"有些唾液从我的嘴里溅了出来,这是突然发话的坏兆头。

"你都考虑那么久了。"他说,从墙那儿走开,伸了个懒腰。

"不,我根本没有这么考虑过。"

"那你在想什么?"

"我为集体最后准备了点东西。总得尽可能努力吧,你怎么会明白这一点。我不过是随便一个来自偏远地区的人,随时会被成千上万从某辆火车上下来、一起站在火车站门口的人中的某一个取代。"

一月四日。舍恩赫尔[1]的《信仰与故乡》。

我楼下画廊访客那擦拭眼睛的湿手指。

一月六日。"哎,"说着,我瞄准他的膝盖轻轻推了推,"现在我可走了。你要是想看的话,就把眼睛睁开。"

"原来是真的?"他问,圆睁着眼睛瞪着我,直勾勾的目光却依然如此孱弱,我只要手臂一挥,就能把它挡开。"原来

---

1 卡尔·舍恩赫尔(1867—1943),奥地利作家、医生。

你真的要走？那我怎么办？我挽留不了你。就算我能，我也不会这么做的。但我只想弄清楚你的感受，到底得是什么样的感受才可能让我阻止你。"他立刻换上奴颜婢膝的模样，在一向井井有条的国家里，这种嘴脸大概会让好人家的孩子顺从或畏惧。

一月七日。N. 的妹妹如此痴恋她的新郎，她竟想办法安排与每个访客单独会面，因为这样，她可以更好地表达并重复自己的热爱。

就像是着了魔（因为不论是外部，还是内部环境都没有妨碍我，情况比过去一年来好得多），整个休息日我都没有写作，这是个礼拜天。我对自己这个不幸的生物有了些新的认识，这让我感到欣慰。

一月十二日。在这些天里，我没有写下多少有关自己的事情，一方面是出于懒惰（现在我白天总睡觉，睡得很香，我睡觉的时候体重也增加了），另一方面也是担心泄露自我的认知。这种担忧是有道理的，因为如果能做到极致完满，甚至包括所有次要的必然性，又能做到绝对真实的话，自我认知只有借助书写才可能最终得到固定。因为如果不这么做——无论如何，我并没有这种能力——那么，根据个人意愿和已固定之物的优势写下来的东西仅仅是以令真正的感觉消失的方式取代了普遍感觉到的东西，认识到记录下来的东西之无价值性则太迟。

几天前，观看了卡巴莱女演员莱奥妮·弗里蓬主演的《维也纳城》。一层层鬈发堆起来的发型。糟糕的紧身胸衣，非常老旧的裙子，但因悲剧演绎显得格外美丽，极力调动的眼睑，迈着弓步的长腿，手臂沿躯体伸展，意思很好理解。木僵的脖子的含义模棱两可。唱词是：卢浮宫里的纽扣收藏。

沙多[1]一八〇四年在柏林画的席勒像，他在那里很受尊崇。单靠这个鼻子你就能捕捉到一整张脸。由于工作时有扒拉鼻子的习惯，席勒的鼻中隔有点向下拉。一个友好的人面颊略微凹陷，剃干净胡子的脸很可能显得他老气横秋。

一月十四日。贝拉特[2]的小说《夫妇》。很多犹太人的恶劣习性。作者突然单调而戏谑地现身于作品中，比如说，大家都很风趣，但来了个不太风趣的人。要不然，就是有位斯特恩先生来了（我们已经从他的小说骨架里认识了这位先生）。汉姆生[3]作品中也有类似的东西，但在他笔下，那就像木节一样自然，而在这本小说里，它就像加在时髦药物上的糖那样滴进了情节中。——作者无缘无故地坚持使用一些古怪的说法，比如说：他为她的头发着急，急之又急。——个别角色没有铺垫清楚，但出场极好，好到连接二连三的错误都显得无关紧要。次要人物大多暗淡无光。

一月十七日。马克斯为我朗读了《告别青春》的第一幕。我怎么能像今天这样去聆听它呢？我必须寻找一年，才能在自己心

1　约翰·戈特弗里德·沙多（1764—1850），德国雕塑家。

2　马丁·贝拉特（1881—1949），德国作家、法学家。

3　克努特·汉姆生（1859—1952），挪威作家，1920年诺贝尔文学奖获得者。

里找到真情实感，而且应当是在夜深时分的咖啡馆，受着一阵激烈的消化不良的折磨。面对这样一部伟大的作品，不管怎么说，我是有理由待在自己的座椅上的。

一月十九日。因为我看起来是彻底完蛋了——去年我醒着的时候不会超过五分钟——每天我都不得不怀着离开地球的愿望，或者，在看不到丝毫希望的情况下，我不得不以一个孩子的身份重新开始。从外表上来看，我要比当时轻松。因为，在那些日子里，我几乎还没有什么朦胧的念头，去追求一种或许与我的生命字字相连的表达，我把它印入胸怀，它吸引我离开原来的位置。我是在何等苦难（却无法与如今的苦难相较）下开始动笔的！何等冰冷的东西成天从写下的东西里钻出来，追逐着我！它是何其危险，它的效力又是何其持久，让我完全没有感受到那种冰冷，当然，我的不幸完全没有因此减少半分。

有一回，我打算写一部小说，写的是相互争斗的两兄弟，其中一个去了美国，另一个则待在欧洲的监狱里。一开始，我只是偶尔写几行，因为它立刻就让我觉得烦倦。有一次，某个周日的下午，我们去看望祖父母，吃完一块与平常一样、格外柔软且抹了黄油的面包，我也像这样写了一些有关我构思的监狱的东西。我这么做，很可能大部分是出自虚荣，我在桌布上移动着稿纸，用铅笔敲打它，在灯下四处打量，想要吸引别人把写下来的东西取走，读一读，对我表示赞赏。几句话主要描写的是监狱的走廊，尤其是它的寂静与冰冷；还有一些对留下来的兄弟的同情之词，因为他是个好兄弟。或许在转瞬之间，我感觉自己的描写

没有价值，只不过，在那个下午以前，我从未过多注意过这种感
觉，在我早已习惯的亲戚中间（我极其焦虑，这让我在熟悉的环
境中只能感到一半的快乐），围坐在熟悉的房间里的圆桌旁的时
候，我忘不了自己还年轻，有从眼下这个不受干扰的环境中长大
成人的使命。一个喜欢放声大笑的叔叔总算拿走了我轻轻地捏在
手里的纸，简单看了看，又把它递还给我，笑都没笑，只是对着
另一些用眼神追随他的人说了一句"平常货色"，对我则一句话
都没有说。虽然我坐着没动，埋头盯着自己那张没用的纸，但我
确实被一棒子赶出了这个集体，叔叔的判决在我心中重复，几乎
已经带来了真实的意义，我甚至在家庭感中瞥见了我们这个世界
的冰冷空间，我必须用一道火焰去温暖它，这就是我首先要寻找
的东西。

二月十九日。今天，准备下床的时候，我就这么瘫倒了。原
因非常简单：我完全是在超负荷工作。倒不是因为办公室里的
活，而是我的其他工作。就这方面而言，办公室倒是有无辜的部
分，如果我不用去那里，不必每天在那里待上六个小时——星
期五和星期六尤其折磨人，因为我心里全是自己的事情，您根本
都没法想象——而是能够为自己的工作安静地生活就好了。毕
竟我很清楚，这些都是信口雌黄，有罪的是我自己，办公室对我
有着最为明确合理的要求。不过对我而言，这是一种可怕的双重
生活，很可能只有疯狂才会带来出路。我在明媚的晨光中写下了
这些，若这一切不是如此真实，若我并非爱您如子，我肯定不
会写。

顺便提一句，我明天一定就能恢复了，走进办公室的时候，我听到的第一句话会是，您打算让我离开您的部门。

二月十九日。特殊的灵感降临，现在是凌晨两点，我这个最幸运也最不幸的人要上床了（我如果可以忍受这些想法就好了，它可能会一直在，因为它比以前强烈了），它表明，不仅是某一类特定的工作，我什么都做得成。如果我任意写下一句话，比如说："他看着窗外。"这样就很完整了。

"你还要在这里待很长时间吗？"我问。突然发话的时候，我口中溅出一些唾沫，这不是好兆头。

"打扰到你了？要是打扰到你了，或是影响到你上去的话，我立刻就走，不然我还想留在这儿，我累了。"

然而，他最后大概还是很满足，而且我对他的了解越透彻，他就越满足。因为，他对我的了解显然也是越来越透彻，对我的智识肯定是了如指掌。要不然这该如何解释：我还留在巷子里，仿佛我的眼前没有房子，却只有火。要是你受邀加入某个集体，那你就该走进屋子，爬上楼梯，几乎觉察不到你的心思有多么活跃。只有这样，你才是真正地反对自己、反对集体[1]。

二月二十日。《灯笼》[2]中的梅拉·马尔斯。一名诙谐的悲剧演员，从某种程度上来说，她是在倒置的舞台上登场的，就像那些悲剧女演员们有时候会在幕后出现。出场时，她的脸很疲

---

1 最后一段被卡夫卡删除了。——原编者注
2 捷克童话剧，作者为捷克作家、剧作家阿洛伊斯·依拉塞克。

愈，却又平淡、空茫而衰老，这是所有有觉悟的演员的一种自然开场。她的声音很尖锐，动作也激烈，从她彻底弯曲的大拇指开始，仿佛里面长的不是骨头，而是坚硬的肌腱。周围运作的肌肉与变换的光影使她的鼻子具有特殊的变化能力。尽管她的动作和台词永远在闪动，她的强调却那么温柔。

小城市也有适合散步者的小环境。

带顶棚的步道上，年轻、纯洁、衣着讲究的男孩走在我身旁[1]。让我想起我的青春，因此给我留下了倒胃口的印象。

克莱斯特[2]年轻时候的信。二十二岁。放弃军衔。家里有人问：那你靠什么谋生？自然得有个谋生手段吧。你可以在法学和财政学里选。但你在宫廷里有靠山吗？"起初，我有点尴尬地矢口否认，但后来，我越来越骄傲地解释说，就算我有靠山，照我现在的想法，我也不好意思再去指望他们。他们笑了。我觉得自己过于草率。这种实话不应该说出口。"

二月二十一日。我在这里的生命像是十分确定自己会有第二次生命似的，比方说，我不把巴黎那次失意的逗留放在心上，我会尽快再上那儿去一回。看看人行道上鲜明分离的光和影子。

刹那间，我感觉自己被一身铠甲包围了。

比如说，我手臂上的肌肉离我多么遥远。

马克·亨利和德尔瓦德。空旷的大厅给观众带来的悲剧感

1　对一九一〇年的巴黎之行的回忆。——原编者注
2　海因里希·冯·克莱斯特（1777—1811），德国诗人、剧作家、小说家。

有利于严肃歌曲的发挥，但不利于诙谐的歌曲。亨利说开场白的时候，德尔瓦德在幕布后面整理发型，然而她不知道，这幕布是透的。——主办人 W. 那把亚述人胡子出现在观众鲜少的歌会上，一向漆黑的胡子里似乎夹杂着灰白色。——是啊，把这温度吹吹旺，这要持续二十四小时呢，不，没那么久。——衣着繁复，布列塔尼式的服饰，最里面的衬裙要最长，这样才能从远处数出财富多寡。——德尔瓦德先是陪同在侧，因为得省一个陪同的演员，她穿了身剪裁得很宽松的衣服，瑟瑟发抖。——巴黎街头的叫喊。送报纸的人被轰走了。——有人向我搭话；我还没来得呼气，就被送走了。——德尔瓦德很滑稽，笑起来像个老姑娘，德国卡巴莱剧院里的一个老姑娘。披上一条从幕后取来的红披肩，她革命了。以同样坚韧但并不怎么细碎的声音朗诵道滕代[1]的诗歌。只有她像淑女那样开始坐在钢琴前的时候，她才显得可爱。听到《在巴蒂诺尔[2]》这首歌时，我觉得巴黎就在我喉咙口。巴蒂诺尔应该退休，它的蝨贼也该退休了。布鲁昂[3]给每个区都写过歌。

城市世界

奥斯卡·M.，一个年纪稍长的大学生——如果你靠近了端详他，你会被他的双眼吓到——在冬日下午纷飞的大雪中站在空旷的广场上，穿了一身冬衣，还套着冬天的外套，脖子上围着围

---

1 马克斯·道滕代（1867—1918），德国作家、画家。
2 巴黎第十七区的一个街区。
3 阿里斯蒂德·布鲁昂（1851—1925），法国卡巴莱歌手、喜剧演员，也被认为是香颂的创始人。

巾，头上戴着顶毛皮帽子。他眨着眼睛思考。他如此沉浸在自己的思绪中，还一度脱下了帽子，用上面卷曲的皮毛摩挲脸庞。最后，他似乎得出了结论，以一个舞蹈动作转身，往家中走去。

打开父母所在的起居室大门，他看见了他的父亲，一个满脸横肉、胡子刮得干干净净的男人，他向着门，坐在一张空桌前。"总算回来了，"奥斯卡一踏进屋子的门，他便开口道，"请你在门口别动，我对你格外恼火，简直不知道会做出些什么来。"

"可是，父亲。"说话的时候，奥斯卡才发觉自己是怎么跑回来的。

"安静点。"父亲喊道，他站起身，挡住了一扇窗，"我叫你安静。别说什么'可是'，明不明白？"这个时候，他双手抬起桌子，把它朝奥斯卡的方向移了一步，"我真是再也受不了你这种游手好闲的日子了。我是个老人了。我以为自己在你身上得到了老年时的慰藉，可对我来说，你比我身上所有的疾病还糟糕。对于这样一个用懒惰、浪费、阴狠（为什么我不能向你开诚布公）和愚蠢把自己的老父亲逼进坟墓的儿子，我只有一个呸字。"说到这里，父亲沉默了，但脸还在动，似乎还在讲话。

"亲爱的父亲，"说着，奥斯卡小心翼翼地向桌子走去，"你冷静一下，都会好起来的。我今天突然有了个想法，它会让我变成一个有事可干的人，这也是你希望看到的。"

"怎么个想法？"父亲问道，向房间某个角落看去。

"你只要相信我，吃晚饭的时候我会和你解释一切。我内心一直是个好儿子，只是没法外在表达，这让我非常苦恼，如果我没法取悦你，我宁可让你烦心。不过现在，让我出去散散步吧，让我把思路再整理整理。"

父亲先是坐在桌边，变得专心起来，然后站起身。"我不认为你刚才说的话有什么意义，我更觉得那是胡说八道。不过你毕竟是我的儿子。——你及时回来，我们在家里吃晚饭，你到时候可以说说你的事情。"

"对我来说，这样微小的信任就已经足够了，我由衷地感谢。可从我的眼神中不就能看出来，我完全是在为一件严肃的事情忙碌吗？"

"我暂且什么都没看出来，"父亲说，"不过，这可能是我的错，因为我根本没有看你的习惯。"与此同时，父亲按照习惯，以规律敲打桌面的声音来提醒他时间正在流逝。"可最关键的是，我已经再也不相信你了，奥斯卡。如果我朝着你喊——就像你来的时候，我已经朝你喊过了，不是吗——不代表我希望这么做能够让你变好，我只是考虑到你那可怜善良的母亲，她现在或许还没有为你感受到直接的痛苦，但为了抵御这种痛苦作出的努力——因为她觉得这样多少能够帮到你——正慢慢化作泡影。然而，毕竟这些事情你全都十分清楚，要不是你用你的承诺惹恼了我，为了自己考虑，我根本不会再回忆起它们。"

说最后几个词的时候，女仆进来检查炉子里的火。她一走出房间，奥斯卡就喊道："可是父亲！我没有料到会这样。如果我突然有了个小小的想法，就这么说吧，一个关于我博士论文的想法，它确实在我的箱子里躺了有十年了，像盐那样需要突如其来的想法，我有可能，虽然可能性也不是那么大，会像今天这样，散完步，跑回家，说：'父亲，所幸我突然有了这样那样的想法.'如果你接下来当着我的面，用你让人敬畏的声音说出刚才那些责备的话，那我陡然而至的想法就这么被吹散了，我不得不立刻随便找些托词，或是连托词也不找就跑开。现在正好相反！你说的每一句反对我的话都有助于我的观点，它们不会停下，我感觉它们在我的脑海里愈加清晰。我会走的，因为只有独自一人的时候我才能把它们理顺。"他在温暖的房间里吞了一口气。

"你脑子里可能也就是些无谓的琐事，"父亲睁大了眼睛道，"我已经信了，它在纠缠你。要是有什么有本事的东西迷路，走到了你那里，一夜之间它就会离开的。我了解你。"

奥斯卡转过头，像是被人扼住了喉咙。"现在放我走吧。你对我的钻研是多余的。仅仅是能够正确预测我结局的这种可能性确实不应该引诱你打扰我美好的思考。或许我的过去给了你这么做的权利，可是你不该利用它。"

"如果你的想法逼着你这么和我说话，你最好看看清楚，你有多么摇摆不定。"

"没有什么东西逼着我，"奥斯卡说着耸了耸后颈。他也凑到离桌子非常近的地方，让人分不清这桌子到底属于谁，"我说这些话，是出于敬畏，甚至是出于对你的爱，你将来也会看到，因为在我的决定里，对你、对妈妈的考量占了绝大部分。"

"那我现在可得多谢你了，"父亲说，"因为你母亲和我怕是很可能没有办法在合适的时机下还有那样的能力。"

"求你了，父亲，还是让未来去睡它该睡的觉吧。如果你太早唤醒它，就会得到一个睡过头的现在。居然要让你的儿子来告诉你这些！我也没打算要说服你，只是想告诉你这个消息。而且，起码这一点我已经成功了，你得承认。"

"好吧，奥斯卡，其实只有一件事还叫我困惑：为什么你不能经常带着这样的话来找我，就像今天这样。这太符合你迄今以来显出的本性了。不，说实话，我是认真地在问。"

"是啊，比起好好听我说话，你是不是更想把我痛揍一顿？天知道，我跑到这儿来，是为了赶紧让你高兴高兴。可在我的计划还未完全成熟之前，我不能向你泄露半个字。你为什么要惩罚我的好意，还要向我索要可能会损害我计划进行的解释呢？"

"闭嘴吧，我什么都不想知道。但我必须非常迅速地回答你，因为你退到了门口，显然似乎有什么特别紧急的打算。你用你的把戏平息了我的第一波怒火，只不过我现在感觉比刚刚还要难过，所以我求求你——你要是非要坚持，我也可以双手合十求你——起码别告诉你母亲你是怎么想的。就我知道就够了。"

"这么和我说话的肯定不是我的父亲，"奥斯卡喊道，他的手臂已经放在了门把手上，"从中午开始你就不太对劲，要么你是个陌生人，现在我是在我父亲的房间里第一次见到你。我真正的父亲——"奥斯卡张着嘴沉默了片刻，"——他肯定会拥抱我，肯定会把母亲也叫过来。你怎么了，父亲？"

"要我说，你应该去和你的亲生父亲吃顿晚饭。这才更有趣呢。"

"他会来的。毕竟他怎么可以置身事外。而且母亲也得在。还有弗兰茨，我这就去找他。"这时，奥斯卡用肩膀推开了微启的门，似乎他已经下定了决心要把门推开。

来到弗兰茨的公寓，他在矮小的房东太太面前欠下身子，说："工程师先生在睡觉，我知道，不要紧。"他没有理会因为对此次造访感到不满而无谓地在前厅里来回踱步的女人，打开玻璃门，这门像是被他抓住了敏感部位，在他手里颤抖着，他几乎还没顾着看看屋内的情况，就喊了起来："弗兰茨，快起来。我需要你的专业意见。但我不能在这个房间里待着，我们必须出去走走，你也必须和我们一起吃晚饭。所以得赶紧。"

"我很愿意。"皮沙发上传来工程师的声音，"那首先做什么？起床、吃晚饭、散步、提建议？我也会漏听的。"

"最重要的是别开玩笑，弗兰茨，我忘了。"

"我马上就帮你这个忙。可起床！——我宁可为了你吃两顿晚饭，也不愿意为你起一次床。"

"赶紧起来！别顶嘴了。"奥斯卡抓着这个弱者的外套前端，把他拽了起来。

"你可真野蛮，你知道吧。我可真佩服，我以前有没有像这样把你从沙发上拖下来？"他用两根小指揉了揉闭着的眼睛。

"可是弗兰茨，"奥斯卡神色扭曲地说，"快点穿衣服吧。我又不是个傻瓜，怎么会无缘无故地把你叫起来。"

"我也不是无缘无故地在睡觉啊。我昨天值夜班，而且今天午睡又没睡成，也是因为你——"

"为什么？"

"说什么呢你，你根本不考虑我，已经让我生气了。这已经不是第一次了。当然了，你是个自由自在的大学生，想做什么就做什么。不是每个人都那么幸运的。人总得考虑周全吧，真见鬼！我确实是你的朋友，可这也不是你夺走我事业的原因吧。"

他一边如此表示，一边晃动着平坦的手掌。

"瞧你尖牙利齿的，叫我怎么相信你还没睡足？"奥斯卡说着，顺势坐到一根床柱上，从那里看着工程师，好像他有的时间已经比刚才多了一些。

"所以你想让我做什么？说得确切点，你为什么要把我叫醒？"工程师问，用力地揉搓着藏在山羊胡子下的脖子，睡眠拉近了它和人身体的距离。

"我想让你做什么。"奥斯卡轻声道，用脚跟蹬了一下床，"非常少。走到前厅我就告诉你，快穿衣服。"

"如果你这是要暗示我，奥斯卡，我对你的近况一点都不关心，你可说得太对了。"

"这么说也行，那么接下来你要蹚的这场火完全就要算在我近况的账上，别把它和我们的友谊混为一谈。情况越来越清晰了。你得明白，我需要清晰的情况。不过，如果你是在找领子和领带的话，它们就在扶手椅上面。"

"谢谢，"工程师说着开始戴领子、系领带，"毕竟你还是可以信赖的。"

三月二十六日。鲁道夫·斯坦纳博士的神智学讲座，柏林。雄辩的效应：舒适地讨论反对者的辩驳，听众讶异于这种强烈的对抗性，变得忧心忡忡，全然沉浸在这些反对意见中，仿佛旁无他物；这个时候，听众觉得根本不存在反驳的可能性，对反驳的可能性进行粗略的描述就足以让他们满意。再说，这种雄辩的效果很符合虔敬气氛的准则。——时不时地看着伸到面前的手掌。——遗漏了结尾部分。一般来说，被说出来的句子由说话人的大写字母开始，说的时候尽可能深地弯转，面向外面的听众，结尾时再回到说话人处。不过，如果这一点遗漏了，那么再不受把控的句子就会立刻带着所有的气息吹向听众。

卢斯[1]和克劳斯[2]从前的讲座。

我们现在几乎已经习惯，在西欧的短篇小说里，只要他们想把一些犹太人群体包括进去，就立刻会在叙事内或叙事外寻找且找到犹太人问题的解决方案。在《犹太女人》[3]中却没有出现这一类解决方案，就连假设都没出现，恰恰是因为在这个短篇里，那些与和此类问题有关的人处在离故事核心更为遥远的地方，那里的事件翻转得更加迅速，这样我们虽然还可以清晰地观察他们，但再也找不到机会从他们那儿获得任何与他们的雄心壮志有关的平静答案。如今，自从犹太复国主义存在于世，解决方案的可能性既已如此清晰地围绕着犹太人问题进行，那么说到底，作家只需要迈出几步就能找到合适他短篇小说的可能解决方案，简而言之，我们从中认识到，这是短篇的缺陷，而且愈发觉得这种指摘是言之有理的。

但这一缺陷还有另一种原因。《犹太女人》中缺少非犹太的旁观者，缺少在其他短篇中引出犹太性的那些可敬而对立的角色。犹太性在惊奇、怀疑、嫉妒与恐惧中向他们挺进，最后被置于自信的境地，但无论如何，它都能在他们面前直立，呈现出全

1　阿道夫·卢斯（1870—1933），奥地利建筑师。
2　卡尔·克劳斯（1874—1936），奥地利讽刺作家、记者、诗人。
3　我于一九一一年出版的小说，此书的评论有三篇类似的草稿。——原编者注

部的高度。这正是我们所要求的，我们无法承认另一次犹太族群的解体。我们也不是只在这种情况下援引这种感觉，起码它在某种思潮中具有普遍性。在意大利的人行道上，我们脚下抽搐的蜥蜴也是如此让我们快乐，我们总想弯下腰，可如果我们在商贩那里看到数百条蜥蜴在一个通常用来腌制黄瓜的大瓶子里爬来爬去的时候，我们就不知所措了。

两个缺陷结合成第三个缺陷。《犹太女人》也许缺乏那个最重要的年轻人，不然他就会在关于他的叙述中将最好的东西都向他引去，在一种美丽而辐射状的倾向中通往犹太圈子的边界。短篇小说中竟可以缺乏这样的年轻人正是我们无法接受的地方，关于这方面，与其说我们见到了错误，倒不如说是怀疑有错误。

三月二十八日。画家 P. 卡林，他的妻子，上面两颗宽大的大门牙，让那张大而略平的脸显得很尖，内廷参事 B. 夫人，作曲家的母亲，她强壮的骨架因为年纪显得非常突出，至少坐着的时候她看起来像个男人。

斯坦纳博士不在场的学生们太需要他了。做讲座的时候，他身旁紧紧挤着一堆死人。求知欲？可他们真有这么做的必要吗？显然如此。——他睡两个小时。自从有人给他断过一次电之后，他总是带着一根蜡烛。——他站得离基督非常近。——他在慕尼黑演了他的剧本（你研究了它一年也没搞懂），服装是他画的，音乐是他写的。——他教导过一个化学家。——洛维·西蒙，巴黎的肥皂商，奎伊·蒙塞从他那儿得到过最上乘的商业建议。他把他的作品翻译成了法语。因此，内廷女参事在她的笔记本上写

下了 "如何获取更崇高世界的认知？[1]" 和 "S. 洛维在巴黎"。

维也纳共济会里有个神智学者，六十五岁，特别壮，从前是个酒鬼，脑袋非常肥大，他总是在相信，也总是在怀疑。据说有一次，布达佩斯举行了一场代表大会，那是个有月光的傍晚，大家在布罗克斯山上吃晚饭，斯坦纳博士出乎意料地加入了这个集体，他惊恐地举着带把手的啤酒杯躲到了一个啤酒桶后面（尽管斯坦纳博士不会因此生气），真是相当有趣。

他或许不是当代最伟大的精神探索者，但只有他接受了把神智学与科学相互结合的任务。所以他也无所不知。——一位植物学家，一位伟大的神秘学大师曾去过他家乡的村庄。大师为他启智。——这位女士把"我要去拜访斯坦纳博士"作为忆想的开头。——这位女士的医生发现她有感染流感的苗头，向斯坦纳博士咨询，博士为她开了个药方，立刻就把她治好了。——一个法国女人说了声"再会[2]"，与他道别，他在她身后挥了挥手。两个月以后，她死了。在慕尼黑也发生过类似的事情。——慕尼黑的一名医生用斯坦纳博士指定的颜色进行治疗。他还把病人送去绘画陈列馆，指示他们在某幅画前集中半小时的注意力，或者更久。

亚特兰蒂斯世界的覆灭，雷姆利亚[3]世界的覆灭，还有现在这个被利己主义覆灭的世界。——我们生活在一个至关重要的时

1　这是斯坦纳一本书的名字。——原编者注
2　原文为法语。
3　与亚特兰蒂斯皆是传说中消失的大陆与文明。

代。只要阿赫里曼[1]的力量不占上风,斯坦纳博士的尝试就会成功。——他喝两升杏仁奶,吃生长在高处的水果。——他向不在场的学生传输思维方式,以这种方式与他们沟通,在其产生之后,他就不再继续传输。但它们磨损得很快,他不得不再造。

F. 夫人:"我的记忆力很糟糕。"

斯坦纳博士:"您别吃鸡蛋。"

我对斯坦纳博士的拜访。

已经有一位女士在等待(在容曼街的维多利亚旅馆二楼),可她急切地要求我在她之前进去。我们等待着。秘书过来,敷衍了我们一番。我往走廊瞥去,看到了他。紧接着,他半张着双臂向我们走来。女士解释说,是我先到的。我便跟在他身后,他领我走进他的房间。他开讲座那天傍晚穿的那件似是打过蜡的黑色皇袍(并非打过蜡,只不过因为黑得纯粹而熠熠发光)上满是灰尘,甚至有污点,尤其是背后和肩膀上。

在他的房间里,我试着为我的帽子找了一个可笑的地方,来表达我感觉不到的谦逊,我把它放在一个系靴子的小木架上。桌子在中间,我面对窗户坐下,他坐桌子左侧。桌子上的纸上都画着图,让人想起神秘生理学讲座上的那些。一小册《自然哲学年鉴》压住了一小堆书,看来它们平时也是四处乱摆着。只不过,你不能四下张望,因为他总是试图用眼神勾住你。可他要是有一回没这么做,你又得注意把眼神收回来。他以几个松散的句子开启对话:您难道就是那位卡夫卡博士?您是不是早就在研究神智

---

1 琐罗亚斯德教中代表黑暗的恶神,一切邪魔的主人。

学了？

　　不过，我推出了事先准备好的说辞：我觉得，我天性中有一大部分奋力奔着神智学而去，可同时我又对它恐惧万分。我担心由此产生新的混乱，这对我而言相当糟糕，因为眼下我的不幸已经全都是由混乱组成的。该混乱具体表现在：我的幸福、我的能力，以及一切我能在某种程度利用得上的可能性，向来全都在文学领域。然而，在这方面，我经历过一些情况（不是很多），在我看来，博士先生，它们非常接近您描述的慧眼状态，在这种状态下，我完完全全地活在每一个突如其来的想法中，但每一个想法我都实现了。在这种状态下，我不仅感觉到自己的界限，更感觉到了人类的界限。只不过——即便并非彻底欠缺——那种状态欠缺一种热忱的冷静，而它很可能是慧眼所特有的。我从中得出结论，我并没有在这种状态下写出自己最好的作品。——出于各种原因，我现在无法全情投入于这样的文学，我本该这么做的。且不说我的家庭关系，单凭我工作的缓慢程度及该工作的特殊性质，我没办法以文学为生。此外，我的健康状况和我的性格也令我无法投身于一种充其量称得上无常的生活。因此，我成了社会保险机构里的一名公务员。现在，这两种职业永远无法相互容忍，无法容许共同的幸福。一种职业中最小的幸福将会成为另一种职业中最大的不幸。如果前一天晚上写了什么好东西，第二天我就会在办公室里焦头烂额，什么事都做不成。这种来来回回的情况越来越恶劣。在办公室里，我履行了自己外在的职责，却没有履行内在的，而那未竟的内在职责成了一种再也无法触动我的不幸。在这两种永远无法平衡的追求之外，我现在到底应不应该再将神智学作为第三种追求呢？难道它不会干扰两方面，自己同样受到这两方面的干扰？我这么一个已经那么不快乐的人，能不能让这三样东西有个结果？博士先生，我来是想问您这个问题，因为我觉得，如果您觉得我有这样的能力，我真的可以把它们都担起来。

他听得格外认真，显然连看都没看我一眼，完全沉浸在我的话语中。他时不时点点头，似乎这是他维持高强度注意力的一种手段。一开始，他被一阵寂静的伤风干扰，鼻子里流出了鼻涕，他不停地把手帕深深地塞进鼻孔，一个鼻孔里塞一根手指。

五月二十七日。今天是你的生日，可我甚至没有送你一本寻常的书，因为那只是种表象；基本上，我竟没有送你书的能力。只是因为我今天是如此想要接近你片刻，哪怕只是用这张卡片，所以我才写信，我也只是因此才一开篇就抱怨，好让你立刻认出我。

八月十五日。这段现在业已过去且我一个字都没写成的时间，对我来说是如此重要，因为在布拉格、柯尼斯萨尔[1]和切尔诺什茨的游泳学校里，我已经不再为我的身体感到羞耻。我现在二十八岁，像我这样这么迟还在补受教育的情况，在比赛里被人们称为起步太晚。这种不幸带来的损害或许并不是无法取胜；它说到底也只是一颗仍旧可见、清晰而健康的核心，今后将变为模

1　今兹布拉斯拉夫，布拉格的一个区。

糊而无边无际的不幸，它把一个本该绕着圈子跑的人赶到了圈子内部。顺便提一下，这段时间里也有一小部分是快乐的，我也在当中注意到了不少其他关于自己的事情，在接下来的几天里，我要试着把它们写下来。

八月二十日。我不幸地认为，我没有去做最微末的好工作的时间，因为我真的没有时间去写一个把自己往全世界四面八方拓展的故事，我本应该这么做的。但我又相信，如果我靠稍微写点东西放松下来了，那我的旅程会变得更加顺利，我的理解力会更强，所以我又尝试起来了。

我看到他的眼神就觉察出他为了我而担负的劳累，现在，或许只是因为他疲倦了，这种劳累给了他安全感。要不是还有那么一点点紧张，这骗局就要成功了，或许它还会成功的。我有没有在自卫？我虽然执拗地站在这里，站在房门口，但我也同样执拗地犹豫着要不要到上面去。我是不是要等到那些客人用歌声来迎我上去？[1]

我读了关于狄更斯的文章。一个人从自己的内心开始经历一个故事，从遥远的某一点一直到由钢铁、煤炭和蒸汽组成的、逐渐接近的火车头，却到现在都没有离开过这个故事，甚至想被它追赶，又有这么做的时间，换而言之，无论故事撞到什么地方、被引至什么地方，这人都被它追赶又靠自己的推动力跑离它，这难道就那么困难吗？局外人可以理解。

---

[1] 这段话属于前文中写的某部短篇小说（见一九一〇年七月十九日编者注）。——原编者注

我无法理解，甚至无法相信。我只是偶尔活在一个小小的词语里，比如说，我在它的变元音里（就是上面的"撞[1]"这个词）片刻丧失了自己无用的头脑。第一个字母和最后一个字母是我鱼一般感觉的开始与终结。

八月二十四日。和熟人坐在露天咖啡馆的桌边，看着邻桌刚到的女人，她硕大的胸脯下起伏着沉重的呼吸，她坐下，泛出棕色的脸上散发着热气。她把头向后仰，一抹浓密的胡须清晰可见，她朝上转动眼睛，她有时候或许就是这么看她丈夫的，而他正在她身边读一份带插图的报纸。要是有谁能教教他这个道理就好了：在咖啡馆里坐在妻子身边的时候，最多只能读读报纸，绝对不能读杂志。过了一会儿，她意识到自己的丰满，稍微从桌边挪开了一些。

八月二十六日。明天我应该要去意大利的。现在到了晚上，父亲兴奋得无法入睡，因为他的头脑完全被对生意的担忧和因此引发的疾病占据了。他胸口上盖了块湿毛巾，恶心，气短，叹着气走来走去。心怀恐惧的母亲在寻找新的慰藉：他总是那么精力充沛，他已经克服了一切，到了现在——我说，生意上的麻烦可能只会延续三个月，一切肯定会好起来的。他来来回回地走着，叹着气，摇着头。很明显，从他的角度来看，他的担忧并没有因我们减少，甚至没有得到缓解，即便从我们的角度来看也是如

---

1 原文为"stößt"，变元音指"ö"。

此，即便在我们最美好的愿景里，都藏着些许如此悲伤的信念，他必须照顾他的家庭……父亲频繁地打哈欠，或是以不算惹人嫌的方式抠抠鼻子，借此对他的健康状况下了一个微小的、几乎是下意识的保证，尽管在健康时，他一般不会这样做。奥特拉向我证实了这一点。——明天，可怜的母亲打算去求求一家之主。[1]

利用每年夏天或秋天的小长假一起去旅行已经成了罗伯特、塞缪尔、马克斯和弗兰茨这四位朋友的习惯。而在这一年余下的日子里，他们通常体现友谊的方式是每周找个晚上，四个人聚在一起——大多是在塞缪尔家，他最富裕，住的房间更宽敞——相互讲讲各种各样的事情，适量喝些啤酒。直到半夜分开的时候，他们的事情也总是讲不完，因为罗伯特是某个协会的秘书，塞缪尔是一家商业办公室的雇员，马克斯是公务员，弗兰茨是银行职员，所以，每个人都肯定要将一周以来工作中经历的几乎所有事都立刻向另外三个人讲一讲，而另外三个人不但不熟悉这些事情，而且没有复杂的解释，他们根本理解不了。然而，最主要的是，这些职业的不同之处意味着每个人都不得不一而再地向其他人介绍自己的职业，因为这些介绍并没有被其他人理解得足够透彻——毕竟他们也只是弱小的人类——但正因为如此，也因为坚固的友谊，他们才一再要求彼此这样介绍。

女人的事情则很少提。即便出于个人喜好，塞缪尔很喜爱谈论这些，他也极力避免以自己的需求主导谈话，因为在这件

---

1 这一段日记与下一段日记之间穿插的是卢加诺——巴黎——埃伦巴赫的旅行日记。在这趟旅行中，卡夫卡创作了《理查德与塞缪尔》(见《卡夫卡短篇小说与散文集》) 的草稿，下一段日记便与该小说有关。——原编者注

事情上，大家常常拿那个打啤酒的老姑娘提醒他。不过，这些夜晚中总是有那么多的笑声，马克斯有次在回家的路上甚至说过，这种永恒的笑声其实叫人很难受，因为它让人忘记了所有严肃的事情，可大家要承受的严肃之事已经够多了。在笑的同时，你以为自己还有足够的时间去做严肃的事。但这是不对的，因为严肃对你提出的要求自然更高，而且很明显，在朋友的陪伴下，你能够满足的要求比独自一人时更高。要笑应该在办公室里笑，因为你已经在那儿做到了最好。这个建议是向罗伯特提的，他在因他而年轻起来的艺术协会里做了不少事情，与此同时，又在老协会里发现了不少最有趣的事情，他与朋友们分享这些喜悦。

他一开始发言，伙伴们就离开座位，站到他身边，或者坐在桌子上大笑，尤其是马克斯和弗兰茨，他俩是如此忘我，使得塞缪尔把所有的杯子都搬到一旁的桌子上。要是他们聊累了，马克斯身上会突然涌起一股新劲头，坐在钢琴前弹奏，罗伯特和塞缪尔坐在他身旁的小板凳上，对音乐一窍不通的弗兰茨则独自坐在桌前翻看塞缪尔收藏的明信片，或是看看报纸。如果夜里暖和起来，已经可以把窗户打开的话，他们四个人可能都会来到窗前，手背在身后，俯瞰下面的巷子，稀稀拉拉的交通自然不能干扰他们的对话。只不过，他们中间时不时会有一个回到桌边喝上一口啤酒，或是指着坐在楼下酒馆里的两个姑娘的卷发发型，或是指着让他们略感惊诧的月亮，直到最后弗朗茨说有些冷了，他们应该把窗关上。

夏天的时候，他们偶尔会在公共花园里碰面，坐在最边上一张较暗的桌子旁，他们互相灌酒，说话的时候头靠在一起，几乎没有注意到远处的管乐队。他们挽着手臂，迈着同样的步子，穿过院子往家走。走在边上的两个人转动着小棍子，或者朝灌木丛中打去。罗伯特叫他们唱歌，可接下来只有他自己唱，这对四个人都好，站在中间的两个人感觉格外心安。

就是这么一个晚上，弗兰茨把旁边的两个人拢到身前，在一起的感觉太好了，他不明白为什么他们每周只聚一次，就算不能更经常，一周至少见个两次肯定还是很容易安排的。大家都表示同意，就连第四个人也不例外，他只是从外面隐约地听懂了弗兰茨的轻声细语。这样的愉悦当然值得偶尔耗费一些小小的精力。弗兰茨的声音瓮声瓮气的，像是因为未经允许就替大家说话而受了罚。可他并没有放弃，要是有谁真的来不了，那正是他自己的损失，或许可以在以后得到补偿，但其他几个人就一定要因此而见不到对方吗？三个人不也已经足够了吗？要是实在不行，两个人也行啊。"当然，当然。"大家都说。塞缪尔从最旁边挣脱出来，走在离其他三个人前面很近的地方，因为这样他们可以靠得更近。可后来他又不这么觉得了，还是觉得挽着一起走更好。

罗伯特提了一个建议："要不我们每周聚在一起学习意大利语吧。之所以决定学意大利语，是因为去年，在意大利那一小块地方，我们就发现了，我们的意大利语就只够问问路，你们记不记得，那次我们在坎帕尼亚的葡萄园墙间迷了路。更何况，那个被问路的人费了好大劲才听明白。所以，要是我们现在还想再去意大利，必须得学意大利语。那里什么都帮不了你。再说，一起学习不是最好的事情吗？"

"不，"马克斯说，"我们在一起什么都学不成。而且我还知道，你，塞缪尔，肯定同意一起学习这件事。"

"是又怎么样！"塞缪尔说，"我们在一起肯定可以学得很好，我就是一直很遗憾，我们没有在学校的时候就在一起。你们知不知道，我们认识彼此才只有两年？"他弯下身子，看了看另外三个人。他们脚步放慢，手臂也松开了。

"可我们还没在一起学过东西，"弗兰茨说，"我觉得这样我就很喜欢。我根本什么都不想学。不过，要是我们非得学意大利语的话，还是各学各的比较好。"

"这我就不懂了，"塞缪尔说，"起初希望我们每个礼拜多在一起的是你，现在不想的又是你。"

"去你的，"马克斯说，"我和弗兰茨只是希望，我们聚会的时候不要被学习打扰，而学习的时候不要被聚会打扰，没有别的意思。"

"我就是这个意思。"弗兰茨说。

"也没多少时间了，"马克斯说，"现在是六月，我们九月就要去了。"

"这正是我想让大家在一起学习的原因。"罗伯特说，向反对他的二人瞪大了眼睛。有人反驳他的时候，他的脖子转得特别灵活。

你以为，你对他的描述是对的，可那只是近似，会被日记所纠正。

这可能就是友谊的本质，如影随形——有人会表示欢迎，有人觉得遗憾，还有人压根没注意到……

九月二十六日。画家库宾[1]推荐了泻药雷古林。那是一种碾碎的海藻，会在肠道中膨胀，使其蠕动，因而产生力学作用，它不同于其他泻药不健康的化学作用，它们只是撕扯粪便，让它挂在肠壁上。

他在朗根附近见了汉姆生。他（汉姆生）没来由地狞笑，谈话过程中都没停过，他把脚抬到膝盖上，从桌子上拿起一把大裁纸刀，转着圈把裤子上的须边裁掉。他衣着简陋，有些细节还挺有价值的，比如说领带。

有关慕尼黑一家艺术家膳宿公寓的故事，里面住着画家和兽医（他们的学校就在附近）。它实在过于老旧，就连它对面屋子那扇窗户都被租出去了，因为从那里可以清楚地看见公寓。为了满足这些围观者，公寓房客有时候会跳到窗台板上，摆出猴子的姿势在汤锅里舀汤喝。

一个用霰弹爆破制造风化效果的假古董制造者谈起一张桌子："我们还得在这桌上喝三次咖啡，然后就能把它送去因斯布鲁克博物馆了。"

库宾本人：非常强壮，不过面部表情稍显单调，他以同样的肌肉紧张程度描述最多样化的事物。他坐着、站着、穿着大衣，或是只穿西装的时候，看起来年龄、个头和体型都不相同。

九月二十七日。昨天在文策尔广场遇见两个女孩，我的目

---

1 阿尔弗雷德·库宾（1877—1959），奥地利版画家、画家，亦写作。

光在其中一个姑娘身上停留了太久，而另一个姑娘太晚出现在我眼前，她身穿柔软、宽大、起皱的舒适棕色大衣，前襟稍敞，脖子纤长，鼻子精巧，正是那头发以一种已被遗忘的方式美丽着。——观景台上有个裤子松垮吊着的老男人。他吹口哨，我看他的时候他就不吹，我的视线一离开，他又开始吹了，最后，哪怕我盯着他，他也照吹。——漂亮的大纽扣，漂亮地被安放在女孩衣服的袖子下面。衣服也穿得漂亮，在美式靴子上悠荡。在我眼里，成功的美丽是如此稀少，这枚不被注意的纽扣与对此一无所知的裁缝却成功了。——女叙述者走在前往观景台的路上，生动的眼睛罔顾片刻的言辞，满足地展望着她的故事，直到最后。——一个强健姑娘的半转颈。

九月二十九日。《歌德日记》。一个不写日记的人对日记的立场是错误的。比方说，如果他在歌德的日记中读到："一七九七年一月十一日，一整天在家忙于各类整理工作。"在他看来，他本人在一天里做过的事情可能还没这么少过。

歌德在旅行中的观察与如今的观察不同，因为它在一辆驿马车中进行，会随地形的缓慢变化演变得越来越简单，即便是不了解那些地区的人也可以越来越轻松地将其捕捉。就此产生了一种平静而刻板的风景思维。由于该地区的原生特性在马车中的乘客眼里并未受到损害，而且和铁路轨道相比，乡间道路穿过土地的方式也更加自然，它之于铁轨，或许正如河流之于运河，如此一来，观察者也无需采取暴力，他可以轻而易举地进行系统的观察。因此，瞬间的观察很少，且大多是在室内，某些人仿佛在眼前无穷无尽地轰鸣，比如海德堡的奥地利军官，相反，写及维森海姆的男人的段落就更接近风景："他们身穿蓝上衣，白色的背心上饰以编结的花朵（据记忆摘引）。"对沙夫豪森附近的莱茵瀑布描写甚多，中间用较大的字体写着："激动的思绪"。

卡巴莱剧《灯笼》。陈列着露西·科尼施[1]留古老发型的照片。修得极其光洁的脸。有时候，她成功地自下方微微挑起鼻子，举起手臂，转动每一根手指。胆小鬼的脸庞。——朗根[2]（即画家彼得曼）模仿别人的噱头。一场显然没什么趣味的表演，却料想不到它可以那么无趣，因为这种戏又不可能每晚上都演，特别是因为它在创作之时就是如此无趣，甚至不具备一种合理的模式，好让全人类不要出现得如此频繁。丑角潇洒一跃，翻过一张扶手椅，跳入舞台侧幕的空隙。这一切让人想起私人聚会中的演出，出于交际的需要，一场费力而无关紧要的表演得到了如雷的掌声，为了取得圆满的效果，人们借轰烈的掌声弥补表演的不足。歌手瓦夏塔。糟糕透顶，看到他就让人觉得迷惘。不过，因为他是个强悍的人，他以一种肯定只有我才明白的残酷力量勉强维持住了观众的注意力。

格吕鲍姆只是以他自身存在表面上的所谓绝望来制造效果。

女舞者奥迪斯。僵硬的臀部。实在没什么肉感。红色的膝盖只适合跳《春日心情》这支舞。

---

1 德国女演员，生卒年不详。
2 朗根后来写了捷克作家雅罗斯拉夫·哈谢克（《好兵帅克》的作者）的传记。下文提到的格吕鲍姆是一名喜剧演员。——原编者注

九月三十日。前天隔壁房间的姑娘（H. H.）。我躺在长沙发上，半梦半醒间听到她的声音。在我眼里，她的穿着尤其厚重，不只是裹在衣服里，更是裹在隔壁整间屋子里，只有她那对成形的、赤裸圆润的、强健黝黑的肩膀撑起了她的衣服，我在游泳池里见过它们。一瞬间，我觉得她似乎在蒸腾，用她的蒸汽充满了隔壁的整间屋子。然后，她站在灰烬般灰的紧身胸衣里，那下衣摆离身体如此之远，你甚至可以坐在上面，从某种程度上来说，可以骑在上面。

还是库宾：哪怕从他嘴里扯出来的那些话里看得出，他根本不同意对方的观点，却无论如何还要用赞许的语气复述对方的最后几个字。惹人厌烦。——听了他的很多故事，你就会忘了他可贵的地方。突然想起来的时候就会被吓到。我们正谈到，我们要去的一家馆子挺危险的，他说那他不去了，我问他是不是害怕了，他回答的时候还挽着我的手臂："当然了，我还年轻，打算做的事情还有很多。"

整个晚上，他频繁谈起他和我的便秘，而且在我看来相当严肃。然而，接近午夜，我把手垂在桌子边缘的时候，他看见了我的一截手臂，便大喊："您原来真的生病了啊。"自此之后他对我迁就多了，后来还帮我挡下了其他打算劝我一起到 B. 去的人。我们都已经道完别了，他还在很远的地方对我大喊："雷古林！"

图霍尔斯基[1]与萨夫兰斯基[2]。送气音特别多的柏林方言，说这

1　科特·图霍尔斯基（1890—1935），德国记者、讽刺作家。
2　科特·萨夫兰斯基（1890—1964），德裔美国记者、插画家。

种方言的时候，声音需要靠"nich"构成停顿。前者就是个完完全全的二十一岁小伙子。先是适度有力地挥动散步用的手杖，让肩膀青春洋溢地举起，接着是对他自己的文学作品审慎的消遣与不屑。他想成为辩护律师，只看到了些许障碍，同时也看到了消除这些障碍的可能性：据说滔滔不绝地用阳刚的声音讲完前半个小时，他明亮的声音就会变得像少女一样——对自身能力的怀疑反倒变成了渴望体验更多世间浩瀚的姿态——最后，畏惧转变为悲世之情，就像他在与他志向相近的老一辈柏林犹太人身上注意到的那样，不过眼下他还完全没有察觉到这一点。他马上就要结婚了。

萨夫兰斯基，伯恩哈德[1]的学生，绘画和观察的时候做鬼脸，这和他画的东西有关。这让我想起，在这方面我的转换能力就很强，就是没人注意到。有多少次我不得不模仿马克斯呀。昨天傍晚回家的路上，我可以把自己误认为图霍尔斯基的旁观者。那么在我身上的陌生生命必定是明晰又不可见的，就像拼图中隐藏的东西，如果你不知道它藏在那儿，就永远都找不到它。在这样的转换中，我特别愿意相信自己的眼睛有着模糊的视线。

十月一日。历久弥新的犹太会堂。科尔尼得累[2]。证券交易所里低沉的喃喃细语。前厅的捐款箱上印着："宽和的供物寂静地平息不满。"内部宛如教堂。三位虔诚的犹太人显然是从东边来的。穿短袜。在祈祷书前弯下腰，把祈祷披风罩在头上，显得尽

1　卢奇安·伯恩哈德（1883—1972），德国字体设计师、艺术家。
2　赎罪日祈祷开始的祷文。——原编者注

可能矮小。两个人在哭，只是被节日所打动？其中一个或许只是
眼神悲痛，他匆忙用依旧都是褶皱的麻布遮住眼睛，好立刻再次
把脸贴近经文。祷词其实（或者说主要）不是唱出来的，而是从
这祷词后方，于继续编织得发丝般纤细的词语中牵拉出来的阿拉
伯式花纹。那个小男孩对这一切没有丝毫概念，也没有辨别方向
的能力，耳畔都是噪声，在拥挤的人群中被推来搡去。一个看似
伙计的人在祈祷时迅速地颤抖，这只能被理解为试图尽可能强调
每一个词的音调（即便它或许是不可理解的），饶是嗓音受到了
保护，它也无法在噪声中形成一种清晰而明显的强调。妓院老板
一家。在平卡斯犹太会堂，我被犹太教的东西搞得元气大伤。

　　大前天。一位窄脸犹太女子，更确切地说：一张在狭窄的下
巴中走失却被波浪般延展的发型摇曳得宽大的脸。自建筑内部通
往沙龙的三扇小门。客人们像是在舞台上的警卫室里。桌上的饮
料几乎没人碰过。平脸女人身穿棱角分明的裙子，只有很下面的
折边才会开始摆动。这里有些人穿得像儿童剧里的木偶，像是从
圣诞市场上买来的那种，也就是说，上面贴着镶边和黄金，缝得
很松，可以一下子就解开，然后在指缝间分崩离析。女主人的头
发是浅金色的，却无疑被令人厌恶的发板拉得很紧绷，鼻子塌得
厉害，其走向与下垂的乳房和僵硬的腹部形成了某种几何学上的
关系，她抱怨自己头疼，原因是今天星期六，麻烦的事情一大
堆，没什么乐趣。

　　有关库宾：汉姆生的故事很可疑。我可以从他的作品中讲出
成千上万类似的故事，说是我经历过的。

　　有关歌德："激动的思绪"只是由莱茵瀑布激起的思绪。从

一封写给席勒的信里能看出这一点。——"穿木鞋孩童的响板节奏[1]"，这萌发于片刻之间零星观察竟具有如此影响，受到了如此普遍的认同，难以想象会不会有人就算从未读过这句话，也会觉得这是他自己的原创的个人想法。

十月二日。无眠之夜。已经是连续第三天了。我入睡时很安稳，可一小时后就会醒来，像是脑袋伸进了一个错误的洞。我彻底醒了，有种根本没睡或是睡在一层薄薄的皮下面的感觉，入睡的任务重新摆在眼前，我觉得自己被睡眠拒绝了。从现在开始，一整晚都是这样，一直到五点左右，我虽然睡了，但同时，激烈的梦境很快又让我醒来。我简直是睡在我身边，自己却在梦里缠斗。到了五点，最后一丝睡意消失殆尽，我只做梦，这比醒着更累人。简而言之，我整晚都处在一个健康人真正入睡前持续片刻的那种状态中。醒来时，所有的梦都聚在我身边，但我避免去思考它们。清晨将至，我在靠垫上叹气，因为对这一晚所有的期待都已告吹。我想起了那些夜晚，最后我从深睡眠中爬起来，醒来的时候就像被锁在一枚坚果中。

今天夜里有个可怕的鬼魂，是个盲童，似乎是我在莱特梅里兹的姨妈的女儿，顺便说一句，她没有女儿，只有儿子，其中一个儿子摔断过腿。另一方面，这孩子和 M. 博士的女儿之间有关系，我不久前见过这位女儿，她正在从一个漂亮的孩子慢慢变成一个肥胖的、穿衣风格僵硬的姑娘。这个失明的，或者说是弱视

1　引申自歌德于一七九七年九月三十日的日记"响板是穿木鞋孩童的节奏"。

的孩子的双眼被一副眼镜遮住，乳灰色的左眼圆圆地凸出，离镜片极远，另一只眼向内凹，盖在一片紧贴在侧的镜片下。为了让这副眼镜真正发挥矫正视力的功效，不能用寻常那种反架在耳朵上的眼镜腿，必须得用杠杆，杠杆的头部没法固定在别的地方，只能安在颧骨上，这么一来，镜片上得有一根小棍子伸进脸颊下方，在穿了孔的肌肉中消失，一直戳到骨头，与此同时，另一根金属丝小棍子伸出来，回到耳朵上面。

我相信，失眠只是因为我写作。因为哪怕写得再少、再差，我对这些细小的激动都很敏感；临近傍晚，我受到的冲击尤其厉害，到了清晨就更厉害了，一种压倒性的、将我撕裂的状态随时都会出现，它或许能让我无所不能，而其后，我在普遍的噪音中不得安宁，它留在我心中，我没有时间指挥。毕竟这种噪音只是一种压抑的、克制的和谐，它的释放彻底将我盈满，甚至将我延展至远方，依然将我盈满。然而现在，除了微弱的希望，这种状态只会给我造成伤害，因为我的本性中还没有足够的理解能力来承受当前的混杂。白天，可见的世界帮助我，夜晚，它不受阻碍地切割我。这时候我总想起巴黎，想到围困期间的巴黎，还有后来一直到公社时代的巴黎，巴黎人直到那个时候还很陌生的北部和东部近郊人口在几个月的时间里简直是每个小时不停歇地穿过四通八达的街道，如时钟的指针般向巴黎城中心挪移。

我的慰藉是——我现在带着这种慰藉躺下——我很久都没有写作了，因为这种写作还无法适应我现在的状态，可但凡有一点点男子气概，起码它肯定能够暂获成功。

我今天实在太虚弱，甚至把这个孩子的故事告诉了我的老板。——现在我想起来了，梦里的眼镜出自我的母亲，傍晚她坐在我旁边，打牌的时候她从夹鼻眼镜下面瞧着我，神色不怎么愉快。我不记得以前有没有注意到，这副夹鼻眼镜甚至也是右边的镜片比左边的更靠近眼睛。

十月三日。同样的夜晚，只是入睡更加困难。入睡时，一道垂直行进的疼痛浮现在鼻根上方的头部，像一道挤压得太厉害的抬头纹。为了让自己尽可能变沉——我认为这有利于入睡——我双臂交叉，手放到肩膀上，我躺在那儿，像个满负荷的士兵。又是我梦的力量，它在入睡前就闪耀着清醒的光芒，让我无法入睡。傍晚和早晨，我创作能力的意识难以估量。我感觉自己有所松动，直至天性的基底，只要我愿意，就可以把它从我体内举起来。这种对此类力量的激发，然后又不允许它发挥效用，让我想起我和 B. 的关系。在这段关系里，也有得不到释放却不得不在反冲力中自我毁灭的情感倾泻，只不过在这里——这就是区别——它和神秘的力量以及我最后的事情有关。

在约瑟夫广场，一辆大型旅游汽车从我身边驶过，车上一家人坐在一起，紧挨着彼此。汽车后面，巴黎的微风随着汽油味掠过我的脸庞。

在办公室口授一条较为重大的通知给地区行政总部。到了结尾处本该升华的时候，我卡壳了，没别的事可做，我只好盯着 K. 小姐，她照着习惯，变得格外活泼，移动扶手椅，咳嗽，四处叩击桌子，把整间办公室的注意力都吸引到我的不幸上。搜寻突如其来的想法此时也有了让她安静下来的价值，而越有价值的东西就越难找到。我终于想到了"严厉谴责"这个词，还有与之匹配的句子，可我仍旧带着厌恶与羞耻感，把一切含在嘴里，仿佛它是生肉，是从我身上切下来的肉。最后，我把它说了出来（费了多大的努力啊），却保留了一份巨大的畏惧：我的一切都为创造的作品做好了准备，这样的作品对我来说是一种天堂般的解脱，一场于我而言真正的赋生，而在这间办公室里，为了这么一份可恶的文件，我不得不从有能力获得此等幸福的身体上夺下一块肉。

十月四日。我不安，我充满恶意。昨天入睡前，我脑袋里的左上方有一团闪烁冰凉的小火焰。我的左眼上已经笼罩着一股紧张感。如果想起来，我觉得，即便有人告诉我，一个月以后我就自由了，我也没办法在办公室里忍受这样的一个月。然而，在办公室我通常都尽职尽责，如果确定可以让老板满意，我就相当平静，并不觉得自己的状态很糟糕。顺便说一句，昨天晚上我故意让自己变得迟钝，我去散步、读狄更斯，然后就觉得健康了一点，没有力气去悲伤，我认为悲伤是合理的，即便它已经退到离我有些距离的地方去了，不过我也因此希望获得更好的睡眠。睡眠确实是深了些，但还不够深，而且常常被打断。我自我安慰道，虽然我再次压制了体内巨大的运动，但我不打算听之任之（从前经历过这样的事情以后我总是这样），反而想对这运动的余波保持敏锐的认识，这是我以前从未做过的事。也许我能借此找到自己心里隐藏的坚韧。

临近傍晚，我房间长沙发的黑暗中。为什么人要花很长时间辨认一种颜色，可经过具有决定性的理解转向之后，他又对这种颜色越来越深信不疑。如果前厅的灯光与厨房的灯光同时从外面照在玻璃门上，那么发绿的，或者这么说吧，为了不减损安全的印象，绿色的光线几乎完全倾泻在玻璃片上。如果关掉前厅的灯光，只保留厨房的，那么接近厨房的玻璃片就会变成深蓝色，而其他的是泛白的蓝，白得磨砂玻璃上的所有图案（非写实的罂粟花头，藤蔓，各种四边形和叶片）都消失了。

下面街道与桥梁上的电灯投射在墙壁和天花板上的光与影是无序的，部分斑驳，相互重叠，难以查验源头。恰是在下面安装电弧灯和装修这间屋子的时候，没有顾及家庭妇女的想法，正如在这个时段从长沙发上看出去，我的房间没有属于自己的照明。

从下面飘荡的电灯处投射到天花板上的光芒泛着白，捉摸不定地沿着一面墙向天花板行进，机械地停滞，在边缘处断裂。——在路灯新亮起来的、彻底的反光中，地球仪立在上方灼照着纯净微绿光辉的洗衣箱上，它的弧拱上有一个光点，似乎这光对它来说过于强烈，尽管光线掠过它的平滑，留下了一枚棕兮兮的皮革苹果。——前厅照来的光在床边墙面上形成一大片光明，一条弓形线自床头束缚着它，暂时压低了床，拓宽了黑暗的床柱，抬高了床上方的天花板。

十月五日。几天来第一次重新感到烦躁，甚至在写这篇日记之前也是。对我妹妹的怒火，她走进我房间，拿了本书坐到桌边。等待下一次释放这种愤怒的小机会。最后，她从盒子里拿出一张名片，放在牙间捣来捣去。随着怒火消失，我的脑海中只剩下一团尖锐的蒸汽，还有开始到来的释怀与自信，我开始写作。

　　昨晚在萨伏伊咖啡馆。犹太人社群[1]。——K. 女士的《模仿男人的女子》。身着阿拉伯长袍，黑短裤，白长袜，黑色的马甲中现出一件薄薄的白色棉布衬衫，衬衫前面用一枚棉线纽扣固定在脖子上，下面卷在一个又宽又松的、长长地向外翻露的领子里。蓄着女人头发的脑袋上戴着一顶深色的无沿小便帽（平时若有必要，她的丈夫也会戴），再上面是一顶柔软硕大的黑帽子，帽檐高高地翘起。——实际上，我不清楚她和她丈夫扮演的是什么角色。如果我想向某个人解释这些人物，又不愿在他面前承认自己的无知，我大概会断言，我把他们看作社工，看作会堂里的工作人员，看作由圈子供养的、出了名的懒骨头，看作出于宗教原因而在某种程度上受到优待的叫花子。他们是一些因为地位特殊而恰好离社群生活核心非常近的人，是一些因为无用且警醒的徘徊而学会了许多洞察社群成员情况的歌曲，却又因为缺乏与职业生活的联系而对这些情况一无所知的人。他们是形式上特别纯粹的犹太人，因为他们的生活里只有宗教，却没有劳苦、理解和悲痛。他们似乎把所有人都当作傻瓜，一个贵族犹太人被谋杀后，他们随即大笑，他们把自己出卖给叛教者，被揭露出来的凶手服毒自杀。呼唤上帝时，他们跳舞，手因狂喜而压在颊边的发上，而这一切，都不过是因为他们轻如羽毛。但凡受到一点外力，他

1　一个东欧犹太演员组成的巡回演出团，自那时起，它对卡夫卡的生活与成长发挥了重大的作用。剧团把一个不怎么有名的小咖啡馆作为剧院。我们于一九一〇年（五月）在同一家咖啡馆观看过另一个剧团的类似表演。——原编者注

们就躺在地上，十分敏感，立刻就能用一张干巴巴的脸哭出眼泪（他们痛哭时的鬼脸），可外力一消失，他们就没有丝毫自重量，必须得立刻往高处跳。

因此，一场严肃的戏剧肯定会让他们特别担心，例如用拉丁语写的《受洗者》[1]，因为他们总以全身形象出现在舞台前方，常常踮着双脚，而且他们并没有解释戏剧中激动人心的地方，反倒把它弄得支离破碎。然而现在，戏剧的严肃性在如此封闭、被一致的感情绷紧的台词中展开，甚至在可能出现的即兴表演中得到了平衡，哪怕情节只在舞台背景中进行，也始终保留其意义。更像是两个身穿长袍的人被押到这里或那里，这很合他们的天性，尽管他们张开手臂、打着响指，人们却只能看见后面服下毒药的凶手，他的手放在其实过于宽大的领子边，踉跄着向门口走去。

旋律很长，身体乐于随着它摆动。由于悠长的旋律笔直行进，若要与之相合，最好是摇晃起臀部，在平静的呼吸中抬起并放下伸展的手臂，把手掌贴近太阳穴，小心别触碰到它。有点让人想到施拉帕克[2]。

题致"犹太儿童的笑声"的一些歌曲，还有台上这个女人的一些眼神，把我们这些观众吸引到她身边，因为她是犹太人，因为我们也是犹太人，对基督徒没有渴望或好奇，我的脸颊一阵颤抖。除了一个服务员，还有两个站在舞台左边的女仆。政府代表大概是大堂里唯一的基督徒，他是个可怜人，脸上涌起一阵抽

1　《受洗者》（字面意思为《被毁灭者》）。从此处描写的两位构成和声的人物中，可以确凿无疑地看出小说《城堡》中两个"帮凶"最初的雏形。——原编者注

2　一种捷克民间舞蹈。——原编者注

搐，尤其是左半脸，也强烈地波及右半脸，它以近乎审慎的速度缩紧并松开脸颊，我指的是秒针的那种易逝，但具有规律性。它经过左眼时几乎就要消失了。为了这种收缩，平时完全腐朽的脸上长出了鲜嫩幼小的肌肉。

关于《塔木德》旋律的明确问题、宣誓或阐释：空气进入管道，携管道同行，为此，一个整体而言很骄傲、弯曲处很谦恭的巨大螺丝钉从遥远而渺小的开端朝着受众的方向拧。

十月六日。舞台长桌前方坐着的两位老者。其中一个两臂倚在桌上，只扬脸转向右边的舞台，虚肿的红晕和下面不规则的、没有光泽的四方形胡须悲伤地掩盖了他的年纪；另一个人则正对着舞台，那张因年龄而变得相当干涸的脸没被桌子挡住，只有他的左臂靠在桌子上，右臂弯在空中，便于更好地欣赏旋律，他的脚尖跟着旋律，右手中短短的烟斗虚弱地应和着。“老爹，跟着唱呗。”女人一会儿对着一个喊，一会儿又对着另一个喊，她稍稍弯下腰，向前伸出手臂，作催逼状。

这种旋律很容易抓住每一个跳起来的人，还能包容他所有的热情，不让它破碎，即便有人不愿相信，它也会使他信服。因为两个身着长袍的人特别急着歌唱，仿佛他们的身躯依照他们最基本的需求而延展着，而吟唱时紧握的双手显然昭示着演员心中人类至高的幸福。——某个角落里，老板的孩子们与舞台上的K. 女士保持着孩童般的关系，与她一同唱着，他们噘起的双唇间的口中满满都是旋律。

剧情是这样的：早在二十年前，塞德曼，一个富有的犹太人前去受洗，显然是受了所有犯罪本能的感召，当时他毒死了自己的妻子，因为她不愿被迫接受洗礼。自那时起，他尽力遗忘那些诚然无意却一直回响在他的话语间的通俗语，尤其是在开头，好让观众注意到，而且，还因为即将发生的故事还给这些话留下了时间，它不断地表达着对所有犹太人极大的厌恶。他把女儿许配给军官德拉戈米洛夫，她爱的却是自己的表兄，一个年轻的贵族。在盛大的一幕戏中，她以一种不寻常的僵硬姿势直起身子——只有腰部是弯曲的——向父亲宣布她忠于犹太教，并对他加之于她的胁迫发出一声轻蔑的笑声，结束了一整幕戏（这出剧里的基督徒是塞德曼乖顺的波兰仆人，后来在揭露主人真面目时作出了贡献，乖顺首先是因为，冲突必须集中在塞德曼这个人物身上。除了对军官的债务有所描写，剧中对他着墨甚少，因为作为讲究的基督徒，没人对他感兴趣，就好比尔后出场的一位法院院长和最后出现的一位法院雇员。尽管马克斯称他为大屠杀的始作俑者，可院长的恶并未逾越他职务所要求的，也没有超过那两个穿长袍之人的快活）。然而，出于某种原因，德拉戈米洛夫只有在汇票得到承兑的情况下才能成婚，汇票是老贵族之物，尽管他即将前往巴勒斯坦、尽管他打算向塞德曼支付现金，却不愿交付这笔汇票。女儿在陷入爱河的军官面前格外倨傲，尽管她已经受洗，依然夸耀自己的犹太教徒身份，军官不知所措，手臂瘫软，两手松垮地绞在下面，带着求助的表情看着她的父亲。女儿逃到了贵族处，想和情人结婚，哪怕是暂时秘密成婚都行，因为按照世俗法则，犹太人不可以和基督徒结婚，而且她显然不能在没有父亲首肯的情况下皈依犹太教。父亲来了，看出要是不施些诡计，一切就全完了，他表面上祝福了这桩婚姻。所有人都原谅了他，甚至开始爱他了，仿佛人人都有过错，甚至老贵族也不例外——尤其是他，哪怕他知道是塞德曼毒死了自己的妹妹。（这一漏洞或许是因为剧本有删节，但也可能是因为该剧主要是由一个剧团口头传给另一个剧团的。）借着这样的和解，塞德曼首先获得了德拉戈米洛夫的汇票，因为"你知道的"，他说，"我不想让这个德拉戈米洛夫说犹太人的坏话。"老贵族便把汇票白送给他了，接着，塞德曼把他叫到幕后的门帷处，说是要给他看点东西，却从后面致命一刀，刺穿了他的睡袍，直插在背后。（在和解与谋杀中间，塞德曼离开了舞台片刻，想出了这个计划，还买了刀。）他打算借此把年轻的贵族送上绞刑架，因为嫌疑一定会落到他头上，那么他的女儿对德拉戈米洛夫来说就是自由人了。他逃跑了，老贵族躺在门帷后面。女儿披着婚纱，挽着年轻贵族的手臂出场，他穿着祈祷衫。不幸的是，如他们所见，父亲还没有到。塞德曼来了，见到新郎和新娘，装作很高兴的样子。这时，一个男人现身了，或许是德拉戈米洛夫本人，或许只是一名演员，其实于我们而言只是一位不认识的警探，他宣称必须要搜查房子，因为"在这座房子里生活是不安全的"。塞德曼说："孩子们，别担心，这当然是错的，肯定是这样。一切都会水落石出。"老贵族的尸体被发现了，年轻贵族被人从爱人身旁拽走，遭到逮捕。在一整幕戏中，塞德曼以极大的耐心与强调得体而简短的插话（是，是，很好。可这不对。是，这好多了。当然，当然）指导两个穿长袍的人如何在法庭上证明所谓老贵族与年轻贵族经年来的仇恨。他们进展得很困难，误会重重，他们就这样出现在法庭现场的一次即兴排演上，并解释说是塞德曼委托他们以下列方式陈述事情的原委，最后他们竟如此沉浸在那种仇恨中，甚至——就连塞德曼也无法再阻止他们——有了展示谋杀案本身是如何发生的能力，男人用一只新月状小面包将女人刺倒在地。这自然画蛇添足。不过，塞德曼对两人已经足够满意，他期待在这两个人的帮助下，审判能够取得良好的结果。戏演到这里，对于虔诚的观众来说，已经无须多言，因为这不言而喻，上帝取代了畏缩的作者，亲自干涉，以盲目打击作恶的人。

最后一幕，永恒的德拉戈米洛夫又坐在那里，饰演法院院长（这里也显示出对基督教的轻蔑，一个犹太演员完全可以扮演三个信基督教的角色，就算演得很糟糕也无所谓），在他身边扮演辩护律师的人头发和胡须都特别茂盛，很快她就被认出来了，那是塞德曼的女儿。虽然观众很快就认出她了，但考虑到德拉戈米洛夫，大家都觉得她是替补演员，直到戏演到一半，人们才意识到她是为了拯救她的爱人而打扮成这样的。两个穿长袍的人应该单独提供证词，可这对他们来说太困难，因为他们是两个人一起演练的。而且他们听不懂院长的标准德语，不过情况变得太过糟糕时，辩护律师帮了院长一把，通常都是悄悄地向他耳语。然后，塞德曼出场了，他早就试图以拉扯衣服的方式来指挥那两个穿长袍的人了。他通过流利而坚定的讲话、明白事理的态度和与法院院长间恰当的谈话给先前的证人留下了良好的印象，这和我们了解的他形成了一种骇人的对比。他的证言相当空洞，遗憾的是，他对整件事知之甚少。但是，现在最后一个证人，那个仆人，登场了，实际上他才是真正指控塞德曼的人，而他并没有意识到。他见到塞德曼前去买刀，他知道，关键时刻和老贵族在一起的是塞德曼，最后，他还知道塞德曼憎恨犹太人，特别是老贵族，而且他觊觎老贵族的汇票。两个穿长袍的人跳了起来，高兴地证实了这一切。塞德曼为自己辩护，说自己是个有点糊涂的正人君子。此时话题转向他的女儿。她在哪儿？她当然在家，也觉得他说得对。不，她可不这么觉得，辩护律师道，而且打算证明这一点，她转身走向墙壁，摘下假发，转过身，以他女儿的身份面向惊恐的塞德曼。她取下小胡子的时候，上唇的纯白看起来很具惩罚性。为了逃避世俗的正义，塞德曼服下毒药，承认了自己的罪行，却几乎不是向着人类，而是向着他此刻认可的犹太人的上帝。在此期间，弹钢琴的人敲出了一段旋律，两个穿长袍的人感觉受到了触动，必须跳着舞离场。团聚的新婚夫妇站在背景中，以古老犹太会堂的习俗伴着旋律唱了起来，尤其是严肃的新郎。

两个穿长袍的人首先登场。他们带着会堂的募款盒走进塞德曼的房间，环顾四周，局促不安，对视起来。他们的手沿着门柱摸索，没有找到美苏沙[1]。其他的门上也没有。他们不愿相信，在各扇门边高高跳起，像扑苍蝇那样起起落落，一次次地拍打着门柱的最高处，发出响声。可惜都是徒劳。到现在他们都一句话没说。

K. 女士和去年来的 W. 女士有相似之处。K. 女士的气质或许弱了三分，也更单调，但她更漂亮、更得体。W. 总是幽默风趣，

1　字面意思为门柱。在每个正统犹太人的家门上都有一个套筒，里面装着羊皮纸卷轴，记录了《圣经》中特定的片段。——原编者注

用她的大屁股顶一顶合演的人。另外，她身边有个很糟糕的女歌手，我们都完全不认识她。

"模仿男人的女子"其实是个错误的说法。由于她被裹在袍子里，她的身体已经被彻底遗忘了。只有肩膀耸起、背部转动的时候——就像被跳蚤叮咬时那样——她才让我们想起她的身体。袖子虽短，每分每秒却都在向上翻卷，观众希望这对于一位有那么多唱词，还要用塔木德的方式来阐述的女士来说是种极大的慰藉，也希望这样的慰藉能发生在自己身上。

希望能看一场盛大的意第绪语戏剧，但演出可能会苦于人员稀少与排练不准确。还希望了解意第绪语文学，显然，其中体现的是不曾间断的民族战争立场，它奠定了所有作品的基调。换而言之，任何文学作品，甚至是受压迫人民的文学作品，都没有一贯地体现出这样的立场。或许其他民族在战争时期会如此，民族的抗争文学独占鳌头，其他与此关系稍远的作品借观众的热情在此意义上取得民族的表象，比如《被出卖的新娘》，可这里似乎只有第一类作品，而且永远都是这样。

见到简朴的舞台，它和我们一样静默地等待演员们的到来。由于它用三面墙、椅子和桌子就必定可以应付所有的流程，所以我们对它不抱期待，反之，我们尽全身力气期待演员，因此，我们不加抵抗地被空墙后引人遐想的歌声吸引。

十月九日。如果我能活到四十岁，很可能会娶一个上牙龅起得有点从上唇裸露出来的老姑娘。在巴黎和伦敦待过的 K. 小姐，她的上门牙相互挤压，就像局促地交叉在膝盖上的双腿。可我很难活到四十岁，就好比说，我左半边的头盖骨常常有种紧张感，它感觉就像内心的麻风。当我忽略这种不适，只想观察它的时候，它给我留下的印象就像学校教科书里看到的头颅横切面，或者像在活着的躯体上进行的、几乎无痛的解剖，刀子在那里，让人有些冷，小心翼翼地，常常停下来又回到原位，有时候静静躺着，把非常接近大脑工作部位的叶子一般薄的鞘体分割得更远。

昨夜里的梦，就算从前我也不觉得是好梦，除了由一对相反意见构成的小小可笑场景导致了那种闻所未闻的梦之快乐，但我已经不记得了。

我穿过——我不知道马克斯是不是一开始就在身旁——一长排有两三层楼高的房子，就像在普通快车上，从一节车厢走到另一节车厢那样。我走得飞快，也许也是因为有时候房子太碰不起了，单单是因为这样，你就得匆匆忙忙的。我甚至完全没有注意到房屋之间的门，那本来就是一整套房间，不过，不仅每间房都不一样，就连房子也能看出不同之处。我穿过的或许全是有床铺的房间。我记忆中是一张典型的床，在我左侧，床上用具布设得很低，倚着黑暗或肮脏，也许如阁楼般倾斜的墙，床上的被子，其实只是一块粗糙的床单被睡在这里的人用脚聚拢在一起，垂在一个角上。我觉得，在很多人还躺在床上的时候就从他们的房间穿过很羞耻，所以我蹑着脚尖、迈着大步，不管怎么说，我希望借此表明自己只是被迫穿过，尽可能地小心，举步很轻，让我的穿行真正地不影响到任何人。所以，我在同一个房间里也从来不转头，要么只向右盯着小巷，要么向左盯着后墙。

这排房子常常被妓院隔断，尽管我似乎是为了它们才走这条路的，但我穿过妓院的时候特别快，于是除了它们的存在，我什么都记不得了。然而，整排房子的最后一间又是妓院，我就留在这里了。我进的那扇门对面有堵墙，也是这排房子的最后一堵墙，要么是玻璃做的，要么就根本是被打通了，如果我继续走，就会摔下去。它更可能是被打通了，因为妓女们靠着地板的边缘躺着。我眼前就有两个躺在地上，其中一个的脑袋稍稍悬在边缘外，露天耷拉着。左边是一堵坚实的墙壁，但右边的墙并不完整，往下面的院子里看，虽然见不到底，不过一段摇摇欲坠的灰色阶梯分几段向下面通去。从房间里的光判断，天花板和其他房里的一样。

我主要和那个垂着脑袋的妓女在一起。马克斯和他左边躺着的那个。我摸了摸她的腿，接着规律地按压她的大腿。我的快乐是如此强烈，惊讶起人们无需为这种消遣付钱，这正是最美好的。我坚信，我（只有我）在欺骗世界。然后，这个妓女的腿没动，抬起上身，背对着我，令我惊骇的是，她的背上有大圈大圈边缘苍白的火漆红，中间有溃烂飞溅的红斑。现在我发现，她全身上下满是这样的东西，我大拇指在她大腿上按住的就是这样的斑痕，我的手指上也有这种红色的小颗粒，像一枚破碎的火漆印记。

我退到一群似乎在等待的男人当中，他们靠着墙，在楼梯口旁边，那儿稍稍有人来往。他们就这么等着，像是农村来的男人在周日清晨的市场上那样等着。这么说今天也是星期天。就在这里发生了可笑的一幕，一个我和马克斯有理由害怕的男人从中离开，然后他走上楼梯，向我走来，正当我和马克斯害怕地等着他发出某些可怕的威胁时，他问了我一个幼稚得可笑的问题。然后，我站在那里，忧心忡忡地看着马克斯无所畏惧地坐在这餐厅某处的地面上，喝着一碗浓郁的土豆汤，里面的土豆像一颗大球那样露在外面，主要也就那么一颗。他用勺子把它压进汤里，或许用了两把勺子，要不就只是把它搅了搅。

十月十日。在《杰钦-博登巴赫报》上发表了一篇支持和反对机关的诡辩文。

昨天傍晚，护城河上。排练完，三个女演员迎面朝我走来。如果还想看看她们身后的两位男演员——他们迈着过于摇摆但依旧叫人振奋的演员步子——就很难迅速辨认三个女子的美丽。左边的那位男演员长了一张青春的胖脸，敞开的上衣拍打着他强壮的身材，足以彰显他俩的个性，两人走到女士前面，左边那个站在人行道上，右边那个站在下面的车道上。左边的高高抓起帽子，把五个手指全伸进去，把它举起来，喊道（右边的那个才想起来）："再见！晚安！"不过，当这样的超越与问候把先生们分开的时候，被问候的女士们继续走，像是由离道路最近的那个（她似乎最瘦弱、最高挑，但也最年轻、最漂亮）引领，她们全然不为所动，淡淡地应了一声，几乎没有停下彼此间协调的谈话。在我看来，此刻的一切有力地证明了本地的戏剧环境是有序的、管理有方的。

前天在萨伏伊咖啡馆的犹太人那里。费曼的《赛义德之夜》。有时候我们不介入这样的情节（这一刻我陡然意识到），只是因为我们过于兴奋，而不是因为我们只是观众。

十月十二日。昨天在马克斯那儿写了巴黎日记。在半暗的利特巷里，肥胖亲切的 R.[1] 身穿秋装，我们只见过她穿夏日衬衣和蓝色薄外套时的模样，毕竟一个外貌并非完全无瑕的女孩这么穿比不穿还让人不愉快。这时候，我才在没有她血色的脸上见到了那只硕大的鼻子，可能要用手按压很久才能在这张脸颊上见到红印，见到了在脸颊和上唇上堆积的浓密的金色汗毛，在鼻子和脸颊间迷失的铁路尘埃，以及上衣领口微微的白。不过今天，我们恭敬地跟在她身后，我因为没刮胡子，再加上一贯潦倒的外貌而不得不在费尔迪南大街前的通屋交会处与她告别，事后，我觉得对她有了一丝小小的悸动。而当我思考原因的时候，我总是只得告诉自己：因为她穿得如此暖和。

十月十三日。我上司光头上紧绷的皮肤到他额头上细微的皱纹间不存在艺术性的过渡。一种明显且非常易于模仿的自然的弱点。纸币就不应该照这个样子印。

我不觉得自己对 R. 的描写很成功，但肯定比我想象的好，或者是我前天对 R. 的印象一定太过残碎，才让描写与之相符，甚至超越了它。因为，昨天傍晚回家的时候，这一描述瞬间占据了我的脑海，不知不觉地取代了原先的印象，我相信，我是昨天才见到的 R.，而且马克斯并不在场，于是我准备把她的事情告诉他，正如我刚刚在这里写的那样。

1　为作品《理查德与塞缪尔》（见《卡夫卡短篇小说与散文集》）所做的预备工作。R. 是第一章中名为"朵拉·利珀特"的那位女士。——原编者注

昨天傍晚，在射击岛[1]上没找到同事，我立马就走了。我穿着小外套，手里拿着压扁的软帽，引起了一阵小骚动，因为外面挺冷，这里却被喝啤酒的人、抽烟的人和管弦军乐队里吹奏者的呼吸弄得很热。这支乐队没有站在高处，也不可能站得高，因为大厅特别低，乐队占满了大厅一端，一直站到了侧壁处。一群乐手被推进大厅的这一端，像是被装进去的。后来到了大厅里，这种拥挤感稍微消失了些，因为靠近乐队的座位相当空旷，只有靠近中心的位置才坐满了人。

K.博士喋喋不休。和他在弗朗茨·约瑟夫火车站后面晃了两个小时，我两手不耐烦地交叠在一起，尽量不去听，时不时地请求他让我离开。在我看来，但凡一个事业有成的人把自己讲进职业故事里，肯定会变得神志不清。他意识到自己有多精干，讲的每个故事之间都有关联，更确切地说，他掌握了若干故事的全貌，因为那是他经历过的，但时间短促，又考虑到我，他不得不隐藏许多细节。我也用提问的方式中断了一两个故事，可也把他引到了别的地方，借此让他知道，他同样深远地掌控了我个人的思维。在大多数故事里，他只是暗示，他本人都扮演了美好的角色，因此，隐瞒的事情在他眼里似乎更为重要。可是现在，我的赞赏让他如此确信，他也可以抱怨，因为即使处在不幸、辛劳和怀疑中，他也是个值得赞赏的人，连他的对手也都是精干的人，值得好好说说。一家律师事务所里有四个实习律师与两位主理律师，有一场官司，他一个人面对整间事务所，几个星期里他天天

---

1 位于布拉格中心的一座景观岛，古时用来举行射鸟的节祭，因此而得名。

都要和六个律师谈话。律所里最好的辩手，言辞犀利的法学家与他对峙——此外，据说最高法院的裁决很糟糕，前后矛盾——我用道别的口吻说了一嘴，有点给这场判决辩护的意思，他马上举出了这个判决无所辩护的证据，我们又得在巷子里上上下下了，我立刻感叹起判决之恶劣，他又解释，为什么非得这样，法院的负担太重了，为何为何，好了我得走了，可审议庭好多了，行政法院就更好了，为何为何，我终于忍不下去了，他现在用我的事情来试探我，因为我去找他（创办工厂），而且我们早就讨论过这件事了，他不自觉地想用这种方式绊住我，好把我再引诱到他的故事里去。现在我说了些什么，但说话的时候我明确地伸出了我的手以示道别，我总算自由了。

　　说起来，他的叙述很精妙，在他的叙述中，诉状精准铺开，言语生动，你常能在这类肥胖黝黑、暂且健康、中等身材、因吸烟不断而保持兴奋的犹太人身上见到这样的特点。司法用语为叙事提供了基石，被提及的条款数量众多，多得似乎要把它们移送至远方。每个故事都从头说起，兼顾正反两方的观点，并借由个人的插话正式使之动摇，首先提及的是没有人会想到等待无关紧要的事情，然后一句无关紧要就把它们推到一边（"一个男的，叫什么名字，无关紧要——"），听者本人被吸引、被诘问，临近的故事则愈加厚重，有时候，听者甚至会在听一个根本无法提起他兴致的故事时受到诘问，这当然是用来建立某种临时关系的无效之问，听者不能立刻插话进来，那样会很烦人（库宾），不过也得快，要掐着叙述过程中的恰当时机，这事实上是对沉浸在故事中的听者的一种奉承，因为这给了他一种特殊的权利：于此成为听众。

十月十四日。昨晚在萨伏伊咖啡馆看了 A. 戈尔德法登 [1] 的《书拉密》。这实际上是出歌剧，不过每个演唱的片段都是轻歌剧。在我看来，即便是此等细节也体现了一种固执己见的、过于仓促的艺术诉求，它也是因为错误的原因而变得炙手可热，并且在部分巧合的思潮中贯穿了欧洲艺术。

故事如下：一位英雄救下了一个在沙漠里迷失并受到干渴折磨而跌入蓄水池中的女孩（"我祈求你伟大强大的神"）。他们在水井和一只红眼睛的沙漠之猫的召唤下宣誓忠诚于彼此（"我的瑰宝，我的挚爱，我的辉煌，在荒漠中找到的"）。女孩书拉密（Ts. 夫人饰演）被阿布索隆（K. 饰演）野蛮的仆人辛基堂（P. 饰演）领回伯利恒，交给了她的父亲马诺阿赫（Ts. 饰演），阿布索隆则还要再去耶路撒冷一次，可他在那儿爱上了耶路撒冷的一位富家女阿维盖尔（K. 夫人饰演），他忘了书拉密，结了婚。书拉密在伯利恒的家中等待着爱人。"很多人去了耶路撒冷，都安安全全地回来了。""他，这个高贵的人，想对我不忠！"借绝望的爆发，她取得了抓住一切的信心，决定装疯，以此逃避婚姻，继续等下去。"我的意志是铁打的，我把心筑成要塞。"如今，她仍旧在多年伪装的疯狂中，强迫所有人允许她悲哀而响亮地享受对心爱之人的回忆，因为她的疯狂只和沙漠、泉水和猫有关。她用疯癫立刻赶走了三个追求者，马诺阿赫只能用组织抽签的方法才能

1　亚布拉罕·戈尔德法登（1840—1908），出生于俄国的犹太诗人、剧作家，被誉为现代犹太剧之父。

让他们和平相处。乔伊·格多尼（U. 饰演），"我是最强壮的犹太英雄"，地主阿维达诺夫（R.P. 饰演），大腹便便的牧师纳坦（洛维饰演）觉得自己比剩下两个人都强，"把她许配给我，让我随她去死"。阿布索隆很不幸，一个孩子被沙漠里的猫咬死了，第二个孩子摔进了水井。他想起自己的罪过，向阿维盖尔坦白了一切。"克制你的泪水。""别再用你的词劈开我的心了。""可惜我说的都是实话。"他俩周围显出几个思想形成的圈，然后又消失了。阿布索隆应该离开阿维盖尔，回到书拉密身边吗？书拉密也该受到怜悯。最后，阿维盖尔让他离开了。马诺阿赫在伯利恒抱怨自己的女儿："唉，我老了可怎么办。"阿布索隆用声音治好了她。"剩下的事，父亲，我以后会告诉你的。"阿维盖尔一心扑在耶路撒冷的葡萄园里，阿布索隆能拿来开脱的只剩下他的英雄主义。

演出终了，我们还在等待演员洛维，我想好好顶礼膜拜他一番。他应当像往常那样出来宣布："亲爱的来宾，我代表我们所有人感谢您的光临，并诚挚地邀请您观看明天的演出，将要上演的是举世闻名的杰作，由某某某出演。再会！"他挥挥帽子就走人了。

然而，我们看到幕布被紧紧地拉上，然后又试探性地拉开了一点点。这当中花了很久。最后，它被拉得很开，中间有个纽结把它系在一起，幕布后面，我们看见洛维向舞台前沿走来，他的脸朝着我们这些观众，手却抵御着从下面袭击他的某个人，直到整块幕布连同上面的铁丝扣突然被打算找个支撑点的洛维拽了下来。他就在我们眼前弯下膝盖，被扮演野蛮人的 P. 接住，洛维仍弯着腰，似是要去拉起幕布，脑袋简直像是从台上被推到了一侧。人们聚集在大厅侧翼。"把幕布拉起来！"有人在几乎没有半点遮挡的舞台上大喊，Ts.夫人带着书拉密那张苍白的脸庞悲惋地站在舞台上，矮小的侍者们站在桌椅上，把幕布拉上一半，老板试着安抚那位政府代表，代表一心只想离开，却被老板劝住了，幕布后传来Ts.夫人的声音："就这样，我们还想在舞台上向观众宣扬道德……"接管了明晚演出又在今晚表演前已经举行过例行全体大会的犹太公务员协会"未来"决定就此突发事件在半小时内召开一次特别会议，协会的一位捷克成员预言，演员会因为他们令人愤慨的恶行而彻底覆灭。突然，我们看见像是已经消失的洛维被领班R.用手，或许还用膝盖推到了门口。他就是得被撵出去。这个领班，早晚要和一条狗似的站在每个客人面前，包括我们，狗鼻子低低地沉在被卑微的侧褶封住的大嘴上，用他那张……

十月十六日。昨天是个辛劳的星期天。全体工作人员向父亲请辞。因为他友好的言语、亲切的态度、疾病的影响、高大的身材和早前的强壮，再加上经验与智慧，他在集体和私人的会谈中几乎把所有人都拉拢回来了。重要的办事员F.想再考虑到星期一，因为他已经答应了我们的总经理，总经理辞了职，想把所有员工都拉到他新开的公司去。星期天，会计写信说他还是不能留下，R.让他不要食言。

我坐车去齐兹科夫[1]找他。他年轻的妻子脸颊圆圆的，脸孔

1　布拉格的一个区。

长长的，鼻子又小又粗糙，这倒绝对不会毁掉一张捷克式的脸。一条过长、非常宽松、污渍斑斑的印花晨服。它显得特别长、特别宽松，因为她的动作特别匆忙，又要和我打招呼，又要把相册好好地放在桌面上当作最后的点缀，又要消失不见，前去喊她的丈夫。丈夫有着类似的动作，匆匆忙忙的，大概在模仿他极为依赖的妻子，向前弓着的上半身强烈地摆动，与此同时，下半身依旧显眼地落在后面。这就是我对一个认识了十年的人的印象。我经常见他，却很少关注他，现在突然与他有了进一步的接触。我这捷克语的劝说越不见成效（他确实已经和 R. 签了合同，只不过星期六晚上，他被我父亲搞得太惊慌失措，没有提到合同的事情），他的脸上就越流露出猫一般的神情。快到最后，我略微装出一种非常惬意的感觉，用拉得有些长的脸和眯起的眼睛默默地环视起了房间，像是在不言不语中追踪某些隐而不宣的东西。不过，我发现这么做并没有生效，他没有换另一种语气和我攀谈，反倒是我得重新开始和他搭话，当时我也没有不高兴。谈话由住在街道另一头的 T. 起头，以他在门口讶异于我在寒冷的天气中穿着轻薄的上衣告终。我典型的最初的希望和最终的失败。但我让他下午到我父亲那儿去一趟。我的论点在某些点上太抽象、太正式。没把妻子叫进房间是个错误。

为了留住那位办事员，下午去了拉多汀[1]。这使得我不能和我日思夜想的洛维在一起。车厢里：老妇人鼻尖的皮肤几乎还年轻而紧绷。那么，青春是否从鼻尖结束，死亡是否从那里开始？乘

---

1 布拉格的一个区。

客吞咽口水，顺喉咙滑下，嘴部的开启是他们判断铁路旅程的标志；其他乘客的组成、车厢里的温度，甚至是我放在膝盖上、有人时不时地瞟上两眼的小册子《潘[1]》(因为这毕竟是他们在车厢里不可能预见到的东西)，全都无懈可击、自然而不可疑，不过他们还是觉得，一切都可能会变得更加糟糕。

在 H. 先生的院子里来来回回，一条狗把一只爪子放在我摇晃的脚尖上。孩子、鸡，时而有成年人。动辄在廊道[2]上弯下腰，或是躲在门后的育儿保姆对我颇感兴趣。我不清楚此刻在她注视下的我是什么模样，是冷漠还是腼腆，是年轻还是衰老，是放肆还是正派，手是放在后面还是前面，是冷还是热，是喜爱动物的人还是商人，是 H. 的朋友还是来求他帮忙的，是比那些有时候不断迈着之字形步子走回小便池的与会者显得高明，还是因为穿着轻薄的上衣而显得可笑，是犹太教徒还是基督徒，等等。我走来走去，揩净鼻子，时而读一读《潘》，目光胆怯地避开廊道，却突然发现里面空空如也，我看着家禽，有个男人向我致意。透过酒馆的窗户，我看着男人们面向演说者那一张张彼此挨着、平坦又扭曲的脸，一切都有助益。H. 先生时不时地从会议中离席，我请求他利用对那位办事员的影响帮帮我们，是他把办事员介绍到我们店里的。黑褐色的胡须布满了他的脸颊和下巴，双眼和胡须间掩映着脸颊的阴暗色调。他是我父亲的朋友，我从小就认识他，从前我把他想成一名咖啡烘焙师，如此想象总让我觉得他比

1　希腊神话里的牧神，赫尔墨斯之子，掌管牧羊与自然。

2　捷克语中的这个词是阳台的意思，而在布拉格与维也纳的德语中，该词指沿着整个房屋院落一侧伸展的开放式或玻璃走廊。——原编者注

本人更黝黑、更具男子气概。

十月十七日。我什么事情都完成不了，因为我没有时间，内心却焦急万分。要是一整天都可以自由支配，我体内这股清晨的躁动能够升至中午，而且可以让自己一直疲惫到傍晚的话，我就睡得着了。然而，这种躁动最多只能在黄昏时分持续一个小时，它激烈了一些，然后被镇压，徒劳有害地掘开了我的夜晚。我能长久地忍受吗？再说，忍受这些有什么意义吗，我会因此获得时间吗？

拿破仑在埃尔富特的宫廷宴会上说："当我还只是第五团普通的一名中尉的时候……"（王室成员面面相觑，拿破仑觉察到后改了说法），当我还荣幸地只是中尉的时候，想到这段轶事时，我颈部的血管就因一种轻微的、人为地渗透到我体内的自豪感鼓胀了起来。

又去了拉多汀：后来我独自一人挨着冻，在花园的草坪上走来走去，然后，在敞开的窗户内，我认出了和我一起转向屋子这一侧的育儿保姆——

十月二十日。十八日在马克斯那儿，写巴黎的东西。写得不好，并未真正进入实际描述的野外，让人的脚步和体验脱节了。经历了前些天巨大的振奋之后，我也怔怔的，那一天是在洛维的朗诵中结束的。这一天我没什么特别的心绪，和马克斯一起去接了他从加布隆兹赶来的母亲，和他们一起去了咖啡馆，然后又上了马克斯家，他给我放了《珀斯丽姝》当中的一首吉卜赛舞。在这种舞蹈中，只有臀部随着单调的嘀嗒声滔滔不尽地摇摆着，脸上有一种从容而酣畅的表情。直到快接近尾声时，被诱出的内在野性短暂而迟缓地降临，撼动了身体，将它征服，压缩了旋律，让它时而高亢、时而低沉地鸣响（在我听来是特别酸楚、沉闷的音调），接着是一个不引人注目的结束动作。不论是舞蹈开始时，还是舞蹈进行时，都和吉卜赛民族性紧密相连，也许是因为一个舞起来如此狂野的民族只在朋友的面前这样自我表现。第一支舞给人留下了伟大真理的印象。然后我翻阅了《拿破仑名言录》。在转瞬之间变作一颗自己对拿破仑惊人想象的微粒是何其容易！我胸中如沸，回家去了，我经受不住自己那些想象，错综的、臃肿的、纷乱的、鼓胀的，聚在我周围轰鸣的家具的中央，它们掠过我的痛苦与忧虑，占据了尽可能多的空间，因为尽管我个头挺大的，可我极度紧张，像是走进了大礼堂。比如说，从我的坐姿，而且是从我确确实实的坐姿来看，我本可以以一个旁观者的身份立刻认清自己的状况。

洛维朗诵了沙勒姆·亚拉克姆[1]的幽默小品文，接着读了个佩雷茨[2]的故事、一首拜力克[3]的诗（只不过在这里，为了普及这首利用基希讷乌大屠杀服务于犹太人未来的诗，诗人纡尊降贵，不使用希伯来语，改用通俗的语言，他还亲自把它从希伯来语改成了通俗语），还读了罗森菲尔德[4]的《卖灯女子》。眼睛反复圆

1　沙勒姆·亚拉克姆（1859—1916），犹太裔俄国作家、剧作家。
2　伊萨克·莱布·佩雷茨（1852—1915），犹太裔波兰作家、剧作家。
3　哈伊姆·那赫曼·拜力克（1873—1934），犹太诗人，现代希伯来语诗歌的先驱。
4　莫里斯·罗森菲尔德（1862—1923），波兰犹太诗人。

睁，对演员来说很正常，它们就这样保持片刻，被挑起的眉头框住了。整场朗诵彻底的真实性。肩膀牵动右臂微微抬起，似乎是借来的夹鼻眼镜挪来挪去，在鼻子上非常不合适；桌子下面腿的姿势：两腿抻得特别开，尤其是大腿和小腿间薄弱的连接骨活动着，他背部的弧度看起来虚弱而悲惨，因为观察者在评判统一而单调的脊背时不会受到蒙骗，就像是透过眼睛、脸颊的凹陷与凸出，或者每个细节——哪怕是一根胡茬——观察一张脸庞。朗诵结束后，在回家的路上，我自觉所有的能力都聚集在我身上，因此和妹妹们抱怨，到家后甚至还和母亲抱怨。

十九日因为工厂的事情到 K. 博士那儿去了一趟。签订合同时，双方理论上必须产生轻微的敌意。我用双眼打探 H. 面对着博士的脸。两个人之间必须产生这种敌意，否则他们就没法习惯于思考彼此的关系，因而使得每件小事都不愉快。——K. 博士习惯在房间里走对角线，上身紧张地向前摆动，像是在沙龙里，一边还讲着话，走完一条对角线，他总把烟灰抖到分散在房中的三个烟灰缸中的一个里面。

今天上午去了 N. N. 公司。为了给他那来自东方的犹太人手势提供空间与支撑点，老板侧靠在躺椅上。手势和面部表情增强了彼此的视觉效应。有时候他把两者结合起来，为此，他不是看着自己的手，就是为了让听众感到舒服而把手贴在脸上。他说话时的语气带着庙宇的旋律，尤其是在列举数个要点时，他让旋律在指尖流转，似在跨越不同的音区。然后，护城河边上碰见了某位与父亲一同出行的 Pr. 先生，为了让袖子稍许往后褪一些，他甚至举起了手（他可能不想把袖子往后拉），在护城河边的中间地带，他滑开手，岔开手指，做起了有力的螺旋运动。

我可能病了，从昨天起，我身体四处发痒。下午，我的脸非常烫，颜色也不一致，剪头发的时候，我甚至害怕总能看见我和我的镜像助手从我身上认出一场大病。胃和口间的联系也有些受妨碍，一个金币大小的盖子不是时不时地升降，就是躺在下面，带着压迫感地扩散，覆盖了胸口表面，向上辐射。

还是在拉多汀：我邀她下来。第一次严肃的回答，尽管她直到现在还在和与她相熟的姑娘一起对着我窃笑、卖俏，不过自从我们相识的那一刻起，她就再也不敢了。后来，即便我在楼下受冻，她在楼上敞开的窗边受冻，我们还是一起笑了很久。她把胸脯压在交叉的手臂上，膝盖显然弯曲着，全身靠在窗台上。她当时十七岁，以为我十五六岁[1]，哪怕我们聊了那么久，她也没有改变想法。她小小的鼻子有点歪，因而在她的脸颊上投下了一抹不寻常的阴影，然而，这并不能帮助我再次认出她。她不是拉多汀人，而是来自丘赫勒（布拉格的下一站），她不打算让我忘记这件事。接着，和办事员一起在黑暗中沿着拉多汀的乡间小路散步，即便我不走这一趟，他也会留在我们店里，然后回到火车站。一侧是荒凉的丘陵，为了满足他们对石灰砂的需求，它被一家水泥厂开采殆尽。老旧的磨坊。提起一棵杨树被旋风连根刮出大地的事：先是它的根陡然浮出地面，然后是蔓延开来的根须。办事员的脸：强健的骨骼上长着面团般的、泛红的肌肉，看起来很疲倦，边缘却很有力。我们一起在这个地方散步，他的语

---

1 卡夫卡当时的真实年龄是二十八岁。——原编者注

气中也没有半点惊讶。村庄正中有一大片预先被一家工厂买下的田地，暂且休耕，田边全是工厂楼，但只有少部分地方投有强烈的电灯光，清澈的月亮照在田地上，烟囱被光线灌满，因而冒出云一般的烟。列车信号。穿过田野的长路是百姓违背工厂意愿踏出来的，田鼠在路边簌簌作响。

这种总体来说相当微不足道的写作给我带来鼓舞的一个例子：十六日，星期一，我和洛维在国立剧院观看了《杜布罗夫尼克三部曲》[1]。剧本和演出让人绝望。第一幕戏留在我记忆中的是美妙的壁炉钟声：迷人的法国女人在窗前唱《马赛曲》，回荡的歌声一次次被新入场者吸纳，然后再次扬起；一个身穿黑衣的女孩曳着自己的影子，穿过落日铺在前排座位上的光带。第二幕戏留下的只有女孩纤美的脖子，灯笼袖与小巧的脑袋之间被红棕色衣物遮盖的肩膀伸展又绷紧。第三幕让我记住的是压扁的皇袍，幻想出来的深色坎肩上横穿着金色的怀表链子，那是从前贵族一位老态龙钟的后裔的所有物。再多便没有了。坐票很贵，像我这样糟糕的行善人在他有困难的时候把钱投在这里，到头来，他倒是比我还更感到无聊。简而言之，我再次证实了，由我独自操办的所有计划都是不幸的。但是，即便我通常把自己与这样的不幸不可分割地结合在一起，把先前所有的不幸拽下，把以后所有的不幸扯上来，拉到自己身上，可每一次，我几乎都是完全独立的，把一切都当作独特的事情，相当轻松地承受着。在剧院里，我甚至第一次觉得，我的脑袋，一个观众的脑袋，从靠背椅和身体的

1　即伊沃·沃伊诺维奇的《拉古萨三部曲》。——原编者注

黑暗中升入一道特殊的光中，与这剧本与表演糟糕的动因无关。

第二个例子：昨天晚上，在马利恩街上，我同时向两个嫂子伸出了手，灵巧得像是两只右手，而我是个双面人。

十月二十一日。一个反例：我的上司与我商议办公室事务（今天谈的是卡片索引）时，我没办法长时间地看着他的眼睛，而不让一丝违拗我全部意愿的细微苦涩钻进我的目光，它不是推开了他的眼神，就是推开了我的。他的眼神更加仓促，不过更多时候是因为他没有意识到原因，他屈服于各种各样的诱因，把眼神移开，却又立刻把它转回来，因为他觉得这一切只是因为他的眼睛一时间感到疲劳。我则更为抗拒，因此加快了眼神中的"之"字形运动，不过我还是最喜爱沿着他的鼻子及其阴影看向他的脸颊，为了把脸保持在他的方向，我常常只得借助紧闭的口中的牙齿和舌头——如果非得这么做的话，我虽然要沉下眼睛，但绝对不会低于他的领带，不过如果他要是转开眼睛，我就毫无顾忌，直勾勾地用最聚精会神的眼神追踪他。

关于犹太演员：齐西克夫人脸颊贴近嘴巴的地方突起一块。引起脸颊消瘦的部分原因是饥饿、分娩，以及演员的舟车劳顿，另一部分原因是她原本肯定很笨拙的大嘴为了表演动作而不得不训练出不寻常的、静止的肌肉。扮演书拉密时，她总要拨开遮住脸颊的头发，好让她的脸有时候看上去像以前时代的女孩。她身形高大，骨骼分明，不胖也不瘦，腰束得很紧。她的步态很容易带上一抹庄严的色彩，因为她有个习惯，喜欢抬起、伸展，并且慢慢移动她的长臂。尤其在唱犹太民族歌曲的时候，她硕大的臀部微微摇摆，弯曲的手臂与臀部平行，上下摆动，两手中空，就像在玩一枚缓缓飞行的球。

十月二十二日。昨天在犹太人那里。演的是夏坎尔斯基[1]的《科尔尼得累》，本子相当糟糕，里面有个写信的场景特别诙谐，有对恋人双手合十，并排笔直站着祈祷，皈依的异端大审判官靠在约柜前的帷幕上，他爬上台阶，停在那儿，低下头，嘴唇贴着帷幕，站着，把祈祷书放到他打颤的牙齿前面。在这第四个晚上，我第一次明显地为了得到清晰的印象而力不从心。我们巨大的社群和我妹妹用餐时的来访对此也有责任。尽管如此，我不应该那么虚弱。出于我对 Ts. 夫人的爱——只是多亏了马克斯，她才坐在我身边——我表现得相当糟糕。不过我又能上楼了，现在已经好些了。

齐西克夫人（我太喜欢写下这个名字了）喜欢在餐桌上歪着头，就算在吃烤鹅的时候也是如此，如果你先仔细地沿着她的脸颊端详，然后把自己缩小，溜进去，你就可以用目光钻进她的眼皮底下，此时你甚至都不必抬起眼皮，因为它们已经抬起来了，透着微蓝的光芒，引诱你去尝试。在她众多真正的戏剧中，时不时就有拳头推出、手臂扭动、在身体四周圈出无形的拖痕，她把张开的手指蒙在胸脯上，因为没有艺术感的呼喊是有所欠缺的。她的表演并非多姿多彩：她惊恐地瞪着共演者，在小小的舞台上寻找出路，温柔的嗓音只有借助更强大的内部共鸣，才会在笔

---

1 阿弗罗姆·米克哈尔·夏坎尔斯基（1869—1907），犹太剧作家。

直而短促的高升中无需强调便宛如英雄，透过舒展张开的脸庞渗透到她体内的欢乐从她高高的额头蔓延到发丝中。在独唱时，她自得其乐，无需额外的手段迫使观众关注她的整个身躯；此外无他。可这就是全部的真相，因而可以确信的是，没人能夺走她的影响力，哪怕是一星半点，她是独立于戏剧，也是独立于我们的。

我们很同情这些演员，他们是如此优秀，却什么都没得到，就连足够的感谢与名声都没有获得，其实这只是同情诸多崇高志向的悲惨命运，而且主要是在同情我们自己的。所以它才过分深切，因为从表面上看，它事关陌生人，实际上却属于我们自己。尽管如此，它与演员的关系仍是如此密切，我到现在还无法从中抽离。因为我认出了它，就更加不顾一切地把自己与它绑在一起。

齐西克夫人肌肉发达的嘴巴旁边，她脸颊上那令人注目的平滑。她有些像还没长开的小女儿。

与洛维和我妹妹一同散了三小时步。

十月二十三日。令我惊恐的是，演员们又一次用他们的现状让我相信，到目前为止，我写下的关于他们的大部分内容都是错误的。之所以错误，是因为我带着始终不变的爱书写他们（哪怕是我现在在写的这些东西也将会是错误的），却也带着变幻的力量，这种变换的力量并未响亮地、正确地命中真正的演员，反倒沉闷地在这样的爱中迷失了自己，它将永远不会满足于力量，因此，爱打算通过遏制力量来保护演员。

齐西克和洛维之间的争论。齐：埃德尔斯塔特[1]是最伟大的犹太作家。他是崇高的。罗森菲尔德当然也是伟大的作家，但他不是第一。洛维：齐是社会主义者，因为埃德尔斯塔特搞社会主义诗歌（他是伦敦一家社会主义犹太杂志的编辑），所以齐才觉得他最伟大。可埃德尔斯塔特是哪位，他的党知道他，此外就没有人知道了，但全世界都知道罗森菲尔德。齐：这和认可度无关。埃德尔斯塔特的一切都很高尚。洛：我也很熟悉他。比如说《自杀者》就写得很好。齐：那争论有什么用？我明天再谈谈我的看法，你也得这么做。洛：我后天再说。

戈尔登法登，已婚，哪怕一贫如洗的时候都铺张浪费。百来个剧本。剽窃礼拜仪式的旋律，作得符合民间品味。整个民族都在唱这些歌曲。工作中的裁缝（被人模仿了），女仆等等。

在这么狭小的空间里穿衣服，正如齐西克夫人所言，人们肯定要吵架。大家激动地从台上下来，人人都觉得自己是最伟大的演员，比方说，这时候某个人踩了另一个人的脚，这在所难免，那么不只得吵架，甚至会大打出手。没错，在华沙，那里有七十五个独立的小衣帽间，每间都有灯光。

六点，我看见演员们坐在他们的咖啡馆里，围着两张桌子，按两个敌对的小组分坐。齐克西那组的桌子上摆着一本佩雷茨的书。洛维刚把门关上，就起身与我一起离开了。

一直到二十岁，洛维都是个没长大的小鬼，他一边读大学，一边花着他富有父亲的钱。那个时候，有一个由同龄的年轻人组

1　大卫·埃德尔斯塔特（1866—1892），犹太诗人，以意第绪语写作。

成的社团，正是每到周六，他们就聚到一家偏远的酒馆里，穿着长袍抽烟，还用其他方式违反节假日的戒律。

从纽约来的"大鹰"是最出名的意第绪语演员，他是个百万富翁，戈尔丁[1]为他写了《狂人》；在卡尔斯巴德，他求洛维别去看他的演出，因为他没有勇气在设备简陋的舞台上演出给他看。——只有布景，别说这个没法在上面走动的舞台了。我们要怎么演《狂人》！就一张长沙发。莱比锡的水晶宫就特别棒。窗户可以打开，让阳光照进来。剧里需要一把王座，行，那儿就有一把王座，我穿过人群走过去，真的就是个国王。那儿演戏轻松多了。在这里，什么都让人分心。

十月二十四日。母亲成日操劳，顺其自然地快乐与悲伤，丝毫不因为自己的情况提要求，她的声音很洪亮，对于普通的谈话而言是太响了，但当你悲伤的时候，隔了一段时间后突然听到这样的声音，确实是有好处的。很长一段时间以来我一直在抱怨，我虽然确实有病，但也不是什么让我非得躺在床上的特别的病。有这样的愿望，主要当然是因为我知道母亲明白怎么安慰我，比如说，她从灯火通明的起居室里出来，走入病室的暮色中的时候，或者在傍晚，当白天开始单调地转变为黑夜的时候，她忙完她的事情，用她的关怀和迅速的指示让已经很晚的一天重新开始，还鼓励病人帮她一把。我倒是希望自己可以这么做，因为之后我会变得特别虚弱，因此对母亲的所作所为深信

---

1 艾兹拉·戈尔丁（1868—1915），白俄罗斯犹太作家。

不疑，而且，随着年龄的增长，我又能拥有孩童般的快乐，更为清晰的享受。昨天我突然想起，只是因为受到德语妨碍，我没能始终尽我所能地给予母亲她所应得的爱。犹太语言中的母亲并非德语词"Mutter"，像"Mutter"这样的称谓让她显得有些滑稽（于她而言这并不滑稽，因为我们在德国），我们给犹太女人起了个德国母亲的名字，却忘了其中更让人感到沉重的矛盾。对犹太人来说，"Mutter"这个词特别具有德国性，除了基督教的色彩，它也不自觉地包含了基督教的冷漠，因此，被称为"Mutter"的犹太妇女不仅显得滑稽，更显得陌生。如果不考虑它代表着"Mutter"，"Mama"这个称谓就要好上不少。我相信，只有留住对犹太聚集区的记忆，才能保住犹太家庭，因为哪怕是德语中的父亲也和犹太父亲的意义相去甚远。

今天站在参议员L.面前，他出乎意料地、不请自来地、幼稚地、谎话连篇地、可笑地问起我的病情，语气很不耐烦。我们很久没有那么亲密地交谈过了，也许从来都没有，这时候，我感觉我这张他从来就没有那么仔细端详过的脸对他打开了虚假而难以领会、但无论如何都让他惊讶的一部分。对我来说，我已经认不出我自己了。而我太清楚他是怎样的人。

十月二十六日。星期四。昨天洛维读了一下午戈尔丁的《神、人、鬼》，然后读了一段他自己的巴黎日记。昨天，我去看了戈尔丁《狂人》的演出。之所以戈尔丁比拉坦纳[1]、夏坎尔斯基

1　约瑟夫·拉坦纳（1853—1935），罗马尼亚裔犹太剧作家。

和费曼等人都好，是因为他的作品细节更丰满、条理更清晰，而且这种条理是从一而终的，与之相对，里面就缺乏其他作品中直接的、简直可谓一劳永逸的犹太性，这种犹太性的噪响听起来更加沉闷，因而又不那么细致。不过，演出方对观众作出了让步，有时候你觉得必须伸长脖子才能越过纽约犹太剧院观众的脑袋，看到这出戏（狂人的形象，赛尔德夫人的整个故事），但更糟糕的是，连明显的让步都是在某些想象出来的艺术方面作出的，比如《狂人》，由于要思考狂人为何个性如此模糊，却一直在用模棱两可的文学语言说台词——我宁可闭上眼睛——所以整幕剧的表演都不明所以，《神、人、鬼》中的年长一些的姑娘也是如此。《野人》中的部分情节相当大胆。一个年轻的寡妇嫁给了有四个孩子的老头，立刻就把她的情人弗拉迪米尔·沃罗贝切克带进了这场婚姻。于是这两个人把整个家庭都毁了，施穆尔·莱布利希（皮佩斯饰演）不得不交出所有钱，马上就病倒了；长子，大学生西蒙（克鲁格饰演）离家出走；亚历山大成了赌徒和酒鬼；莉泽（齐西克饰演）沦为妓女；莱梅赫（洛维饰演），一个白痴，因为对赛尔德夫人的憎恨陷入了白痴般的疯狂，因为她取代了他母亲的位置，也因为她是第一个接近他的年轻女子。剧情推进至此，最终以莱梅赫谋杀赛尔德落下帷幕。所有其他角色留在观众不完整又无可奈何的回忆里。对这个女人和她的情人的构思，这种不征求任何人意见的构思，给了我隐隐约约、各种各样的自信。

戏单给人留下谨慎的印象。观众不仅知道了名字，还知道了更多，不过谈不上太多，也就是最仁慈、最果敢的观众在面对一

个需要他们评判的家庭时了解的那么多。施穆尔·莱布利希是一
名"富商"，却没有提到他年老多病，是个可笑的好色之徒，是
个糟糕的父亲，也是个在妻子的祭日成婚的、不虔诚的鳏夫。然
而，所有这些描述可能都要比戏单上描述的更加正确，因为在戏
的结尾，他因为被赛尔德洗劫一空而不再富有，也因为荒疏了生
意而几乎算不上是什么商人。在戏单上，西蒙是"大学生"，换
而言之，就是特别模糊的东西，据我们所知，与我们关系最远的
熟人家的很多儿子都是这个身份。亚历山大，这个没有个性的年
轻人，就只是"亚历山大"；而"莉泽"，关于这位邻家女孩，我
们也只知道她叫"莉泽"。遗憾的是，莱梅赫是"一个白痴"，因
为这是没法掩盖的事实。弗拉迪米尔·沃罗贝切克只是"塞尔德
的情人"，而不是破坏一个家庭的人，不是酒鬼、赌徒、浪子、
闲人、寄生虫。"塞尔德的情人"这一描述诚然已揭示了不少，
但从他的所作所为来看，这只提到了最微末的东西。此外，剧情
发生在俄国，勉强聚起来的人物分散在一个巨大的区域内，或者
说，聚集在这个区域中一个很小的、未经公开的一个点上。总
之，剧情是那么不符情理，观众从中看不到任何东西。

　　不管怎么说，演出开始了，作者巨大的力量明显生效了，一
些没法从戏单上看出来的东西出现了，明白地浮现在眼前，如果
你只打算相信鞭打、撕扯、殴打、拍肩膀、昏厥、割喉、跛行，
穿俄国袖靴跳舞，提着女子的裙子跳舞，在长沙发上打滚也无可
厚非，因为这都是难以辩驳的事实。事后回忆起来，要意识到戏
单留下的谨慎印象是错误的，令观众兴奋的高潮甚至都不必有，
这种印象只能在演出之后形成，但已经是不正确且不可能的，只

有疲倦的外行人才会这么觉得，因为对于诚恳的评判人来说，演出结束以后是看不出戏单和演出本身之间存在着什么令人信服的联系的。

第一笔开始便带着绝望，因为今天打牌弄出的噪声特别大，我只得坐到公用的桌子上去，O.女士笑得合不拢嘴，起身，坐下，把手伸到桌子对面与我说话，为了使这种不幸变得圆满，我写得如此糟糕，而且不由得想起洛维以不止息的感情写下的优秀的巴黎回忆录，它来自一团独立的烈火，而我，至少现在，当然主要是因为时间太少，几乎完全受到了马克斯的影响，有时候甚至还败坏了我欣赏他作品的乐趣。为了让我感觉安慰，我为自己写了一篇关于萧伯纳的自传文，尽管其中的内容正与安慰相反：他少时在都柏林的一个土地代理人的账户所里当学徒，很快他就放弃了这份工作，去了伦敦，成了作家。在一八七六到一八八五这开始的九年里，他总共赚了一百四十克朗。"但是，尽管我是个强壮的年轻人，我的家庭环境非常恶劣，我也没有投身于生活这场战役；我让我的母亲上了这战场，让她维持我的生计。我没能成为老父亲的后盾，反而紧紧地抓着他的衣角。"最后这段让我稍感欣慰。他在伦敦度过的自由自在的日子于我而言已经过去了，可能的幸福变得越来越不可能，我过着可怕的、身为替代品的日子，我给双亲朗读了这段话，以此懦弱悲惨地追随着萧伯纳。这种可能的生活是如何在我眼前闪出钢铁般的色彩，中间还夹杂着紧绷的钢筋和空气般的黑暗！

十月二十七日。洛维的故事与日记：巴黎圣母院如何让他吃惊，植物园里老虎是如何攫住了他的思绪，这一绝望者与希望者的代表在饲料中饱餐了绝望与希望；他虔诚的父亲是如何在想象中询问他，他现在能不能在周六的时候散步，是否有时间阅读现代书籍，斋戒日可不可以吃东西，而他周六要工作，根本没有时间，用来斋戒的时间比所有宗教规定的还要多。他穿过巷子的时候啃着黑面包，从远处看，好像是在吃巧克力。帽子工厂的工作，还有他的朋友，社会主义者，觉得所有工作方式与他不完全一样的人都是资产阶级，比如说，手那么细嫩的洛维。这人星期天就无所事事，他鄙视阅读，觉得那是奢侈的东西，他自己不识字，还冷嘲热讽地请求洛维帮他读一封写给他的信。

俄国的每个犹太社区都有犹太人的净水，我觉得那是个密闭的小房间，里面有个容量非常精确的水盆，还有受拉比布置与监督的设施。净水只需涤清灵魂尘世的污垢，因此其外部性质并不重要，是一种象征，因此可能又脏又臭，也确实又脏又臭，却依然达到了它的目的。女人来到这里，为了洗净她的月经，《摩西五经》的作者写下最后一段经文之前来到这里，为了洗净自己所有罪恶的想法。

习惯在醒来以后立即把手指浸到水中三次，因为邪灵夜间会居留在第二与第三节指骨上。理性主义解释：这应该是为了防止手指立刻往脸上抹，因为睡眠、做梦的时候，手指可能会不受控制地触碰身体各个部位，腋窝、屁股，还有生殖器。

他们后台的更衣室太狭窄了，如果有人恰好站在门帘后方的那面镜子前，而另一个人想从他身边经过，就不得不掀开那块帘子，不情愿地在观众面前出现片刻。

迷信：如果用不完整的杯子喝酒，邪灵就会进入人体。

演出结束以后，演员在我眼里是多么脆弱，我又多么害怕用一句话去安抚他们。我多么希望仓促握完手以后就迅速离开，仿佛我很生气、很不满意，因为我实在无法表达出真实的想法。除了马克斯，所有人在我看来都是虚假的，他平静地说了些没有实际内容的话。而那个询问无耻细节的人是假的，那个用一句评论开演员玩笑的人是假的，嘲讽的人是假的，开始解释他各种各样印象的人是假的，所有的无赖都真实地被压在观众席深处，在深夜此刻起身，再次注意到自己的价值。（离真实很遥远。）

十月二十八日。我虽也有类似的感觉，但在我看来，那天晚上的剧本和演出都不完美。然而，正因为如此，我必须对演员们怀着一种特殊的敬畏。天知道谁应该为印象中的小差距（尽管那么多）负责。齐西克夫人有一次踩着了裙子下摆，她穿着公主般的女仆装，摇晃了半晌，像一根硕大的柱子，有一次她还口误了，为了安抚打结的舌头，她狠狠地向后墙转过身，尽管这动作正好对不上台词；这些都让我分心，但不妨碍我颧骨顶端感到一丝战栗，听到她声音的时候我总会这样。但由于其他熟人的印象远比我的更不纯洁，比起我，他们似乎更理应感到敬畏，因为在我看来，他们的敬畏远比我的有效，所以我有双倍的理由诅咒他们的行为。

马克斯在《剧院》上发表了《关于戏剧的公理》。完全具有梦中真理的特征，"公理"这个词也很合适。它越是梦幻般地自我膨胀，理解它的时候就要越冷静。它阐述了以下的原则：

戏剧的本质在于匮乏，此为论题。

戏剧（在舞台上）比小说更加详尽，因为我们能看到一切，不然我们就只能阅读。

这只是表面上的，因为在小说中，作者只能向我们展示最重要的东西；在戏剧中，我们却能看见一切，演员、布景，因此不只是最重要的东西，还有次要的东西。如此，从小说的角度来说，最好的戏剧就完全不具吸引力，比如说，由坐着的演员在随意的房间布景下大声朗读的哲理剧。

然而，最好的戏剧在时间和空间上给予了最大的刺激，摆脱了生活所有的需求，只局限于对话、局限于独白中的思想以及事件的要点，其余的由刺激掌控，在由演员、画家和导演高高举起的标牌上，只遵循它最强烈的灵感。

这个结论的错误在于：它在未表明立场的情况下改变了观点，一会儿在写作室里，一会儿又从观众的角度看问题。假设从作者角度来看，观众没看到他所看到的一切，那么演出甚至会使他感到惊讶（十月二十九日，星期日），但他还是把这出戏的所有细节记在心里，一个一个细节推演，只是因为他把所有的细节都包含在台词中，赋予了它们戏剧性的重量和威力。于是，戏剧发展到顶峰时就陷入了一种难以忍受的人性化，这是演员的任务，演员要让眼前的角色松动、分解，让它飘散在自己周围，使其变得可以忍受。戏剧因为飘浮在空中，但并非被风暴卷走的屋顶，而是一整栋建筑，它的墙基已经从地上被连根拔起，所用的力量如今看来依然非常近乎疯狂。

有时候剧本似乎就留在舞台的天幕上，为了演戏，演员们从那里扯下一条，把末端握在手里，或者缠在身上，时不时会有难以脱落的某一条把演员带上高空，让观众感到惊恐。

今天梦见一头灰猎犬般的驴子，它的动作很审慎。我仔细地观察它，因为我意识到这个形象相当稀有，但我只留下了这样的记忆：我不喜欢它窄小的人脚，因为它们又长又均匀。我把刚从苏黎世一位老太太（整件事发生在苏黎世）那里拿到的、深绿新鲜的柏树枝条喂给它，它不想要，只是轻轻嗅了嗅；可后来，我把它们放在一张桌子上的时候，它把它们吃得一干二净，只剩下一枚几乎无法辨认的栗子状的核。然后有人说，这头驴子从来没有用四条腿走过路，而是一直像人那样保持直立，露出银光闪闪的胸脯和小肚皮。但这并不是真的。

另外，我梦见了一个英国人，我在一个类似苏黎世救世军会议的集会上遇见了他。会场的座位和学校里的一样，写字板下面还有个敞开的隔层；有次伸手进去整理东西的时候，我讶异于在旅途中交朋友是多么容易。这显然是在说不久后向我走来的那个英国人。他身穿宽松的浅色衣服，质量相当好，只是上臂后面，或者起码说是紧紧缝在他身上的那一块东西并不是布料，而是灰色的、皱巴巴的、有点下垂的、被撕成一条条的布，像是由蜘蛛刺出来的，既让人想起马裤的皮质衬垫，又像裁缝、女店员、女办事员的袖套。他的脸上也盖着一块灰色的布料，嘴巴和眼睛处留有极其精巧的切口，也许鼻子那儿也有。但这块布是新的，有毛边，更像是法兰绒，非常柔韧绵软，是出色的英国制品。这一切我都格外喜欢，所以我特别渴望认识这个男人。他本想邀请我去他的住所，但由于我后天就得离开，这件事情没成。离开集会处之前，他穿了几件显然特别实用的衣服，扣子一扣上，他就变得相当不显眼。虽然没法请我去他家，但他请我到街上走走。我跟在他身后，我们在会议场所对面的人行道沿边停下，我在下，他在上，一番交谈过后，我们还是发现我无法赴他的约。

接着我梦见了马克斯和奥托[1]。我有个到火车站之后才装行李的习惯。比如说，我们拿着衬衫穿过主厅，向离我们很远的行李走去。虽然这习惯似乎很普通，但并不怎么合适我们，尤其是我们都要在火车到达前才开始收拾行李。然后我们当然都特别激动，几乎都不指望能赶上火车，更别提找个好位置了。

虽然咖啡馆的常客和员工都喜爱演员，可在种种令人沮丧的印象下，他们无法对演员保持尊重，他们蔑视演员，觉得他们是穷光蛋、流浪汉和犹太佬，就和历史上一模一样。因此领班才把洛维轰出大厅；小齐西克在观看《野人》的时候，出于同情而激动地想给演员递些东西，从前在妓院干活、如今依旧是皮条客的看门人把她吼了下来。前天，洛维在城市咖啡店为我读完戈尔丁的《埃利泽·本·舍维亚》的第一幕后，我陪他回咖啡馆，那家伙（他是斜视，弯曲的尖鼻子和嘴巴之间有个凹陷，从里面竖起一簇小胡子）叫住了他："来吧，白痴（暗指《野人》里的角色）。有人在等着呢。今天有人来拜访你，你可真配不上这样的贵客。甚至是从炮兵营来的志愿者，你瞧这里。"他指着咖啡馆里其中一块蒙着帘子的玻璃窗，那个志愿者应该就坐在后面。洛维用手拂了拂额头："从伊利泽·本·舍维亚到这样的家伙。"

---

1 我的兄弟和朋友，诗人奥托·布罗德。我们三人在一九〇九年的时候去了里瓦和布雷西亚。——原编者注

今天，楼梯上的景象让我如此触动。很早以前，还有后来好几次，我都为看得到捷克桥右侧通往码头高台楼梯石栏杆的三角部分而雀跃。它极陡峭，像是只给了一条迅捷的暗示。现在，我看见河对岸的堤坡上有一条通往水面的引梯。它历来都在那里，但只有秋冬时节才会因前面游泳学校的撤除而显现，借由透视，它躺在周围暗色的草野中间。

洛维：四个少时的友人年老后想成为伟大的犹太法典学者。可每个人都有独特的命运。一个疯了，一个死了，埃利泽拉比四十岁的时候对宗教产生了怀疑，他们当中年纪最大的阿奇巴四十岁才开始学习，只有他掌握了所有的知识。梅尔拉比是埃利泽的弟子，他是个虔诚的男子，师傅教授的无神论并未影响他。正如他所说，他吃掉了坚果的果仁，果壳则扔在一边。有一次，星期六，埃利泽去散步，梅尔拉比步行相随，手中拿着《塔木德》，不过只走了两千步，因为星期六不准再走了。此时，散步间产生了象征性的答与辩。"回到你的人民中间去吧。"梅尔拉比说。埃利泽拉比用一个文字游戏回绝了。

十月三十日。我几乎总有这种渴望：一旦我觉得胃舒服了，我就想象一场可怕的冒险，在体内堆满食物。我尤其爱在熏肉铺前面满足这样的渴望。如果我看到香肠上的标签是老式家常硬香肠，我就臆想自己用一整口牙把它咬住，迅速、匀速、无情地吞下，像一台机器。这种行为本身立时在想象中引发的绝望正使我更加焦急。我把长长的肋条肉皮推进嘴里，咬也不咬，然后再撕开胃和肠子，从后面扯出来。我把肮脏的食品店彻底吃空。用鲱鱼、黄瓜和各种低劣、陈旧、辛辣的食物把自己填满。硬糖冰雹般从铁皮罐子里灌进我的身体。我借此不仅享受了我健康的状态，还享受了没有疼痛、霎时就消失的痛苦。

我有个老习惯，不让纯粹的印象——无论它们是痛苦还是快乐的，只要它们达到至高的纯粹——舒适地进入我所有的本质，而是用新的、无法预料的、羸弱的印象使它们黯淡，驱赶它们。这不是自我贬损的邪恶意图，而是无力承受那种印象的纯净。然而这种无力并未得到承认，也没有展露出来并呼唤其他的力量克服它（只有这样才是正确的），而是试图在内心的死寂中借助随意唤起新印象来压制它。

比如周六晚上，听完 T. 小姐优秀的中篇小说[1]以后，我就是这样；这部小说更属于马克斯，比起她个人所有，起码有更多篇幅、很多附录是属于他的。接着还听了鲍姆出色的剧本《竞争》，里面可以清晰地见到戏剧的力量，仿佛一件栩栩如生的工匠造物般不间断地发挥着功用。听完两部作品，我是多么沮丧，几天以来已经极度空虚的内心毫无防备地被如此沉重的悲哀灌满，我只好在回家的路上向马克斯声明，《罗伯特与塞缪尔》[2]怕是成不了了。对于当时的我和马克斯来说，这样的声明并非不需要一些小小的勇气。后面的对话让我有些困惑，因为《罗伯特与塞缪尔》远非我当时主要的关注点，所以关于马克斯的反对，我没能找到合适的答案。但后来独自待着的时候，消失的不仅是谈话对我悲

---

1 当时我和后来与我结婚的女孩（即埃尔莎·陶西格）一起写的《女子经济》。——原编者注

2 指的是后来的《理查德与塞缪尔》。——原编者注

伤的干扰，还有只要马克斯在我身边就总能带来的慰藉，我的绝望竟发展到让我的思绪开始解体（吃完晚饭休息的时候，洛维来公寓打扰我了，让我从七点到十点都很开心）。我并没有在家等着接下来会发生什么，而是心烦意乱地读了两期《行动》杂志和一点点《不幸之人》[1]，最后还读了些自己的巴黎手记，我躺在床上，其实比刚刚好受了些，但还是执拗。几天前也是如此，我明显是在模仿洛维，散步回来后，他热忱的力量转变为我外在的目标。那个时候我也读了书，在家里胡乱说了很多话，然后累垮了。

十月三十一日。 虽然我今天断断续续地读了费舍尔出版社的目录、岛出版社的年鉴和《评论集》，但现在我非常清楚，我不是牢固地吸收了一切，就是虽然暂且记住了，但也没有造成任何损害。若不是今天傍晚我非得又要和洛维一起出去，我对自己会非常有信心。

今天中午，因为一个妹妹，我们家来了个媒婆，出于一些复杂的原因，我感到一种压抑的尴尬。岁月、磨损和污垢给这个女人的衣服蒙上了一层浅灰色的光辉。她站着的时候，手一直放在大腿上。她眼睛斜着，显然又增加了我把她搁着不管的难度；父亲问了我几个关于那个年轻男子的问题，我不得不朝他的方向看去。另一方面，我又不觉得那么尴尬了，因为我的午饭摆在眼前，要把三个盘子里的东西混在一起就已经够忙了，没有尴尬

1　威廉·舍弗尔的小说。卡夫卡原本非常尊敬这位作家，可惜后来他赞同纳粹的观点。——原编者注

的余地。正如我起初只从侧面看到的那样，她脸上的皱纹如此之深，不禁让我想到，动物在看到这样的人脸时一定会有种无法理解的惊奇感。从身体上来看，引人注目的是那只小巧、棱角分明的鼻子，它从脸上探出，尤其是有些凸起的鼻根处。

周日下午，走进马克斯家门之前，我刚好走到了三个女人的前面，我想：还有一两间房子是我可以走进去的，走在我后面的女人们还可以在一个周日的下午看我拐进房门，前去工作，去谈话，带着目的，匆匆忙忙，她们只是例外地在这一侧揣测着。也不需要太久。

尤其是大声朗诵的时候，我专心致志地享受着威廉·舍弗尔的中篇小说，像是用一根细绳牵住了舌头。昨天下午，我一开始不怎么受得了瓦莉[1]，但把《不幸之人》借给她以后，她读了好一会儿，肯定已经受到了这个故事的影响，我因为这样的影响而喜爱她、爱抚她。

万一父亲又说我是个坏儿子该怎么办，为了防止自己遗忘，我把他在几个亲戚面前无缘无故地称马克斯是个"meschuggenen Ritoch[2]"的事情记在日记里，他要不就是单纯想打击我，要不就是假意想拯救我。昨天，洛维在我的房间里，父亲讥讽地摇晃着身体，斜着嘴角，提起被放进公寓里的陌生人，一个陌生的家伙能有什么有趣的，为什么会建立起这种无用的关系，等等。——我本来不应该把这些写下来的，因为我正好把自己写进了对父亲的憎恨里，之于这种憎恨，他今天可是一点理由都找不

---

1 卡夫卡三个妹妹中的二姐。——原编者注
2 在通俗用语中，大概是"疯狂的暴脾气"的意思。——原编者注

出来；起码因为洛维，我的憎恨和我笔下的父亲的态度相比，简直大得不成比例，而且，由于我不记得父亲昨天行为中真正的恶，让这憎恨更入骨三分。

十一月一日。 今天，我开始贪婪而快乐地阅读格雷茨[1]的《犹太教历史》。因为我对这本书的渴望远远超出了我的阅读范畴，所以一开始对我来说，它比我想象的还要陌生，我不得不时不时停下来，以休息重拾自己的犹太性。不过，在接近尾声处，在新占领的迦南建立的首批不完善的定居点，还有对那些不完美的男人（约书亚、法官和以利亚们）忠实的传达牢牢地攫住了我。

昨晚，我们与克鲁格夫人告别。我们，我和洛维，沿着火车跑，看到克鲁格夫人在最后一节车厢紧闭的窗户后面，在黑暗中向外张望。她还在车厢里迅速地朝我们伸出手臂，她起身，打开窗，窗中的她披着敞开的大衣，站了好一会儿，直到对面克鲁格先生模糊的身影站了起来，他只能苦涩地张大嘴巴，然后又勉强闭上，似乎它永远都闭不上。在这十五分钟里，我没怎么和克鲁格先生说话，或许只看了他两眼，此外，在这样微弱、不间断的谈话中，我的视线没法从克鲁格夫人身上移开。她完全被我的存在支配，不过不是在现实里，而是在她的想象里。她反复招呼洛维，"嗨，洛维"，那其实是在向我说话。她靠在丈夫身上时，丈夫有时候只把她的右肩留在窗边，压着她的裙子和蓬松的大衣，她尽力以此给我留下一个空虚的标志。

1　海因里希·格雷茨（1817—1891），德国犹太裔史学家，专攻犹太史。

我在演出时的第一印象是，我在她眼里没那么讨人喜欢，
这大概是真的，她很少要求我跟唱，就算有，兴致也不是很高
涨；她问我问题的时候，我总是不幸答错（"您懂了吗？"我说
"懂"，可她要的答案是"不懂"，她说"我也不懂"），而且她只
给我寄过一次风景明信片；我偏爱齐西克夫人，打算送花给她，
伤了克鲁格夫人。除去这些厌恶，她却非常尊重我的博士学位，
这种尊重并没有因为我孩子气的外表而减少，反而增加了。它
格外隆重，从她频繁却不带强调之意的"您知道吗，博士先生"
当中就能听出来，几乎让我不自觉地感到遗憾，我太配不上她
这个称呼了，我自问，我有没有资格让所有人都这么喊我。但
我身为一个人，受到她如此的尊重，作为一名观众，我就更尊
重她。她一唱歌我就神采飞扬，她在舞台上的时候，我一直笑
着看着她，我和着旋律，后来又唱出了歌词，几场演出后，我
感谢她；她当然又对我有所改观。但她要是用这种感觉来和我
说话，我就会很尴尬，那么她肯定又会带着那颗心回到一开始
的厌恶中去，并且就此维持着。她肯定要愈发努力来报答我这
个观众，她也很乐意这么做，她是个虚荣的女演员，也是个善
良的女人。

尤其是在上面车厢的窗户内沉默不语的时候，她的嘴巴因
尴尬和狡黠而出神，眨着眼睛看着我，在嘴边漾开的皱纹上显
得十分迷茫。她一定相信自己被我爱着，她也确实被我所爱，
而她用这样的眼神给了我唯一的满足。她，一个年轻却经验丰
富的女人，一个好妻子、好母亲，给了她想象中的博士满足。
这眼神是如此迫切，仿佛传达着这层意思："这里有那么多可

爱的客人，尤其是个别的几个。"我制止自己如此想下去，是时候看看她的丈夫了。我比较了一下他们两人，生出一种无端的讶异，他俩就要一起离开我们这儿了，却只顾着我们，没有彼此看一眼。洛维问他们有没有找到好位置。"算是吧，要是它一直这么空着的话。"克鲁格夫人回答，并迅速朝车厢内部瞥了一眼，里面温暖的空气被丈夫抽的烟污染了。我们说起他们的孩子，他们就是为了他们才离开；他们有四个孩子，三个是男孩，最大的九岁，夫妇俩已经有十八个月没见过他们了。附近的一位先生赶忙上车的时候，火车似乎准备开动了，我们匆忙道别，彼此握手，我举起帽子，然后把它捧在怀里，我们退后，人们在火车离开的时候都是这么做的，代表着一切都已结束，大家也都满足了。可火车还没开走，我们又往前走，她问起了我的妹妹，我特别高兴。令人吃惊的是，火车开始缓缓移动。克鲁格夫人准备挥动她的手帕，我可能会给她写信，她喊道，要是我知道她的地址的话，她已经太远了，我没法用言语回应，便指了指洛维，我可以从他那儿知道地址，很好，她飞快地向我和他点点头，扬起手帕，我举起帽子，一开始特别笨拙，然后，随着她离我越远，动作幅度就越大。

后来我回忆起来，我当时觉得火车并没有真正开走，只是在火车站开了一小段，是演戏给我们看，然后就沉下去了。当天晚上，半梦半醒之间，克鲁格夫人出现在我面前，她的身形矮小得不自然，几乎没有双腿，她双手纠缠，脸色扭曲，像是有什么不幸降临在她的身上。

今天下午，孤绝的痛苦如此迫人严酷地袭来，我意识到，我正是以这种方式耗尽了自己通过写作获得的力量，我真的无意这么做。

克鲁格先生一到一座新城市，人们就会发现，他和他妻子的首饰是如何消失在当铺中。临走的时候，他又慢慢地把它们赎回来。

哲学家门德尔松[1]的妻子最喜欢的一句话："我对全世界有多么厌恶！"

告别克鲁格夫人的时候，我对她最重要的印象之一是，作为一名质朴的平民女性，她让自己强行保持在她真实人类使命的水平之下，只需一个跳跃、一次破门、一盏拧开的灯，就能变成女演员，就能征服我。毕竟她真的站在上面，而我在下面，就像在剧院里那样。——她十六岁结婚，现在二十六岁。

十一月二日。今天早上，很久以来第一次，又一次想象刀子在我心口旋转的快乐。

在报纸上、在谈话间、在办公室里，语言的气质常常诱惑人们，接下去是从当前的弱点中诞生的希望，因其突然诞生而在下一刻变得更富有启迪性，抑或是特别的、强烈的自信本身，抑或是单纯的疏忽，抑或是庞大的、有关当下的、人们想不惜一切代价将它转嫁至未来的印象，抑或是此刻真正的振奋可以为未来的漫不经心辩解的念头，抑或是借助中间一两次冲击升起、让嘴巴逐渐张开至最大的句子所激发的喜悦——尽管这些句子会让嘴

---

1 摩西·门德尔松（1729—1786），德国犹太裔哲学家，德国启蒙运动的发起人。

关闭得迅速又迂回——抑或是一种至关重要的、着眼于清晰的判断可能性的征兆，抑或是继续使实际上已经结束的语言流动起来的努力，抑或是让主题不知不觉匆忙偏离（如果有必要的话）的要求，抑或是试图为其沉重的呼吸寻找出路的绝望，抑或是对无影之光的渴望——这一切都会诱出这样的句子："我刚刚读完的书是我迄今为止读到的最好的一本"或者"我还没读过这么好的书"。

为了证明我写下和想到的一切关于他们的东西都是错的，演员们（除了克鲁格夫妇）又留在这里，正如我昨天傍晚见到的洛维告诉我的那样，谁知道他们今天会不会因为同样的理由再次离开，因为洛维还没有到店里报道，尽管他承诺会来。

十一月三日。为了证明我写下的两件事情都是错的（这个证明似乎几乎是不可能的），昨天晚上洛维亲自来了，还打断了我的写作。

N. 习惯用同样的语气重复一切。他给某人讲一个他生意上的故事，虽然细节没那么多，多到它们自己会把故事说完的地步，但至少也是在用一种缓慢也只因此才透彻的方式进行说明，这种说明不会成为别的东西，所以故事也就这么讲完了。其他事情占据了当中的一小会儿，他突然又想起自己故事中间的过渡，就用刚才的方式讲了起来，几乎没有补充，但也几乎没有遗漏，带着一种暗自在背上绑缚着丝带、在房间里乱晃的人的无害。现在我的父母特别喜爱他，因此对他习惯的感受比他们自己注意到的还要强烈，所以他们，主要是我的母亲，不自觉给了他重复的机会。如果在哪个晚上，重复故事的时机显得不怎么合适，母亲就会在那儿发问，问题问完，她的好奇都不见消失，这正中他下怀。在那些已被重复过的、无法再借一己之力继续说下去的故事背后，母亲简直是带着问题一夜夜地追问。可 N. 的习惯太有支配性了，常常具有完全为自己辩护的力量。没有人能够以如此有规律的频率对家庭中的个别成员讲述一个基本上关系到所有人的故事。当有人在的时候，这个故事几乎要经常讲给整个家庭圈子听，在这种情况下，听的人会一个个慢慢增加。因为唯有我知道 N. 的习惯，所以我通常也是第一个听到这个故事的人，对我来说，重复只是确认我观察的小小乐趣。

羡慕鲍姆所谓的成就，可我还是很喜欢他。关于这一点，我感觉身体中间有个迅速解开的毛线球，线多得无穷无尽，从我身体的边缘向我的身体绷紧。

洛维。我的父亲如此评价他："和狗一起躺在床上的人起床的时候会长臭虫。"我没忍住，乱七八糟说了一通。父亲对此的反应特别平静（不过当中停顿了很久，其中的内涵和以往不太一样）："你知道，我不可以动气，我必须保重自己。我还得经受这种事情。我正是受够了这些气，彻底受够了。别让我再说这些了。"我努力克制自己，在这种极端的时刻，我总能在父亲那儿感受到智慧的存在，我却只能抓住这种智慧的一口气。

洛维祖父之死，这个人慷慨大方，懂好几门语言，曾深入俄国进行过盛大的旅行。有一次，他在叶卡捷琳诺斯拉夫 [1] 回绝过一

---

1 今乌克兰第聂伯罗市。

个奇迹拉比的周六宴，因为那个拉比儿子的长发和彩色的围巾让他怀疑这家人是否虔诚。

放在房间中央的床，亲朋好友处借来的烛台，所以房里灯光很足，满是蜡烛的烟雾。大约四十个男人整天站在他的床边，为一个虔诚之人的死亡肃立。直到最后，他的意识都很清醒，到了适当的时候，他的手放到胸前，开始诵读此时应当吟诵的经文。在他受苦时、在他死去后，与女人们一起聚在隔壁房间里的祖母哭个不停；在他临终时，她却相当平静，因为让临终者尽可能轻松地死去是一条戒律。"他带着自己的祈祷去了。"过完如此虔诚的一生，这种死法让许多人羡慕。

逾越节。富有的犹太人协会租了一个面包店，协会成员为家族族长们承担了制作所谓十八分钟无酵饼的所有操作：打水、和面、揉面、切剂子、钻孔。

十一月五日。昨天和洛维看完《巴尔·科赫巴》，读完他父亲的信，我从七点开始睡觉。晚上去了鲍姆那儿。我想写作，额头不停地颤抖。我坐在自己的房间，坐在整间公寓噪声的总部中。我听到所有的门都在砰砰作响，这样的噪声只能让我免于听到门与门之间穿梭的脚步声，我甚至听到了厨房灶炉门的砰响。父亲撞开我房间的门，身着拖至地板的睡袍穿过，灰烬从隔壁房间的炉子上刮下来，瓦莉朝着不确定的方位发问，呼喊的声音穿过了前厅，像是穿过巴黎的小巷，她问父亲的帽子是否已经清洗干净，一阵让我快乐的嘶嘶声升高了答复的呼喊。房门的把手被按下，发出一声咽喉黏膜炎似的噪声，门以女人短促的歌吟声打开，又以低沉的男声关闭，这个声音听起来最无情。父亲走了，现在更细微、更分散、更无望的噪声开始了，引领的是两只金丝雀的啼鸣。我从前就有这样的想法，随着金丝雀的出现，我又想到我是不是应该把门开一条小缝，像一条蛇那样匍匐到隔壁房间，这样应该就可以在地板上请求我妹妹和她的小姐妹安静下来。

昨天晚上，马克斯把我短小的汽车故事读给鲍姆听的时候，我感到酸楚。我对所有人都是封闭的，面对这个故事，我简直要把下巴贴到胸口上。这个故事中无序的句子间带着空隙，听众可以把双手伸进去，一句话听起来很高亢，另一句听起来很低沉，情况各异，句子之间相互摩擦，就像舌头和一颗中空的牙齿或假牙相互摩擦；一个句子以如此生硬的开端向前推进，整个故事陷入一种闷闷不乐的震惊；对马克斯萎靡的模仿（指责被压抑——又被激起）挥之不去，有时候看起来就像舞蹈班的头一刻钟。我给自己的解释是，我时间太少，环境又太不安静，无法完全发挥我天赋中的潜力。因此，展露出来的只有不间断的开头，比如说贯穿了整个汽车故事的不间断的开头。如果我能写出更加宏大的整体故事，从头到尾都结构精美，那么它将永远都不会从我身上脱离，我可以安静地、瞪大了眼睛聆听别人朗诵它，像是一个健全故事的血亲，可实际上，这故事的每一小块都无家可归地四处乱跑，把我朝反方向赶。——不过，如果这个解释正确的话，我倒还会觉得高兴。

戈尔德法登的《巴尔·科赫巴》上演。整个大厅和舞台对这个剧本的错误判断。

我为齐西克夫人带了一束花，附上了一张名卡，上面写着"衷心致谢"，我等待把花递给她的那一刻。现在演出开始得很晚，我听说齐西克夫人的重头戏要在第四幕才上演，因为不耐烦，也因为担心花会枯萎，我让服务员在第三幕时就把花解开了（当时是十一点），现在花朵侧躺在一张桌子上，厨房的员工和几个肮脏的常客把它们递来递去，还闻一闻，我只能担心气恼地看着，别无他法，我很爱齐西克夫人在监狱里的那场重头戏，内心却催逼着她快演完，最后，在我三心二意的状态下，戏终于不知不觉地演完了，领班献上花，齐西克夫人从折起的幕布间接过它，在幕布狭小的缝隙里鞠了一躬，再也没有回来。没有人注意到我的爱，我却本打算把这份爱展示给大家，从而使它在齐西克夫人的心中占有一席之地，没什么人注意这束花。当时已经过了两点，所有人都很疲惫，有些观众早就离开了，我真想用我的玻璃杯扔他们。

和我在一起的是我们事务所的督察 P.，他是个基督徒，我平时很喜欢他，他现在却让我心烦。我关心的是我的花，而不是他的事情。而且我还知道他没怎么看懂这出戏，不过我没有时间、兴趣和能力去把他不需要的帮助强加于他。最后，我在他面前也觉得很惭愧，因为我自己的注意力也很涣散。他还在我和马克斯交谈的时候干扰我，甚至，在想起我从前喜欢他，以后还会继续喜欢他，他不会因为我今天的行为责怪我的时候，我也觉得心烦。

不过，感到心烦的不止我一个。马克斯觉得自己也有责任，因为他在报纸上发表了赞美该剧的文章。对于伯格曼的犹太拥趸来说，这已经太迟了。V协会的成员因为戏的名字赶来，他们一定很失望。因为我只了解这个戏里的巴尔·科赫巴，所以我大概不会用这个名字去给任何协会命名。店里的两个女侍应穿着少女的晚礼服和她们的情人待在一起，演到死亡的那几场戏时，观众不得不大声喊叫，让他们安静下来。最后，街上的观众愤怒地敲打着大片的玻璃窗，因为他们不怎么能看见舞台上的东西。

舞台上缺了克鲁格夫妇。——可笑的配角。"原始的犹太人"，正如洛维所言。顺便一提，这些出公差的人也没有奖金。他们大多不得不掩饰或者享受他们的笑，他们平时也觉得这没什么不好。有个红光满面、留着金黄色胡须的圆脸男人，你几乎没法在他面前抑制自己的笑意，他笑得特别滑稽，因为粘上去的大胡子抖抖索索，非常不自然，在不期而至的笑容出现的时候虚假地束缚住了他的脸颊。另一个人只有在想笑的时候才笑，一笑起来就无休无止。洛维唱着歌死去的时候，就倒在这两个最年长的人怀里，随着渐弱的歌声慢慢滑向地面，他们一起把头凑到他背后，这样他们终于可以在观众看不见的情况下放肆大笑（他们以为）。就在昨天，午餐时想起这件事的时候，我不禁笑了。

在监狱里，齐西克夫人必须摘下来访的、喝醉酒的罗马总督（年轻的皮佩斯饰演）的头盔，然后给自己戴上。她摘下头盔的时候，一条皱成一团的毛巾掉了出来，显然是皮佩斯塞进去的，因为它太夹脑袋了。虽然他肯定知道头盔要在舞台上被摘下来，他还是责备地看着齐西克夫人，忘记了自己的醉态。

多么美丽：齐西克夫人如何在罗马士兵（不过，她一开始要把他们拉过去，因为他们显然不敢碰她）的手下扭动，因为她的细心与技巧，三个人的动作几乎、只是几乎合上了歌曲的节奏；在歌曲中，她宣告弥赛亚现世，一点也不让人分心，都是因为她的力量，她用小提琴弓弦的动作描绘出了竖琴的演奏；在监狱里，听见频频逼近的脚步，她就停下她的悲歌，匆忙来到她的踏车前，唱着劳动者的歌谣踩起踏车，然后又溜回原来的调子，接着再回到踏车上，帕普斯来看她的时候，她在梦中歌唱，嘴巴张得像一只眨动的眼睛，总的来说，她张开的嘴角让人想起她的眼角。——穿白纱的她和穿黑纱的她一样美丽。

新从她身上发现的动作。把手按在不怎么好看的紧身胸衣底下，带着嘲弄短促地抖动肩膀和臀部，尤其是背对着她要嘲弄的人的时候。

她像家里的母亲那样指导整场演出。她给每一个人提词，自己却从来不卡壳；她教导临时演员，恳求他们，最后，在必要的时候还推他们一把；不在舞台上的时候，她明亮的声音融入了舞台上微弱的合唱中；她撑着屏风（据说是代表最后一幕里的堡垒），临时演员大概本来会把它掀翻十次。

我本来希望借助这束花稍微满足一下自己对她的爱，这非常无用。只有通过文学和交媾才有可能。我写下这些不是因为我不清楚，而是因为时常记录下警告或许有好处。

十一月七日。星期二。昨天，演员们终于和齐西克夫人一起离开了。晚上我陪洛维回咖啡馆，但我在外面等，不打算进去，不想见到齐西克夫人。我正走来走去，却见到她打开门，和洛维一起出来了，我打着招呼迎上去，在车道当中与他们会合。齐西克夫人用她高贵自然的词汇感谢我送的花束，她可能才知道那是我送的。原来这个骗子洛维什么都没和她说。我挺担心她，因为她只穿了一件颜色稍微有点深的短袖女式衬衫，我请她进咖啡馆，让她别着凉，为了赶她，我都快要碰到她了。不，她说，她不会着凉，她是戴了披肩的，她稍稍提了提披肩给我看，然后把它紧紧地围在胸前。我不能告诉她，我其实并不是担心她，只是很高兴自己找到了一种享受爱的感觉，于是我又告诉她，我可能就是有些担心。

在此期间，她的丈夫、小女儿和皮佩斯先生也出来了，事实证明，他们根本不像洛维告诉我的那样即将前往布尔诺，相反，皮佩斯甚至决定去纽伦堡。听说这是最好的，在那里找个剧院很容易，犹太社团也很大，而且到莱比锡和柏林去也方便。顺便说一句，他们可能商议了一整天，洛维却一直睡到四点，让他们干等着，错过了八点半前往布尔诺的火车。我们带着各种议题走进了咖啡馆，在桌边坐下，我坐在齐西克夫人对面。我多想抢风头啊，这本身并不难，我只要知道一些火车的线路，认清火车站，在纽伦堡和布尔诺之间作出决定就可以了，但最重要的是让声音压过皮佩斯，他就和他演的巴尔·科赫巴一样，用他的叫喊极其明理地反驳洛维，即便是无意的，那也是语速快得无法中断的，至少当时对我来说非常难以理解的、中等音量的废话。我没有突出自己的存在，而是瘫坐在扶手椅中，来回瞧着皮佩斯和洛维，不过在此过程中时不时会与齐西克夫人的视线相遇，但她用眼神与我交流的时候（比如，她不得不朝着我微笑，因为皮佩斯情绪激动），我就把目光移开。这并非毫无意义。因为皮佩斯那么激动，我们之间不可能带着微笑。我对着她的表情太严肃了，我对这样的严肃相当厌倦。如果我打算笑些什么，我可以越过她的肩膀看一看那个在《巴尔·科赫巴》中扮演总督夫人的胖女人。但我其实也不能严肃地看着齐西克夫人。因为这意味着我爱她。连我身后年轻的、最天真无邪的皮佩斯肯定也看出来了。这原本大概就是闻所未闻的事情。我，一个大家都觉得只有十八岁的年轻人，在萨伏伊咖啡馆晚间光临的客人面前，在站在周围的一圈侍者中间，在演员的圆桌前，诉说着对一个三十岁女人的爱，甚至没什么人觉得她漂亮，她还有两个孩子，一个十岁，一个八岁，她的丈夫就坐在她身边，而且还是正直与简朴的模范；他完全沉迷于此，而且——现在最奇怪的事情发生了，然而再没有人会注意到了——他立即就放弃了这个女人，就算她年轻、单身，他一样也会放弃她。我应该感激还是应该咒骂，尽管我遭遇了那么多不幸，却依然能感受到爱，一种超凡脱俗却又太过尘俗的东西。

齐西克夫人昨天很美。实际上是那双小手的自然之美，轻盈的手指、弯曲的前臂，它们本身是如此完美，这样不寻常的裸露甚至不会让人联想到身体的其他部位。头发分成两道波浪，被煤气灯照得发亮。右嘴角周围略有些不光洁的皮肤。她似乎张着嘴，发出孩童般的哀叹，上下形成一道温柔的弧拱。我在想，如此精美的构词，字里行间散发着元音的光辉，舌尖还保留了词语纯净的轮廓，它可能只成功了一次，却持久地让人惊叹。窄小的白额头。我目前为止见过的扑粉都让我厌恶，但如果这种白色，这种在皮肤上低低地盘旋的、有些混浊的乳白色面纱是来自扑粉，那所有人都应该扑粉。她喜欢把两根手指放在右边的嘴角上，或许她也把指尖伸进了嘴里，她甚至可能还把牙签塞了进去；我没有仔细看那几根手指，但看起来，她似乎几乎是把牙签塞进了一颗中空的牙齿里，并在那里放了一刻钟。

十一月八日。因为工厂的事情，一整个下午都在博士（律师）处。

那女孩只是因为挽着爱人的手走着，才安静地四下环顾。

N. 那儿的女雇员让我想起了一年半以前在巴黎奥德翁剧院扮演马内特·萨罗蒙的女演员。至少坐着的时候是这样。柔软的胸脯压在羊毛料子下面，与其说高耸，倒不如说是宽阔。脸庞直到嘴部都很宽，但下面飞快地窄小起来。一头直发让人看不出她原本的自然鬈。强健的身躯中带着热情与平静。现在我发现，这样的记忆因为她正埋头工作（在她奥利维尔牌的打字机上，键棒就像古时候的织针那般飞舞）变得更加突出，她也走来走去，但半小时内几乎没说过几个词，像是心里装着马内特·萨罗蒙。

在博士那儿等待的时候，我凝视着那个打字的姑娘，思忖着，哪怕看着她的脸，也很难确定她的长相。尤其是拉得很开的、几乎以同样的宽度顶在头上的发型与大多数时候看起来很长的直鼻子之间的关系让我觉得困惑。正在看一份文件的姑娘突然转过头来的时候，我差点被我的观察吓着了，通过我的思考，她对我而言更加陌生了，要是我用小拇指抚摸她的裙子，都不至于会像现在这样。

博士朗读到合同中有关我未来可能出现的妻子与孩子的内容时，我注意到我对面有一张桌子，旁边有两张大的扶手椅，周围还有一张小的。想到我永远都不能和我的妻儿一起占据这三张或任何三张扶手椅的时候，我产生了一种自从最初就怀有的、对这种幸福的迫切渴望。在这种烦躁的心理活动的驱使下，我在漫长的朗读过程中向博士提出了唯一剩下的问题，这立即暴露出我完全误解了刚刚朗读的合同中的绝大部分内容。

之后的道别：我关注着皮佩斯，因为他让我感到压抑，我首先注意到他牙齿末端的缺口和暗色的蛀孔。最后我突然有了个不甚完善的想法："为什么要坐火车到纽伦堡那么远的地方？"我问："为什么不在一个规模较小的中转站演两场？""您知道一个这样的地方吗？"齐西克夫人问，语气远没有我现在写下来时那么尖锐，迫使我看着她。她整个身体都出现在桌上，尽管她在舞台上穿着欧式礼服的时候身材相当骨感，几乎显得生硬，可现在她的整个肩膀、背部与胸部的弧线都很柔软。我可笑地提了比尔森的名字。隔壁桌的常客冷静地说出特普利茨。齐西克先生大概会同意去任何一个中转站，他只熟悉小型演出，齐克西夫人也一样，他们之间不需要过多交流，此外，她还四处征询票价。他们总说"只要赚到足够的生活费就行了"。她的女儿用脸颊蹭着她的手臂，她一定没有察觉，可是对于成年人来说，他们总有种幼稚的信念，只要孩子和父母在一起，就算父母是流浪演员，也不可能会发生什么事，何况真正的忧虑是不能在世间那么近的地方找到的，而是藏在成年人的面容深处。我非常支持他们去特普利茨，因为我能给他们提供一封 P. 博士的推荐信，这样我就能为齐西克夫人效劳了。皮佩斯表示反对，他亲自制作了三个可供选择城市的签，热切地主持了这场抽签仪式，第三次抽中了特普利

茨。我走到隔壁桌，兴奋地写起了推荐信。我找了个借口，称自
己必须回去一趟，找一找 P. 博士确切的地址，顺便一提，没有这
个必要，因为我在家里也找不到，我就此告别。我尴尬地握了握
夫人的手，摸了摸女儿的额头，洛维却已经准备好陪我回去了。

十一月九日。前天做的梦：

我一会儿在观众席上，一会儿在舞台上，几个月前我喜欢上
的一个女孩也在梦里，她惊慌地抓着椅背，绷紧了柔韧的身体；
我从观众席上指着那个扮男装的女演员，我的同伴不喜欢她。有
一幕戏的布景太大，其他什么都看不见，不见舞台，不见礼堂，
不见黑暗，也不见脚灯灯光，然而，所有观众成群结队地出现在
代表老城环形路的场景中，大概是从尼克拉斯街口看过去的那个
角度。虽说人们因此应该不可能看见市政厅大钟前的广场和小
环形道，但通过舞台地面迅速的转向与缓慢的晃动，还是有俯瞰
小环形道的可能，比如说从金斯基宫望过去。这样做没有任何意
义，大概也只能展示整个布景，因为它的存在已是如此完美，如
果错过其中的任何一部分都要使人惋惜落泪，我非常清楚，它
是这个世界上有史以来最美丽的布景。秋日阴沉的云层支配着光
线。暗淡的阳光散射在广场东南角的这扇或那扇彩绘玻璃上。因
为一切都是自然的大小，而不是被做成了最小的尺寸，因此让人
感动，几翼窗被温和的风吹开又关拢，由于房子高大，听不见任
何声音。广场的坡度很陡，铺石路几乎是黑色的，泰恩教堂在它
原本的位置，它的前面却成了一座小皇宫，所有平时矗立在广场
纪念碑一旁的东西都井井有条地聚集在宫殿的前院里：圣母柱、

市政厅前的老喷泉（我自己都从来没见过）、尼可拉斯教堂门口的喷泉，还有一座厚木板栅栏，这是人们为了给胡斯纪念碑打地基而围起来的。

上演的——人们在观众席上经常忘记一切都是演出来的，在舞台上和布景中同样如此——是一场皇家的节庆和一场革命。革命的规模如此之大，熙来攘往的人群拥在广场上，布拉格很可能从未发生过类似的革命，它显然是因为布景才被移到了布拉格，其实那是巴黎的革命。节庆上起初没有什么征兆，宫人摆出了节日的盛宴，与此同时，革命爆发了，人民冲进皇宫，我本人也碰巧从前院喷泉的台阶上跑到户外，但宫里的人应该已经不可能再回皇宫了。此时，宫廷马车从艾森街飞速驶来，不得不在离宫门口很远的地方就开始刹车，扼住的车轮拖在铺石路上。它们是在民间节日和游行时能看到的那种马车，车上贴着栩栩如生的图片，所以它们是平的，周围装饰着花彩，马车板上悬下来一块彩布，从四周遮住了车轮。人们越发意识到车队的匆忙意味着惊骇。马匹拖着车，在宫门口腾跃而起，仿佛无意识地从艾森街驶入宫殿，绕了一个弯。碰巧有许多人从我身边挤过，拥入广场，大多是我在巷子里认识的观众，他们或许是刚刚赶到。其中有个我认识的女孩，但我不知道是哪一个；她身边有个年轻优雅的男子，穿着黄褐色的小格子双排扣大衣，他的右手深深地插在口袋里。他们向尼克拉斯街走去。之后我就什么都看不到了。

席勒在某处写道：重点（或者类似的东西）是把"冲动转化为性格"。

十一月十一日。星期六。昨天整个下午都在马克斯家。决定了《丑陋图片之美》[1]中文章的顺序。感觉不佳。可正是这种时候马克斯最爱我，或者只是我自己这么觉得，因为我后来才意识到我的贡献是如此微薄。不，他真的更加爱我了。他想把我的《布雷西亚》收入书中。我心中所有的善良都在抗拒。我今天本来应该和他一起去布尔诺的。我心里所有的邪恶和软弱都在牵制我。因为我无法相信我明天真会写出什么好东西。

女佣的工作围裙系得特别紧，尤其是身后。今天上午，在洛维与温特伯格公司就有一位，她身上那条围裙的后襟只牢牢地系在臀部上，并未像以往那样接合在一起，而是相互交叠，如此一来，她被包裹得像个襁褓里的婴儿。我对此产生了一种感官上的印象，我经常不自觉地对襁褓中的婴儿产生这样的印象：他们被如此挤压在各自的襁褓与床中，用带子紧紧捆着，极像是满足一种欲望。

爱迪生在美国参加过一次访谈，主题是他穿越波希米亚的旅行。他说，在他看来，波希米亚相对而言较高的发展水平（城市近郊宽阔的街道、房屋前的小花园、驱车经过乡村的时候能看见正在建造的工厂）缘于大量捷克人向美国移民，那些从美国回来的人个个都带回了新的斗志。

不知为何，只要我意识到，我不再对实际上注定要消除的弊病（比如，我已婚的妹妹看似过着格外满意的生活，在我眼中却是暗淡无光）穷追不舍，我手臂上的肌肉就会瞬间失去感觉。

---

1 马克斯·布罗德于一九一三年出版的论文集。

我要试着逐步将心中所有确凿之物汇集起来，然后是可信之物，再是可能之物，以此类推。我心中对书籍的贪婪是确凿的。实际上并不是为了拥有或阅读它们，更像是为了看着它们，在书商的陈列橱窗中证明它们的存在。如果什么地方有几册同样的书，每一册都让我开心。这样的贪婪像是从胃里产生的，仿佛一种被误导的食欲。我自己的书给我带来的快乐较少，不过妹妹们的书倒让我开心。拥有它们的欲望无比之小，几乎不存在。

十一月十二日。星期日。昨天，里什潘[1]的讲演会在鲁道夫音乐厅举行，讲的是他的《拿破仑传奇》。场子里相当空。在入口处小门到演讲台的路上摆着一架巨大的钢琴，像是在测试讲演者的礼节。他走了进来，看了一眼观众，想走最近的路上台，于是靠钢琴太近，他很惊讶，退后一步，轻轻绕开，也不再看观众。在演讲终了的热情中，在轰动的掌声中，他自然早已忘了钢琴，因为演讲的时候它变得不再引人注目；他双手放在胸前，想尽可能晚地背向观众，便优雅地侧身走了几步，自然撞上了钢琴，他不得不踮起脚尖，稍稍弯下腰，才来到了空旷地带。起码里什潘是这么做的。

一个高大强壮、有腰身的五十岁男子。僵硬起旋的发型（好似都德）没有受到破坏，而是相当牢固地压在天灵盖上。他长得和所有年迈的南欧人一样，他们都有着硕大的鼻子和一张与之相

1　让·里什潘（1849—1926），法国诗人、小说家、剧作家。

称的宽阔脸庞，长满了皱纹，从他们的鼻孔中可以吹出一股强风，就像马嘴里喷出来的那样，面对这样的脸，你非常清楚，这就是他们脸庞的最终形态，无法再行修整，但会持续很久，他的脸也让我想起一个意大利老太太的脸，不过这张脸上自然地长着胡须。

他身后升起的音乐会指挥台新粉刷的浅灰色颜料一开始使人迷惑。白头发简直是粘在这种颜料上，不允许半点轮廓出现。他把头向后仰的时候，颜料开始移动，他的头快要陷进去了。只有到了演讲中间，我的注意力完全集中的时候，这种干扰才停止了，特别是他在朗诵时站起身着黑衣的高大身躯、伸出双手引出诗行、驱赶灰色颜料的时候。——一开始，他有些尴尬，总是说着各种各样的恭维话。提到他认识的一个身上有五十七处伤口的拿破仑式士兵时，他说，只有像他朋友穆查（他当时在场）这样伟大的色彩学家才能模仿出这个人躯干上各种各样的颜色。

我注意到，我比以往更能被台上的人感动。我没有思考自己的痛苦与烦恼。我被压缩在靠背椅左边的角落，可实际上，我是被压缩在演讲里，我合起双手拢在膝盖之间。我感觉到里什潘对我的影响，就像是大卫王把年轻姑娘带到床上时必定会感觉到的那种。我眼前甚至出现了一丝朦胧的拿破仑幻象，在一种条理分明的幻想中，他也走出了入口处的小门，尽管他可能是从演讲台的木头，或是从管风琴中走出来的。他镇住了此刻满满当当的整座大厅。我实际上离他非常近，我真的从未，也不会对他的影响产生任何怀疑。我或许会注意到他装束上的可笑之处，正如注意到里什潘装束上的可笑之处，不过这种注意并不会干扰我。相较之下，我小时候是多么冷静！儿时的我常常希望和皇帝对峙，让他认清自己的无能。而这不是勇气，只是冷静。

他像在法庭上演讲般朗诵诗歌。他像战争中无力的旁观者般敲打桌子，挥舞伸出的手臂在大厅中央为卫兵们开辟出一条小巷。"皇帝！"他只举起已经成为旗帜的手臂喊道，重复的回声从下方平原上呼喊的军队间穿过，简直在回应他。在描述一个战争场面的时候，一只小脚落在地上某处，人们去查看，原来是他没什么胆量的脚。不过这并未打扰他。——至于《榴弹兵》，他读的是热拉尔·德·内瓦尔[1]的译本，并对此表达了特别的敬意，得到的掌声却最少。

他年轻的时候，拿破仑的坟墓每年打开一次，成排被领着经过的伤员见到他涂着防腐剂的脸，眼神中与其说是钦佩，不如说是惊恐，因为它肿胀发绿；后来，这样的开墓被取消了。不过，里什潘还是在他叔祖父的肩头上见过那张脸，这位叔父曾在非洲服兵役，指挥官专门让人为他开了墓。

他早已提前宣布过那首他想朗诵的诗（他的记忆力相当可靠，性情刚强的人其实总有这样的特征），他评论道，将要诵读的诗行会因其中的词语引发一阵小小的地震，读第一首诗的时候，他甚至说要以所有的昂扬来朗诵。事实真的如此。

接着，到了最后一首诗，他的情致愈发高扬，不知不觉地进入了诗句（维克多·雨果的诗）；他慢慢起身，就连读完后也没再坐下，以他散文式的力量采纳并保留了朗诵时的大幅度动作。

---

1 热拉尔·德·内瓦尔（1808—1855），法国浪漫主义作家。

最后他发誓，即便是千年以后，如果他尸体的每一颗小分子还有意识，依然会准备响应拿破仑的号召。

即便因迅速连续的吐气而气喘吁吁，法语经受住了最无邪的即兴；即便他频繁谈起点缀日常生活的诗人，谈起他的幻想是诗人的幻想（闭着眼睛），他的幻觉是诗人的幻觉（眼睛不情愿地向远方瞪去）等等，法语都不曾支离破碎。这时候，他偶尔也会遮住眼睛，然后慢慢松开手，手指一根接一根地松开。——他服过役，他的叔叔在非洲，叔祖父是拿破仑的手下，甚至还唱过两句战歌。——

十一月十三日。我今天听说，这个男人[1]已经六十二岁了。

十一月十四日。星期二。昨天在马克斯家，他刚在布尔诺开完讲座。

下午入睡的时候。包裹着没有痛觉的脑袋的坚固头盖骨像是深深地向内部缩去，在光线与肌肉的自由游戏中把大脑的一部分留在外面。

在一个寒冷的秋日早晨醒来，天色微黄。透过几乎关着的窗户，见到倒下前还在窗前飘浮的人，他双臂展开，腹部拱起，双腿向后弯曲，就像古时候立在船头的人物。

入睡以前[2]

身为单身汉似乎特别糟糕，若他要与人们共度一夜，为了严

1　指里什潘。
2　卡夫卡后来在《沉思》中收录了删改后的此文，题目为《单身汉的不幸》。

正保留自己的尊严，只能以老人的身份请求收留；手里拎着食物回家的时候，无法怀着安静的确信懒洋洋地期待些什么，只能把疲倦或恼怒赠送给某个人；在大门口道别的时候，永远无法和妻子一同挤着阶梯上楼；生病的时候，如果还能坐起来，聊以慰藉的仅有窗外的风景。他的房间里只有通往别人公寓的侧门，用以感受亲戚家的陌生，只有借助婚姻的媒介才能与他们保持友好，先是通过父母的婚姻，然后，一旦它的效用消失，就得通过必定会使自己及陌生的孩子惊叹，而且不允许重蹈覆辙的行动来维系：我没有家庭，因为一个人成不了家，我有种不变的年龄感，外表与举止沿袭自儿时记忆中那一两个单身汉。这一切都是真的，但人们很容易犯这样的错误：把未来的痛苦在眼前大肆铺开，目光必须远远地从它们上方掠过，不再回来，然而，实际上他今天和以后还将亲自站在那里，身体是真的，脑袋是真的，所以额头也是真的，好让他用手去扶。

现在试着给《理查德与塞缪尔》的引言打草稿。

十一月十五日。昨晚，我带着一种预感拉起床上的被子，躺下之后，我又意识到自己所有的能力，像是把它们统统握在手里；它们让我的胸口发紧，让我的脑袋起火，有一阵子我反复安慰自己别起床工作："这不可能是健康的，这不可能是健康的。"还想用几乎一目了然的意图让睡眠没过我的脑海。我总是想到一顶带檐的帽子，为了保护自己，我用一只有力的手把它按在额头上。昨天我究竟错失了多少，血液是如何在我狭窄的脑袋中挤压，我什么都能做，只是受力量所制，对于我单纯的生命来说，这种力量不可或缺，却浪费在这里。

确定的是，我事先即便在良好的感觉下逐字逐句，或者甚至是随随便便但用意义明确的文字杜撰出来的东西，当我试图到写字台前把它们写下来的时候，就变得枯燥、颠三倒四、僵化、对整个环境有所妨碍、畏畏缩缩，最主要的是，它们似乎漏洞百出，然而原本杜撰出来的东西并没有任何遗漏。当然，这大部分是因为，我只在情绪高涨的时候才能无须用纸，便能创作出好内容，比起渴望，我更畏惧这样的振奋，可我又对此怀着同等的渴望，可然后，内容又变得太丰富，我不得不将它放弃，于是我靠巧合用抓的方式盲目地从水流中汲取，结果，在深思熟虑的书写时，这种振奋和它先前鲜活的丰盈无法比拟，我无法重现这样的丰盈，所以这样的写作是低劣的、扰人心绪的，因为它的吸引力是无效的。

十一月十六日。今天中午睡着之前——但我根本没有睡着——一个蜡制女性的上半身压在我身上。她的脸向后弯，压在我的脸上。她的左前臂压着我的胸口。

三晚没睡，正好在这精力触底的时刻，尝试做一些最微末的事情。

摘自一本旧备忘录："现在是晚上，我从早上六点开始学习[1]，学到现在，我发现我左手的手指因为怜悯而紧握着右手，已经有一段时间了。"

1　指在进行国家司法考试及口试之前的学习。——原编者注

十一月十八日。昨天在工厂。乘电车回来，坐在角落里伸着两腿，看外面的人、店里亮着的灯、穿墙而过的旱桥、一再浮现的背影与面容、一条从近郊商业街伸出的乡间公路，除了回家的人，路上感受不到一点人气。火车站周边在黑暗中彼此交织的灼烧的电灯、煤气厂越往上越尖窄的矮烟囱、女歌手德·特雷维勒客串出演的海报。沿墙一路摸索，直至墓地附近的一条小巷，然后从那里与我一起，从田野的寒冷返回城市以住宅为基础的温暖。我们把陌生城市当作事实来接受，生活在那里的居民不能渗透我们的生活方式，正如我们也不能渗透他们的，我们必须进行比较，我们无法替自己辩护，但我们非常清楚，这中间没有道德价值，甚至没有心理上的价值，最后我们往往可以放弃这样的对比，因为彼此生活条件巨大的差距使我们免于比较。

然而，我们故乡的近郊于我们而言也是陌生的，但此处的对比是有价值的，半小时的步行反复向我们证明，在这里生活的人们一部分住在我们城市的中心，一部分住在贫穷黑暗、宛如山谷小路般遍布沟壑的边缘，尽管如此，他们全都有那么巨大的共同利益圈，这是城市外面其他的人群没有的。因此，进入近郊的时候，我总是有种混合着恐惧、孤绝、同情、好奇、傲慢、旅行的愉快与男子气概的感觉，又带着舒适、严肃与平静的感觉返回，尤其是从齐兹科夫回来的时候。

十一月十九日。星期日。做梦：

　　在剧院里。演的是施尼茨勒[1]的《辽阔的土地》，由乌提兹[2]改编。我坐在很前面的一张长椅上，以为自己坐的是第一张，一直到最后才发觉那是第二张。长椅的靠背面对舞台，观众可以舒适地看见观众席，不过看舞台的时候就得转身。作者就在附近某处，关于这部我显然已经了解的戏剧，我无法控制自己的恶评，但我要补充的是，第三幕据说还挺有趣的。关于这个"据说"，我要重申，要谈这部戏的优点，我反正是没什么可说的，必须得靠道听途说。为此，我再次重复这句评价，不仅是为了我自己，还为了其他未注意到这一点的人。我四周坐满了人，大家似乎都是穿着冬天的衣服来的，因此把座位撑得更加拥挤。我身边的人和身后看不见的人都和我搭话，指给我看新来的人，叫出他们的名字，一对从一排扶手椅间挤过的夫妇格外吸引我的注意力，因为那个女人有张深黄色的、男性化的脸，她脸上长了个长鼻子，此外，在拥挤的人群中，可以见到她突出的脑袋，她穿着男人的衣服。我身旁站着演员洛维，他显得异常自在，和真正的洛维很不一样，他激动地发表演说，重复着"原理"这个词，我一直期待着"第三次比较[3]"这个词组，但它并没有出现。在二层的一间包厢（其实只是顶层楼座的一个角落，从舞台右侧看去，它与其他包厢相连）里，站着基施家族[4]的某位三儿子，他身穿华丽的王

1　阿图尔·施尼茨勒（1862—1931），奥地利剧作家，小说家。
2　哲学家埃米尔·乌提兹，后成为大学教授，是卡夫卡文理高中的同学。——原编者注
3　原文为拉丁语。
4　《飞奔的记者》作者埃贡·埃尔文·基施（译者按：捷克斯洛伐克作家、记者）的家族。他的兄弟保罗·基施是学日耳曼文学的。——原编者注

袍，衣襟大展，正朝着剧院内说话，他的母亲坐在身后。洛维的演说与他说的话之间有关系。另外，基施高高地指着幕布上方的一个地方，说，德语基施就坐在那儿。他指的是我那个学习日耳曼文学的同学。

幕布升起的时候，剧院开始变暗，基施本就要离开，为了更加鲜明地体现这一点，他和他的母亲向上方的顶层楼座走去，然后不见了，手臂、袍子和腿都张得特别开。

舞台稍微比观众席低一些，我把下巴靠在椅背上，往下看。布景主要由舞台中央两根低矮的粗柱组成。布景展示的是一场宴会，参宴的有女孩和年轻的男子。我看到的东西很少，因为，尽管演出一开始，许多人就离开了第一排的长椅，显然是去了舞台后方，但剩下的女孩们都戴着又大又平的帽子，它们大多是蓝色的，在整条长椅上晃来晃去，挡住了我的视线。不过，我特别清楚地看见了舞台上一个十到十五岁之间的男孩。他的头发干燥，向两侧分开，剪得很平整。他甚至不知道该如何正确地把餐巾放在大腿上，为此，他不得不专心致志地往下看，据说他要在这出戏里演一个花花公子。观察到这一点后，我也不怎么信任这个剧院了。舞台上那伙人正在等观众席第一排各种各样的人上台。这部戏也没有经过精心排练。因此，女演员哈克尔伯格刚上场，另一个世故地靠在扶手椅上的男演员就招呼她"哈克尔——"，接着他才意识到说错了，纠正了自己的说法。此时，来了个我认识的姑娘（她叫弗兰克尔，我想），她正从我的椅背上翻过去，她爬上去的时候背部完全裸露着，皮肤不是很干净，在她的右臀上方甚至有块被抓伤的地方，流着血，有门把手那么大。然而，当她转过身，站在舞台上，露出她那张洁净的脸庞时，她又演得非常出彩。这时候，唱着歌的骑士应该就要出现了，一架钢琴模仿出马蹄声，观众们听见暴风雨般的歌声越来越近，最后，我甚至见到了歌手，为了赋予歌声匆匆而来的自然渐强感，他沿着高处的顶层楼座跑向舞台。他还没登上舞台，也还没有把歌唱完，却已经在仓促与叫嚣的歌声中付出了最大的努力，连钢琴也无法再继续仿效敲在石头上的马蹄声。因此，两者都停下了，歌手平静地唱着歌，走了过来，只不过，他把身子蜷缩得非常矮，只有头露在楼座的护栏上，使观众无法看清他。

第一幕就这么结束了，可幕布并没有降下，剧院依然黑着。两个评论家坐在舞台的地板上，背靠着布景写作。一个留着金色山羊胡子的戏剧顾问或导演跳上舞台，还在半空中，他就伸出一只手安排布置，另一只手取了颗葡萄吃了起来，那是之前宾客宴席的果盘里的东西。

再次转身面对观众席时，我看到席间亮起了朴实的煤油灯，就像在小巷里那样被安装在朴实的枝形灯柱上，当然，它们现在烧得非常黯淡。突然，其中一个灯罩溅出了一道光，可能是因为煤油不纯，或者灯芯有问题，成片宽阔的火花在观众中间坠落，这一瞬，他们还没理清头绪，就成了一群黑如泥土的人。然后，一位先生从这群人中起立，真的走到离灯罩更近的地方，显然想解决这件事，但他先抬头看了看灯罩，在它旁边站了一小会儿，什么事情都没有发生，他静静回到原来的位置，沉了下去。我把他认作自己，把脸歪进黑暗。

我和马克斯肯定本质上有区别。我非常欣赏他的作品，不论是对我而言，还是对其他人而言，这些作品都是一个不容置喙的整体，哪怕他今天一系列的小书评也是，可他为《理查德与塞缪尔》写的每一句话都关联到我勉强的让步，这种让步使我从内心深处感到痛苦。至少今天是这样。

今晚，我又充满了能力，它被压抑得使人焦躁。

十一月二十日。梦见一幅画，据说是安格尔[1]的作品。林中千面镜子中的女孩，或者说其实是少女们。她们以类似的方式被分成好几组，松散地被牵拉开，仿佛剧院的帷幕，画面右边的一群人聚得更加紧密，或向左边坐着，或卧在巨大的树枝上，或躺在飞舞的缎带上，或靠自己的力量飘在一根锁链上，缓缓升向空中。现在，她们不仅被映射到观赏者眼前，也被映射到离她们很远的地方，变得更加模糊、多样；眼睛在局部上失去的东西在整体上赢了回来。然而，画前站着一个赤裸的女孩，并未受到映射的影响，她单腿支撑站立着，臀部突出。安格尔此处的绘画技巧值得钦佩，不过实际上，我满足地发现，这个女孩的裸体实在过于真实，甚至还残留了一丝触觉。一道泛黄的微光从她遮住的地方照出来。

我对反命题的厌恶是肯定的。它们不期而至，却并不令人惊讶，因为它们一直就在身边；如果它们是无意识的，那也只是在最外围。它们虽然产生了彻底性、充实性与完备性，却只似生命之轮[2]上的一个人形；我们在那个圆里追逐微小的奇想。它们

---

1 让·奥古斯特·多米尼克·安格尔（1780—1867），法国新古典主义画家。
2 "生命之轮"是一种玩具。透过一条缝隙，旋转的圆带上可以看到不断变换位置的人形，创造出一种运动的幻象。——原编者注

或许如此不同，或许没有任何细致入微之处，它们在我们的手底下成长，仿佛被水泡胀，最初的展望是进入无限，最终的格局却有限、平均、永远相同。它们蜷缩起来，不延伸，提供一个基准点，它们是木头上的洞，是直立的冲锋，把我之前说的反命题拉到自己身上。只盼它们把一切都拉下来，永远拉下来。

戏剧素材：英语教师韦斯，肩膀笔直，双手紧紧插在口袋里，紧绷的、浅黄色的大衣上都是皱褶。有天晚上，他在文策尔广场上迈着有力的步伐，匆忙穿过马路，正好擦过一辆电车，电车还没开，却已经响起了铃声。他离我们远去。

E：安娜！

A：（向上看）哎。

E：到这儿来。

A：（安静地迈着大步）怎么了？

E：我想告诉你，我对你不满意，已经有段日子了。

A：可是！

E：就是这样。

A：那你正应该和我说清楚，埃米尔。

E：那么快？你甚至不问问为什么？

A：我知道为什么。

E：为什么？

A：吃食不合你的意。

E：（迅速起身，大声）你到底知不知道，库尔特今晚就要离开了！

A：（不为所动）知道啊，可惜，他要走了，所以你本来不必把我喊过来的。

十一月二十一日。我以前的保姆，那个脸色黑黄、鼻翼棱角分明、脸颊某处有痣的保姆为了见我，短时间内第二次上我们家来。第一次我不在家，这次我想一个人待着，睡一觉，便谎称自己不在。她为什么把我养得那么糟糕，我当时可听话了，现在她在前厅对厨娘和女佣说，我性格沉稳、乖巧伶俐。她为什么不好好为我利用这一点，为我准备一个更灿烂的未来？她是人妻，或者是个寡妇，她有孩子，说话活泼，不让我睡觉；她以为，二十八岁的我正当年，是个高大健康的绅士，喜欢回忆少时，非常明白自己要什么。但此刻，被一脚踢出世界的我躺在这里的长沙发上，留意着不愿到来的睡眠，就算它来了，也只会与我擦肩而过，我的关节因疲劳而酸痛，我干瘦的身体因兴奋而颤抖，它一定没有认清这一点，我的脑袋在惊愕中痉挛。我门前站着三个女人，一个赞美过去的我，两个赞美现在的我。厨娘说，我会径直走入天堂，她的意思是，不绕任何弯路。将来就会这样。

洛维：在这种情况下，《塔木德》中的一位拉比有种非常虔敬的原则，就是不接受任何东西，甚至不接受任何人的一杯水。可此时碰巧的是，他那个时代最伟大的拉比想结识他，所以邀请他去用餐。拒绝这样一个伟人的邀请是不可能的。因此，第一位拉比悲伤地上路了。可是，由于他的原则性太强，两位拉比之间亘起了一座山。

安娜坐在桌前，读报。

卡尔在房间里走来走去，一走到窗前，他就停下来往外看，有一次，他甚至打开了靠里的那扇窗。

安娜：请把窗户关上，可太冷了。

卡尔：（关上窗）我们担心的事情太不一样了。

十一月二十二日。

安娜：可你已经养成了一个习惯，埃米尔，一个让人非常反感的习惯。你可以从每件小事里挑出毛病，借此挖掘我身上不良的品质。

卡尔：（搓着手指）因为你一点都不体谅人，因为你根本令人费解。

确定的是，我的身体状况是阻碍我进步的主要障碍之一。有这样的身体，什么事情都做不成。我将不得不习惯持续的失败。经历了几个乱梦不断、几乎没能熟睡片刻的夜晚，今天清晨，我的思绪已是极度混乱，除了自己的额头，我什么都感觉不到，只见到一种介于能忍与难忍之间的、远不符合我此刻情况的状态，我甚至想蜷缩在走廊上的水泥板上，手握文件，纯粹准备赴死。我的身体对于它的虚弱来说太过修长，而且我体内没有丁点脂肪可产生大有裨益的温暖来维持心中的火焰，没有脂肪能让灵魂在不损害整体的情况下满足日常需求，并获得滋养。我最近总刺痛的羸弱心脏要如何才能把血液泵向整条长腿。把血泵到膝盖的工作量已经够大了，可之后还要以老人的力度让它涌入冰凉的下肢。但是现在，上边又需要它了，我在等它，它却在下面浪费掉了。由于身体的长度，一切都被抻开。它又能如何呢，因为，即便我的身体被压缩，对于我想达到的目标而言，它的力量还是太小。

摘自洛维给父亲的信：当我抵达华沙，我将穿着我欧洲的服装在你们周围徘徊，"像眼前的一只蜘蛛，像新婚夫妇中的哀悼者"。

洛维提起一个已婚的朋友，他住在华沙附近的小镇珀斯丁，由于兴趣越来越高雅，他觉得格格不入，因而很不幸福。"珀斯丁，是个大城市吗？""那么大。"他向我伸出一只平坦的手掌。手上戴着一只粗糙的黄褐色手套，代表一个荒僻的地区。

十一月二十三日。二十一日是克莱斯特逝世一百周年纪念日。克莱斯特的家人在他墓前摆了一个花圈，上面写着："献给家族最优秀者。"

透过我的生活方式，我依赖的是什么样的状态啊！今晚，我比上周睡得好一些，今天下午甚至睡得很香，我甚至感受到了中等睡眠之后常会产生的困倦，于是我担心自己会写得不太好；我感觉有些能力向内心深处发出冲击，我作好了接受所有惊喜的准备，换而言之，我已经看到它们了。

十一月二十四日。《施希特》（学习屠宰技艺的人）。戈尔丁的剧本。里面引用了《塔木德》，例如：

如果一位大学者在晚上或夜里犯了罪过，到了早上就不必再责备他了，因为以他渊博的学识，他一定已经悔过了。

如果有人偷了一头牛，就必须还两头；如果他宰了被偷的牛，就必须还四头；不过，如果他宰的是偷来的牛犊，那就只需还三头，因为大家觉得拖走一条牛犊是件苦差事——哪怕这个人轻轻松松地牵走了牛犊，这种想法依然已经决定了对他的惩罚。

对坏念头的敬重。昨天晚上我感觉特别痛苦。我的胃又出问题了，我艰难地写作，费劲地聆听洛维在咖啡馆里的朗诵（它起初很沉闷，我们不得不体谅，可后来又闹哄哄的，让我们不得安生），我觉得，我眼前悲哀的未来不值得我进入，我孤零零地走过费尔迪南大街。然后，在贝格斯坦的交叉路口，我又想到了较远的未来。我该如何忍受这具从杂物间里拖出来的躯体？《塔木德》里也说：没有女人的男人不是人。面对这些念头，那个晚上我别无他法，只能告诉自己："坏念头，你们来啦，选这个时候，是因为我很虚弱，胃也不舒服。你们正挑选了这样的时刻，想让我把你们考虑清楚。你们只看准了对自己有利的时机。你们真可耻。下次再来吧，等我更强壮的时候。别这么乘人之危。"而事实上，甚至不用等待其他证据，它们就已退去，慢慢散开，不再干扰我此后自然不会太愉快的散步。然而，它们显然忘了，如果尊重我所有恶劣的状况，它们几乎找不到机会。

从剧院驶出的汽车发出的汽油味吸引了我的注意力，非常明显，迎面向我走来的剧院观众正以最后几个手部动作把大衣和挂着的望远镜整理齐，一种美好的家庭生活等待着他们（即便照明的只有一支蜡烛，但睡觉前就应该这样）；不过，他们却也表现得像是从剧院被送回家的，作为附庸者，幕布最后一次在他们面前落下，一扇扇门在他们身后打开，在戏剧开始前或第一幕的时候，他们曾因为某些令人发笑的担忧，傲慢地踏入这些门。

十一月二十五日。在城市咖啡店的整个下午，我都在劝说M.签署一份声明，称他只是我们公司的员工，不需要承担参与保险的责任，他的父亲也就没有义务为他的保险支付大笔的补充费用。他言之凿凿地说，我的捷克语特别流利，特别是为我的疏忽请求原谅的时候，我的用词很优雅；他还保证，星期一就把声明送去店里，我感觉他对我即便不是喜爱，也算是尊重，可星期一他什么都没送来，他甚至没再留在布拉格，而是离开了。

晚上无所事事地待在鲍姆家，马克斯不在。读了《丑陋之物》，这个故事还是太杂乱无章了，第一章像个储故事的仓库。

十一月二十六日。上午和马克斯一起改《理查德与塞缪尔》，一直改到下午五点。然后去了N.家，库宾推荐我们认识，他是个来自林茨的收藏家，五十岁，非常魁梧，动起来像座塔；要是他长时间沉默，别人就会低下头，因为他完全不说话，而他说话的时候也不像是说话。他的生活由收藏和交媾组成。

收藏：他从收集邮票开始，再转向版画，后来什么都收集，然后他认清了这种永远无法达到极致的收藏之徒劳，便把收藏局限于护身符，后来又收集起下奥地利与南巴伐利亚的朝圣奖章及朝圣手册。它们都是为每一次朝圣重新单独发行的奖章与手册，无论是材料上，还是艺术上大多都不具备什么价值，但通常都有一些让人愉快的表现手法。现在，他也开始努力地发表相关的文章，具体而言，这是首次出现关于这些物件的文章，他率先确立了系统化该藏品的观点。自然，这些东西从前的藏家错过了这次

机会，对此愤愤不平，但后来也不得不表示满意。现在，他是朝
圣奖章这方面公认的专家，世界各地都有人请求他对这些奖章进
行鉴定与评估，他的话分量很足。此外，他还收藏其他东西，他
最引以为豪的是一条贞操带，它和他所有的护身符都在德累斯顿
卫生展览会上展出过。（他刚从那里回来，让人把所有东西都打
包运走。）然后是一柄法尔肯斯坦出土的漂亮的骑士剑。他和艺
术之间的关系并不密切，只有通过收藏才显出半分。

　　从格拉夫旅馆的咖啡馆出来，他把我们领到他那间暖气开得
太足的房间，他坐在床上，我们坐在他周围的两张扶手椅上，我
们就这么创造出了一场安静的集会。他的第一个问题是："您是
收藏家吗?""不，只是个可怜的爱好者。""这不重要。"他掏出皮
夹，真的把自己和别人的藏书票朝我们扔了过来，里面还夹杂着
他的下一本书，《石头王国的巫术与迷信》的简介。他已经写了
很多，尤其是关于"艺术中的母性"，他认为怀孕的身体最美丽，
也是最令他愉快的……他也写关于护身符的文章。他还在维也纳
宫廷博物馆任过职，在多瑙河口的布勒伊拉 [1] 指导过挖掘工作，发
明了一种以他名字命名的、粘合出土花瓶的方法，十三次入选学
术协会和博物馆会员，他已立下遗嘱，将藏品赠送给纽伦堡的日
耳曼博物馆；他常常在书桌前坐到夜里一两点，早晨八点又来到
桌前。我们必须在他一个女性朋友的题词留念册上写些什么，为
了填满这本册子，他带着它出游。马克斯写了一行复杂的诗句，
N. 先生试图用成语"雨过天晴"来解释它。之前他还用木讷的声

_____

1　位于罗马尼亚东南的一座城市。

音念了一遍。我写的是："小灵魂在舞蹈中跳跃，等等。"

他又大声读了一遍这句话，我帮着他念，最后他说："波斯人的韵律？叫什么来着？加扎勒[1]？是不是？"我们无法附和，也猜不透他在说什么。最后，他引用了一首吕克尔特[2]的复奏调。好吧，所以他觉得这是复奏调。可它也不是。行了，不过它确实有某种动听的音感。

他是哈尔伯[3]的朋友。他很想聊哈尔伯的事情。我们更想聊布莱[4]。可是关于布莱，能说的不多，他因为在文学上伤风败俗，受到了慕尼黑文学圈的鄙视，他和妻子离婚了，他的妻子是个牙医，有家门庭若市的女士服装店，他靠她养活；他的女儿十六岁，金发碧眼，是慕尼黑最疯狂的姑娘。在斯特恩海姆[5]的《裤子》（N. 和哈尔伯在剧院里看）中，布莱扮演了一个老态尽显的花花公子。第二天，N. 见到他的时候，N. 说："博士先生，您昨天演的是布莱博士吧。""怎么回事？怎么回事？"他特别尴尬，"我明明演的是那个。那个呀。"我们离开时，他翻动床铺，使其完全适应房中的温暖，而且他又调高了暖气。

《塔木德》中说：如果一个学者去相亲，他就应该带上一个阿莫尔兹[6]，因为他对学识太过沉迷，或许注意不到必要的东西。

1　抒情诗的一种形式，起源于阿拉伯半岛，内容多为情诗。

2　弗里德里希·吕克尔特（1788—1866），德国诗人、翻译家。

3　马克斯·哈尔伯（1865—1944），德国自然主义作家。

4　弗朗茨·布莱（1871—1942），奥地利作家、翻译家。

5　卡尔·斯特恩海姆（1878—1942），德国剧作家、小说家、诗人。

6　阿莫尔兹，指没有受过教育的人（译者按：应为意第绪语）。卡夫卡参照他与演员洛维长期的对话，记下了这条笔记，所有类似的笔记皆如此。——原编者注借助贿赂，围绕华沙的电话线和电报线形成了一个完整的圆圈，从《塔木德》的意义上讲，它在城市中画出了一个有边界的区域，从某种程度上来说，形成了一座院子，因此到了星期六，即便是最虔诚的人也可以随身携带着小物件（如手帕）在这个圆圈内活动。

哈西德教派犹太人[1]的聚会，他们愉快地讨论关于《塔木德》的问题。如果谈话中断，或有人不参与对话，他们用歌声来补偿。旋律是现编的，一旦有人成功唱出了旋律，全家成员都会被叫来学习，跟着反复唱。在这样的一场谈话中，有位常常陷入幻觉的奇迹拉比突然把脸埋进支在桌上的臂弯里，在众人的沉默中保持了三个小时。苏醒的时候，他哭了，吟唱出一支全新的、有趣的进行曲。这是死亡天使陪伴一位奇迹拉比的灵魂进入天堂的旋律，当时，这位拉比在俄国一座遥远的城市去世了。

根据卡巴拉[2]的说法，星期五，虔诚的人会得到完全属于天堂的、更加温柔的新的灵魂，它将一直伴随着他们，直到星期六的晚上。

周五晚上，每一位虔诚的人从寺庙回家的路途都有两位天使相伴；一家之主在游戏室内迎接天使；他们只逗留一小会儿。

对女孩的教育、她们的成长，还有她们对世间法则的适应，对我来说总有种特殊的意义。她们不再无助地从那些匆匆地认识她们、打算匆匆地与她们攀谈的人身边跑开，反而会在那里

---

1 现代犹太教极端正统派的一支，在社群中使用意第绪语。
2 与犹太教哲学观点相关的思想，用以解释永恒的造物主与有限的宇宙之间的关系。

站上片刻，即便她们并非正巧就站在你希望她们在房间里待的地方，你也已不必再用眼神、威胁或爱的力量牵制她们；如果她们转身，她们会缓缓地转，以此不造成任何伤害，她们的背影也因此显得更宽阔。你对她们说的话并没有石沉大海，她们听完整个问题，你无需催促，她们会回答，虽然开着玩笑，但句句回答在点子上。是的，她们甚至仰着脸对自己发问，她们并不厌恶一次小小的交谈。她们几乎不会允许旁观者干扰她们刚刚上手的工作，就更不会去顾及他了，但旁观者可以长时间地观察她们。只有穿衣服的时候她们会退场。这是唯一让他感到不确定的时刻。另外，他不必再穿过小巷，在房门前拦截，一次次等待幸运的巧合，尽管他已经体会到他不具有强迫巧合发生的能力。

不过，哪怕她们身上发生了这样巨大的变化，这样的情况依然并不鲜见：在不期而遇的时候，她们带着一脸忧伤的表情迎接我们，把手平放在我们的手上，以缓慢的动作邀请我们进入公寓，仿佛我们是有商务来往的朋友。她们在隔壁房间脚步沉重地来回走动；可当我们也进去了以后，出于色欲与倨傲，她们蹲在窗龛里读报，看都不看我们一眼。

十一月三十日。三天只字未写。

十二月三日。现在，我正阅读舍费尔[1]《卡尔·斯陶弗的生命历程：激情编年史》中的一段，被其中巨大的印象吸引、攫住，

1　威廉·舍费尔（1868—1952），德国作家。

它在转瞬之间渗入我暗自聆听的内心，但同时被我难受的胃强加给我的饥饿感和通常会在自由自在的星期天感受到的兴奋驱逐到如此遥远的地方，我不得不以同样的方式写作，就像人们在受到外部事物强加的兴奋时，只能靠挥舞手臂来自持。

不论是表面的还是真实的，单身汉的不幸很容易被周围的人猜到，哪怕是为了神秘的快乐而成为单身汉，他无论如何都要咒骂这个决定。他虽然穿着扣好的上衣四处徘徊，手肘尖尖的，帽子低低地遮住脸，已经算是与生俱来的虚假微笑应该是在保护嘴巴，就像夹鼻眼镜在保护眼睛，他穿的裤子更窄了，因为它在枯瘦的腿上显得好看些；可所有人都知道他的情况，能告诉他遭受的痛苦。凉意从他的内部向他吹来，他用双重脸庞仍显悲伤的那一面凝视它。他简直在不断地迁移，可又对规律性充满期待。他发现他离生者越远——最恶劣的嘲弄是，他必须像一个有意识的奴隶那样为那些生者劳作，却不允许把自己的意识表达出来——对他来说足够的空间就变得越小。而其他人纵使一辈子都躺在病床上，哪怕终要被死亡击倒，即便早已因自身的虚弱而一病不起，仍然依附于他们可爱的、强壮的、健康的血亲和姻亲，可他，这个单身汉，显然是出于自身意愿，在生命正中把自己局限于一个愈发狭小的空间，而当他死后，棺材正适合他。

最近我给我的妹妹们读莫里克[1]的自传，开头就很好，接下去便更加好了，最后，我指尖交叠，用平静的声音克服了内心的障碍，为我的嗓音提供了愈发旷阔的视野，终于，在我周围的整间

---

1 爱德华德·莫里克（1804—1875），德国诗人、小说家、翻译。

屋子除了我的声音，什么都容不下了。直至父母从店里回来，按响了门铃。

睡着之前，我感到，在轻盈的双臂下方，拳头的重量压在我的身体上。

十二月八日。星期五，很久不写东西了，只不过这次倒感觉有半分满意，因为我亲自完成了《理查德与塞缪尔》的第一章，特别是一开始在车厢里入睡的那段描写，我觉得尤其成功。不止如此，我相信在我身上发生的事情非常接近席勒所说的把冲动转化为性格。我必须顶着内心所有的抗拒写下这一切。

和洛维一起散步至总督城堡，我叫它锡安堡。入口的大门和天空的颜色搭配得很明晰。

又散步至射击岛。提到齐西克夫人，说起她是如何因受到怜悯而被引入柏林的社群，当初她是个穿戴着老式弗兰克衣帽、无人知晓的二重唱演员。洛维读了一封来自华沙的信，一个来自华沙的年轻犹太男子在信中抱怨犹太剧院的衰微，他还写道，他宁愿去波兰人的轻歌剧剧院"诺沃斯蒂"，也不愿去犹太剧院，因为剧院里那些寒酸的舞台布景、那些不端的品行，还有那些"发了霉"的对句唱段叫人难以忍受。我一心只想着犹太轻歌剧主要的舞台效果，包括女主角穿过观众席，向舞台行进，身后跟着一队小孩子。所有人手里都拿着小小的《妥拉》[1]卷轴，唱着：*toire*

---

1 犹太教的核心，所有犹太教的律法与教诲皆可被涵盖到《妥拉》中。狭义上指《摩西五经》。

is die beste schoire[1]。意思是：《妥拉》是最好的商品。

　　循着《罗伯特与塞缪尔》中出彩的段落，独自在城堡区与观景台之间进行美妙的散步。聂鲁达街上有块牌子：裁缝安娜·克日佐娃，在法国由公爵遗孀，原阿伦伯格公主资助下满师。我站在城堡的第一个院落中间，凝视城堡守卫的一次戒备。

　　马克斯不喜欢我写的最后一部分，不管怎么说，因为他觉得它和整篇小说不搭，不过也可能是他觉得那一段原本就写得很差。很可能是因为他警告我不要写那么长的段落，这样的写法效果类似明胶。

　　为了能与年轻姑娘交谈，我需要亲近老年人。来自他们轻微的干扰使我的谈话活跃起来，对我的要求似乎立刻降低了；我未经深思熟虑说出来的话如果不入女孩们的耳，起码还能传到老年人耳朵里，如果有必要，我还能从他们那里获得大量的帮助。

　　H. 小姐。她让我想起了 Bl. 夫人，只是她的鼻子在长度、微微的双重弧度和相对而言的瘦削度上像 Bl. 夫人那只毁损的鼻子。可另外，她的脸上也有一块几乎没有理由存在于外部的黑色素沉淀，它只可能是由一种强有力的性格镌入皮肤的。宽阔的脊背，隆起的女性后背展露出太过老迈的气质；沉重的身体在剪裁优良的夹克衫里变得单薄，这件窄小的夹克竟还显得有些宽松。谈话中的尴尬劲过去以后，自在地抬起头意味着已经找到了一条出路。在这次谈话中，我并没有倒伏在地，内心也并未放弃，可如果我只从外部观察自己，我大概无法用其他说法来解释自己的举

1　原文为意第绪语。

止。从前我无法和新认识的人自由地交谈，因为我不自觉地被性欲的存在阻挠，现在，阻挠我的是它有意识的匮乏。

在护城河上遇见齐西克夫妇。她穿着演《野人》时穿的少女礼服。如果我把当时在护城河上看见的她的形象分解为细节，她就会变得不真实。（我只是仓促地看了她一眼，因为我一见她就害怕，所以我没有和她打招呼，她没看到我，我也不敢立刻转身。）她比平时矮小得多，她的左臀并非立时突起，而是慢慢地耸起，她的右腿弯曲，接近丈夫的时候，她的脖子和脑袋动得很急，她的右臂弯着伸向一边，试着去挽住丈夫。他戴了顶夏日小帽，帽檐前端往下折。我转身的时候他们已经离开了。我猜他们去了中央咖啡馆，我在护城河的另一侧等了一会儿，片刻以后，我幸运地看见她走到窗前。她在桌边坐下时，我只见到她那顶裹着蓝色天鹅绒的硬纸板帽子的边缘。

后来在梦里，我在一栋非常狭窄的穿堂房屋里，它也不怎么高，有个玻璃做的屋顶，像是原始意大利绘画中那些无法通行的通讯屋，从远处看，它也像我们在巴黎见过的一种穿堂屋，那是佩提香榭丽舍街上的一条支路。唯一不同的是，巴黎的那栋比较宽，里面全是商家，而这栋屋子靠在空旷的墙壁之间，一眼看过去，几乎无法容纳两个人并排行走，但如果真的走进去，就好比我和齐西克夫人那样，空间反而大得出奇，这并没有让我们吃惊。我和齐西克夫人走向其中一个出口，往一个可能正观察着全局的人的方向走去，此时齐西克夫人为某些过失（似乎是酒瘾）道歉，并请求我不要相信毁谤她的人，齐西克先生则在屋子的另一头鞭打一条毛发蓬乱的金毛圣伯纳犬，它站在他对面，撑起两条后腿。不太清楚齐西克是在逗狗玩而忽略了妻子,还是受到了狗猛烈的攻击,抑或是最终想阻止这条狗靠近我们。

和 L. 在码头上。一次轻微的昏厥发作镇压了我的整个身体,我经受住了,过了一会儿我又回忆它,像在回忆久违的东西。

即便忽略其他所有障碍(身体情况、父母、性格),我也能通过下列二分法取得一个非常完善的借口,说明自己无法不顾一切地投身于文学:只要我没有创作出完全让自己满意的大作,我就不能拿自己去冒险。这一点却是无可辩驳的。

我现在有一种强烈的需求,从下午就已经开始有了,就是把我极度忧惧的状态完全发自内心地写出来,深切地写进纸的深处,正如它来自内心深处;或者就这么写下来,好让写下的内容完全融入我内心。这并不是艺术方面的需求。今天,洛维谈及他的不满,说无论剧团做什么他都漠不关心,我把他的这种状况归结为思乡情切,不过从某种程度上来说,尽管我说出了这样的解释,但其实并不是说给他听的,而是留给我自己的,为了自己的哀伤,我短暂地享受这个解释。

十二月九日。斯陶弗-伯恩[1]:"创作的甜美掩盖了其绝对价值。"

如果你静静守着一本附信件或回忆录的书,不论作者是怎样的一个人(这回是卡尔·斯陶弗-伯恩),你不借助自己的力量把他拉到自己身边(因为那已经属于艺术范畴,而且是自娱自乐),

---

1　卡尔·斯陶弗-伯恩(1857—1891),瑞士画家、雕刻家。

而是选择屈服——只要不反抗，事情就发生得很快，成群的陌生人把你拖走，把你变成他们的亲戚——在这次旅行与休养过后，你在重新认识、重新松动，从遥远的地方进行了片刻观察的个人本性中觉得更加自在，保持住了一个更加自由的头脑，那么，通过合上这本书从而回到自己身体里的时候，这就不算是什么特别的事情了。只有到了后来，我们才能惊讶地发现，尽管栩栩如生，书中描述的那些陌生的生活状况是一成不变的，纵使根据经验，我们相信我们知道，世界上没有比这种对于经历的描写更遥不可及的东西，比如说对一位朋友之死的哀伤。对我们这些人来说正当的事情，对于陌生人来说却并非如此。如果在我们的信中，我们无法满足自己的感受——当然，这里从两方面而言都含有些许模糊的层次——如果即便在最佳状态下，我们都不得不受助于"无法描述""无可言说"或"如此悲伤""如此美丽"这样的词汇，后面还要紧跟着一个迅速变成碎块的从句，如此说来，仿佛是对我们的赏赐，我们被赋予了以平静的准确性理解他人叙述的能力，而起码在这种程度上而言，我们在亲自写信的时候却缺乏这样的能力。我们面前的信件已经根据不同的情况被感情拉长或揉碎，我们发现了自己对这种感情的无知，正是这种无知变成了理解，因为我们被强迫着守在眼前躺着的这封信旁，只相信信里写的东西，被强迫着去发现这种完美的表达，并从完美的表达中获得开阔的视野，因为只有这才是公正的、向最具人性的目的地进发的方法。比如说，卡尔·斯陶弗的信里就只包含了对艺术家短暂一生的描写……〔此处中断〕

十二月十日。星期日。我得去看望我妹妹和她的小儿子。前天夜里一点，我母亲从妹妹家回来，捎回了妹妹的儿子出生的消息，我父亲穿着睡衣穿过公寓，打开了所有的房门，叫醒了我、女仆和妹妹，宣布孩子的出生，仿佛这孩子不仅已经降生，而且已经过上了体面的生活，就连葬礼也举办过了。

十二月十三日。因为疲劳，没有写作。轮流躺在温暖房间与寒冷房间的长沙发上，腿脚不舒服，做着恶心的梦。一只狗趴在我身上，一只爪子贴近我的脸，我从梦中醒来，但还是有段时间不敢睁开眼睛看它。

《海狸皮毛》。一部有缺陷的作品，剧情还没升华就越来越弱。主席官员那出戏非常假。莱辛剧院的莱曼的温情表演。她弯腰的时候把裙子夹在大腿中间。人们若有所思的目光。她举起两只手掌，一高一低地列在脸庞左前方，像在自愿削弱否定或肯定的声音的力度。其他人未经雕琢的、粗糙的演技。喜剧演员对剧本肆意妄为（抽出马刀，搞错帽子）。我很冷淡，兴趣缺缺。回家了，一坐到家里，我却赞叹地想，这么多人为了一个夜晚承担了那么多的激动（有人叫喊，有人偷窃，有人被偷，有人被骚扰，有人喝彩，有人被忽视），如果只是眯起眼睛观看，这出戏里被扔进了那么多嘈杂的人声与呼喊声。美丽的女孩们。其中有个女孩的脸很光滑，皮肤上没有疤痕，脸颊红润，头发高高梳起，有些肿胀的眼睛在这样的光滑中显得孤独。——这部戏出彩的部分是沃尔芬既表现出了一个小偷的精髓，也演好了一个聪明、进步、民主人士的挚友。观众席间肯定有好斗的公鸡感同身受。——悲哀的四幕平行，第一幕是盗窃案，第二幕是法庭，第三和第四幕还是法庭。

《身为地方议员的裁缝》在犹太社区上演。齐西克夫妇不在，但有一对新人，里布戈尔德夫妇，都是可怕之人。里希特[1]的剧本很糟糕。开头是莫里哀式的，爱吹嘘的议员身上挂着怀表。里布戈尔德夫人不识字，她丈夫得和她一起研究剧本。

喜剧演员娶一个严肃的女子，严肃的男人娶一个风趣的女子，这几乎是一种惯例，而且男人们几乎只会带着已婚或者和他们有亲戚关系的女人出门。——比如说有一次，钢琴手，很可能是个单身汉，半夜里带着他的琴谱推门而出。

歌唱协会举办的勃拉姆斯音乐会。我不通音律的本质在于，我无法连贯地享受音乐，它只能偶尔在我心中产生一种效果，而且基本上与音乐无关。我听到的音乐自然地在我周围筑起了一堵墙，音乐对我产生的唯一持久性影响是，我是如此被囚禁，与自由无关。

对于文学，观众没有像对音乐那样的敬畏。唱歌的姑娘们。许多姑娘只为旋律张开嘴巴。有个身子很笨重的人在唱歌的时候飞快地转动脖子和脑袋。

三位神职人员坐在一间包厢里。中间戴着小红帽的人平静威严地聆听，全无表情，沉重但不僵硬；右边的人瘫坐着，呆板的脸尖尖的，满是皱纹；左边的人很胖，脸斜撑在半张开的拳头上。——演奏的是《悲剧序曲》（我只听到缓慢庄严的脚步声，

---

1 莫瑟斯·里希特（1873—1939），使用意第绪语写作的犹太剧作家。

一会儿在这里，一会儿在那里。观察演奏者小组之间的音乐过渡，并用耳朵检验，让我大受启迪。指挥发型中的塌陷。）歌德的《铭记于心》，席勒的《哀悼歌》《命运女神颂歌》和《凯旋之歌》。——歌唱的女子们站在有低矮栏杆的阳台边上，就像站在早期意大利式的建筑上。

可以肯定的是，虽然我在经常向我袭来的文学上花费了不少时间，可在过去的三天里，除了对幸福一贯的渴望，我并没有感到原本对文学的那种渴望。同样，上星期我还觉得洛维是我不可或缺的朋友，可现在我已经轻而易举地三天没有和他见面。

过了很长一段时间以后再开始写作的时候，我像是从空旷的空气中抽取文字。要是赢得一个词，那就只有这么一个，一切又得从头开始。

十二月十四日。中午，父亲责备我没有照看好工厂。我解释说，我参与其中，是因为我希望获得利润，但只要我还在办公室里，我就不能去工厂帮忙。父亲继续斥责，我站在窗边，一言不发。然而到了晚上，我突然察觉到由上午这次谈话引发的想法，或许我应该对现在的状态感到非常满意，只需要注意别把所有的时间都花在文学上。我一仔细思忖这个想法，它就变得不再令人惊讶，而且对我来说显得很熟悉。我认为自己不具备把所有时间都花在文学上的能力。然而，这样的信念只出自一时的状态，可信念要比状态强烈得多。我还想到了马克斯，仿佛在想一个陌生人，尽管他今天在柏林，晚上有一场激动人心的阅读会暨开幕式；现在我才留意到，我只是晚上散步至陶西格小姐的公寓处时才想起了他。

与洛维在下面的河边散步。从伊丽莎白桥上隆起的拱门中有根柱子，里面被一盏电灯照亮，在两侧涌出的光线之间，柱子看起来像是暗色的团块，仿佛工厂的烟囱，在它上方向天空舒展的黑色影楔如同升腾的烟雾。轮廓鲜明的绿色光斑落在桥的侧面。

读 W. 舍弗尔的《贝多芬与恋人》时，各种和正在读的故事完全无关的想法（晚餐吃什么，洛维正在等我）在我的脑海中极为清晰地闪过，没有干扰我非常纯粹的阅读，恰好是在今天。

十二月十六日。星期日中午十二点。整个上午都把时间浪费在睡觉和读报上。害怕去完成一篇给《布拉格日报》的评论。这种对写作的恐惧总是表现在，我还没有坐到写字台前，就偶然地想出了要写的那篇文章的前几句话，它们马上就变得无用而枯燥，还没到结尾就断了文气，用突显的断口指向一个悲哀的未来。

圣诞市场上的古老技艺。横梁上的两只凤头鹦鹉拖着几颗行星。谬误：预言一个女孩将找到恋人。——有个男人用诗句贩卖人造花：*To jest ruže udělaná z kuže.*[1]（这是一朵皮制的玫瑰。）

年轻的皮佩斯在歌唱。作为唯一应和的手势，右前臂的关节处像打保龄球时那样来来回回，半张开的手又打开了一些，然后重新缩回。他满脸都是汗水，尤其是上唇上，像是沾着玻璃碎

---

1 原文为捷克语。

片。一件没有纽扣的护胸草率地塞在演出服的背心里。

唱歌的克鲁格夫人口腔柔和红色中的温暖阴影。

巴黎的犹太巷子，洛希尔街，里沃利街的岔路。

如果一种杂乱无章的学识本身只含有最贫乏的内在关联，而且与纯粹、不确定的此在之间存在着必不可少的关系，却突然被要求以一种有时间限制因而必然需要充沛精力的方式劳作、自我发展、发表言论，那么只会引发一种苦楚的回应，在这种回应中，为已取得的成就自负这件事只能靠所有未经训练的力量承受；对在讶异中逃散的知识稍作回顾，它之所以特别容易移动，是因为它更是想象出来的，而非确定存在的，最后，对周围环境的憎恨和钦佩全部混在一起了。

昨天睡着之前，我有了一种图画般的想象，人群像山那样在空中分开，这在我看来是一种全新的绘图技巧，一旦被发明，它很容易操作。一群人围坐在一张桌子前，地面展开得比人形成的圈子辽阔一些，但在所有人当中，我有着极大威慑力的眼神暂且只看见一个身穿老式服装的年轻人。他的左臂撑在桌子上，手松弛地扶着脸，脸庞俏皮地扬起，看着或忧虑或带着疑问地向他弯下腰的人。他的身体，尤其是右腿，以年轻人的漫不经心舒展着，他与其说是坐着，倒不如说是躺着。界定他双腿那两对明显的线条彼此交织，轻盈地连接在一起，形成了身体的边界线。上着苍白颜色的衣服在这些线条间拱起，带着微弱的躯体感。这幅美丽的图画让我震惊，它在我的脑海中形成了一种张力，我确信这是种张力，而且它是永续的，只要我愿意，手中的铅笔随时都可以受到它的引导，我强迫自己跳出这种昏暗的状态，便于更好地思考这幅画。然而，此时我很快就发现，我想象的不是别的，只有一小组灰白色的瓷器。

在过渡时期（对我来说上周就是，至少此刻也是），面对我的感觉缺失，我常被一种悲伤却平静的惊讶攫住。我与万物被一个空洞的空间隔开，我甚至无法逼近它的界限。

现在，到了晚上，我的思绪开始变得自由一些，我或许有能力去做点事情了，我必须去国立剧院看《希波达米亚[1]》，弗里茨基[2]的首演。

确定的是，星期天对我来说绝不会比工作日更有用，因为这个日子里的特殊安排搞混了我所有的习惯，为了大致融入这个特别的日子，我需要多余的自由时间。

无论如何，从办公室里解放出来的那一刻，我写一本自传的愿望就会立刻实现。开始写作的时候，为了引导大量事件，我面前可能必须要有一种激烈的变化来充当临时的目标。但是，除了这个本身就非常不可能的变化，我无法预见任何其他令人振奋的变化。可是，写自传或许是极大的趣事，因为它会像记录梦境那般进行得很轻松，却可能会产生截然不同的伟大结果，它不但会永远影响我，也会便于让其他每一个人理解与感受。

十二月十八日。前天的《希波达米亚》。剧本非常低劣。希腊神话中一场没有意义或理由的踟蹰。剧院节目单上印着克瓦皮

---

1 希腊神话中比萨国王的女儿，珀罗普斯的妻子。
2 雅罗斯拉夫·弗里茨基（1853—1912），捷克诗人、剧作家。

尔[1]的文章，字里行间表达了整场演出中都很明显的观点：好的导演（这出戏的导演无非是在模仿莱因哈特[2]）能够将一部糟糕的作品变成一部伟大的戏剧作品。这一切对于一个经历甚少的捷克人来说一定很悲伤。——幕间休息的时候，行政长官透过打开的包厢小门拼命吸着过道上的空气。——死去的阿克西奥切[3]的幽灵被塑造成一个影子般的形象，她很快就消失了，因为作为一个刚刚死去的人，她在看到这个世界的时候再次感受到了太多旧时为人的悲哀。

我不守时，因为我感受不到等待的痛苦。我像牛一样等待。因为如果我觉得我此刻的存在是有目标的，哪怕是一个非常不确定的目标，我就会在自身的软弱中变得刚愎自用，为了眼前这个目标，我甚至愿意欣然地忍受一切。如果我陷入爱河，我又能做什么？去年，我在环形路的凉亭下等了多久啊，一直到 M. 经过，哪怕她只是和她的恋人一起走过去的。部分是由于粗心，部分是由于对等待的痛苦一无所知，我错过了约好会面的时间，但部分也是为了达到新的复杂目的，再次在不确定中寻找那个与我约好的人，因而也有了长期在不确定中等待的可能。我小时候就对等待怀有极大的紧张恐惧，从这一点中可以得出结论，我注定会成为更好的人，但我已预感到自己的未来。

我的好状态自然没有可充分发挥的时间与许可；我坏状态的时间与许可却比它渴望的还多。现在，我被这样的状态折磨，从

1　雅罗斯拉夫·克瓦皮尔（1868—1950），捷克诗人、剧作家、翻译。
2　马克斯·莱因哈特（1873—1943），奥地利戏剧及电影导演。
3　希腊神话中的宁芙，与珀罗普斯生下了克里西浦斯。

日记里可以算出来，从九日到现在，差不多已经有十天了。昨天我又一次带着火辣辣的头脑躺到床上，已经打算为坏时辰过去而雀跃，又担心睡不好觉。但这都过去了，我睡得相当好，醒来时却很糟。

十二月十九日。昨天看了拉坦纳的《大卫的小提琴》。被遗弃的兄长，一个有艺术天赋的小提琴手，他回来时很富有，我刚上文法学校的时候就有这样的梦想，但一开始，他身穿乞丐服，脚上绑了一包破布，像个铲雪的人，前去试探那些从未离开过家乡的亲戚：他诚实的穷女儿，还有不想让儿子和这个穷表妹结婚的富弟弟，这个弟弟年纪很大了，还想娶个年轻老婆。直到很后面，小提琴手才掀开了王袍，在这袍子下面，欧洲所有王侯的勋章都挂在一条交叉系着的绶带上。通过他的提琴演奏和歌声，他把所有亲戚和他们的亲友都变成了好人，还修复了他们之间的关系。

齐西克夫人又开始演戏了。昨天，她的身材比脸更好看，她的脸似乎比平时更窄，所以说第一句台词的时候，额头上就浮现出皱纹，它太突出了。昨天，那美丽圆润、纤秾合度的身体不属于她的脸，而且，她让我隐约想起了双重生命，比如美人鱼、塞壬和半人马。后来站在我面前的时候，她脸色扭曲，因为脱妆，肤色不太干净，她的深蓝色短袖女式衬衫上有个污点，我觉得，我好像是在一圈残酷的观众中对着一具雕塑说话。

克鲁格夫人站在她身边看着我。韦尔奇小姐从左方看着我。我尽可能地说了不少蠢话。我就这么缠着齐西克夫人，问她为什么要去德累斯顿，尽管我知道她和其他人闹翻了，所以才离开了，因此这个话题使她很尴尬。结果我更尴尬，一时又不知如何是好。我和克鲁格夫人说话时，齐西克夫人走过来了，我向齐西克夫人转过身，又对克鲁格夫人说了声："请原谅！"像是我打算从现在起就和齐西克夫人度过我的余生似的。我和齐西克夫人讲话的时候，我注意到我的爱其实并没有抓住她，只是在她身边盘旋，一会儿近，一会儿远。她一点都安定不下来。

里布戈尔德夫人扮演一个年轻男子，穿的衣服紧紧地包住了她怀孕的身体。因为她没有追随她的父亲（洛维饰），他把她的上半身推倒在一张扶手椅上，拍打她的臀部，她的裤子上方绷得特别紧。洛维后来说，触碰她时的厌恶就像是在触碰一只老鼠。但从正面看，她是漂亮的，只是从侧面看，她的鼻子向下的走向太长、太尖，也太残忍。

我十点钟才赶到，先散了一圈步，品味了一下在剧院里占了座位的轻微紧张感，演出的时候，换而言之，独唱演员对着我歌唱的时候，我却在散步。我也错过了克鲁格夫人，她向来活泼的歌声没有别的含义，只是为了测试世界的稳固，这却是我需要的。

今天吃早饭时，我偶然和母亲谈起了孩子与婚姻，就说了几句，但我第一次明显地察觉，母亲对我的想象是多么幼稚、不切实际。她觉得我是个健康的年轻人，患了一点点自高自大的毛病。这样的自负会随着时间过去而自行消失，婚姻和生育会从根本上治好这种毛病。到那时，就连对文学的兴趣也会下降，或许会退回对于受过教育的人来说乃是必要的程度。对我的职业、对工厂，或对我手边任何东西的兴趣将自然而然、十分顺利地发展得很壮大。因此，根本没有任何理由长久地对我的未来感到绝望，任何预感都无法触碰我的未来；要是我又一次觉得把胃搞坏了，或是写了太多东西导致无法入睡，倒是有理由暂时陷入绝望，它的程度也不太深。解决方案有成千上万种。最有可能的是，我突然爱上了一个女孩，再也不想让她离开。然后我就会知道，他们有多么为我考虑，而且他们不会阻碍我。不过，如果我和我在马德里的叔叔那样成为单身汉，那也算不得不幸，因为我会懂得如何用聪明才智安排好自己。

十二月二十三日。星期六。如果看到我整体的生活方式，就会产生恐惧，在所有亲戚与熟人眼里，它都通往一个陌生而错误的方向，这话是父亲说的，而且我会变成第二个鲁道夫舅舅，也就是家庭中新成长起来的傻瓜，为了符合另一个时代的需求略有改变的傻瓜，那么，从现在开始，我就能感觉到，在我母亲心里，对这种看法的反对意见会随着岁月流逝越来越淡，而一切支持我、反对鲁道夫舅舅的想法会在她那儿聚集、强化，它会像楔子那样在我俩的想象之间推移。

前天在工厂。傍晚去了马克斯家，画家诺瓦克正在把为马克斯作的石版画铺开。我不知道怎么面对他们，说是也不好，说不是也不好。马克斯提出了一些他已经想好的观点，我的思维在这些观点四周滚来滚去，得不出结论。最后，我终于习惯了个别几幅画，至少抛开了未经训练的眼睛里的惊讶，发现了一个圆润的下巴、一张扁扁的脸、一具装甲车般的上身，可这个男人看起来倒更像是在日常便服里穿了件巨大的燕尾服衬衫。另一方面，画家表达了一些第一时间或第二时间让人摸不着头脑的想法，只不过，正是通过向我们诉说这件事削弱了它们的价值，倘若这些想法在他心中已经得到了证明，那他说出口的就是最廉价的胡话。他声称，把被描绘之物融入自己的艺术形式是艺术家感觉到的、自行意识的任务。

为了达到这个目的，他先画了一张上色的肖像速写，也放在我们的面前，涂着深色的草稿实际上显露出一种过于尖锐且枯燥的相似性（我现在才能承认这种过度的尖锐），马克斯宣称这是最好的肖像画，因为除了眼睛和嘴巴周围的相似性，画上捕捉到的表情也颇和谐，深色的颜料更是将其美化至恰当的程度。要是被问及此事，倒也没办法否认。画完这张速写，画家就在马克斯家创作起了石版画，换了一张又一张，努力使自己越来越远离自然的表象，却不仅不损害他自己的艺术形式，反而在一笔笔地接近它。比如说，耳廓失去了人类特有的螺旋以及充满细节的边缘，成了围绕着一道小小黑暗开口的深邃半圆形旋涡。马克斯从耳朵处就开始形成的瘦骨嶙峋的下巴失去了其似乎必不可少的单一边界，从旧真理的距离中形成了新的真理，对于观者来说这是多么罕见。头发融进确定、易于理解的轮廓，依然是人类的头发，似乎连画家都在矢口否认。

画家在要求我们理解这些变化的时候，只是仓促但很自豪地暗示，这些画页上的一切都有意义，就连巧合也因后续一切充满影响力的效果而变得不可或缺。在一颗头颅旁边就有这样一道狭长的浅色咖啡渍，几乎自上而下地贯穿整幅画；它是被添上的、经过计算的，而且无法在不破坏整体比例的情况下去除。在另一张画左边的角落里，有一个硕大的、分散的、几乎不太显眼的蓝色斑点；甚至这个斑点也是有意加上去的，因为它在画面上提供了一个小小的亮点，画家可以在这个亮点的照耀下继续工作。他的下一个目标主要是嘴巴，他已经画了一些，但还不够，然后是变形中的鼻子。马克斯抱怨说，再这样下去，石版画就离那幅美丽的彩色速写越来越远了，画家回应，它们也不是没有重新相近的可能。

无论如何，画家在对话的每一刻都坚决地相信他的灵感是无法预见的，不可忽视的是，只有这种信任才使他的艺术工作成为一种最具合理性的、近乎科学的工作。——买了两幅石版画，《卖苹果的女人》和《散步》。

写日记的一个好处是，你会在令人平静的清晰中意识到自己不断面临的变化，一般来说，你也当然会相信、怀疑并承认它们，可每当你需要从这种承认中汲取希望或平静时，你就会不自觉地否认变化。在日记中存在相应的证据，哪怕你处在如今看来难以忍受的状态，你依然在生活，在环顾四周，写下你的观察，换而言之，你的右手与今天一样在运动，我们虽然有可能通过对当时的状况进行概述而变得更加聪明，但正因如此，我们就更应该承认，我们当时在一无所知的情况下还保持努力是何其无畏。

昨天整个上午，维尔弗[1]的诗让我的头脑里充满了蒸汽。有那么一瞬间，我害怕这热情会带着我马不停蹄地冲入疯癫。

1　弗朗茨·维尔弗（1890—1945），奥地利犹太裔诗人。

前天晚上，和韦尔奇[1]进行了痛苦的谈话。我的目光在他的脸和脖子上惊惶地徘徊了一个小时。兴奋、虚弱和心不在焉一度导致我面部扭曲，我当时不知道自己能不能在不永久破坏彼此友谊的情况下离开房间。外面下着雨，在适合沉默行走的天气里，我舒了一口气，然后心满意足地在"东方"门口等了 M. 一小时。这样的等待，期间慢慢地看一眼表，漫不经心地来回走动，对我来说，几乎就和躺在长沙发上，舒展着腿，手插在裤子口袋里一样愉快。（再则，半睡半醒的时候，我相信我的手就不插在口袋里了，它们似乎握成拳头放在大腿上。）

十二月二十四日。星期日。昨天在鲍姆家很开心。我和韦尔奇一起去的。马克斯在布雷斯劳。我觉得很自由，可以把每一个动作进行到底，我理所应当地回答与倾听，弄出了最多的噪声，如果我说了什么蠢话，也不是什么重要的事情，它马上就会被冲跑。在雨中与韦尔奇一起回家的时候也是如此；尽管地上有水塘，风很大，天气很冷，可回家路走得那么快，我们像是开了车。我们遗憾地道别。

我小的时候，身为商人的父亲每每说到最终或月末（他经常这么做），我就很害怕，就算不是害怕，也是不安。因为我不好奇，而且即便我发问，由于我思维迟钝，我也没法迅速地得出答案，再说，由于微弱的、积极的好奇心一旦浮现，往往就已经被问题和答案满足，追寻意义甚至也不再重要，所以，"最终"这

---

1 哲学家费利克斯·韦尔奇，我们共同的朋友。他的作品有《恩典与自由》《中庸的胆量》等。——原编者注

个说法对我来说依然是个尴尬的谜题，而且，因为总是仔细聆听，"月末"这个表达也被搁置到了一边，不过本来它的意义也没有那么强烈。同样糟糕的是，我始终没法克服让我担惊受怕了那么久的"最终"，它过去得没有任何特殊征兆，甚至不会引发任何特别关注——因为我很久以后才注意到，它总是在大约三十天后重新到来——一旦"最初"愉快地到来，大家又开始谈论"最终"了，语气中却没有什么特别的不安，这又被添加至其他不可理喻的事情中，最终也没有得到验证。

昨天中午去 W. 家，听到了她妹妹招呼我的声音，可我没看见她本人，后来她柔弱的身影从我眼前的摇椅上消失时，我才见到她。

今天上午我外甥行割礼。一个已经做过两千八百次包皮手术的小个子弓形腿男人奥斯特利茨非常娴熟地完成了手术。由于男孩躺在祖父的腿上，而非手术台上，再者，外科医生无法全神贯注地进行手术，必须低声祈祷，这都让手术更加艰难。首先，男孩被绑起来，只有阴茎可以自由活动，为了使切面更加精准，上面安上了一个带孔的金属盘，然后用一把几乎普通的刀，类似于吃鱼的餐刀进行切割。现在我们能看见血和裸露在外的肉，割礼师傅[1]用留着长指甲的颤抖手指在里面短暂地处理了一下，不知从何处拿来一块像是手套手指的皮盖在伤口上。一切很快就结束了，孩子都没怎么哭。现在只剩一次短小的祈祷，割礼师傅喝着红酒，用还留着些许血迹的手指沾了一些抹到孩子的嘴唇上。在

1　此处卡夫卡将"Mohel"错写为"Moule"。——原编者注

场的人祈祷："他现已得入圣盟，他也将熟读《妥拉》，许下幸福的婚姻之约，并从事善行。"

今天，我听到割礼师傅的同伴用甜点时的祈祷，除了祖父与外祖父，在座所有人都完全不理解这些祈祷的内容，心猿意马、百无聊赖地度过了这段时间。我发现眼前的西欧犹太风俗显然正处于一种无法预测的过渡状态，首先受到影响的人对此并不担心，反而让接过这个重担的、真正处于过渡时期的人们承受这样的压力。这些已经达到最终目的的宗教形式在现下的实践中已经获得了如此无可争议的、纯粹的历史性质，以至于在今天上午的那么一小段时间里，似乎只需要通过进行过时的、早先使用的割礼，还有半说半唱的祈祷，就可以激发在场者的历史兴趣。

我几乎每天都让洛维等上半小时，昨天他对我说："这几天来，我等待的时候总是看您的窗户。起初我看到那儿有灯光，我么，总和平时一样，来得早了，所以我猜您还在工作。然后灯熄灭了，旁边的房间的灯没灭，所以您去吃晚饭了；然后您房间又亮了，所以您正在刷牙；接着灯又灭了，所以您已经在楼梯上了，可是之后灯又亮起来了。"

十二月二十五日。 我通过洛维从华沙当下的犹太文学中了解到的东西，以及我通过部分个人观察从当下的捷克文学中了解到的东西，都表明了文学的诸多优点——精神的活动，将外部生活中往往不活跃、总是支离破碎的民族意识凝聚起来的齐心合力，该民族通过文学为了自己对抗敌对环境时获得的自豪与支持（这种书写民族日记式的行为与历史编纂学完全是两码事，其结果是更为迅速却又在各方各面经受了考验的发展，它立刻利用了大规模公共生活详细的精神化以及不满因素的结合，在这方面，只有随心所欲才会造成损害），在期刊的驱动下形成的一种仰赖于整体的民众分化（它使民族的注意力被限制在自己的圈子里，只能接受陌生事物的镜像），对从事文学活动之人产生的尊重（在青少年当中短暂却持续地唤醒了更高的努力目标），将文学事件纳入政治关注，之于父子对立的升华及和谈的可能性，以虽然极度痛苦但值得谅解、使人获得解放的方式描绘民族错误，有自我意识的活跃图书交易市场的出现，还有对书籍的渴望——所有这些效果都可以通过文学作品实现，事实上它虽然并未形成非凡的广度，但因为缺乏重要的天才而显出这样的假象。这么一类文学的活力甚至比天才辈出的文学还大，因为在这种文学中，不存在凭借才华令大多数怀疑者不得不至少保持沉默的作家，文学争论便在最大程度上获得了真正的合理性。未被才华刺穿的文学也因此无法展露有可能让无关紧要之物从中挤过去的空隙。于是，文学对注意力的要求也越来越紧迫。个别作家的独立性——自然只是在国境内——将得到更良好的维护。缺乏令人折服的民族楷模使完全没有能力的人对文学望而却步。但是，哪怕薄有能力，也不足以让自己受到当下占主导位置的作家那些不明确特征的影响，不足以引进外国文学的成果，或对已引进的外国文学进行模仿，从下面这个例子中就可以看出这一点：在德语文学这样群英荟萃的文学世界里，最差的作家用模仿坚守本土。当人们开始在文学史上记载已故作家时，在个别恶劣的文学中，上述这些富有创造性的、令人愉悦的力量显得特别有影响力。它们不可否认的，对当时及如今的影响成了一些真切的东西，甚至可以与原本的作品混为一谈。人们说的是后者，指的是前者；更有甚者，人们读的是后者，看到的却是前者。但由于这些影响无法被遗忘，而作品本身无法影响记忆，所以既无遗忘，也无重新忆起。文学史再现了一个不变的、值得信赖的模块，它只能被当时的品位稍加破坏。

小民族的记忆并不比大民族的记忆少，因为它对现有材料的处理更加彻底。虽然精通文学史的专家更少，但文学与其说是文学史的事情，倒不如说是人民的事情，因为它就算不纯粹，起码也安全地留存至今。因为，一个小民族内部的民族意识对每个个体提出的要求意味着，每个人都必须时刻准备了解、承担、捍卫，而且无论如何都要捍卫落在他身上的那部分文学，即便他对此不了解，也没有准备好去承担。

古老的作品得到了诸多诠释，面对屡弱的材料，这些诠释带着一股能量走在前面，能量只是会因为担忧人们可能太轻而易举地挺近至最后而衰减，也会受人们对其一致的敬畏所抑制。一切都以最诚恳的方式进行，只不过，它发生在一种永远不会溶解也永远不会引发疲惫的偏见中，被一只灵活的手一举，它就传播到好几里外。然而说到底，偏见不仅阻碍了观点，也阻碍了洞察力，为所有这些评论都画上了一道删除线。

因为缺乏连贯的人，所以缺乏连贯的文学行动（一个单独事件被推入深处，以便从高处观察它；或者把它抬至高处，以便在上面它旁边的位置坚持自己的观点：都是错的）。虽然单一的事件常常得到冷静的思考，但在和它类似的事件相关的地方，人们并没有走到它们的极限，最可能走到极限的是政治，事实上，甚至在它还未存在的时候，人们便渴望更早一睹它的极限，而且，这个缩成一团的极限经常处处可见。空间太狭窄，又要顾及简朴与统一，最后还考虑到，由于文学内在的独立性，它与政治外在的关系是无害的，这些都导致了文学以坚定政治口号的方式在国内流传。

一般来说，处理小主题文学是有乐趣的，它们可能是如此之小，一分小小的热情就能把它们消耗掉，而且它们具有论战的前景与保留性。经过文学斟酌的谩骂偶尔四下咆哮，在禀性更激烈者的四周飞翔。在伟大文学作品中自行发生的，诸如建起一间并非不可或缺的建筑地下室的事情，就得赫赫扬扬地发生在这里，在那里产生的是瞬间的汇流，在这里带来的少说也得是所有人生与死的抉择。

小型文学特点的模式

无论如何，在这里和在那里都有好的效果。个别在这里甚至效果更佳。

1. 活泼度

    a) 争论

    b) 学派

    c) 杂志

2. 松弛度

    a) 无原则

    b) 小主题

    c) 容易形成象征

  d) 无能者的败退

3. 普及度

  a) 与政治的关系

  b) 文学史

  c) 对文学的信仰，由文学自行立法

  如果你的四体百骸都感受到这种有益、愉快的生活，再改变看法就很困难。

  俄国的割礼。整个房子里只要有门的地方都会挂上手掌大小的、印有卡巴拉标记的牌子，以保护母亲在分娩与孩子行割礼这段时间内免受恶灵侵害，因为在这段时间里，恶灵对于她和孩子来说将会格外危险，或许是因为她的身体对恶灵过分敞开，为所有的邪恶提供了方便的入口，也因为孩子只要未被纳入圣盟，就无法与邪恶对抗。所以，为了让母亲一刻都不独处，需要安排一位女性护卫。同样，为了抵御邪灵，在孩子出生后的七天里，除了周五，每天都需要安排十到十五个不同的孩子在接近傍晚的时候，在贝尔弗（司教助理）的引领下来到母亲的床边，颂唱"听啊，以色列"的经文，然后他们会得到糖果。据说这些五至八岁的无辜孩童最能抵御接近傍晚时分逼近的邪灵。周五举行一场特殊的宴会，总的来说，这一周里将要接连不断地宴客。行割礼的前一天，邪灵最为凶猛，所以最后一晚要守夜，大家和母亲共同清醒地度过该晚，直至清晨来临。割礼通常是在超过百名亲朋好友在场的情况下进行的。孩子由在场最德高望重的宾客抱着。割礼师傅干活不收报酬，他们大多数都是酒鬼，因为十分忙碌，没法参加各种宴席，就只能灌点烈酒。所以，所有这些割礼师傅的鼻子都红红的，嘴里一股酒气。照规矩，割礼结束之后，他们还得用这张嘴吸干净阴茎上的血，这也挺倒人胃口的。然后阴茎上会被敷上木粉，伤口大约两三天就能长好。

对犹太人，当然尤其是在俄罗斯的犹太人来说，严肃的家庭生活似乎并没有那么普遍、突出，因为毕竟基督徒也有家庭生活。然而，对这种犹太人的家庭生活有妨碍的是，女人不允许研习《塔木德》，因此，如果丈夫想与客人讨论他们学习过的有关《塔木德》的事宜，即他生活的核心，就算不是非得离开，妻子还是必须退到隔壁的房间里去——对她们来说更加奇特的是，无论祈祷、学习、讨论神圣的事物，还是大多基于宗教原因举办的宴会（宴会上只能非常适度地饮酒），她们经常在各种可能的场合下聚在一起。她们简直是在逃向彼此。

歌德很可能用他作品的力量牵制了德语的发展。即便在此期间，〔我的〕散文常常离他远去，可最终还是像刚才那样，带着更强烈的渴望回到了他身边。为了享有它们无限从属的完美景象，散文还侵占了在歌德那儿寻来、但在其他方面与他无关的老旧措辞。

我的希伯来语名字是阿姆舍尔，和我母亲的外祖父一样，据我母亲回忆，他是个非常虔诚博学的人，留着长长的白胡子，他去世时我母亲才六岁。她还记得她是如何握着尸体的脚趾，请求外祖父宽恕她可能曾对他犯下的过错。她还记得，外祖父的许多藏书填满了四壁。他每天都在河里洗澡，就算是冬天，他也会在冰上凿一个洞，然后下去洗澡。我母亲的母亲患斑疹伤寒，去世得早。自她死后，母亲的外祖母变得很阴郁，拒绝进食，不和任何人说话，女儿死后一年，有一次她去散步，就再也没回来，人们在易北河里拖出了她的尸体。母亲的外曾祖父比外祖父还要有学问，基督徒和犹太人都很尊重他，在一场大火中，因为他的虔诚，奇迹发生了，火焰跳过了他的房子，房子完好无损，周围的房屋却全部烧毁了。他有四个儿子，其中一个转信基督教，成了医生。除了母亲的外祖父，其他几个子女都死得早。母亲的外祖父有个儿子，母亲叫他疯舅舅纳坦，还有个女儿，就是我母亲的母亲。

靠着窗户跑，穿过被劈开的木头和窗玻璃，用尽全力后虚弱地越过窗户的护栏。

十二月二十六日。又睡得很糟糕，已经是第三晚了。我就这样在需要帮助的状态下度过了三天假期，在这三天里，我本希望能写出能帮我度过一整年的东西。平安夜和洛维朝着星星夏宫的方向散步。昨天看了《布吕马勒，或华沙之珠》。由于她矢志不渝的爱情与忠贞，作者在剧名中为布吕马勒起了"华沙之珠"这样的雅号。齐西克夫人露出的纤长柔美的脖子更诠释了她的脸型。克鲁格夫人演唱一段匀速起伏的旋律时，眼里泛着泪光，使观众们都垂下了脑袋，在我看来，它的意义远远超出了歌曲本身、超出了剧场、超出了全体观众的关注，也确实超出了我的想象力。越过后方的门帷，望向更衣室，正看见克罗格夫人，她身穿白色衬裙和短袖衬衫，站在那里。我不确定观众的感情，因而费尽心思地煽动他们内心的热情。昨天我和 T. 小姐与她的同伴说话时风度翩翩、令人喜爱的态度。这属于我善良本性自由的那一面，昨天和周六我都感受到了它，出于某种对世界的顺从和一种忘乎所以的谦逊，我使用了一些从外部看来有些狼狈的语言和动作，尽管隔了一段距离来看，我并没有这么做的必要。我独自和母亲在一起，觉得这样轻松又美好，看一切的时候都心怀坚定。

一份如今很容易让人想象到古老事物的索引：通往林荫道与郊游地道路上乞讨的瘸子，夜晚没有照明的空间，桥上逡巡的人。

《诗与真》中一些段落的索引。这些段落通过一种无法确定的特性给生者留下了特别强烈的印象，而它与实际描述的事物从根本上来说没有联系，比如说唤起青少年歌德的想象，他是如何身着豪华的服饰好奇地、受人喜爱地、活泼地钻研所有的熟人，只是为了看见并听见一切可以看见、听见的东西。我现在正翻阅着这本书，并没有找到类似的段落，所有段落在我看来都很清晰，包含任何巧合都无法超越的生动。我必须等到顺利地把书读完一遍后，才能在那些确切的段落间停留。

听父亲不断旁敲侧击，诉说同时代人，尤其是孩子们的幸福处境，讲述他年轻时不得不承受的苦难，让人真不愉快。没人否认他因为长年缺乏冬衣，腿上留有开放性的伤口，没人否认他经常挨饿，没人否认他十岁的时候就不得不在冬天和很早的早晨推着小车穿过村庄——把这些确凿的事实与我并未遭受过他所经历的一切这一更加确凿的事实相较之后，我却没有得出任何觉得自己过得比他幸福的结论，这是他不愿意理解的，他只允许他为腿上的伤口自高自大，从一开始，他就假设并号称我不能体会他当时的痛苦，而且到头来，我必须对他无限感激，正是因为我没有体验过同样的痛苦。我很乐于听他滔滔不绝地谈论他的青春与父母，可他说什么都带着吹嘘与责备的语气，这太折磨人了。他一次又一次地击掌："今天谁还明白这些！孩子们懂些什么！没人受过这样的苦！今天有哪个孩子能明白这一点！"今天，朱莉阿姨来拜访我们的时候，他又说了类似的话。她和父亲那边的亲戚一样，也有一张巨大的脸盘。眼睛因一个令人分心的细微色差而错位，或沾染了其他色彩。她十岁的时候就被雇去做厨娘。当时，她不得不穿着湿漉漉的裙子在严寒中走来走去，腿上的皮肤都裂开了，裙子都冻住了，只有晚上到了床上才能烘干。

十二月二十七日。一个不应该生孩子的不幸之人被可怕地封锁在他的不幸中。无处寻找全新的希望，没有来自幸福之星的帮助。他必须在不幸的折磨下走他的路，如果他的圈子兜完，他应该知足，不要继续试探他所遭受的不幸是否会在更长的道路上、在不同的物理与时间环境下消失，或是期待它带来什么好运。

我写作时虚假的感觉可以用这样的比喻来描述：有人在两个地洞前等待一个只可能从右侧地洞出现的幽灵。然而，当它还留在一个影影绰绰的塞子下面时，幽灵一个接一个地从左边的地洞中升起，试图把他的目光吸引到它们身上，最终，它们借助不断增长的规模轻而易举地实现了这个目标，无论此人如何抵抗，最后它们甚至覆盖了真正的洞口。然而，如果现在他不打算离开这里——他绝对不愿意这么做——他就会依赖这些幽灵，可它们转瞬即逝，无法令他满足，它们的力量在纯粹的非幽灵性中消耗殆尽。但是，如果它们因虚弱而凝结，他会把它们往上方、往四面八方驱赶，只为引出其他的幽灵，因为长久地盯着同一个幽灵让他无法忍受，而且希望也还没有泯灭，在虚假的幽灵消亡后，真正的幽灵终将出现。这个比喻何其不贴切。一种不具关联的假设好似一块木板，插在实际感觉和与之相关的描述中间。

十二月二十八日。工厂给我带来的煎熬。他们安排我下午去那里工作的时候，我怎么说去就去了呢。现在没有人用武力强迫我，可是父亲用责备、卡尔用沉默和我的负罪感逼迫我。我对工厂一无所知，今天早上轮到委员会视察，我毫无作用地闲站在一旁，像是挨了打。我为自己回绝了参与工厂经营管理所有细节的邀请。如果它可以通过对所有相关人员的质询与骚扰实现，那又能获得什么呢？我又不会用这些知识去做些什么，我只适合担任一些虚职，我上司直率的感知给它们添了一把盐，还披上了真正良好成就的外表。另一方面，这些为工厂耗费的徒劳无功的努力剥夺了我在自己身上花费下午几个小时的可能性，这必然导致我的存在被彻底摧毁，而它本来就已经越来越有限了。

今天下午出行的时候，几步之内，我看见好几个纯粹出于我想象的委员会成员，上午让我如此畏惧的他们向我走来，或者穿过我要走的路。

十二月二十九日。歌德那些生动的段落。第二百六十五页："所以，我把朋友带进森林。"

歌德，第三百〇七页："现在，在这些时间里，除了医学或自然史，我根本听不到其他对话，而且我的想象力被吸引到一个完全不同的领域。"

通过广泛的、有说服力的记忆增长力量。一道独立的航迹转向我们的船，随着作用力越来越强，我们的力量与它本身的意识也在增强。

就算是完成一篇小文章也非常困难，原因倒也不在于我们的感情要求文章结尾要有一团实际的、过去的内容本身无法产生的火焰，而是因为，即便再小的文章也要求作者本人有种自满与迷失，如果没有强烈的决心和外部的鞭策，就很难从中抽身，走入寻常日子的空气中，如此一来，在文章圆满结束，作者可以安稳脱身之前，他就已经在不安的驱使下提前逃跑了，然后他还必须在外部用双手来使文章完结，不仅是在劳作，还得紧紧攥着它。

十二月三十日。我的模仿欲和表演无关。首先，它缺乏统一性。我根本无法从整体上模仿粗糙的、具有引人注目特征的东西，我类似的尝试总是失败，它们有违我的本性。相反，一种起决定作用的冲动又催逼着我去模仿粗糙的细节，模仿某些人用手杖操纵他人，他们手部的姿势、他们手指的动作，而且我模仿起来毫不费力。然而，恰恰是这种毫不费力、这种对模仿的渴望使我与演员拉开了距离，因为这种易如反掌的对立面就是没有人注意到我在模仿。只有令我自己满意的，或通常是勉强的认可才让我明白我已经获得了成功。然而，内在的模仿要远在这种外在的模仿之上，它往往是如此引人注目、如此强烈，我内心甚至没有为观察、证实这种模仿留下空间，只有在记忆里才能找到它。然而，这里说的这种模仿是如此完美，用跳跃与坠倒代替了我本人，假设它在舞台上显而易见，那或许会让人难以忍受。不能指望观众接受更为极端的表演。如果一个演员按规定要殴打另一位演员，在兴奋的情绪下，在感官过度运行的状态下真的动了手，另一位演员痛苦地喊叫，那么观众必须上场，从中调停。然而，很少以这种方式发生的事情却以次要的方式发生了无数次。坏演员的本质并不在于模仿能力太过薄弱，而在于教育、经验和性格方面的缺陷导致的错误模仿模式。但他最本质的错误依旧是无法遵守剧中的限制，模仿得太过度。他对舞台朦胧的想象促使他这么做，即便观众觉得这位或那位演员演得不好，因为他们僵硬地傻站着，指尖摆弄着口袋边缘，不合时宜地把手交叉在屁股后面，偷听提白员的提词，即便时代已经完全改变，他依然不惜一切代价地保持一种令人畏惧的严肃。他模仿得过了头，即便他只是按照自己的意思表演，这个突然出现在舞台上的演员也正是因此才糟糕。

十二月三十一日。正因为他的能力如此有限，所以他害怕无法完成所有的事。即便他的能力并没有小到无法再分割的地步，他却不愿意透露，在某些情况下，在他意志参与的时刻，供他使用的技艺比他拥有的所有技艺都少。（自由的，不顾及面前剧院底层的密探，依旧进行着的，依照表演时纯粹的感觉需要……）〔此处中断〕

早上我感觉写作时神清气爽，但现在，我应该下午去给马克斯读一读的想法彻底妨碍了我。这也表明我在建立友谊时是多么无能，前提是这种意义上的友谊是可能存在的。因为不受日常生活干扰的友谊让人难以想象，即便核心并未受到损害，它各种各样的表现总是被吹散。然而，这些表现会再度从未受损害的核心中生成，只不过每一次类似的生成都需要时间，而且，并非每次预期的生成都能成功，因此，即便不考虑个人情绪的变化，它们也永远不可能与上次中断的地方相接。因而在面对深厚的友谊时，每次会面都必定会产生一种不安，它不一定大到能被感知，但可以在一定程度上干扰谈话与行为，让我们有意识地觉得震惊，尤其是在我们未认识到，或无法相信这个原因的时候。我该怎么给 M. 读这些呢，或者说，我在写下这些内容的时候，我竟然在想要怎么读给他听。

此外，我今天早上翻阅了这本日记，想看看能给 M. 读什么，这让我烦恼。现在，经过这次审读，在我迄今为止写下的东西里，我既没有发现特别具有价值的东西，也没有发现应该直接扔掉的东西。我的判断介于两者之间，更偏向于前者，虽然我很虚弱，但这并不代表我非要依据我所写东西的价值来评判自己是不是已经筋疲力尽。然而，看到我写的东西的量，在接下来的几个小时里，我几乎无法挽回地偏离了我写作的源头，因为注意力已经像流水沿河道而下那般消失了。

虽然有时候我相信自己在念文法学校，甚至在更早的时候都能够特别敏锐地思考问题，只是因为后来记忆力衰退，我现在已经没法正确地评判这一点了。每当此时，我又一次地意识到，我糟糕的记忆只是想奉承我，我很不愿意动脑筋，起码在那些不重要却会引起严重后果的事情上就是这样。然而，我确实记得，尽管并没有聊得特别详尽，我在读文法学校的时候——在那个时候我很可能就已经很容易疲倦了——就常和伯格曼[1]以《塔木德》的方式（或许是发自我内心，或许是在模仿他）探讨上帝和上帝的能力。当时我很喜欢一本引用一本基督教杂志——我记得是叫《基督教的世界》——里的主题，在这个主题里，钟表和世界，钟表匠和上帝被并置，钟表匠的存在即证明了上帝的存在。就我看来，我可以很好地反驳伯格曼的观点，哪怕这种反驳在我心中的地位并不牢靠，在使用它之前，我必须要好好组织，就像在玩一场耐心游戏。有一次绕过市政厅塔楼的时候，我就这么反驳过他。我之所以记得那么清楚，是因为几年前我们还提醒过对方。

可当我觉得自己在这方面很出色的时候——它和我想出人头地的愿望不同，工作和因此产生的效应带来的欢乐并没有把我引到那个方面——我只是因为没有认真思考，才忍受自己总是穿着糟糕的衣服，衣服都是我父母轮流找裁缝帮我做的，最早找的是努斯勒的一名裁缝。我当然很容易就注意到自己穿得很糟，我也长了眼睛，知道别人什么时候穿得很体面，只是多年来，对于我潦倒的外表，我的头脑从没有在衣装上找过原因。因为即便到了那个时候，比起在现实中，我也更倾向于在自己的臆测中进一步贬低自己，我坚信，衣服只有穿到我身上才会先显现出木板般的僵硬，接着变得皱皱巴巴。我根本不想要新衣服，因为既然我已经看起来那么丑了，起码我至少想穿得舒服些，此外，这样还避免了向习惯了旧衣服的众人展示新衣服的丑陋。我母亲常常想给我量新衣服，她能以成年人的眼光发现新衣服和旧衣服之间

1　雨果·伯格曼，生于一八八三年，现在是耶路撒冷希伯来大学的哲学教授。——原编者注

的差异，我又总是回绝，这样的回绝对我产生了影响，在我父母的确认下，我不得不生出这样的念头：我一点儿都不关心自己的外表。

一九一二年

一月二日。所以，就连我的体态也屈服于糟糕的衣服，我走路的时候弯着腰，斜着肩，胳膊和手臂不知该放在什么地方。我害怕镜子，因为我觉得，它们照出了我难以避免的丑陋，而且还不可能完全真实地反映出这份丑陋，因为如果我真的长成那样，肯定会引起更大的轰动。星期天散步的时候，我忍受着母亲在我背后温柔的推搡，还有许多太过抽象的告诫与预言，我无法把它们和我当时迫在眉睫的担忧联系在一起。总的来说，我从根本上缺乏为实际的未来作出哪怕是最细微的规划的能力。我把心思放在眼前的事情和它们现在的状态上，并非出于缜密，或诸多过于坚实的兴趣，而是出于悲伤与恐惧（只要它们不引起思想上的软弱）。出于悲伤，是因为现在于我而言太悲伤了，我相信，在它消融于幸福以前，我不可以背弃它；出于恐惧，是因为我现在就连走出最小的一步都恐惧无比，我有着可鄙而孩子气的外表，却要严肃地评判一种充满男子气概的雄伟未来，连我自己都觉得不配，而且这对我来说是极其不可能实现的。在我看来，每次小小的进步都像是一件赝品，接下去的目标无法达成。

　　比起真正的进步，我更易于承认奇迹，但我太过冷酷，没把奇迹留在它们的属地，倒把真正的进步留在了属地上。因此，在我入睡前的很长时间里，不由产生了这样的想法：有一天，我会成为一个有钱人，驾一辆四匹马拉的马车进入犹太城镇，用一句

严正的命令解救一个遭到无理殴打的漂亮女孩,然后用我的马车
把她载走,但是这种很可能只是因为一种已经不太健康的性欲才
滋生的戏谑猜想并没有影响我,我依然坚信自己通不过年末的期
终考试,这件事要是发生了,我将无法升入下个年级就读,就算
靠作弊逃过一劫,我最后肯定还是要栽在毕业考试上,另外,不
论在什么时候,我必然会让已经被我外在而规律的进步所催眠的
父母及世上的其他人大吃一惊,因为我一下子暴露出一种前所未
闻的无能。可因为我总是只把自己的无能视作未来的路标——我
只是很少关注自己欠佳的文学作品——对未来的深思熟虑对我来
说从来没有半点用处,它只是继续编织眼下的悲哀。要是我愿意
的话,我倒是可以站直了走,但这让我很累,而且我看不出歪斜
的姿势将来会给我带来什么损害。如果我有未来,那我就会有种
一切都将自然而然地走上正轨的感觉。选了这样的准则倒不是因
为它包含着对未来的信心,未来的存在当然是不值得相信的,相
反,这么选只是为了让我活得更轻松一些。这么走路、这么穿
衣、这么洗漱、这么读书,最主要的是这么把自己关在家里,让
我最不费力,也最不需要勇气。如果超出这个范围,我只能找到
可笑的出路。

　　有一回,没有一件黑色的节日礼服似乎实在是不行了,尤其
因为我还面临着是否要参加舞蹈班的抉择。那位努斯勒的裁缝被
叫了过来,我们对如何裁剪衣服进行了商讨。碰到这种情形,我
一如既往地举棋不定,我不得不担心一个明确的答复不仅会让接
下去的事情变得不愉快,而且还会导致更加糟糕的状况。所以,
我一开始不想穿黑色的衣服,但他们在陌生人面前指出我没有节

日礼服，让我感到羞愧的时候，我忍了，甚至有人提议做一件燕尾服，可我把燕尾服看作一种可怕的变革，谈论它可以，但决定做它绝对不可以。经过商议，我们统一决定做一件无尾礼服，它看起来和平常西服很相似，起码看起来是我能够容忍的。然而，当我听说无尾礼服的背心领口必须开得很低，所以我还得在里面穿一件上过浆的衬衫时，我的决心几乎都快超出我拥有的力量了，必须阻止这件事情发生。我不想要这种款式的无尾礼服，如果有必要的话，可以用丝绸做衬里，但我想要的是一件领口高高封住的礼服。裁缝没听说过这样的无尾礼服，但他说，无论我怎么想象这件衣服，它都不可能是件舞衣。行吧，那就不是舞衣好了，我也根本不想跳舞，这事儿根本还没定呢，但我想找人做我想要的上衣。一直到现在，量身材、试衣服的时候我都带着一种羞涩的仓促，没有提出什么意见和愿望，裁缝越来越摸不着头脑了。我别无选择，又因为母亲还在催促，我只得和他一起走了，尽管极其尴尬，但我还是穿过老城环形道，来到一个摆着旧衣服的陈列橱窗前。很久之前，我在这个橱窗里见过一件摊开摆放的、不使人感觉为难的礼服，我觉得它就可以为我所用。但不幸的是，它已经从橱窗中撤下来了，即便我努力寻找，也没在店里认出它；当时我又不敢只为了这件礼服走进店里，于是我们又带着刚才的分歧回去了。可我觉得，未来的礼服似乎已经被白走的这一趟诅咒了，起码我以来来回回商量太麻烦为借口，把裁缝打发走了，他带着一些小订单和我对无尾礼服的推脱离开了，留下来让我疲惫不堪的是母亲的责备，我永远——反正发生在我身上的什么事情都是永远的——都和姑娘、优雅的外表和舞蹈娱乐无缘。与此同时，对这件事感觉到愉快又让我感到痛苦，另外，我还担心自己在裁缝面前出了丑，从前还没有顾客出过这样的丑。

一月三日。读了不少《新评论》上的文章。小说《裸男》[1] 的开头，总体来说写得有点不太清晰，不过细节无懈可击。豪普特曼的《加布里埃尔·席灵的逃离》。对人民的教导。在好和不好的方面都具有教育意义。

除夕夜。我原本计划给马克斯读一些日记里的东西，我一直期待着，最后却没读成。我们的感觉不一致，那天下午，我在他身上感受到一种斤斤计较的小气和局促，他几乎不是我的朋友，却仍旧深深地把控着我。在他眼里，我看见自己一再徒劳地翻动着日记本，而且不论怎么翻过来翻过去，总是停在相同的几页上，令人厌恶。在这种彼此抵触的张力下一起工作自然是不可能的，我们在相互抵牾的状态中改了一页《理查德与塞缪尔》，这只证明了马克斯精力旺盛，别的事情都很糟糕。除夕在加达处。并不算糟糕，因为韦尔奇、基什和另一个人掺入了新鲜血液，我也终于找到重新回到马克斯身边的方法，不过只局限于这个社团内。在拥挤的人群中，我还没看清他，就一把握住了他的手，然后骄傲地直接回家了，我记得，我紧紧地抱着我的三本笔记本。

巷子里，一栋新建筑前的熔炉四周升起了一团枞椤状的

1　埃米尔·斯特劳斯的长篇小说。卡夫卡对这位作者及其作品的态度和他对威廉·舍弗尔其人其作如出一辙（见一九一一年十月三十日日记的第三条编者注）。——原编者注

火焰。

在我身上，可以清楚地辨认出对写作的专注。当我的机体认识到写作是我生命中最有成效的志向时，一切都朝它蜂拥而去，所有集中于性的、吃的、喝的、哲学思考方面的乐趣的能力，尤其是欣赏音乐的能力都被清空了。在所有这些方面，我都越来越消瘦。这是必要的，因为从整体上来看，我的力量非常薄弱，只有它集中起来的时候才能勉强达成写作的目的。当然，我并非自主地、有意识地找到了这个目的，它是自行出现的，从根本上来说，它目前只是受到了办公室工作的阻挠。无论如何，我都不能为无法忍受一个恋人而感觉惋惜，我对爱情的理解并不比我对音乐的理解丰富，我不得不满足于我轻易得来的、最肤浅的快乐，除夕夜的晚饭我吃了鸦葱与菠菜，配着喝了四分之一瓶谷神星红酒，星期天我没能参加关于马克斯哲学作品的讲座；这一切的平衡都显而易见。因此，为了开始我真正的生命，我要做的只有把办公室的工作扔出这个共同体，因为我的发展如今已经完成，就我看来，我再也没有什么可牺牲的了，在我真正的生命中，我的脸庞终于可以随着我工作的进展而以自然的方式老去。

一次谈话中的转折首先出现在详细讨论对最内在存在的忧虑之时，而且谈话并没有由此完全中断，但自然也没有借此发散出新内容，话题转向了我们下次见面的时间与地点，以及碰面时必须考虑到的各种情况。如果此次谈话依旧以握手告终，那么我们就会分开，带着对我们生活中纯洁而坚实的结构所保持的瞬时的信念与尊重。

根据事实，应该使用"有一次"的地方却用上了"经常"，这在一部个人自传中是无法避免的。因为人们总是觉得，记忆是从被"有一次"这个词击碎的黑暗中取出来的，它虽然还没有完全被"经常"这个词美化，但至少已经被保留在自传作者的视野中，而且背着他走过了那些也许在他生命中根本没有发生过的局部，即便凭借感知再也无法触及记忆中的这些局部，但它们给了他补偿。

一月四日。只是因为虚荣心，我才那么喜欢给我的妹妹们朗读（结果，比如说今天，就已经来不及写作了）。我并不是坚信自己在朗读中取得了什么重大成就，相反，我只是受了一种瘾的支配，它极力将我向我所朗读的优秀作品推去，如此一来，我不是通过自身功绩，而只是通过被我朗读的内容所唤起的，我聆听着的妹妹们那受到不重要之物遮蔽的注意力才与她们融为一体，因此，在虚荣心的掩饰作用下，我也成了一种诱因，参与了作品本身施加的所有影响。所以，我在我妹妹们面前的朗诵其实是值得嘉奖的，我完成几处重读，我自己觉得读得格外准确，因为后来我不仅得到了自己的褒扬，也得到了妹妹们过度的褒扬。

可要是我在布罗德、鲍姆或者其他人面前朗读，由于我需要赞美，我的朗读肯定对每一个人来说都糟糕透顶，即便他们对我平时朗读的好一无所知。因为这时候我会发现，听众坚持将我和我阅读的内容分开，若不把自己和所读的内容完全联系在一起，我就觉得荒谬可笑，可我并不能期待听众理解这样的感觉。我用嗓音在阅读的内容周围飞来飞去，试图渗透四面八方（因为人们期望这样），可它根本严肃不起来，因为人们根本不期望从我这儿听到什么；他们想要的是没有虚荣心、平静、带有距离感的阅读，只有在需要我的激情时，我才能表现出激情，这是我做不到的。然而，尽管我觉得我已经接受了这一点，换而言之，我就得满足于在别人面前比在自己妹妹面前读得差的事实，但我的虚荣心露头了，它的这次出现应该是没有道理的，让我觉得非常不舒服。如果有人对阅读的内容提出什么指责，我的脸就红了，并且想迅速往下读，总的来说这很像我做出来的事情，一旦开始朗读，我就会努力无止境地读下去。在无意识的渴望中、在长时间的阅读过程中，至少在我心里会产生一种与朗读内容统一的、虚荣而虚假的感觉。在这件事上，我忘了我永远无法拥有足够的瞬时力量从我的感觉中出发，去影响听众的清晰概述，而在家里的时候，期望开始制造混乱的永远是我的妹妹们。

一月五日。两天来，只要我愿意，我就能察觉内心的冷酷与淡漠。昨天晚上散步的时候，每一声细小的街道噪声、每一道投向我的目光、每一张陈列橱窗里的照片，对我来说都比我重要。

单调。历史。

到了傍晚，这个人似乎终于决定待在家里，穿上家居服，晚饭后坐在有灯火的书桌前，结束工作，或者游玩完毕，习惯性地去睡觉。如果外面的天气不怎么样，留在家里就更是理所应当，如果已在桌边停留了很久，离开不仅会令父亲恼怒，还一定会引起大家的惊诧。哪怕现在楼梯间已经一片漆黑，前门上了锁，尽管如此，他现在还是不安地站起身，换上外套，立刻穿着适合上街的服装出现在众人眼前，宣布他必须离开，并且在简短的告别后真的这么做了。如何阻断大家对他离开的议论取决于他关上公寓大门的速度，他相信这多多少少留下了些许不愉快。当他再次发现自己在巷子里，四肢以特殊的灵活回报他设法为它们创造的这种已经称得上出乎意料的自由时；当他感觉这样一个决定激起了所有决断的能力时；当他比平时更意识到他拥有的力量比所需求的更多，能够轻易地实现并承受最迅速的变化时（他在理解与休憩中与自己独处，并在它们的享受中成长）；那么，在这个晚上，这个人就彻底离开了他的家庭，最遥远的旅行也无法更加透彻地实现这一点。他拥有了一种经历，对于欧洲而言，该经历因其极端的孤寂而只能被称作俄国式的。如果他在如此夜深之时去拜访某个朋友，看看朋友过得如何，这样的感觉甚至将更加强烈。

韦尔奇受邀前来参加克鲁格夫人的义演。洛维头痛欲裂，这很可能表明，他患有严重的头部疾病，他在下面的巷子里，靠在房子的一堵墙上，他在那里等我，右手绝望地抵着额头。我把他指给韦尔奇看，韦尔奇从长沙发上起身，俯身向窗外看去。这是我有生以来第一次觉得，我以这样轻松的方式从窗口观察到了楼下街道上与自己密切相关的事件。事实上，我很熟悉这种来自夏洛克·福尔摩斯的观察方式。

一月六日。昨天观看了费曼的《总督》。我没体会到这部剧里的犹太性给人留下印象的能力，因为它过于千篇一律，退化成了一种以个别的、更强烈的爆发为傲的悲叹。在前几幕戏上演的时候，我可能会觉得我陷入了一种犹太之风中，我的起源就在其中，它将向我展开，并在我迟缓的犹太性中启迪、推动我前行，然而，我听得越多，犹太性就离我越远。当然，人还在，我还得和他们来往。

克鲁格夫人办义演，所以她唱了几首新歌，讲了几个新的笑话。可只有她演唱入场曲的时候，我才完全沉浸在她的表演中，然后，我和她视线的每个细小部分、与她歌唱时伸出的手臂和打响指时的手指、与紧紧缠绕在她太阳穴边的鬈发、与她马甲下平坦而纯洁的薄衫、与她享受一个笑话引发的笑声时一度扬起的下唇（"你们瞧，我什么语言都会，但就要用意第绪语说"），还有她那双裹着厚厚的白长袜，直至脚趾根部都被压在鞋子里的丰腴小脚都有最强烈的联系。可她昨天唱新歌的时候，她施加在我身上的主要影响受到了损害，其中一点是，这里有人在卖弄，此人创作了几个笑话和几首歌，它们以最完美的方式展示出了他的气质与他所有的能力。既然这种展示成功了，那一切就都成功了；这些人如果经常来影响我们，我们会感觉到愉快，当然，我们也不会——在这方面，或许所有的听众都同意我的观点——为不断重复同样的歌曲所动摇，我们反而将其认可为一种聚会的辅助手段，正如我们认可礼堂灯光的渐暗那样。而且，从这位夫人的角度来看，我们会从中辨认出我们正在寻找的那种无畏与自信。因此，当新歌上演时，它们并不能展现出克鲁格夫人身上新的品质，因为先前的歌曲已经如此完美地完成了它们的使命，所以，当这些歌曲欲被视作歌曲的时候，就根本是种无理的要求，而且，它们以这种方式分散着克鲁格夫人心神的同时，就连她自己也在这些歌曲中表现得不自在，并摆出部分是失误、部分是过度

夸张的表情和动作时，观众的情绪不得不败坏了起来，他们只能
自我安慰，对她从前完美演出的记忆因其不可动摇的真实性而变
得太过坚定，并不会受到现在的场面干扰。

一月七日。可惜的是，齐西克夫人的角色总是只能表现出
她个人的本质；她总是扮演那些受过一次打击后变得怏怏不乐
的、被讥笑的、受诽谤的、委屈悲哀的女人和女孩，不过，她们
并没有被赐予按自然规律发展她们的本性的时间。她用喷薄而出
的自然之力扮演那些剧中只有高潮的角色，然而在书面剧本上就
只有暗示，这里要求的是演员的丰富性，观众从中或许能看出她
拥有怎么样的能力。——她有个重要的动作从有些僵硬、抽搐
的臀部散出，像一阵颤抖。她的小女儿似乎有一瓣臀完全是僵硬
的。——演员们相互拥抱的时候，他们紧紧地搂着对方的假发。

最近，洛维打算给我读他写给华沙作家诺姆伯格的信，我和
洛维上楼去他房间的时候，我们在楼梯平台上碰见了齐西克夫
妇。他们把为《科尔尼得累》准备的服装搬入楼上自己的房间，
它们就像绵纸里包的无酵饼。我们在那里站了一会儿。我有栏杆
支撑着我的手和句子的重音。她的大嘴在我面前移动，距离是如
此之近，让我吃惊，它的形状倒很自然。由于我的失误，对话正
面临着陷入无望境地的危险，由于我奋力在仓促间表达我所有的
热爱与忠诚，我只好突然断定，剧团的生意很惨淡，他们的保留
剧目已经耗尽，因此，他们不可以再待下去了，布拉格犹太人对
他们的冷漠是不可理解的。星期一——她是这么邀请我的——我
应该去看《赛义德之夜》，尽管我已经很熟悉这部戏了。到时候

我就可以听她唱我特别喜爱的那首歌（《以色列创世者》）了，她从我从前的一句话里记起了这件事情。

叶史瓦是波兰和俄国许多教区内开办的塔木德学院。费用不是很高，因为这些学校通常设立在无法使用的老楼里，楼里除去学生的教室和寝室，还有教务长和他助手的住所，教务长平时也要照管社区服务。学生们不付学费，轮流在教区成员家用餐。尽管这些学校以最严格的信仰为基础，但它们恰巧是叛逆进步的发源地，因为来自远方的年轻人聚集在这里，而且恰恰是那些离家奋斗的穷苦之人及精力充沛之人——因为这里的监督不是特别严格，在这里的年轻人们完全依赖于彼此，学业最基本的部分包括共同学习，以及就困难的部分相互释义——由于学生虽然来自不同的家乡，心中的虔诚却类似，所以在这一点上并不需要特别的沟通。然而，根据地方条件的不同，他们受到压迫的进步则以最多样的方式上升或下降，结果，这里总有那么多可以说的事情——此外，总有一本或另一本被禁的进步书籍落到个别人的手中，而在叶史瓦，它们会从四面八方聚集起来，而且能在这里产生特别的效果，因为每一位拥有者不仅带着文本，还带着各自的火焰——由于上述种种原因及其接踵而至的后果，最近一段时期内所有进步的诗人、政治家、记者及学者都是从这些学校里走出来的。如此一来，一方面，这些学校在极为虔诚的信徒中的声誉一落千丈，另一方面，涌向这些学校的思想进步的年轻人比以前更多了。

有一家知名的叶史瓦坐落于奥斯特罗，这是一座偏远小镇，坐火车到华沙要八个小时。整座奥斯特罗城其实只是一段很短的乡村公路的镶边，洛维声称，它就和他的手杖一样长。有一次，一位伯爵和他那架四匹马拉的巡游马车在奥斯特罗停留，前面的两匹马和马车的后半部分已经落在镇子外面了。

大约十四岁的时候，家中生活的约束似乎已经让洛维无法忍受，他决定前往奥斯特罗。临近傍晚，洛维从经文学校离开的时候，恰是他的父亲拍了拍他的肩膀，漫不经心地说，他晚点要去找他，要去找他谈谈。到了这个时候，除了责备，还能指望父亲说些什么呢，因为当时是周六傍晚，于是洛维没带行李，他穿了件稍好一些的长袍，揣着一直带在身上的所有钱，直接从经文学校去了火车站，乘坐十点的列车前往奥斯特罗。到的时候是早上七点，他直接去了叶史瓦，在那里，他没引起什么特别的骚动，因为任何人都可以进入一所叶史瓦，它并没有什么特殊的入学条件。唯一引人注目的是，他正好想在那个时候入学——当时是夏天——这并不寻常，而且，还因为他穿的是一件上好的长袍。不过即便如此，大家很快就习惯了，因为如此青春年少的学生们借助犹太教，以我们无从得知的强度彼此连接、打成一片是很容易的事情。他在学习方面表现得很出色，因为他已经从家里带去了很多知识。他很喜欢和陌生男孩交谈，特别是大家获悉他带了钱来以后，都围上来推荐他买这买那。其中有个想卖给他"白天"的人让他特别惊讶。"白天"指的其实是免费餐。它之所以成了贩卖的对象，是因为教区成员想做一些虔敬的事业，所以在提供免费餐的时候并不考虑前来用餐者的身份，他们并不在意桌边坐的是谁。如果哪个学生特别精明，他可以一天吃上两顿免费餐。他完全可以承受这双份的饭菜，因为它们并不是特别丰盛，吃完一份后还可以高高兴兴地享用第二份，而且还会发生这样的情况：有一天他吃了两顿饭，另一天却吃不上饭。尽管如此，当他们发觉现在有机会出售这样一份多余的免费餐的时候，每个人都很开心。如果有人像洛维这样，在夏天，也就是说，在免费餐早已分发完毕的时候来到这里，就只能用购买的方式取得免费餐，因为一开始，多余的免费餐位就已经被投机者占据了。

叶史瓦的夜晚让人无法忍受。虽然所有的窗都开着（因为夜里很暖和），但臭味和热气不会从房中散出去，因为学生们没有真正的床，他们不脱衣服，就穿着汗涔涔的衣服在最后坐着的地方躺下睡觉。到处都是跳蚤。清晨，每个人只仓促地用水沾湿手和脸，然后重新开始学习。他们通常都在一起学习，一般是两人共用一本书。辩论常常会让好些人围成一圈。教务长只偶尔才会解释一下最难的段落。尽管洛维后来——他在奥斯特罗待了十天，却都在旅馆吃住——找到了两个"与他志同道合"的朋友（相互找寻并不是那么容易，因为人总要先小心翼翼地查验对方的态度和可信度），但他还是很想回家去，因为他已经习惯了一种有秩序的生活，而且思乡之情也让他难以承受。

大房间里传出打牌的嘈杂声，然后是父亲寻常的谈话声，好比今天，他的身体很健康，虽然内容不连贯，但他的声音很响亮。这些话语只体现了一种不拘小节的噪音的小小张力。女孩们的卧室房门大开，小菲利克斯在里面睡觉。另一侧，我在自己的房间里睡觉。考虑到我的年纪，我的房门是关着的。此外，敞开的门表示着菲利克斯还将被引入这个家庭，我却已经遭到了驱逐。

昨天在鲍姆家。斯特罗布尔本该来的，但他去了剧院。鲍姆读了一篇名叫《论民谣》的小品文，写得不好。然后读了《命运的嬉戏与严肃》中的一个章节，非常好。我无动于衷，情绪不好，没得出什么纯粹的整体印象。在雨中回家的路上，马克斯和我讲述了他目前关于《伊尔玛·珀拉克》的计划。我无法把自己的状况和盘托出，因为马克斯从来都没有真正地承认过它。因此，我不得不表现得很不坦率，这最后毁掉了我所有的兴致。我难受极了，宁可和马克斯黑暗中的脸对话，尽管这样一来，我的脸在光明中就很容易露出马脚。可接着，小说神秘莫测的结尾突破一切的障碍，攫住了我。告别后回家的路上，我对自己的虚伪感到懊悔，对它的不可避免感到痛苦。我打算制作一本有关于我和马克斯关系的小册子。没有写下来的东西在我眼前闪过，视觉上的巧合决定了整体的评价。

我躺在长沙发上的时候，两个房间里的人都对着我这边大声说话，左边只有女人，右边多数是男人，我有种感觉，他们都是原始的、无法平静下来的生物，他们不知道自己在说些什么，只是为了让空气流动而说着，他们说话的时候仰起脸，目送自己说出的话语。

于我而言，这个安静、下着雨的星期天就这么过去了，我坐在卧室，宁心静气的，但我没有下决心写作，比如说，前天我本来打算把所有精力都倾注在写作上，而我现在已经盯着我的手指看了很久了。我相信，我这个星期已经彻彻底底受到了歌德的影响，我刚刚耗尽了这种影响带来的力量，因而变得一无是处。

罗森菲尔德在描写一场海上风暴的诗里写道："灵魂飘荡，

身躯战栗。"洛维朗诵的时候，额头和鼻根的皮肤在抽搐，我原本认为只有手才能这样抽搐。在他想让我们了解的、最感染人的地方，他向我们接近，或者，更准确地说，他以澄清视线的方式让他变得更加高大。他只向前移动了些许，瞪大眼睛，无事可干的左手拨弄着外衣，大大的右手向我们张开。即便我们不觉得感动，我们也应该承认他强烈的情绪，并向他说明所描述的这种不幸是有可能的。

我应该为画家阿舍尔赤身裸体，当他圣塞巴斯蒂安的模特。

如果我由于没有写出任何让自己满意的东西，晚上就要回到亲戚身边，我在他们眼里也不会比在自己眼里更陌生、更可鄙、更无用。这一切当然都只源自我的感觉（它并不会受到清晰观察的蒙骗），因为事实上他们都尊重我，也爱我。

一月二十四日。星期三。很久没有写作的原因如下：我很生我上司的气，一封好心好意的信才澄清了这件事；去了好几次工厂；读了皮内斯 [1] 的《德国犹太人文学史》，有五百页，我如饥似渴地读了一遍，可我从没有如此彻底、匆忙而愉快地阅读过类似的书籍；现在我正在读弗洛默的《犹太性的组织体》；最后，我和犹太演员们走得很近，我为他们写信，让犹太复国主义协会去询问波希米亚的犹太复国主义协会是否愿意让剧团客串演出，我写了必要的传单，找了人复印；我又看了一遍《书拉密》，又看了一遍里希特的《赫泽勒·梅吉赫斯》，参加了巴尔·科赫巴协会

1　梅耶·皮内斯（1881—1942），白俄罗斯犹太裔戏剧学家、学者、翻译家。

的民谣晚会，前天看了施密特伯恩 [1] 的《冯·格莱辛伯爵》。

民谣晚会：纳坦·比恩鲍姆博士发表演讲。东欧犹太人的习惯是在说话顿住的时候插入"尊敬的女士们、先生们"或只是"各位尊敬的来宾"。比恩鲍姆博士一开始就重复这些话让演讲变得相当滑稽。但据我对洛维的了解，我相信，这类持续的转折也经常出现在东欧犹太人平时的谈话中，比如说"我太难过了！"或者"并不是这样的"或"要说的可太多了"，它们并不是用来掩饰尴尬的，而是作为不断的新源头，搅动着对东欧犹太人的性情来说仍然过于沉重的话语之流。在比恩鲍姆博士这儿却不是这样。

一月二十六日。韦尔奇先生的背和整座大厅的寂静共同聆听糟糕的诗句。——比恩鲍姆：发型中细长的发丝鲜明地散在脖子上，脖子因头发突如其来的暴露显得十分笔直，或者它本来就很直。大而弯，不怎么窄的鼻子从两侧看去又宽又平，它看起来很漂亮，主要是因为和那把大胡子形成了良好的比例。——歌手戈兰宁。宁静的、甜美的、美妙的、居高临下的、向一侧的渊深处弯下的脸庞上带着一抹有些尖利的微笑，鼻子上有皱纹，但这微笑可能也只是嘴部的技巧。[2]

一月三十一日。什么都没写。韦尔奇给我带了歌德的书，它们给我带来了一种散乱的、在什么地方都用不上的兴奋。计划写

---

1 威廉·施密特伯恩（1876—1952），德国作家、剧作家。
2 接下去的七页半日记为皮内斯《德国犹太人文学史》的摘录。——原编者注

一篇叫《歌德令人震惊的本性》的文章，对我现在为自己安排的两小时夜间散步感到害怕。

二月四日。 三天前看了韦德金德[1]的《大地之灵》。韦德金德和他的妻子蒂丽共同出演。妻子清晰刺耳的嗓音。狭窄的、月牙形的脸庞。安静站立的时候向两侧分开的小腿。即便是回想起来，剧本也很清晰，让人回家后感觉平静而自信。建立得格外牢固的东西却保持着陌生的形象，这也挺矛盾的。

当时进剧院的时候，我感觉很好。我像品尝蜂蜜那样品尝我的内心。我不断地喝它。在剧院里，这感觉立刻就消逝了。说起来，上一次剧院晚上演的是帕伦伯格执导的《俄耳甫斯在冥界》。演出十分糟糕，我周围的底层站位中间发出如雷贯耳的掌声与笑声，直到第二幕开始之后，我才知道以跑开的方式来自我帮助，一切因而重归安宁。

前天，因为要让洛维去客串，我给特劳特瑙写了一封真挚的信。每次读这封信的时候，我都会感到平静而坚强，因为信中包含了许多我内心未曾付诸笔下的善意。

我带着不曾间断的热切阅读有关歌德的文章（歌德的谈话，歌德的学生时代，与歌德在一起的时刻，歌德在法兰克福的一次停留），这让我根本无法写作。

S.，商人，三十二岁，无教派人士，受过哲学教育，只对他自己写的优美文字感兴趣。圆脑袋，黑眼睛，显得活力四射的小

1　弗兰克·韦德金德（1864—1918），德国作家、剧作家、演员。

胡子，结实的脸颊肌肉，魁梧的身材。多年来，晚上九点到凌晨一点都在学习。生于斯坦尼斯劳[1]。通晓希伯来语和通俗语。娶了夫人，只不过她因为脸非常圆给人留下了智力不佳的印象。

两天来，对洛维很冷漠。他来问我。我否认了。

《大地之灵》幕间休息的时候，在剧院顶层楼座与陶西格小姐进行了安静、克制的谈话。为了达到良好的谈话效果，我们简直必须把自己的手更深、更轻、更带着倦意地推到要谈论的对象下面，然后将它抬起，让他人震惊。不然就只能折断手指，一心想着疼痛。

历史：傍晚的散步。发明了快速行走。带有引导性的、美丽黑暗的房间。

陶西格小姐讲述了她新故事里的一个场景：一位名声糟糕的女孩就读缝纫学校。对其他女孩的印象。我觉得，她们会同情那些清楚地感受什么是取得坏名声的能力与欲望，同时也因此能够直接想象得了坏名声意味着何等不幸的人们。

一周前，泰尔哈伯博士在犹太市政厅的宴会厅就德国犹太人的没落发表了一场演说。这是在所难免的，因为第一：犹太人聚集在城市里，犹太人的乡村社区正在消失。对利益的追求吞噬了他们。缔结婚约只是为了供养新娘。两个孩子的制度。第二：异族通婚。第三：洗礼。

滑稽的场面。埃伦费尔斯博士[2]愈发俊朗，光秃秃的脑袋在悬浮的轮廓中现出一道向上的界限，他双手交叠，相互按压，怀着

1　今乌克兰伊万诺-弗兰科夫斯克。

2　克里斯蒂安·冯·埃伦费尔斯，哲学家，格式塔理论的创始人。——原编者注

信任向与会者微笑，那宛如在乐器上调校过音色的饱满嗓音倡导着种族融合。

二月五日。星期一。很累，放弃读《诗与真》。我外表坚硬，内心冰冷。今天去 F. 博士那儿的时候，尽管我们缓慢地、慎重地聚在一起，可我们像球那样撞来撞去，把对方抛回去的同时，自己也不受控制地失了分寸。我问他是不是累了。他说他不累，我为什么要问？我累了，我说，然后坐了下来。

昨天和洛维在城市咖啡店，又一次小小的昏眩。为了瞒过他，我弯下腰躲在一张报纸下面。

歌德美丽剪影的完整呈现。看到这具完美人像，我生出了一种厌恶的次要印象，因为这样一种级别的超越超乎了想象，而且这个级别看起来也只是堆砌而成的、偶然的。直立的姿势，狭窄的脖子，膝盖弯曲的弧度。

由我的无精打采所导致的不耐烦与悲伤格外受到永远不会离开我视线的、对未来的展望滋养，这种未来是为我准备的。依旧摆在我眼前的是怎样的夜晚、怎样的散步、怎样在床上和长沙发（**二月七日**）上的绝望啊，比我已经撑过去的日子还要难熬！

昨天在工厂。女孩们穿着肮脏得令人无法忍受的、松松垮垮的衣服，头发像是刚刚睡醒，脸上的表情受机器左右。那几台机器虽然是自动的，但动不动就停止运作，不断地输送着噪声。她们不是人，如果有谁撞到了她们，也不会向她们道歉，让她们去做些什么小事，她们就会去做，不过，她们立刻就会回到机器旁，有人动一动脑袋，指示她们该去做些什么，她们身穿衬衣站在那里，一点点权力就能摆布她们，她们甚至没有足够冷静的头脑，用眼神与鞠躬来认可、服从这种权力。六点总算到了，她们互相喊着这句话，解开脖子和头上的毛巾，用散落在大厅里的刷子掸掉身上的灰，被不耐烦的人叫过去，她们把外衣套到头上，把手尽可能地弄干净——她们毕竟都是女人，尽管脸色苍白、牙齿不齐，她们还是可以微笑，她们摇晃着僵硬的身体，再也没人能推搡、注视或忽视她们了，我们按住油腻的箱子，为她们空出一条道，她们说晚上好的时候，我们把帽子攥在手里，她们中的一个把我们冬天穿的外套给我们披上的时候，我们不知该如何接受。

二月八日。歌德：我的创作欲没有止境。

我更紧张，更虚弱了，还失去了大部分几年前我引以为豪的平静。今天我收到鲍姆的卡片，卡片上写着，他没法在东欧犹太人的晚会上演讲了，我不由相信，我得接手此事，我彻底被不受控制的痉挛控制住了，搏动的血管仿佛小火苗，沿着我的身体跳跃；我坐下，膝盖在桌子底下颤抖，我不得不把双手叠在一起。我确实要好好演讲，这毋庸置疑，可对那个夜晚升起的极度不安也把我紧紧拽住，我甚至再没有不安的余地，演讲将直接从我体内涌出，像是从一支枪管中射出。但我之后可能会跌倒，无论如何，我撑不了太久。多么不支的体力！哪怕是这几个词也是在虚弱的影响下写下来的。

昨晚和鲍姆与洛维在一起。我的生机。最近洛维在鲍姆那里翻译了一个糟糕的希伯来语故事，叫《眼睛》。

二月十三日。我开始为洛维的会议撰写演讲稿。星期天，十八日，会议就要开了。我没多少时间准备了，可我却在这里像在歌剧院里那样用宣叙调朗诵了起来。只是因为我已经被持续的兴奋纠缠了好几天，在演讲真正开始之前，我想中途退场，先为自己写几句，为的是先取得一些进展，然后再将自己展示在公众面前。随着句中词语的变幻，寒冷与炎热在我心中交替，我幻想旋律悠扬的起伏，我读歌德的句子，像用整个身躯进行了句中的重读。

二月二十五日。从今天开始好好记日记！规律地写作！不要放弃！即便救赎没有到来，我也希望我每时每刻都能配得上它。今天傍晚，我在家庭聚餐时处在完全无动于衷的状态之中，我右手支在正打着牌的妹妹的椅背上，左手虚弱地放在大腿上。我时不时地试图认清自己的不幸，可我几乎没有成功过。

这么长时间里我什么都没写，因为一九一二年二月十八日，我在犹太市政厅的宴会厅组织了一个洛维演讲晚会，我要在会上作一个有关通俗语的小型介绍性演讲。我担惊受怕了两个星期，因为我没能力准备好这个演讲。在演讲的前一天晚上，我突然成功了。

演讲的准备工作：与巴尔·科赫巴协会商谈，编制节目单，门票，大厅，座位排号，钢琴钥匙（托因比大厅），加高演讲台，钢琴手，服装，门票销售，报纸报道，警察及文化局的审查。

我去过的地方，以及和我说过话，写过信的人。总体来说，有马克斯，有上我这儿来的施默勒，有一开始接手这次演讲、后来又回绝的鲍姆，为此，某天晚上我说服了他，第二天他又送了封电报来推翻了昨天的约定，有胡戈·赫尔曼博士和利奥·赫尔曼，我们在阿尔克咖啡馆见面，有罗伯特·韦尔奇，我常去他家，有 Bl. 博士、H. 博士和 Fl. 博士，我们商量门票销售的事宜（白费力气），我拜访过 T. 小姐，参加了阿菲克·耶胡达社团的讲演（由艾伦特洛拉比主讲，内容是耶利米与他的时代，在之后愉快的聚会上，我关于洛维的小型演讲并没成功），拜访导师 W.。（然后去了咖啡馆，又去散了步，从十二点到一点，他像动物那样生机勃勃地站在我家门口，不让我进去。）到卡尔·B. 博士那里商量大厅的事情，去了 L. 位于霍伊瓦格广场的公寓两次，去了奥托·皮克[1]那儿好几次，上银行，到托因比报告会取钢琴钥匙，拜访 R. 先生和导师 St.，然后去后者家里取钥匙，再送回来，去找房屋管理员和市政厅雇员调整演讲台，去市政厅办公室付款（两次）。因为要在 Fr. 女士的展览"覆住的桌子"上出售门票，给 T. 小姐写信，给一个叫奥托·Kl. 的人写信（无用功），给《日报》写信（无用功），给洛维写信（我搞不定这个演讲了，您救救我吧！）。

激动：因为讲座，在床上辗转反侧了一夜，热得睡不着。憎恨 B. 博士，惧怕韦尔奇（他什么都卖不出去），也怕阿菲克·耶胡达社团，报纸上刊登的报道和我设想的不一样，我在办公室里心不在焉的，演讲台还没到，门票卖得很少，卡片的颜色让我不

---

[1] 评论家奥托·皮克，后来成为半官方报刊《布拉格报》的编辑。——原编者注

高兴，讲座肯定会中断，因为钢琴手把谱子忘在位于柯西尔区的家里了，常常对洛维漠不关心，几乎是厌恶。

益处：喜爱洛维，信任他，演讲时出现的骄傲、超凡的意识（对观众冷淡，只因缺乏练习使我无法自由自在地做出令人振奋的动作），响亮的声音，毫不费力的记忆与赞扬，但最主要的是力量。我用这样的力量大声地、坚定地、坚决地、准确无误地、无可阻挡地、一清二楚地，几乎是顺便地压下了市政厅三位雇员的无赖之举，只给了他们六克朗，而不是他们要求的十二克朗，与此同时，我还保持着绅士风度。力量自行浮现，如果它们愿意留下来，我乐意把自己交付给它们。（我的父母没在那里。）

此外：索菲亚岛上的教区全信徒协会学院。演讲开始时，比厄把手插入裤子口袋。在这张因一切错觉而感觉愉快的脸庞下面，人们按自己的意愿各自行动。霍夫曼斯塔尔朗读时，嗓音中有种虚假之声。从耳朵贴在头上时开始形成的形象。维森塔尔。例如，当身体的自然重量沉落回地面的时候，就会呈现出美丽的舞姿。

对托因比大厅的印象。

犹太复国主义集会。布鲁门费尔德。世界犹太复国主义组织的秘书。

最近一段日子，我的自省中出现了一种新的、正在增强的力量，我此时才能认清这一点，因为上星期我快要被悲痛和无用感溶解了。

在阿尔克咖啡馆的年轻人当中体验到变化的感觉。

二月二十六日。更有自信了。心跳离愿望愈来愈近。我头上的煤气灯嘶嘶作响。

我打开房门，想看看外面的天气能不能吸引我去散步。不容否认的是，天确实很蓝，可大块泛着蓝莹莹微光的灰云在低处盘旋，边缘蜷曲，有如瓣膜，在附近的森林小丘上就能观测到它。尽管如此，巷子里依然满是出门散步的人。母亲的手牢牢地把控着婴儿车。时不时就有一辆车辇停在人群中，等待着人们在乘客上下马时纷纷向一侧避让。在此期间，马车车夫冷静地握着颤抖的缰绳，眼看前方，不错过任何一个细节，把一切检查数次，在适当的时机给予马车最后的驱动。无论空间多么狭小，孩子们照样能跑。穿着轻便服装的姑娘们头戴邮票般颜色分明的帽子，挽着年轻男子的手臂向前走，她们喉咙里压抑的旋律在双腿的舞步中显露无遗。一家人紧密地聚在一起，哪怕有成员在长长的队伍中走散，向后伸出的手臂，挥动的双手和喊出的小名连接着迷失的人，让他们很容易找到家人。独行的男子把手插在口袋里，试着让自己封锁得更彻底。这是种狭隘的愚蠢。我先是站在家门中间，然后倚着门，更加平静地观察起来。衣服蹭到了我，有一次，我抓到了一条装饰在女孩裙子后面的绸带，结果它被远去的人从我手中拉走了；有一次，我抚了一下一个姑娘的肩膀，只是打算奉承她，结果跟在后面的行人拍打了我的手指。但我把他拉到一扇上了锁的房门后面，我举起的手承载着我的责备，眼角透露着余光，向他靠一步，离他远一步，我一把推开他的时候，他很高兴。自然，从现在起，我更频繁地把人叫到我身边，挥挥手指，或是迅速的、无从犹豫的一道目光足矣。

在一种似乎不费吹灰之力的睡意中，我写下了这些无用、未完成的东西。

今天我给洛维写信。我在这里写下给他的信，因为我希望借助这些信取得一些成果：

亲爱的朋友

二月二十七日。我没有时间把信写两回。

昨天晚上十点，我迈着悲伤的脚步走在泽尔特纳大街上。在赫斯帽店周边，有个年轻男子在我斜对面站着不动，离我三步远，这让我也停下了脚步，他摘下帽子快步向我走来。我先是吓得退了一步，起初我心想，这人是不是想问去火车站怎么走，可为什么要用这种方式呢？——然后我又想，他之所以亲密地靠近我，从下面看着我的脸，是因为我比他高大；也许他想要钱，或是有什么更糟糕的要求。我混乱的倾听和他混乱的言语交织在一起。"您是个法律专家，对吧？是博士？求您了，您能给我点建议吗？我有点事情，我需要一个辩护律师。"出于谨慎和普遍的怀疑，再加上担心自己出丑，我没说自己是法律专家，但很乐于给他提提建议。发生什么事了？他开始叙述，我对此很感兴趣；为了加强信任感，我请他最好边走边和我说，他说他愿意陪着我，不，我可以和你一起走，反正我也没有特定的路线要走。

他是个优秀的朗诵者，过去的他远不及现在好，他现在已经可以模仿凯因茨 [1] 了，没人能分辨出来。人们会说，他只是

---

1 约瑟夫·凯因茨（1858—1910），奥地利著名戏剧演员。

在模仿凯因茨，可他也付出了很多自己的东西。他虽然个子矮小，但他表情丰富，记忆力出众，外形也好，他什么都有，都有。在米洛维茨外围当兵的时候，他在营地里朗诵，一个战友唱歌，他们过得真是有滋有味。那是一段好时光。他最喜欢朗诵德梅尔[1]那些热情而轻浮的诗歌，比如说那些想象新婚之夜的新娘的诗；他朗诵时，给姑娘们留下了格外深刻的印象。这自然不必多说。他把德梅尔的书装订得极其精美，用的是红色的皮革。（说这句话的时候他压低了双手。）当然重点并不在书的装帧。他还特别喜欢朗诵里的亚莫斯[2]的作品。不，这彼此之间并不矛盾，他周旋道，在这段时间里，想到什么他就说什么，把他的听众当成了傻瓜。然后，他的节目单中又加了一出《普罗米修斯》。表演它的时候，谁来他都不怕，哪怕是莫伊齐[3]，莫伊齐要喝酒，他不喝。最后，他还喜欢读斯维特·马滕的作品，那是个刚出道的北欧作家。非常好。写的东西类似箴言诗和短格言。他写拿破仑的东西尤为精彩，但写其他伟人的作品也都很好。不，他还没法朗诵马滕的任何作品，他还没背下来，他甚至没有把他的书读完，只是他的阿姨最近给他读过一些，他非常喜欢。

所以，他想为大众表演他的这个节目单，并向"女性进步"协会提议，他愿意为其在朗诵晚会上效劳。实际上，他最初想朗

---

1 理查德·德梅尔（1863—1920），德国诗人、作家。
2 弗利茨·奥利文（1874—1956），德国法学家、作家，里的亚莫斯是他的笔名。
3 亚历山大·莫伊齐（1879—1935），出生于阿尔巴尼亚的奥地利舞台演员，二十世纪早期德语区最著名的男演员。

诵拉格洛夫[1]的《一个庄园故事》，也把这个故事交给了"女性进步"的主席杜雷格·沃德南斯基女士，供她研究。她说，这个故事是很美，但朗诵起来太长了。他意识到，它确实太长了，而且他弟弟还要在这台晚会上弹钢琴。他弟弟二十一岁，非常好的小伙子，是个钢琴高手，他在柏林的音乐学院待了两年（已经是四年前的事了）。他回来的时候已经彻底堕落了。其实也说不上堕落，但为他做饭的女人爱上了他。后来他才说，他经常累得弹不动琴，因为他动不动就得责骂这个做饭的老太婆。

既然这个庄园故事不合适，他们就另一个方案达成了一致：德梅尔、里的亚莫斯、《普罗米修斯》和斯维特·马滕。不过，为了从一开始就向杜雷格女士展示他是个怎么样的人，他给她带去了一篇文章的手稿，那是他在那年夏天写的，名字叫《生命之乐》。文章是在他消夏的时候写成的，白天速记，晚上誊清、润色、删改，但实际上要做的工作不多，因为他写得很成功。如果我想要的话，他也可以借给我看看，它虽然故意写得通俗，但里面的思想性还算丰富，人们都说，这就叫"betamt[2]"。（他扬起下巴，发出尖利的笑声。）我当然也可以在这里翻一翻，就在电灯下面（写的是请年轻人不要悲伤，因为这世上有自然，有自由，有歌德、席勒、莎士比亚，有花朵、昆虫等等）。杜雷格女士说她现在刚好没时间读，但他可以借她，她几天后就还给他。他

1　塞尔玛·拉格洛夫（1858—1940），瑞典作家，一九〇九年诺贝尔文学奖获得者。

2　各个语种的词典里都查不到这个单词，可能是当时的流行用语。或可暂拟为"有哲理"。

已经起了疑心，不想把手稿留在那里，他抗拒了，比如他说道："杜雷格女士，您看，我有什么理由把它留在这里，虽然写得尚可，也只是平庸之作，可是……"说什么都没用，他不得不留下了手稿。当时是星期五。

二月二十八日。星期天早上，他在洗漱的时候突然想起，他还没有读过《日报》。他摊开报纸，巧合地翻到了娱乐副刊的第一页。头一篇文章的标题《身为创造者的孩童》吸引了他的注意，他读了前几行，便喜极而泣。这是他的文章，一字不差。第一次有东西上报纸了，他跑去母亲那儿，把这件事告诉她。太高兴了！这个患糖尿病、和丈夫离婚的老妇人（顺嘴一说，这事做得对）骄傲极了。一个儿子已经是音乐家了，现在另一个要当作家了！在最初的兴奋后，他开始思考了。这篇文章究竟是怎么上报纸的？未经他的同意？没有作者的署名？在他没拿到稿酬的情况下？实际上，这是对信任的滥用，是欺诈。这个杜雷格女士是个魔鬼。而且女人是没有灵魂的，穆罕默德（他经常重复）是这么说的。不难想象，剽窃是如何发生的。眼前有篇精彩的文章，上哪儿能马上找到这么一篇好文章呢。于是，杜雷格女士去了《日报》社，和编辑坐到一起，两个人都高兴万分，现在他们开始加工。这文章必须加加工，因为首先，不能让人第一眼看出来这是抄袭的；其次，对于报纸而言，三十二页的文章太长了。

我问他愿不愿意给我看看两者一致的地方，因为我对此很感兴趣，也因为只有这样，我才能就他的情况提出建议，他开始读他的文章，起了另一段，翻了页也没找到一致的地方，最后他说，整篇文章都是抄的。比如说报纸上写着：孩子的灵魂是一张没写过字的纸，他的文章里也有"没写过字的纸"这个词组。还有"起绰号"这个说法也是抄的，不然谁还会想到这个词呢。但他无法对比个别的段落。虽然全文都是抄的，但被掩饰得很精巧，段落顺序变了，文章精简了，还添了少许其他内容。

我大声朗读了报纸上几处更加引人注目的段落。这出现在他的文章里吗？不。这段？没有。这段？没有，可这正是被篡改过的那些段落。里面的内涵，内涵全都是抄的。可我担心，要证明它有难度。如果有一位老练的辩护律师帮忙，那就容易了，而现在这位律师就在面前。（他期待着这场证明，仿佛它是与该事件完全无关的新任务，而且他深信能解决这个任务，他为此感到自豪。）

报纸上的文章两天之内就被印出来了，足以看出这就是他的那篇。通常情况下，被采纳的稿件至少需要六周才会付印。但现在这种情况下，以免夜长梦多，他们自然是要抓紧时间。所以两天就够了。

另外，报纸上的文章叫《身为创造者的孩童》。这明显和他有关，也是一种讽刺。这个"孩子"指的就是他，因为他从前就被人叫成"孩子"，意思是说他"傻里傻气的"（他只在当兵的时候真的如此，他服了一年半兵役），现在他们想用这个标题表达的是，他这个"孩子"创作出了像这篇文章这样的好东西，证明了自己是个创造者，同时却依然是个孩子和笨蛋，因为他让人以这样的方式骗了。第一段中提到的孩子是一个农村来的表妹，她目前和他的母亲住在一起。

不过，他经过长时间思考才想到的一件事情确凿无疑地证明了抄袭：《身为创造者的孩童》出现在娱乐副刊的第一页，第三页上却印着某个叫"费尔德斯坦"写的小故事。这显然是个笔名。都不必读完整个故事，只要扫完第一行，你就知道它以一种极其无耻的方式模仿了拉格洛夫。读完整个故事，模仿的味道就更明显了。这意味着什么？意味着这位费尔德斯坦，或者不管她叫什么名字，都是杜雷格创造出来的，她在她那儿读了他带过去的庄园故事，利用这次阅读写出了那个故事，所以说，这两个女人，一个在娱乐副刊的第一版，一个在第三版利用了他。当然，任何人都可以主动阅读、模仿拉格洛夫，但在这里，他的影响也太过明显了。（他经常把一页报纸来回地翻。）

星期一中午，银行刚关门，他当然就上杜雷格女士那儿去了。她只把房门开了一条缝，极其张皇："可是，莱希曼先生，您为什么中午来？我先生在睡觉。我现在不能让您进来。"——"杜雷格女士，你一定得让我进去。事关重大。"她看出来我很严肃，让我进去了。她丈夫肯定不在家里。我在隔壁房间的桌子上看见了我的稿子，我马上就有想法了。"杜雷格女士，您对我的稿子做了什么？您未经我的同意就把它发表在《日报》上。您收了多少稿费？"她浑身颤抖，她什么都不知道，也不知道它怎么可能会上报纸。"我要上诉，杜雷格女士。"我半开玩笑地说道，但以这样的方式让她注意到了我真实的心情，而且在她家里的那段时间里，为了让她记住，我一直重复着这句"我要上诉，杜雷格女士"。临走前，到了大门口，我还说了好几回。我当然理解她的恐惧。如果我把这件事公之于众，或者我告了她，那她就完了，肯定要被"女性进步"撵出去，等等。

我直接从她那儿去了《日报》编辑部，找人把编辑洛夫喊了出来。当然，他脸色煞白地出来了，路都走不利索。尽管如此，我还是不打算开门见山地问我的事情，想先试试他。所以我问他："洛夫先生，您是不是犹太复国主义者？"（因为我知道他是。）"不。"他说。我够明白的了，他肯定得在我面前伪装。然后我问起文章的事。他又说了些模棱两可的东西。他不知道，娱乐副刊的事情和他没关系，如果我愿意，他可以把相关编辑叫过来。"魏特曼先生，请您来一下！"他喊道，能脱身他可高兴了。魏特曼来了，也是脸色惨白。我问："您就是娱乐副刊的编辑？"他："是的。"我只说了句："我要上诉。"说完就走了。

到了银行，我立刻给《波希米亚》打电话。我想让他们公布这件事。可电话一直打不通。您知道为什么吗？《日报》编辑部离邮局总部很近，所以《日报》可以随心所欲地轻易掌控、挂断、接通所有的电话。而且事实上，我一直在电话里听到隐约的窃窃私语，显然是《日报》编辑的声音。他们肯定有莫大的利害关系，不让这样的电话接通。这时候，我听到（当然是相当模糊地），他们中的一个劝说接线小姐不要连上这通电话，其他人则已经和《波希米亚》联系上了，打算阻止我告诉他们这个故事。"小姐，"我朝电话里喊道，"如果您不马上接通电话，我就去邮局投诉您。"银行里的同事们听到我那么坚决地对接线小姐说话，在周围笑成了一团。最后，电话通了。"请您让基什编辑接电话，我有件重要的消息告知《波希米亚》。如果它不接受的话，我就立刻把这消息告诉别的报纸。时间紧迫。"因为基什不在，我什么都没有透露，挂断了电话。

晚上，我去了《波希米亚》那儿，让人把编辑基什叫了出来。我把这个故事告诉他，但他不愿发表。"《波希米亚》"，他说，"不能做这样的事情，这可是件大丑闻，我们不敢这么做，因为我们也是仰人鼻息。您去找个律师，这才是最好的选择。"

"我从《波希米亚》出来，我就碰上您了，所以我请您给我点建议。"

"我建议您好好解决此事。"

"我也是这么想的，这样或许更好。她毕竟是个女人。女人没有灵魂，穆罕默德说得对。宽恕或许更具人性，更具歌德风范。"

"当然。而且你就不必放弃朗诵晚会了，不然你就丧失了这次良机。"

"那我现在该怎么办？"

"您明天去一趟，说您愿意接受这次的无心之失。"

"很好。那我就这么做。"

"你还不必因此而放弃复仇。您只要找别的地方把文章登出来，然后把它寄给杜雷格女士，再附上优美的献词。"

"这会是最棒的惩罚。我去把它发在《德意志晚报》上，那我就没什么好担心的了。我不要报酬就是了。"

然后，我们聊了聊他的表演才能。我的意思是，他还是应该接受培训。"是的，您说得对，可我该上哪儿去？"我说："好问题。我对此一无所知。"他说："这无所谓。我去问问基什。他是个记者，那方面有很多关系。他会给我提些有用的建议。我直接给他打电话，问清楚一切，省得我俩跑来跑去。"

"那杜雷格女士那儿呢，您会按我的提议做吗？"

"会的，不过我忘了，您刚怎么建议我的？"我把我的建议重复了一遍。

"好，那就这么办。"他去了科尔索咖啡馆，我回家，体会到与一个彻头彻尾的傻瓜谈话是多么新鲜的一件事。我几乎没笑，只是格外清醒。

忧愁的，只在公司牌匾上才会使用的"原"字。

三月二日。 谁能向我证实如此真相抑或可能性：我在其他方面无动于衷，因而冷酷无情，只是由我的文学使命所致？

· **三月三日。** 二月二十八日去看莫伊齐。反常的情景。他看似安静地坐着，交叉的双手或许夹在膝盖中间，眼睛看着随意放在他面前的书，让他的嗓音带着奔跑者的喘息传到我们面前。

大厅的音响效果很好。没有一个词走失，甚至没有一丝气息走漏，所有声效反而都在逐渐变响，已在别处回荡了良久的声音仿佛仍然具有直接的影响力，凭借附属的设施越变越响，并将我们包围。——演员在这里见识到自己嗓音的可能性。正如大厅影响了莫伊齐的声音，他的声音也影响了我们的。肆无忌惮的技巧和惊喜，让人不得不看向地面，而且那是我们自己绝对不会做的：比如说，才一开始就唱单句的诗行："睡吧米利暗，我的孩子。"嗓音在旋律中徘徊；迅速涌出《五月之歌》[1]的节奏，卡在词语之间的似乎只有舌头；把"十一月之风"[2]这个词组分开，为的是把"风"这个字往下压，再将它吹向高处。——如果你仰望大厅的天花板，你会被诗行抬到高处。

对朗诵者来说，歌德的诗遥不可及，但正因如此，朗诵时要犯错就很不容易，因为每首诗都有各自的主旨。——然后，加演莎士比亚的《雨之歌》的时候，他站得笔直，没看词，绷紧手中的手帕，又把它揉成一团，眼睛亮闪闪的，效果特别好。——脸颊圆润，脸部却有棱有角。温柔的手势一再轻抚着柔顺的头发。在我们看来，我们读到的关于他的令人振奋的评论，只有他第一次听见的时候才对他有帮助，后来他就缠在这些评论里，无法形成一种纯粹的印象。

这种把书放在面前、坐着朗诵的方式有点让人想起腹语。艺术家似乎并未参与，和我们一样坐着，在他垂下的脸上，我们几乎看不见嘴部的动作，他让诗句代替他，在他头顶上说话。——尽管听见了各种各样的旋律，但嗓音被引导着，如水中的一叶轻舟，实际上我们听不到诗行的旋律。——有些词被嗓音消解，它们被处理得如此精巧，甚至跳跃起来，与人类的声音再无关系，直至后来，它们迫不得已地发出某个尖锐的辅音，把词语带到尘世，令它中止。

之后，和奥特拉、陶西格小姐、鲍姆夫妇还有皮克一起散步，去了伊丽莎白桥、码头、克莱因塞特、拉德茨基咖啡馆、石

---

1 歌德的抒情诗。
2 《十一月之风》，比利时诗人埃米尔·维尔哈伦的诗。

头桥和卡尔街。我的好兴致还在，所以没什么好指摘的。

三月五日。这些令人愤慨的医生！做生意那么果断，治起病来那么无知，要是没了做生意时的果断，他们会像小学生那样站在病床前面。要是我有能力办一家自然疗法协会就好了。K. 医生在我妹妹的耳朵里乱捅，把鼓膜炎捅成了中耳炎；女仆生火的时候跌倒了，医生以面对女仆时特有的那种快速诊断能力，称她是胃部不适，因此造成了充血，第二天她又倒下了，发了高烧，医生把她往左翻，又往右翻，查出是狭心症，为了下一刻不受人指责，他立刻就跑了。他竟然还敢提"这姑娘有极其强烈的反应"，真实情况是，他的医术在配得上的人面前就能展露，这些人的身体状况他倒很熟悉，而这个农村姑娘强健的体格让他感觉受到了侮辱，程度比他意识到的还要强烈。

昨天在鲍姆家。读了《恶魔》。整体上给人不太友好的印象。往鲍姆家楼上走的时候，我心情良好而妥帖，可一上去就立刻松懈了，在孩子面前很尴尬。

星期天：在"大陆"，坐在一众牌友中间。之前和克拉默看《记者》，看了一场半。在波尔茨身上可以看见许多不自愿的快活，不过，其中也有一点点是真实的、温柔的。第二幕演完，中场休息时，在剧院门口遇见了陶西格小姐。我跑进衣帽间，回来的时候大衣在我身后飘飞，我陪她回家。

三月八日。前天，因为工厂的事情挨骂了。然后，我在长沙发上坐了一个小时，想从窗口跳出去。

昨天去听哈登有关"戏剧"的讲座。显然全是即兴发挥，我心情特别好，所以不像其他人那样觉得内容空洞。开头很不错："此时此刻，当我们聚集在这里讨论戏剧的时候，欧洲和其他大洲所有剧场的帷幕都会拉开，向观众展示这个场景。"他面前的支架上安装着一枚灯泡，可以移动，与胸口齐高，照亮了他燕尾服衬衫的假前胸，就像在内衣店的橱窗里，而且演讲时，通过移动这枚灯泡，光线还会发生变化。足尖的踮舞让他显得更为高大，也让他的即兴能力尽情发挥。裤子拉得很紧，甚至吊到了腹股沟处。那件短尾外套像是钉在人偶身上的衣服。严肃得几乎算是紧张的面容，一会儿像个老妇人，一会儿又像拿破仑。额头的颜色苍白，像是戴了假发。很可能是假发束得太紧。

通读了一遍旧稿。耗费了所有的力气才能忍下来。如果作者只能让整体上取得成功的作品半途而废，就必须承受这样的不幸：到目前为止，这种事情一直发生在我身上，在通读的时候我必须承受这样的不幸，若不是靠着以往的力量，我面临的不幸将更加迫切。

今天洗澡的时候，我相信我感觉到了从前的那种力量，仿佛它没有被漫长的过渡时刻触动过。

三月十日。星期天。他在伊泽拉山脉的小镇上引诱了一个姑娘，为了养好他得病的肺，他在那儿待了一整个夏天。他和有些肺病患者一样，变得不可理喻，短暂的劝说以后，他把那个喜欢在傍晚下班后与他一起去散步的女孩，也就是他房东的女儿扔到了河岸的草地上，占有了她，她躺在那儿，惊恐地昏了过去。后来，他不得不用手从河里舀水，泼在女孩脸上，只是为了让她活过来。"小朱莉，哎哟，小朱莉。"他说道，无数次地朝她俯下身。他已经准备好为他的过错承担任何责任，他竭力让自己弄明白，他的处境是多么糟糕。如果不好好考虑，他无法意识这一点。躺在他面前那位单纯的姑娘呼吸已经变得规律，只是因为恐惧与窘迫，仍然闭着眼睛，她哪儿顾得上他；这个高大强壮的人用脚尖就能把女孩推到一边。她很虚弱，也算不上漂亮，发生在她身上的这件事到了明天还会有什么意义？每个把他俩进行比较的人不都会这么决定吗？河流在草地与田野间静静地向更遥远的山峰延伸。只有另一片河岸的坡面上还有阳光。澄净的夜空下，最后一片云飘走了。

什么都没有。什么都没有。我就这么把自己变成了幽灵。我只在写"后来，他不得不用……"的时候有所参与，哪怕参与得那么微不足道，还有在写"泼"这个字的时候。有那么一瞬间，我以为自己在对风景的描写中看到了些许真实之物。

我如此孤寂，被一切抛弃。隔壁房里的噪音。

三月十一日。昨天太难堪了。为什么不是所有人都参加晚宴？这该多好啊。

我们聊完第二天，朗诵者莱希曼就进了疯人院。

今天烧了不少让人厌恶的旧稿。[1]

1　日记的后面六页半是对沃尔德曼·冯·彼德曼《歌德谈话录》一书的摘录。——原编者注

三月十二日。在匆匆驶过的电车里，他坐在角落，脸颊贴着窗，左手环着椅背，这个年轻人穿了件鼓鼓的大衣，前面敞开着，用审视的目光看着对面空荡荡的长凳。他今天订婚，别的什么都不想。身为新郎，他觉得自己轻飘飘的，在这种情绪之下，他偶尔会抬眼短暂地看一眼电车天花板。售票员来给他送票的时候，在一阵丁零当啷中，他轻易地找到了合适的硬币，一下子就塞进了售票员的手里，然后，他的两根手指像剪刀一样张开，捏住了车票。他和电车之间不存在真正的关联，如果他不走平台和楼梯，在街道上出现，平行的目光沿着脚下的路径，那也不足为奇。

只有鼓鼓的大衣依旧存在，其他都是杜撰。

三月十六日。星期六。又振作起来了。我恢复了镇静，就像接住了一只下坠中的球。明天，今天我就要开始更宏大的工作，照我的能力，它应当是没有拘束的。只要我可以，我就不会放手。我宁可不眠不休，也不愿这么混日子。

卡巴莱剧《灯笼》。几个年轻人各唱一首歌。如果你刚来，仔细听的话，这样的吟咏就更会让你回想起这样的论断：比起训练有素的歌手的咏唱，更能影响我们生活的是这些歌词。因为歌手绝对无法让诗句的力量增添半分，它们保持独立，并借歌手之口凌虐我们，而这名歌手甚至连双漆皮靴都没穿，他的手根本就不想从膝盖处移开，不得不移开的时候，它依旧表现得十分抗拒，所以，歌手尽可能迅速地把自己甩到长凳上，尽可能不让观众看到他为此不得不做出的一连串笨拙的小动作。

春日里的爱情剧，具有照片明信片的风格。忠实的表演，让观众既感动又羞愧。——法蒂妮查。维也纳女歌手。甜美蕴藉的笑。让人想起汉西。脸上的细节不甚重要，大多数又显得过于尖锐，笑容维系、平衡着这张脸。当她站在舞台前沿对着无动于衷的观众大笑时，你不得不让无效的优越感归她所有。——笨拙的剑舞，舞中有翻飞的磷火、树枝、蝴蝶、纸火和骷髅。——四个伴舞的姑娘，其中一个特别漂亮。没有一张节目单上提到她的名字。她站在观众席右边最靠外的地方。她是如何忙碌地摆动着手臂，她纤长的腿和柔软俏皮的脚踝儿是如何极为动人心弦而静默地律动着，她是如何乱了节拍，但她又是如何不让自己在慌乱中手忙脚乱，她的微笑多么温柔，不像其他人那么扭曲，与她瘦削的身体相比，她的脸庞是多么丰润，头发是多么茂密，她是如何向乐手们喊"慢点"——也是为了她的姐妹们。她们的领舞是个衣着醒目、清瘦年轻的人，他站在乐手后面，有节奏地挥舞着一只手，乐手和女舞者们都没注意到他，连他的目光也向着观众席。沃讷伯德，强健之人那火一般的紧张感。舞动的时候时而摆个噱头，那力量使人振奋。报完幕，他大步流星地冲向钢琴。

阅读《记一名随军画家的生活》[1]。满意地朗诵了福楼拜的作品。

有必要用惊叹号谈论一下女舞者。因为人们那么爱模仿她们的动作，因为人们停留在节奏中，那么，思绪沉浸于享受的时候就不会被打扰，因为这样一来，舞步总会停留在句子的末尾，继

1　正确的书名是《德法战役战场浪游人的回忆录》，作者为随军画家海因里希·朗。——原编者注

续悠扬地律动。

三月十七日。这几天，读了斯托塞尔[1]的《朝霞》。

星期天，马克斯办音乐会。我几乎无意识地倾听着。从现在起，我不能再对音乐感到厌烦了。我不再试图穿过这个音乐很快在我周围形成的、无法渗透的圈子——我过去总是做这种无用功——我也小心不去跳过它，这我大概还是做得到的，反而，我现在要让思绪保持平和，它在收缩中发展、运行，我无需借助扰人的自省便能进入这迟缓的人群中。——美丽的"魔力圈"（马克斯语），在某些地方似乎打开了女歌手的胸腔。

歌德，痛苦中的慰藉。一切皆由诸神所赐，众不朽者，赐其所爱者所有：所有欢乐，众不朽者，所有痛苦，众不朽者，无所保留。[2]——对我母亲，对陶西格小姐，对"大陆"里的所有人，还有后来街上碰见的那些人，我都无能为力。

星期一观看《马泽尔·尼图什》[3]。一个法语单词在悲伤的德语表演中取得了良好成效。——围栏后面，穿着浅色衣服的寄宿学校女学生张开双臂向公园跑去。——夜晚的龙骑兵操练场。军官在后面的营房大厅里举办欢送会，上几级楼梯就能走到那里。马泽尔·尼图什来了，驱使她前来的是爱情与轻率。一个姑娘能出什么事！早晨去读书，晚上去龙骑兵兵营，为一个取消行程的轻

1　奥托·斯托塞尔（1875—1936），卡夫卡非常推崇的奥地利短篇小说家、散文家。——原编者注

2　摘自歌德的四行诗《一切皆由诸神所赐》。

3　配乐滑稽剧，由亨利·梅尔哈、阿尔伯特·米勒所作。——原编者注

歌剧女演员代班。

今天，于痛苦的疲乏中在长沙发上度过了一下午。

三月十八日。要是愿意的话，我可以很聪明，因为我随时都准备去死，但并不是因为我已经处理完了所有强加在我身上的事情，而是因为这些事我一点都没做，也不可能奢望去做。

三月二十二日。（最近几天老是写错日期。）鲍姆在阅读厅开讲座。G. F.，十九岁，下周结婚。深沉、无瑕、瘦削的面容。拱起的鼻翼。她向来戴一顶猎人似的帽子，穿一身猎人似的衣服。还有她脸上那种深绿色的光泽。顺脸颊而下的发丝似乎与沿脸颊生长的新头发融为一体，总的来说，像一层淡淡毛发的光辉，笼罩着完全垂入黑暗的面庞。肘尖无力地靠在椅背上。然后，在文策尔广场上，她花了很少的力气就完美地鞠了热情洋溢的一躬。转过身，整了整包在干瘦身体上那简陋粗糙的衣服。我想盯着她看，真正看的次数却少得多。

三月二十四日。星期天。昨天，看克里斯蒂安·冯·埃伦费尔斯的《星星新娘》。——观看时不知所云；比起漫无头绪、混乱不堪的人物关系，眼前三对熟悉的夫妇更能与我产生良好的联系。——剧中生了病的军官。紧绷的制服承担了表现健康与果决的任务，那下面是一具病体。

早上心境澄明，在马克斯那儿待了半小时。

在隔壁的房间里，我母亲正和 L. 夫妇谈话。他们在聊害虫和鸡眼。（L. 先生每个手指上都长了六个鸡眼。）不难看出，这样的谈话并没有取得什么实际进展。都是些双方又将遗忘的信息，而且它们现在就已经在自我遗忘中缺乏责任感地继续传递下去。不过，正因为这样的对话中若缺乏使人入神的东西就会让人难以想象，它们这才展示了空虚的空间，如果还想在里面待着，只能用思考或更美妙的梦境来把它填满。

三月二十五日。 隔壁房间里扫帚清理地毯的声音像一阵阵拖曳长衣裙后襟发出的声音。

三月二十六日。 只是不要高估我写过的东西，这样，我要写的东西对我来说会变得无法企及。

三月二十七日。 我在街上抓住一个男孩的脖子，他和其他人一起向走在他们前面的一位毫无防备的女仆扔过去一个很大的球，就在球向她的屁股飞过去的时候，我怒火中烧地扼住他的脖子，把他推到一边，骂了他一顿。然后我继续往前走，根本没看那个女仆。彻底忘了自己此世的存在，因为我完全被愤怒占据了，那么，我或许也可以相信，人偶尔也会被更加美好的情绪彻底充满。

三月二十八日。 引自范塔女士的讲座"柏林印象"：有一次，格里尔帕策[1] 不想去参加一场聚会，因为他知道和他交好的黑贝尔

1　弗朗茨·格里尔帕策（1791—1872），奥地利作家、剧作家。

也会去。"他又要盘问我对上帝的看法，要是我表现得不知道该怎么说，他会变得很粗鲁。"——我顽固不化的行为。

三月二十九日。浴室中的快乐。——慢慢承认。我和毛发一起度过的那些下午。

四月一日。一星期以来，几乎是头一次在写作上一败涂地。为什么？上周我也经历了各种各样的情绪，写作时照样没受影响，但我不敢去写它们。

四月三日。一天就这么过去了——上午去办公室，下午去工厂，现在到了晚上，在家里左喊右叫，一会儿还要去接看完《哈姆雷特》的妹妹——我懂了，哪有时间去做些什么事情啊。

四月八日。上周六，彻底认清自己。能像一枚小球那样，守好自己的能力范围。把最严重的衰退当作已知之物来接受，从而在其中保持弹性。

渴望一场能消融更多东西的深睡眠。形而上的需求只是死欲。

因为哈斯赞扬了我和马克斯的游记，我今天在他[1]面前忸怩作

---

1 维利·哈斯，著名散文家，后来办了《文学世界》这本内容极其翔实的杂志。卡夫卡写这部分日记的时候，他在布拉格担任《赫尔德报》的编辑，卡夫卡《理查德与塞缪尔》的第一章和维尔弗少时的作品就是在该报纸上发表的。——原编者注

态，目的是至少让自己配得上这些与游记本身并不搭界的赞扬，或是为了让游记捏造或虚构出来的效果更进一步，或是为了试图让哈斯在撒善意的谎言时感觉轻松一些。

五月六日。十一点。一段时间来，第一次在写作上彻底失败。感觉备受考验。

不久前做的梦：我和父亲坐电车横穿柏林。无数规律直立着的、上着双色油漆、末端被截平的栏杆体现出大都市的风采。其他地方几乎全是空荡荡的，可这些栏杆的密集程度也太高了。我们走到一扇门前，不知不觉地下了车，穿过这扇门。门后面耸起一堵非常陡峭的墙，我父亲几乎手舞足蹈地爬了上去，两条腿都在他身下飞起来了，这对他来说小菜一碟。他完全没有帮我一把，这当然有些欠考虑，因为我只能极其艰苦地用四肢往上爬，经常又滑下去，仿佛我身下的墙越变越陡。同样让人尴尬的是，（墙壁）上面覆满了人类的排泄物，主要是我的胸口上面沾上了一片片的污垢。

我侧过脸看着它们，用手从上面抚过。我终于爬到上面的时候，已经走进一栋楼的父亲立刻扑过来环住我的脖子，亲吻并拥抱了我。他穿了一件王家成员穿的外套，我对这件衣服记忆犹新，它里面有类似沙发的垫子。"这是冯·莱登医生！多么优秀的人物！"他不停地喊道。可他根本没把他当作医生，只是把他当作一个值得结识的人而前去拜访。我有点害怕就连我也要到他那儿去，不过没人要求我去。我看见，我身后左边那间完全被玻璃墙包围的房间里有个男人背对着我坐在那儿。事实证明，此人是教授的秘书，我父亲其实只和他说过话，没有和教授本人说过话，但不知怎么的，他通过秘书真真切切地了解到了教授的长处，所以他在各个方面都有资格评判教授，就像他亲口和教授说过话似的。

莱辛剧场：《老鼠》。

给皮克写信，因为我没给他写过信。给马克斯寄明信片，为《阿诺尔德·比尔》[1]感到高兴。

五月九日。 昨天晚上和皮克在咖啡馆。面对所有的不安，我紧紧守着我的小说[2]，根本就像一座望着远处的纪念碑，坚守在这块砖石上。

今晚家里气氛很惨淡。妹夫需要钱办厂，父亲为妹妹、为生意、为他的心脏烦恼，我的二妹不高兴，比谁都不高兴的母亲，还有为写作发愁的我。

五月二十二日。 昨天和马克斯一起度过了一个绝妙的夜晚。我爱自己的时候，爱他更甚。《灯笼》。拉歇尔德[3]的《莫特夫人》。《春天清晨的一场梦》。包厢座位里那个愉快的胖女人。这个野性的女人长了个粗糙的鼻子，脸灰扑扑的，肩膀从未开祖领的衣服中挤出来，来回牵动的后背，质朴的白色波点蓝衬衫，动不动就看见她的击剑手套，因为她欢快的母亲坐在她身旁，她总把整只

1　系编者的长篇小说。——原编者注
2　卡夫卡当时在写《失踪者》(该书最后定名为《美国》)。——原编者注
3　法国剧作家玛格丽特·瓦勒特–埃默里（1860—1953）的笔名。

右手放在母亲的大腿上，或把指尖搁在上面。发辫缠绕在她耳朵上，后脑勺上的绸带浅蓝得不够纯粹，前面的一绺额发纤细但丰密，绕过额头，远远地挂在额头前面。她在购票处交涉的时候，那件温暖的、有褶皱的、因绝对的柔顺而显得漫不经心的大衣挂在她身上。

五月二十三日。昨天：因为无聊，我们身后有个男人从座椅上摔了下来。——拉歇尔德的比喻：那些在阳光下兴高采烈、并要求别人也兴高采烈的人就像夜里参加完婚礼走过来的醉汉，强迫迎面走来的行人为祝福不认识的新娘喝酒。

给韦尔奇写信，用"你"称呼他。昨天，因为工厂的事给阿尔弗雷德叔叔写了封亲切的信。前天给洛维写信。

现在是晚上，在浴室连续洗了三次手，因为无聊。

那个扎了两条小辫子的孩子露着脑袋，穿着宽松的白点小红衣，光着腿和脚，一手拿着个小篮子，一手拿着个小盒子，犹犹豫豫地从国家剧院的车道上走了过去。

《莫特夫人》一开始的背影戏依据了这条原则：同等情况下，一个半吊子的背影和一个好演员的背影同样美丽。这些人也太认真了！

前几天，大卫·特里奇[1]就巴勒斯坦的殖民化做了精彩的讲演。

1　大卫·特里奇（1870—1935），德裔犹太复国主义作家。

五月二十五日。步伐虚弱，血气不足。

五月二十七日。昨天是圣灵降临节，天气很冷，和马克斯、韦尔奇出游，不怎么愉快，傍晚去咖啡馆，维尔弗给我《仙境来访》。

半条尼古拉斯大街和整座桥上的人都吃惊地转过身，看着一条跟在救援协会汽车后面大声吠叫的狗。直到它突然停下，不叫了，转过头，表现出一条寻常野狗的样子，跟在车后对它来说没什么特别含义。

六月一日。什么都没写。

六月二日。几乎什么都没写。

昨天，苏库普博士在市民会馆发表有关美国的演讲。（内布拉斯加的捷克人，美国所有的官员都是由选举产生的，它们必须隶属于三个政党——共和党、民主党、社会党——中的某一个。罗斯福的竞选集会，他举着玻璃杯威胁一名提出异议的农场主，街头演讲人拿着一个小纸盒当作讲台。）然后是春假，遇见了保罗·基什，他和我叙述了他的博士论文《黑贝尔与捷克人》。

六月六日。星期四。基督圣体节。仿佛两匹奔跑的马之中，有一匹在奔跑中兀自垂下脑袋，摇晃全身的鬃毛，然后又直起身子，它现在显然健康多了，继续它实际上从未中止的奔跑。

我现在读到福楼拜的信："我的小说是我依附的岩石，我对世间发生的事情一无所知。"——和我五月九日写的那句话很像。

魂不守舍、失魂落魄地在巷子里穿梭了两个小时，思索我下午在写作时克服的东西。

六月七日。很糟。什么都没写。明天没空。

星期一，七月六日。[1] 开始写了一些。睡得有点过头了。在这些完全陌生的人中间还是觉得孤独。

七月九日。那么长时间一点没写。明天开始写。否则，我又要陷进不断扩大、无法中止的不满中；实际上我已经身处其中。紧张情绪开始了。但是，如果我能做些什么，我就可以避免那些迷信的预防措施。

恶魔的发明。如果我们被恶魔附身，那恶魔不可能只有一个，因为不然的话，我们就能平静地生活了，至少在地球上，就像和上帝在一起那样，统一地生活，没有矛盾，也无需考虑，对我们的幕后操纵者了如指掌。他的脸不会吓到我们，因为身为恶魔的附庸，我们也许会足够聪明，对这样的场景有着某种敏感度，宁可牺牲一只手把它的脸遮住。如果只有一个魔鬼占有我们，平静、不受干扰地通览我的所有本质，而且掌控了瞬间支配的自由，那他或许也拥有足够的力量，能让我们在人类的一生中保留比上帝的精神还要崇高许多的东西，我们甚至还要宣扬，我

---

1 这期间（六月二十八日至七月二十九日），卡夫卡在魏玛与哈茨山度假旅游。——原编者注。（经核实，公历此日期为星期六。）

们看不见它的一丝一毫，因而也不会为它感到不安。只有大量魔鬼才能解释我们在世间的不幸。为什么它们不残杀至只剩一个，为什么它们不臣服于一个大魔鬼？两者皆符合恶魔的原则，即尽可能彻底地欺骗我们。只要缺乏这种统一，全体魔鬼对我们尴尬的关怀又有何用？魔鬼一定比上帝更关心人类的脱发，这只是天经地义，因为魔鬼真的失去了头发，上帝却没有。只是，但凡我们体内有许多魔鬼，我们永远得不到幸福。

八月七日。长时间的辛劳。终于给马克斯写了信，剩下的一小部分作品我写不完了，我不想强迫自己，所以不打算让这本书[1]出版。

八月八日。为了暂时的满足完成了《拙劣的骗子》。正常精神状态下的最后一点力气。十二点了，我怎么能睡得着？

八月九日。兴奋的夜晚。——昨天在楼梯上那位对小男孩说"抓紧我的裙子"的女仆。

我朗诵《可怜的吟游诗人》，灵感有如泉涌。——这个故事体现了格里尔帕策的男子气概。他什么都敢，又什么都不敢，因为他心中只有真理，在决定性的那一刻，即便瞬时印象是那么矛

---

1 指卡夫卡的第一本书《沉思》，我极力敦促他完成这本书，更确切地说，是从绝大部分已经完成的散文稿件里把这本书整理出来。是年八月中旬，他终于把手稿交给我了，我把它送去罗沃尔特出版社。该书于一九一三年初问世。——原编者注

盾，他也会证明自己的真。冷静地掌控自己。缓慢的步伐，不错过任何东西。必要时立刻做好准备，因为他早已预示到一切的来临。

八月十日。什么都没写。去工厂，在发动机车间吸了两小时汽油。车间主任和发动机（由于一些难以捉摸的原因不愿发动）司炉的活力。悲惨的工厂。

八月十一日。什么都没写。什么都没写。这本小书的出版耗费了我多少时间，为了出版，我在阅读过去写的东西时又产生了多少有害的、可笑的自我意识。它只妨碍了我写作。然而，我实际上一无所成，混乱就是对此的最佳证明。无论如何，这本书出版以后，如果我对期刊与评论这些东西感到不满意，我一定要远离它们，只把指尖伸入真实。我是多么寸步难行！从前，我只要说一个与当前方向相对的词，我就已经飞到另一边去了，现在，我只能看着自己，像我那样保持不动。

八月十四日。给罗沃尔特写信。
尊敬的罗沃尔特先生：

我在此呈上您希望读到的小小散文；它可能已经算得上一本小书了。为了让它成书，我在编排时有时不得不做出选择，是平息我的责任感，还是满足自己的贪欲，让它也成为您那些美丽书籍中的一本。当然，我的选择并非总是纯粹的。不过，如果您喜欢这些东西，甚至愿意出版它们的话，我自然会感到很高兴。毕竟，即便实践再多、理解力再强，也不能一眼看出内容中的缺点。作家们最普遍的个性在于，每个人都在以独特的方式掩饰各自的缺陷。

您忠诚的卡夫卡

八月十五日。一事无成的一天。睡过了头，不知所措。老城环形广场上在庆祝圣母升天日。那个嗓音像从地洞里发出来的男人。很思念——写下这个名字让人多么尴尬——F. B.[1]。昨天看了《波兰经济》[2]。——现在，O. 念起了歌德的诗。她的选择来自真情实感。《眼泪中的慰藉》《致洛特》《致维尔特》《献给月亮》。

重读旧日记，而不是让它们妨碍我。我只是尽可能不理智地生活。但这全都要怪印刷第三十一页出的错误。可是更应该责怪的是我的软弱，它任这样的事情影响我。我没有颤抖，而是坐下来思考如何以最具侮辱性的方式表达这一切。我可怕的冷静却干扰了我的创造力。我好奇的是，我怎么才能找到脱离这种状态的方法。我不让其他东西碰我，我也不清楚正确的道路在什么地方，事情将会怎么发展？我最后会不会变成一个大块头，顽固地困在我狭窄的道路上？——那我至少还可以转过头。——这就是我正在做的事情。

1　卡夫卡于两天前认识了来自柏林的菲利斯·鲍尔小姐，她是卡夫卡生命中举足轻重的人物。——原编者注

2　让·吉尔伯特（马克斯·温特费尔德的笔名）一部轻歌剧的标题。——原编者注

八月十六日。毫无音讯。无论是在办公室还是在家里。写了几页关于魏玛的日记。

傍晚，因为我不吃饭，我可怜的母亲发出呜咽声。

八月二十日。两个小男孩都穿着蓝色的女式衬衣，其中一个衣服的颜色较浅，另一个较小的孩子衣服的颜色更深，他们各自抱着满满一捆干草，走过我窗前疯狂地长满了野草的大学建筑工地。他们拖着这些干草上了一个斜坡。整件事情让眼睛很愉快。

今天早上，看到一辆两侧有栅栏的马车，里面空荡荡的，前面有匹干瘦的大马。车和马都在为上坡做最后的努力，拖了很长时间。对于观察者来说，车马架得歪歪扭扭的。那匹马微微抬起前腿，脖子朝侧面与上方伸展。上面是车夫的鞭子。

要是罗沃尔特把它送回来，我就可以把所有东西重新锁起来，让一切都没发生过，这样一来，我只会和从前一样不快乐。

F. B. 小姐。八月十三日我去布罗德那儿的时候，她坐在桌边，在我看来却像个女仆。我也根本不好奇她是谁，却很快和她熟悉了起来。瘦骨嶙峋的、空洞的脸孔公开地展露着它的空无。裸露的脖子。披着的女士衬衫。她看起来穿得很家常，尽管后来我发现，她和她表现出来的样子完全不同。（我如此接近她的身体，反倒和她有些疏远了。可我现在处于什么样的状态啊，一切美好的事物普遍都和我疏远了，我竟然还不信。若不是马克斯今天的文学话题消除了我心中大片的阴霾，我本来还想尝试着去写一写布伦凯尔特的故事。它不一定要长，但一定要打动我。）几乎塌陷的鼻子，金色的、有些僵硬的、缺乏魅力的头发，强壮的

下巴。入座的时候，我第一次更仔细地看了看她；坐下来的时候，我已经有了一个无可撼动的判断。她如何……〔此处中断〕

八月二十一日。不间断地读伦茨[1]，从他那里——当时就是这样——悟出了道理。

道路代表了一种不满的形象，因为每个人都从他所在的地方抬起脚，目的是离开。

八月三十日。整段时间以来什么事都没做。从西班牙来的叔叔来访。上周六，维尔弗在阿尔克咖啡馆朗诵了《生命之歌》与《牺牲》。真是个怪物！但我看着他的眼睛，整个晚上都追随着他的目光。

我的身体很难松动，感觉非常烦躁。今天下午我躺在床上，有人迅速转动锁孔中的钥匙时，有那么一刹那，我全身都上了锁，就像在化装舞会上那样，在很短的空隙中间，一会儿是这里上了锁，一会儿是那里的锁打开了。

《镜》杂志的调查，题目是自祖父母时代以来，现在的爱情产生了什么变化。一位女演员回答："我们从来没有像现在这样爱得那么好。"

听完维尔弗的朗诵，我的心情是多么破碎而振奋！事后，我是如何在 L. 的陪伴下，几乎是狂野地、准确无误地躺了下来。

这个月上司不在，我本可以善加利用，我却在没有什么正当

1　雅各布·米歇埃尔·莱茵霍尔德·伦茨（1751—1792），德国狂飙突进运动时期的作家。

理由（把书送去给罗沃尔特，脓疮，叔叔来访）的情况下虚度时间，大睡特睡。连今天下午，我也带着梦一般的借口在床上舒展了三个小时。

九月四日。从西班牙来的叔叔。他上衣的剪裁。他对周围产生的效果。他性格的细节。——他飘过前厅，走进盥洗室。有个话题没答。——如果判断的不是逐渐的变化，而是引人注目的时刻，那它将变得日渐柔和。

九月五日。我问他：上次你说你不满意，你又说，大家有目共睹，你在什么地方都能适应（而且，我觉得，这种适应总是体现他特有的粗野），怎么把这两件事情联系起来。他的回答仿佛融化在我的记忆中："我对个别事情感到满意，但总体而言我并不满意。我常在一家法国小型膳宿公寓过夜，那儿很讲究，也很昂贵。比如说，一间供夫妇住的房间一晚上要五十法郎。比如说，在那里，我坐在法国大使馆秘书和西班牙炮兵将军的中间。对面是海军部的高级官员和某位伯爵。所有人我都很熟，我坐到自己的位置上，朝各个方向打招呼，说话是因为我有这个心情，否则，除了告别时的寒暄，我一句话都不说。然后，我又一个人在巷子里了，真的没看出这个晚上有什么名堂。我回家了，后悔没有结婚。当然这个念头又模糊了，要不，是我想完了，要不，是思绪迷失了。不过，偶然它还会重来。"

九月八日。星期日上午。昨天给席勒博士写信。下午，母亲在隔壁房间和一大群女人在一起，用最响亮的嗓音陪小孩子们玩耍，还把我撵了出去。别哭了！别哭了！诸如此类。这是他的！这是他的！诸如此类。都是两个大人了！诸如此类。他不想要那个！……可是！可是！……你觉得维也纳好不好，多尔菲？那儿漂不漂亮？……我求求您了，去看看他的手吧。

九月十一日。大前天晚上和乌提兹在一起。

做了个梦：我在一座方解石堆成的海岬上，它深深地伸向大海。我身边有个人，或者有好几个人，但我的自我意识非常强烈，几乎没怎么注意他们，只知道他们在说话。我唯一记得的是坐在我身边那个人抬起的膝盖。起初我其实不知道自己在什么地方，直到后来，我偶然站起来的时候，才看见左方和右后方是宽阔而轮廓清晰的大海，海上有一排又一排牢牢固定好的军舰。右边是纽约，我们在纽约港。天空灰蒙蒙的，但亮得很均匀。为了能看见一切，我在座位上来回转身，暴露在各个方向来的气流中。看纽约的时候，目光微微下沉，看海的时候，目光微微升起。现在，我还注意到，我们身边的水激起了高高的波浪，水上展开了极为繁忙的异国水运。我只记得，长长的树干绑在一起，圆滚滚的一大捆，取代了我们的木筏，航行的时候，它的切面根据海浪的高度，或多或少地一再在水面浮沉，同时，整捆木头还在水中滚动。我坐下来，收起双腿，高兴地颤抖，简直要快活地要在地上掘出一个洞，我说："这比巴黎林荫大道上的人流还有意思。"

九月十二日。L. 博士晚上在我们家。又是一位巴勒斯坦行者。见习期结束前，他参加了辩护律师考试，然后带着一千两百捷克克朗去了巴勒斯坦（在十四天以内）。要在巴勒斯坦当局找个职位。所有这些回巴勒斯坦的人（B. 博士，K. 博士）眼睛都往下看，感觉被听众弄得头昏眼花，他们伸开手指，在桌子上胡乱地动，他们突然改变口气，虚弱地微笑，留下的微笑里藏着讥讽。——K. 博士告诉我，他的学生全是沙文主义者，总是把马加比家族[1]的故事挂在嘴边，并打算追随他们。

我发现，我之所以那么喜欢给席勒博士写信，信又写得那么亲切，是因为 B. 小姐在布雷斯劳停留——虽然那已经是十四天前的事情了，空气中还留着一些她的气息，之前我还想拜托席勒博士给她送花。

九月十五日。我的妹妹瓦莉订婚。

由于

疲乏

我们用

新力量攀登，

黑暗的主，

在等，

直到孩子们

失去力气。

---

1 犹太教世袭祭司长的家族，也是领导犹地亚的犹太人起义对抗塞琉古帝国的领袖人物。

兄弟姐妹们之间的爱——父母之爱的重复。

独一无二的传记作家的预感。

天才之作在我们周围烧出的空洞是个好地方，可以放上它微弱的光辉。因此，从天才身上生出的火，那共同的火，不只鼓舞人们去模仿。

九月十八日。昨天办公室里H.的故事。打石人在公路上向他苦苦求得一只青蛙，抓着蛙的脚，咬了三口，先吞下了小脑袋，接着是躯干，最后是脚。——杀死拥有顽强生命的猫的最佳方法：把它的脖子挤进一扇关上的门里，然后拉它的尾巴。——他对害虫的厌恶。在军队的时候，一天夜里，他鼻子下面有点发痒，他在睡梦中伸手一抓，把什么东西压碎了。但那东西是个臭虫，他身上一整天都散发着它的恶臭。

四个人吃了一盘精心烹制的烤猫肉，但只有三个人知道他们在吃什么。吃罢，三个人开始喵喵叫，第四个人不愿相信，直到有人给他看了血淋淋的毛皮，他才相信，飞一般地跑出去，把吃下去的全都吐了，还重病了两个星期。

除了面包和偶尔得到的水果及活物，这个打石人什么都不吃，而且他只喝白兰地。他睡在一家砖窑的砖棚里。有一次，黄昏时分，H.在田野上遇见了他。"站着别动，"这个男人道，"要不，"为了好玩，H.站住了，"把你的烟给我。"那人继续道。H.把烟递给他。"再给我一根！""好嘞，你还想再来一根吗？"H.问他，左手拿着一根多结的树干，准备应付任何可能发生的情况，右手打了他一记耳光，香烟从他的手里掉了下来。那个男人立刻就跑了，胆小又懦弱，这种喝醉了酒的人就是这样。

昨天和 L. 博士在 B. 处。——列布·多维德尔的歌，列布·多维德尔，一个瓦希尔科夫[1]人，今天要到塔利诺耶去。在瓦希尔科夫和塔利诺耶中间不知道哪个城市里。在瓦希尔科夫哭泣，在塔利诺耶愉快歌唱。

九月十九日。检票员 P. 讲述了他十三岁时出行的经历，当时他口袋里装着七十十字币，身边有个同学作陪。傍晚，他们走进一家饭馆，为了庆祝市长退役归来，里面正在办酒宴。地板上摆了五十多个空啤酒瓶。到处弥漫着烟斗的烟。啤酒花奶酪[2]的酸臭味。两个小男孩靠着墙。醉醺醺的市长回忆起处处纪律严明的军旅生涯，走到他们面前，不管他们如何解释，还是威胁要把他们当作逃兵处理，派人将他们押送回家。男孩们颤抖不已，出示文法学校的学生证，背起了"食堂"这个词的变格，一个喝得半醉的老师在一旁看着，没有为他们解围。不知未来的命运将会如何，他们被迫喝起了酒，他们非常满意，就他们口袋里那点小钱，他们根本不可能免费享用那么多上好的啤酒。他们喝得酩酊大醉，然后，等深夜最后一批客人离开以后，他们就在不通风的房间里躺下，在薄薄的稻草堆上，就像主人那样睡着了。只不过，四点的时候，一个人高马大的女仆拿着扫帚进来了，她说没时间了，要是他们不自己逃走的话，

---

1 没能查到是哪座城市，或许是乌克兰城市别列戈梅特的别称。
2 原文为 Bierkäsl。从字面上看像是南部方言，但查不到是何种食物。

她就要把他们扫进晨雾里。房间稍微扫干净一些后，有人在桌上给他们摆了两个灌得满满的大咖啡壶。可他们用勺子搅拌咖啡的时候，表面总时不时地浮起一团巨大的、又黑又圆的东西。他们以为这东西过会儿就会消失，津津有味地喝了起来，直到喝下半壶，那黑乎乎的东西着实让他们害怕，他们去请教女仆。结果发现，这团黑色是隔夜的、凝固的鹅血，是前一天开完宴会后留在壶里的，而咖啡是有人在清晨的宿醉中就这么倒上去的。两个男孩立刻跑了出去，一滴不剩地把喝下去的东西全吐了出来。后来，他们被传唤到神父面前，神父简短地考察了一下他们的信仰，确定他们都是好孩子，让厨娘端汤给他们喝，然后用他虔诚的祝福与他们道别。他们就读的文法学校是由神职人员主持的，作为寄宿生，他们在经过的所有教区里几乎都得到过这样的汤和祝福。

九月二十日。昨天给洛维和陶西格小姐写信，今天给 B. 小姐和马克斯写信。

九月二十三日。《判决》这个故事是我在二十二日晚上到二十三日早上一口气写完的，我从晚上十点一直写到了早上六点。我几乎无法把因写作而变得僵硬的双腿从桌子下面拉出来。故事在我面前展开的时候，产生了一种可怕的疲累和愉快，仿佛我在一片水域中前进。那天晚上，我好几次背起了自己的重量。好像一切都可以说出来，好像为了一切，为了最陌生的奇想准备了一场大火，它们在火中消失又复活。窗外如何转蓝。一辆马车驶过。两个男人过了桥。两点钟的时候，我最后看了一次钟。女仆第一次经过前厅时，我写下了最后一句话。灭了灯，天光已大亮。微弱的心痛。疲惫在半夜逐渐消失。战栗地走进妹妹们的房间。朗读。在此之前，我在女仆面前伸了个懒腰，说："我一直写到现在。"没有动过的床铺看起来就像是刚刚搬进来。非常确凿可信的是，我和我的小说写作都处于可耻的写作洼地。只有在这样的关系中，只有灵魂和躯体彻底打开的时候，才能写出东西。上午在床上。眼睛一直亮着。写作的时候有许多感受，比如说欢乐，因为我将要给马克斯的《阿卡迪亚》带去一抹美妙的色彩。当然，想到了弗洛伊德，想到《阿诺尔德·比尔》[1]中的一段话，想到瓦瑟曼[2]写的一段话，想到维尔弗《女巨人》中的一段话，当然也想到了我的《城市世界》。

古斯塔夫·布伦凯尔特是个有着规律习惯的淳朴之人。他不喜欢不必要的开支，对把钱不花在刀刃上的人有着固定不变的评判。虽然他是个单身汉，却觉得自己很有资格在熟人的婚姻大事上掺上至关重要的一嘴，那些哪怕只是质疑他是否有此资格的人都会被他刁难。他习惯开诚布公地说出自己的想法，就算在那些不待见他的意见的听众面前，他也不会退让。就和世上所有地方一样，有人崇拜他，有人认可他，有人忍受他，最后，也有人不想听到关于他的任何消息。毕竟，如果好好留意的话，每个人，哪怕是最微不足道的人身边都会形成一个在这里或那里不停旋转的圆心，像古斯塔夫·布伦凯尔特这样特别善于交际的人又怎么

---

1 即《阿诺尔德·比尔：犹太人的命运》，马克斯·布罗德的长篇小说。
2 雅各布·瓦瑟曼（1873—1934），德国作家、小说家。

可能不是这样呢？

在他三十五岁那一年，也就是他生命的最后一年，他特别频繁地和一对姓斯特朗的年轻夫妇来往。肯定的是，对于用妻子的钱开了一家家具店的斯特朗先生来说，结识了布伦凯尔特有各种各样的好处，因为布伦凯尔特大部分的熟人都是适婚青年，他们迟早得考虑为自己置办新家具，而且从习惯上来说，他们一般也不会忽略布伦凯尔特在这方面提的建议。"我牢牢把着他们的缰绳。"布伦凯尔特总说。

九月二十五日。强行克制自己不去写作。在床上辗转。血液流向头部，无用的奔涌。多么有害！——昨天我在鲍姆家朗诵，观众有鲍姆的家人、我的妹妹们、马尔塔、布洛赫博士夫人和她的两个儿子（其中有个一岁的志愿者）。故事接近尾声，我的手不受拘束地、真情实意地在我的脸前挥舞。我的眼中含着泪。故事毋庸置疑得到了证实。——今天晚上，远离写作。国家剧院里的电影放映机。包厢。O. 小姐，曾有个神职人员纠缠过她。她回到家，浑身都被冷汗浸湿了。但泽。科尔纳[1]的一生。马。白色的马匹。火药的气味。吕措的野外狩猎。

1　提奥多尔·科尔纳（1791—1813），德国爱国主义诗人。

一九一三年

二月十一日。借校对《判决》之际，我写下了故事中所有的关系，就我目前掌握的情况来说，它们在我眼里变得越来越清晰。这么做很有必要，因为这个故事就像一场真正的分娩，包着污秽与黏液从我体内产出，唯我自己才有那只能够穿过身体的手。另外，对此颇感满意[1]：

这位朋友是父亲和儿子之间的纽带，是他们最大的共同点。格奥尔格独自坐在窗边，想到这个共同点，他欢喜不已，相信父亲就在他心中，除了一丝仓促的悲伤思绪，他认为一切都很平静。此时，故事的发展体现出父亲是如何从共同点——这位朋友——中向前抽身，把自己置于格奥尔格的对立面，并通过其他较为次要的共同点，具体而言，通过对母亲的爱与依恋，通过对她的诚挚思念及父亲原先就为商行争取到的客户来加强彼此直接的对立。格奥尔格一无所有；至于新娘，她只是借着与朋友的关系，也就是与共同点之间的关系才活在这个故事里，正因为婚礼还未举行，她无法进入围绕着父子的血缘圈，很容易被父亲赶走。所有共同之物都堆积在父亲周围，格奥尔格只觉得那些都是陌生的、自行产生的东西，是他从来没有充分保护过的东西，是受到俄国革命影响的东西，只因为除了父亲，格尔奥格什么都看

1　见卡夫卡短篇小说《判决》。格奥尔格·本德曼和弗丽达·勃兰顿菲尔德均为该小说中的人物。

不见，父亲之于他的宣判才会对他产生如此强烈的影响。

"格奥尔格（Georg）"和"弗朗茨（Franz）"的字母一样多。本德曼当中的"曼"只是"本德"的扩充，是为故事中所有仍未明确的可能性安排的。不过，"本德（Bende）"的字母就和"卡夫卡（Kafka）"一样多了，而且元音"e"重复的位置也和"卡夫卡"中的"a"一模一样。

"弗丽达（Frieda）"和"菲利斯（Felice）"的字母一样多，首字母也相同。"勃兰顿菲尔德（Brandenfeld）"和"鲍尔（Bauer）"的首字母相同，连"菲尔德"也和"鲍尔"有某种关系[1]。甚至对柏林的念想都可能对此产生影响，和勃兰登堡（Brandenburg）边界的回忆可能也有关系。

二月十二日。 在描写这位身处异乡的朋友时，我总想到斯多尔。现在，写完这个故事后大约过了三个月，我偶然遇见了他，他告诉我，他大约三个月前订婚了。

昨天我在韦尔奇家朗诵完这个故事，老韦尔奇出去了，过一会儿，他回来了，对故事中栩栩如生的描写大加赞赏。他张开手，道："我眼前看到了这位父亲。"与此同时，他目不转睛地看着我朗读时他坐着的那张空荡荡的扶手椅。

妹妹说："那就是我们的公寓。"我十分惊讶，她竟误会了地点，说："那父亲一定住在厕所里。"

---

1 "Feld"有耕地、田野的意思，而"Bauer"这个姓有农民的意思。

二月二十八日。一个秋雨绵绵的早晨，恩斯特·利曼去君坦丁堡[1]出差，他照习惯——他已经是第十次来这里出差了——心无旁骛地搭车穿过空旷的街道，心满意足地前往他经常下榻的旅馆。天气几近寒冷，细雨飘进车里，今年但凡出差，糟糕的天气一直跟着他，这让他恼怒不已，他把车窗摇高，靠在角落里，打算用瞌睡来打发眼前一刻钟左右的车程。可当旅途进行到商业区时，他片刻都不得安生，街头小贩的叫卖声、运货车的隆隆声，以及其他不留神听就没有意义的噪声——比如说人群中的鼓掌声——打扰了他原本的清梦。

在目的地等待他的是一场不愉快的惊喜。在斯坦布尔最近的一场大火中，利曼大概是在途中才从报纸上读到，他常住的金斯顿旅馆几乎被完全烧毁，马车夫当然是知道的，他却极为漫不经心地完成了顾客交付的任务，一言不发地把利曼带到了旅馆失火后的现场。此时，他安静地爬下驾驶座，若不是利曼抓住了他的肩膀一通摇晃，他甚至还打算卸下利曼的行李箱，可随后，他松开了行李箱，如此缓慢而困倦，却不像是因为利曼的阻止，而是出于他自己的决定。旅馆底楼仍有一部分未被烧毁，为了使其尚可居住，四面八方都打上了板条百叶窗。一块土耳其语和一块法语标牌上都写着，这家旅馆很快就会重建得比以前更漂亮、更现代。然而，唯一与之相关的迹象是三个劳动中的临时工，他们正用铲子和锄头把瓦砾堆到一边，再把它们装进一辆小手推车。

1　此处，在拼写上，因遗漏字母"s"，故将"君士坦丁堡"译为"君坦丁堡"。下一段中，因遗漏字母"i"，同理将"伊斯坦布尔"译为"斯坦布尔"。后文拼写无误，故此处可能是卡夫卡笔误，或编校错误。

　　事实证明，一些因火灾失业的旅馆员工住在这堆废墟里。利曼的马车一停，一位身穿黑色小礼服、打着鲜红领带的先生也立刻跑了出来，向闷闷不乐地听着的利曼讲述了火灾的经过，他把细长的胡须尾巴缠在手指上，只顾着向利曼展示火灾发生的地点，讲述火灾是如何蔓延，一切最后又是如何毁于一旦。在整个过程中，利曼的视线几乎没有离开过地面，也没有松开过马车的门把手，他正想向车夫喊出另一家旅馆的名字，让车夫载他去，这时，穿小礼服的男人举起手臂，求他不要去别的旅馆，而要忠于这家旅馆，他在这儿一向住得很满意。尽管这肯定只是一句空话，没有人可能记得利曼，正如利曼也几乎无法认出任何一个他在门窗里望见的男女雇员，可他还是开口问道，身为一个忠于自己习惯的人，他眼下到底应该怎么对这家烧毁的旅馆保持忠诚。现在他明白了——不由对自己的推测会心一笑——他们为这家旅馆的前客户，而且只为这些客户准备了私人住宅里的漂亮房间，利曼只需一声令下，他立刻就会被领过去，房间离这里非常近，不会耽误他任何时间，尽管餐食都将尽可能按照维也纳的食谱准备，味道会比从前在某些方面仍显不足的金斯顿旅馆提供的还要好，服务也会更加周到，可作为优待，价格会特别便宜，因为那房间毕竟是个替代品。

　　"谢谢。"利曼说着跳进了马车，"我只在君士坦丁堡待五天，这段时间里我肯定不会住在私人住宅里，不，我要去住旅馆。不过明年，等我回来的时候，您的旅馆重建好了，我肯定就只住在您这儿。请您谅解！"利曼想关上车门，旅馆负责人却抓住了车门的把手。"先生！"负责人带着请求的口吻道，抬头看着利曼。

"松开!"利曼大喊,摇晃着车门,命令车夫道,"去皇家酒店。"可不知是没听懂他的话,还是在等门关上,车夫如一尊雕像般坐在他的驾驶座上。旅馆负责人却根本没松手,甚至急切地招手,让一个同事赶紧动起来,过来帮他。他格外期待着某个女孩的到来,一直喊着:"菲尼!菲尼呢!菲尼究竟到哪儿去了?"窗边门口的人都转身进去,他们此起彼伏地叫喊着,他们从窗边跑过,全都在找菲尼。

利曼本可以把阻止他离开的人推开,此人显然只是因为饥饿才有了做出此等行为的勇气——这个男人也意识到了这一点,所以根本不敢看利曼——但在这趟旅行中,就为着不知道哪怕再有道理,在国外还是得避免引起注意这件事是何等重要,利曼已经经历了太多糟心事。因此,他又一次平静地下了马车,暂且不去理会那个抽搐一般扒着车门的人,走到马车夫身旁,向他重复自己的要求,又明确地给他下了一道命令,让他立刻离开这里,然后走到马车门旁边,表面上用平常的握法抓住了负责人的手,暗地里却用力捏住了他的关节,这男人口中高喊着"菲尼",这既是道命令,又是对他疼痛的宣泄,他几乎跳了起来,手指从把手上松开了。

"她已经来了!她已经来了!"所有的窗户里都传出这样的叫唤,一个笑着的姑娘用手扶着快要弄完的发型,从房子里跑出来,半侧着脑袋向马车跑去。"快点,上车!雨下大了!"她喊道,一边抓住利曼的肩膀,把脸贴到他面前。"我叫菲尼。"而后她轻轻地说道,双手沿着他的肩膀抚弄着。

"大家对我都没有恶意,"利曼自言自语,然后微笑看着女孩道，"可惜我早就不是男孩子了，不参与不确定的冒险。""一定是哪儿弄错了吧，小姐，"说着，他转身向马车走去，"我没请您来，也不打算跟您走。"上了马车后，他又补了一句："您不用费心了。"

可菲尼已经把一只脚踩到了踏板上，她的双手交叉在胸前，说："您为什么不愿意让我为您推荐一个住的地方呢？"利曼已经受够了在这里受到的骚扰，探出身子对她说道："请别再用无用的问题留住我了！我要去旅馆了，到此为止。请您把脚从踏板上挪开，不然您会有危险的。走，车夫！""停下！"姑娘喊道，当真想往马车里跨。利曼摇摇头，站起身，用敦实的身子挡住了整扇门。女孩试图撞开他，头和膝盖都用上了，马车开始在劣质的板簧上摇来摇去，利曼找不到真正的支点。"您到底为什么不愿意带上我？您到底为什么不愿意带上我？"姑娘不断重复着这句话。

要不是那个身穿小礼服的男人，利曼一定可以在不施加暴力的情况下成功推开这个力气很大的姑娘。直到刚才，那男人都表现得很平静，像是和菲尼换了班，而现在，看到摇摇晃晃的菲尼，他一跃而起，冲将过去，从身后撑住菲尼，面对利曼委婉的防卫，他试着用全身的力量把那姑娘抬进马车里。感受到了这份支持，她真的挤进了车里，她拉上从外面也可以关上的车门，像是自言自语地说道："现在总算成了。"她先匆匆理了理上衣，然后更为彻底地整理了她的发型。"真是闻所未闻。"倒在座位上的利曼对坐在他对面的姑娘说。

五月二日。重新开始记日记变得非常必要。我不可靠的脑袋，F.，办公室里的衰败，身体上对写作的无能，还有内心对写作的需要。

瓦莉跟在妹夫身后走出我们家家门，他明天要动身去乔尔特基夫参加武器训练。奇怪的是，在这种对他的追随中，我们彻头彻尾地承认婚姻是一种无奈妥协的制度。

前天，园丁女儿的故事在我工作时打断了我。打算靠工作来治疗神经衰弱的我只好听着，这位小姐的兄弟名叫扬，是个名副其实的园丁，估计会成为老德沃斯基的接班人，甚至已经是花圃的主人了；两个月前，二十八岁的他因为忧郁服毒自尽了。夏天里，他的情况相对而言较好，尽管性情孤僻，他起码还得和客户来往；到了冬天，他就彻底自我封闭了。他的恋人是个公职人员——uřednice[1]——一个同样忧郁的女孩。他们经常一起去墓园。

通俗语演出时身形庞大的梅纳瑟。他和音乐合二为一的时候，有种神奇的东西攫住了我。我忘了那是什么。

今天，我告诉母亲要去柏林过圣灵降临节的时候，我傻傻地笑了[2]。"你笑什么？"母亲说（当然还说了别的，包括什么"去考验一下能不能永远在一起"，但我用"八字还没一撇呢"之类的话否认了一切）。"因为尴尬。"我说，而且我很高兴能在这件事上说一点真话。

昨天见到了B.女士[3]。尽管在过去的几年里，她已经完成了向

1　捷克语，意为女性公务人员。

2　卡夫卡是去拜访菲利斯·鲍尔。——原编者注

3　一位在卡夫卡童年时期对他很重要的家庭教师。——原编者注

老妇的过渡，她依然平静、知足、公正、思路清晰，那种在当时就已经显得累赘的丰满很快就抵达了索然无味的肥胖极限，一种自我翻滚和自我推搡已经融入了她的步态，腹部向前伸，或者说是向前突出，她下巴——只要朝下巴上粗略一瞧——上原本长着绒毛的地方卷卷地长出了胡须。

五月三日。我内在存在可怕的不稳定性。

我如何解开马甲的扣子给 B. 先生看我的疹子。我如何挥手示意他进隔壁房间。

丈夫被一根木桩——没人知道它是从哪儿来的——从后面击中、击倒、刺穿。他躺在地上，仰起头，张开手臂，哀嚎起来。后来，他摇晃了片刻，能站起来了。除了知道自己是怎么被击中的，他什么都讲不出来，他按照自己的想法指出木桩大约飞来的方向。这些一成不变的叙述已经让妻子厌倦了，尤其是丈夫总往不同的方向指去。

五月四日。我总想象着一把切熏肉的刀，带着机械的规律性仓促地从侧面刺入我的身体，切下非常薄的横截面，在快速的切割中，它们飞到一边，几乎蜷成了一团。

大清早，街道上还是远近无人，一个赤着脚、只穿了睡衣和外裤的人打开了主街道上一所大型出租公寓的大门。他抓住两侧门翼，深呼吸。"你这个可怜虫，你这个该死的可怜虫。"他说，先是看似平静地沿着街道看去，然后又看了看个别的房屋。所以，绝望由此而生。无处是归宿。

五月二十四日。和皮克去散步。

兴致很高，因为我觉得《司炉》写得太好了。晚上，我把它读给父母听，在给极度不愿意聆听的父亲朗诵时，没有比我更好的批评家了。在明显无从抵达的深奥前面有许多浅显之处。

六月五日。平庸文学作品具有的内在优势在于其作者仍旧在世，而且还一直存在于它们背后。过时的真正含义。

洛维，超越极限的故事。

六月二十一日。我在各方各面忍受的焦虑。去医生那里检查，他立刻向我进言，我简直要被掏空了，他在我体内发表了一通轻蔑而无法辩驳的空洞演说。

我脑海中无比庞大的世界。但要如何解放自己、解放这个世界，而不把它们撕碎。我宁可撕碎它们一千次，也不要把它们憋在、埋在我心里。这就是我在这里的目的，这一点我非常清楚。

在一个春寒料峭的早晨，大约五点，一个衣服长到脚跟的高大男子用拳头敲了敲一间小屋的门，那是一间立在光秃秃的丘陵地带上的小木屋。每用拳头敲一次，他都会仔细听，小屋里仍是一片寂然。

七月一日。渴望无意义的孤独。只面对自己。或许我能在里瓦拥有这些。

前天和《橹舰》的作者魏斯[1]在一起。一名犹太医生，最接近西欧犹太人的那类人，所以他同样让人倍感亲切。基督徒的巨大优势，在平常的交流中一直拥有并享受类似的亲近感，比如说，一名捷克基督徒在一群捷克基督徒中的亲近感。一对度蜜月的夫妇从萨克瑟旅馆走出来。下午。把明信片投入邮箱。皱起来的衣服，松垮垮的步子，沉闷柔和的下午。第一眼看去没什么个性的脸。

在伏尔加河畔雅罗斯拉夫尔举行的罗曼诺夫王朝三百周年庆典的照片。沙皇和公主闷闷不乐地站在阳光下，只有一个纤瘦、疲弱、上了年纪的女子靠在阳伞上，凝视着前方。王储挽着一名魁伟的光头哥萨克骑兵的手臂。——在另一张照片上，早已经过的男人在远方行礼。

电影《黄金的奴隶》画面中的百万富翁。极传神。他的平静，他目的明确的缓慢动作，必要时迅速的步伐。手臂的振幅。富有，养尊处优，受到哄骗，可是，被锁在林中酒肆的房间里时，他跳起来的样子多像个奴仆啊！

七月二日。为二十三岁的玛丽·亚伯拉罕的审判报告啜泣，因为贫穷与饥饿，她用一条男人的领带勒死了她快九个月大的孩子芭芭拉，解下来的那根领带原本是她拿来做袜带的。一个非常

1　指才华横溢的小说家恩斯特·魏斯，卡夫卡后来和他关系非常亲近。他的第一部长篇小说《橹舰》出版于一九一三年。之后的作品包括《链中兽》《人对抗人》《纳哈尔》《破晓之星》《黑夜中人》。一九三三年他逃亡至法国，德军占领巴黎后自杀身亡。——原编者注

老套的故事。

我在妹妹的浴室里用火焰创作了滑稽的电影画面。为什么我永远无法在陌生人面前这么做？

我大概永远不会和一个与我在同一座城市生活了一年的女孩结婚。

七月三日。通过婚姻提升、拓宽生命。讲道。可我几乎是怀疑的。

当我说些什么，它立刻且不可更改地失去了它的重要性；当我把它写下来，它也总是这样，但有时候会获得新的重要性。

古铜的脖子上挂着一条金色的小珠链。

七月十九日。四名武装人员走出一间房子。每个人面前都立着一把长戟。他们中间有一个时不时地转过脸，看看他们为之站岗的那个人是否已经到来。清晨尚早，巷子里空无一人。

那你们想干什么？来啊！——我们什么都不想。别烦我们！

再加上那些内耗！所以咖啡馆的音乐才在你耳畔响起。埃尔莎·B.的讲述变得只有一箭之遥。

一个女人坐在绕线杆旁。一个男人推开门，剑在鞘中（他随意地把它握在手里）。

男人：他在这里！

女人：谁？你们要做什么？

男人：偷马贼。他躲在这里。不要否认！（他挥剑）

女人：（举起绕线杆自卫）这里没人。别烦我！

七月二十日。河下游泊着几艘船，渔民们抛出他们的鱼竿，天气阴沉。几个小伙子交叉着双腿，靠在码头的栏杆上。

人们站起来，为新人出发举起香槟酒杯庆祝时，已经是黄昏了。父母和个别参加婚礼的客人陪新人走到马车前。

七月二十一日。不要绝望，也不要因为不绝望而绝望。当一切似乎已经结束的时候，新的力量还会出现，这正意味着你还活着。如果力量不来，那这里的一切都结束了，彻底地结束。

我睡不着。只一直做梦，睡不着。今天，我在梦里为一座陡峭的公园发明一种新的交通工具。你拿一根树枝，不必很结实，把它斜举在地面上，把一头握在手里，尽可能轻地坐上去，就像坐在一个女士马鞍上那样，然后，整根树枝自然会沿着斜坡向下俯冲，因为人坐在树枝上，就会被带着走，在全速前行的同时，你在充满弹性的木头上舒适地摇晃。利用树枝上坡也是另外一种可能性。整个装置除了简便，它主要的优点在于，树枝很轻，且便于移动，能够根据需求升起或放下，可以穿过任何地方，连那些一个人难以通过的地方也不例外。

我被人用粗绳绕住脖子，从底层的窗户拉进来，这人似乎没留神，无所顾忌，把我往上拉扯，所有天花板、家具、墙壁和阁楼上都是我的血肉碎片，直到屋顶上出现一个空荡荡的绳套，屋顶瓦片被打穿的那一刻，它才失去了我的残躯。

特殊的思考方式。情感上的渗透。即便在最不确定的情况下，一切仍作为思想去感受。（陀思妥耶夫斯基语。）

内心的这组滑轮。在某个隐蔽之处，一个向前运动的小勾子，你最开始对此几乎一无所知，整个装置却已经在运作了。它臣服于一种难以理解的力量，宛如钟表臣服于时间，它四下断裂，所有链条一条接一条地按事先写好的乐章哐啷作响。

整理了所有赞同与反对我婚姻的观点：

一、对独自承受生活的无能或许并不是对生活的无能，完全相反，我甚至不懂得如何与他人一起生活，我是对自己生活中的冲击无能为力，对我自己的要求、时间与年龄的进犯、写作欲模糊的涌近、失眠、疯狂的迫临——所有这一切我都无力独自承受。或许，我当然要补充。与F.结合将使我的存在更具抵抗力。

二、一切都立刻让我思考。滑稽小报上的每一个笑话，对福楼拜和格里尔帕策的回忆，看到我双亲床上为夜间准备的睡衣，马克斯的婚姻。昨天我妹妹说："（我们认识的）所有已婚的人都很幸福，我不理解。"连这句话也让我思考，我又怕了。

三、我必须经常独处。我取得的只是独自获得的成功。

四、我厌恶一切与文学无关的东西，谈话（即便与文学有关）让我厌烦，拜访他人让我厌烦，亲戚们的苦难与欢乐让我厌烦至灵魂深处。对话带走了我一切思考的重要性、严肃性和真实性。

五、对结合的恐惧，对流逝的恐惧。然后我就再也不会独自一人了。

六、和在其他人面前相比，我在妹妹们面前完全是另一个
　　人，特别是从前。无所畏惧、暴露无遗、强大有力、令
　　人意外、容易感动，我通常只有在写作时才会是这样
　　的。如果我能在妻子的介绍下出现在众人面前就好了！
　　可若是这样，写作不就被抽走了吗？这肯定不行，这肯
　　定不行！

七、如果我保持独身，或许有一天我真的可以放弃我的职
　　务。要是结了婚，就绝对没有这个可能。

在我们的班级里，也就是阿玛利亚文法高中的第五班，有一
个叫弗里德里希·古斯的男孩，我们都非常讨厌他。我们提前来
到教室，看到他坐在炉子边的座位上，我们几乎都不理解，他是
如何振作起来回到学校的。但我讲得不对。我们不只是恨他，我
们恨一切。我们是一个可怕的集合体。有一次，地区督学来听
课——那是一堂地理课，教授正在描述莫雷亚半岛，他的眼睛转
向黑板或窗户，就和我们所有的教授一样——……〔此处中断〕

学校开学那一天，已经快到傍晚了。文理高中的教授们还坐
在会议室里，研究学生名单，编制新的班级手册，谈论他们的假
期旅行。

我，悲惨之人！

只要好好鞭打马匹就行了！慢慢将马刺刺入，然后猛地拔出
来，但这个时候，要用尽全力把马刺刺进肉里。

多么凄惨！

我们是不是疯了？我们在晚上穿过公园，摇动树枝。

我乘船驶入一个天然的小湖湾。

还在上文法高中的时候，我时常前去拜访某个名叫约瑟夫·马克的人，他是我已故父亲的朋友。我高中毕业的时候……〔此处中断〕

在上文法高中的时候，胡戈·赛弗尔特时常前去拜访某个名叫约瑟夫·基曼的人，他是胡戈已故父亲的朋友，一个上了年纪的单身汉。胡戈出人意料地得到一个职位，得立刻赴海外接替他人，要离开家乡好几年，拜访随之戛然而止。回乡后，他虽打算去看看这位老者，但找不到机会，或许这样的拜访已经跟不上他已经改变了的观念，尽管他经常路过基曼住的巷子，尽管他好几次看到基曼靠在窗边，基曼很可能也注意到了他，可他还是没有前去拜访。

什么都没做。什么都没做。什么都没做。虚弱，自毁，地狱之火的焰尖穿透地面。

七月二十三日。和费利克斯在罗斯托克。女人爆发的性欲。她们天然的不纯洁。对我来说，和小伦琴的嬉戏毫无意义。看到一个胖女人蜷缩在一把藤椅里，一只脚显眼地向后收起，她正在缝些什么，一边和一名老妇聊着天——那可能是个老姑娘，嘴里的假牙在嘴的一侧总是显得很臃肿。孕妇的多血质与机智。她的后背有笔直分割的平面，简直像是被磨平的。小阳台上的生活。我多么冷淡地把小姑娘抱到腿上，她一点也没有因为冷淡而不开心。在"寂静的山谷"中攀登。

透过商店洞开的大门，看到一名白铁工多么幼稚地坐着工作，手握锤子不停敲打。

洛斯科夫[1]在《魔鬼的历史》中提到：在如今的加勒比人眼中，"在夜里工作的人"是世界的创造者。

八月十三日。现在，或许一切都结束了，我昨天的信是最后一封。无论如何，这大概才是正确的。我将承受的痛苦，她将承受的痛苦，都无法与将要产生的共同的痛苦相比较。我会慢慢静下心来，她会结婚，这是活着的人唯一的出路。我俩不可能为我们在石头上打出一条路，我们已经为此哭泣了一年，我们相互折磨，这就够了。从我最后的几封信里，她会明白这一切的。如果没有，那我肯定会娶她，因为我过于软弱，无法抗拒她对我们一起获得幸福的设想，也无法不去实现她认为可能的事情，只要事情与我有关。

昨天傍晚，星空下的观景台。

八月十四日。碰上了相反的事态。收到三封信。最后一封让我难以抵抗。我爱她，尽我所能，可是爱在恐惧与自责中被埋没至窒息。可以从《判决》中得出符合我情况的结论。我以迂回的方式把这故事归功于她。但格奥尔格就是因为新娘才走上绝路的。

交媾是之于在一起的幸福的惩罚。尽可能过着禁欲的生活，单身汉都比不上我，这是我忍受婚姻的唯一可能。可她呢？

即便如此，如果我们，我和F.，完全平等，拥有平等的前景

---

1 格奥尔格·古斯塔夫·洛斯科夫（1814—1889），奥地利神学家。

和可能性，我也不会结婚。可是，我缓慢地把她的命运推入一条死胡同，是这条死胡同让它成了我不可推卸的责任，尽管这也根本不是什么可以一眼看穿的东西。在这里生效的是人类关系的某些秘密法则。

给父母写信令我非常为难，尤其是因为在特别不利的情况下写的计划在很长一段时间内都不会有什么变动。不过今天，我估计是成功了，至少信里没有任何不真实的东西，就算是对父母来说，它也是可读、可理解的。

八月十五日。临近早晨，在床上痛苦不堪。唯一的解决方法看来只有跳窗。母亲来到床边，问我是不是把信寄出去了，是不是寄了旧的那封信。我说，内容可能是老内容，但言辞更加激烈。母亲说她不理解我。我回答，她本来就不理解我，而且不单单是在这件事上。后来她问我，会不会给阿尔弗雷德叔叔写信，他值得我去一封信。我问他凭什么值得。母亲说，他打过电报来，也写过信，他对你是一片好意。"都是表面功夫而已，"我说，"他对我来说完全是个陌生人，他彻底误会了我，他不知道我想要什么、需要什么，我和他没有关系。""所以没人理解你，"母亲说，"我对你来说也是个陌生人，父亲也是。我们所有人都只希望你过得坏。""当然，你们对我来说全都是陌生人，只是有血缘关系而已，可它又不会表现出来。你们当然不希望我过得坏。"

通过这段对话和其他一些自我观察，我得出结论，在我内心不断增强的决心与坚定中，存在着不顾一切投身于婚姻的可能性，我甚至还能将其引导至对我的命运有所裨益的方向。然而，从某种程度上来说，这已然是我在窗框上才抓住的一份信念。

我使自己隔绝于所有人之外，直至失去知觉。与所有人为敌，不和任何人交谈。

那个长着一双严肃深色眼睛的男人，他的肩膀上扛了一大堆旧大衣。

利奥波尔德·S.（一个高大魁梧的男人，动作笨拙拖拉，披着松垮垮、皱巴巴的黑白格子衣服，他匆匆从右边的门走进大房间，拍着手喊道）：菲利斯！菲利斯！（还没等到回应，他匆匆走到中门前，打开门，又喊）：菲利斯。

菲利斯·S.（穿左边的门进屋，在门口停下，她是个四十多岁的女性，穿着下厨时穿的围裙）：我在这儿呢，利奥。你最近怎么变得那么慌张！你到底要干吗？

利奥波尔德（猛然转过身，站住不动，咬着嘴唇）：原来你在那儿！过来！（他向长沙发走去）

菲利斯（一动不动）：快说啊！你要干吗？我还要回厨房呢。

利奥波尔德（坐在沙发上）：回什么厨房！过来呀！我有重要的事情要告诉你。值得你听听。快来！

菲利斯（慢慢走了过去，把围裙的带子往上拉）：到底什么事那么重要？要是你把我当作傻瓜，我可要生气了，我说真的。（在他面前停住）

利奥波尔德：你倒是坐下呀！

菲利斯：要是我不愿意呢？

利奥波尔德：那我就不能告诉你了。你一定得靠近我。

菲利斯：行啦，现在我已经坐下啦。

八月二十一日。今天，我得到一本克尔凯郭尔的《裁决者之书》[1]。不出我所料，尽管我们本质上有差别，但他的情况与我的非常相似，至少我俩在世界的同一边。他如同朋友般认可了我。我起草了下面这封给她父亲的信，如果明天我有力气的话，就把它寄出去。

您在回答我的请求时犹豫不决，这很好理解，每位父亲在面对每个求婚者的时候可能都会这么做，所以这完完全全不是我写这封信的动因，顶多增加了我对这封信作出冷静判断的希望。但我之所以写这封信，是因为我担心您的犹豫，或者说您的考量背后有更加普遍的原因，而不是由我在第一封信中那段可能出卖我的话所引起的（这或许也在所难免）。我说的是我的职务让我难以忍受那一段。

您或许会忽略这个字眼，但您不应该这么做，您更应该格外明确地发问，那我就不得不准确且简明地给出如下的答案：我无法忍受我的职务，因为它与我唯一的渴望、唯一的事业——那就是文学——相抵触。因为除了文学我什么都不是，我不能，也不想成为除此之外的任何东西，如此一来，我的职务永远不可能占据我，却可以彻底摧毁我。我离走到这一步已经不远了。最恶劣的紧张状态无休无止地支配着我，这一年来，我为我和您女儿的未来所经受的担忧和煎熬完全证明了我缺乏抗压能力。您可能会

1　即克尔凯郭尔的日记。

问，为什么我不放弃这个职务——我缺乏财富——为什么不靠文学创作维持生计。对此，我只能给出一个悲惨的答复，我没有力量这么做，就我的情况而言，我宁愿在这个岗位上灭亡，不过我很快就要灭亡了。

现在，请您比较比较我与您的女儿，她是个健康、有趣、自然、坚强的女孩。她和我在一起肯定会变得不幸，在大约五百封信中，无论我多少次向她重申这一点，无论她多少次以毫无说服力的"不会的"安慰我，可就我看到的情况而言，这肯定是事实。我是一个难以接近、沉默寡言、不善交际、很难取悦的人，不只有外部环境的因素，更因为我实际的本性便是如此，我却不能说这是我的不幸，因为这只是我目标的反照。至少，从我在家践行的生活方式中就能得出结论。我和家人一起生活，在一群最好、最可爱的人当中，我却活得比陌生人更加陌生。近年来，我每天和母亲说的话平均不超过二十个字，和父亲的交流几乎更是仅限寒暄。我和已婚的妹妹和妹夫根本不说话，倒也不是和他们置气。原因很简单，我和他们没有一点共同语言。所有非文学的东西都让我厌烦，让我憎恶，因为它们干扰了我、阻碍了我，哪怕这都是我的主观臆断。对我来说，家庭生活没有任何意义，我充其量只是个旁观者。我感觉不到亲情，有人来访时，我见到的简直都是针对我的恶意。

婚姻或许和我的职务一样，都不能改变我。

八月三十日。我去什么地方寻找救赎？有多少我完全无从得知的不真实被冲到我身上。如果真正的结合和真正的离别同样逐渐被不真实填满，那我肯定做对了。在我心里，没有人际关系就没有明显的谎言。有限的圈子才纯净。[1]

十月十四日。小巷口的一边是教堂公墓的墙壁，另一边是带阳台的矮房子。住在这间房子里的是退休的公务员弗里德里希·蒙希和他妹妹。

一队马冲出围栏。

两个朋友早晨去骑马。

"魔鬼，把我从精神错乱中解救出来吧！"一位年迈的商人喊道。傍晚，他疲惫地躺在沙发上，只有到了晚上，他集中全力才能艰难地站起来。门外传来沉闷的敲门声。"进来，进来，在外面的一切！"他喊道。

十月十五日。我可能又回过神来了，也许又偷偷走了一条更短的路，对孤独已经深感绝望的我又振作起来了。可我头痛、失眠！它代表着斗争，更确切地说，我别无选择。

在里瓦的逗留对我来说特别重要。我第一次理解了一位信基督的女孩，几乎完全在她的影响范围内生活。我没有为记忆写下至关重要之物的能力。我的虚弱宁可把我沉闷的脑袋变得清晰而空荡，只要能把混乱推到边缘就好，它只是为了保全它自己。但比起仅仅是沉闷、不确定的催逼，我几乎更喜欢这种状态，反正更加不可靠的释放需要一把事先把我砸碎的锤子。

1　两篇日记之间间隔的这段时间里，卡夫卡在里瓦的哈尔滕疗养院休养。——原编者注

尝试给 E. 魏斯写信，未果。昨天在床上，这封信在我脑海中沸腾。

坐在一辆电车的角落里，大衣包裹着我身体。

G. 教授在前往里瓦的途中。他德意志兼波希米亚式的鼻子让人联想到死亡，肿胀、发红、长着血疱的脸颊安在一张没有血色的瘦削脸庞上，满脸都是金色的胡须。他沉溺于吃喝之瘾。他咽下热汤，对着未剥皮的一小截萨拉米香肠又咬又舔，认真啜饮已经回温的啤酒，鼻子周围冒出汗水。一种通过最低限度的观看与嗅闻无法品尝的令人作呕。

房子已经上锁。三楼的两扇窗户里有亮光，五楼的一扇窗里也是。一辆马车停在屋前。五楼亮着的窗边走过来一个年轻人，他打开窗，看着下面的街道。在月光下。

夜已深。这个大学生已经完全失去了继续用功的欲望。这甚至根本没有必要，他在过去几周里真的取得了巨大的进步，他或许可以稍作休息，无需在夜里那么用功。他合上书和笔记本，把小桌子上的所有东西整理好，打算脱衣服睡觉。可偶然间，他向窗外望了一眼，看到了清澈的满月，在这美丽的秋夜里，他突然生出了去外面散个小步的念头，或许还能在什么地方喝杯黑咖啡提提神。他关上灯，拿上帽子，打开厨房的门。一般来说，他并不在意出门时总要经过厨房这件事，这种不便使他的房租便宜了不少，但偶尔，当厨房里特别嘈杂，或者，就好比今天，当他想在夜深时分外出的时候，这一点就很麻烦。

绝望。今天下午半梦半醒：疼痛终究要把我的脑袋炸开。还有两边的太阳穴。我在这种想象中看到的其实是一道子弹造成的伤口，只不过，弹孔周围锐利的边缘笔直向上卷起，像一个被野蛮撬开的铁皮罐子。

别忘了克鲁泡特金[1]！

十月二十日。清晨难以想象的悲哀。傍晚读了雅各布松[2]的《雅各布松事件》。这种去生活、去抉择的力量随着欲望前往正确的地方。他坐在自己内心，就像一名卓越的划船手坐在自己的、或任何一条船上。我想给他写信。

我没写信，反倒去散步了，我遇见了哈斯，和他谈过话后，所有我接纳的感情都变得模糊不清，女人让我兴奋，现在我在家里读《变形记》，发现它不好。或许我真的迷失了，今天早上的悲伤会回归，我没法长时间地抵抗它，它带走了我所有的希望。我甚至不想记日记，或许是因为里面已经缺失了太多，或许是因为我永远只会描述我一半的行为——不管从什么表象来看，内容肯定都只有一半——或许是因为就算写作也会助长我的悲伤。

我本来非常想写一些 W. 可能会喜欢的童话（为什么我如此厌恶这个词？），有一回吃饭的时候，她把一本童话摆在桌子底下，间歇的时候读一读，当她发现疗养院的医生已经在她的身后观察了好一会儿时，她的脸变得通红。有时候，其实是一直，她在讲述此事的时候特别激动（我担心，正如我目之所见，在回忆的时候，这种真正物理上的疲累、这种痛苦，不过是在思绪贫乏

1　克鲁泡特金的回忆录是卡夫卡最喜爱的书籍之一，此后日记中提到的亚历山大·赫尔岑的回忆录也是。

2　西格弗里德·雅各布松（1881—1926），德国作家、戏剧评论家。

的空间的地板下缓慢敞开，甚至只是微微地拱起）。所有东西都抗拒被写下来。如果我知道其肇因是她的规条——她让我不要提起她的任何事情——那我或许还会觉得舒服些，可除了无能，这还能是什么呢。

顺便谈谈我的看法，今天傍晚，我花了整段路的时间思考，与 W. 的结识让我在与那个俄罗斯女人的欢愉中付出了什么代价，俄罗斯女人晚上可能——这绝对不是不可能——会让我进入她的房间，她的房间就在我房间的斜对面。我与 W. 晚上是这么来往的：我用一种我们从来没有商量过的叩击语言敲打我的天花板，上面就是她的房间，听到她的回答，我把身子探出窗外，问候她，时而让她为我祝祷，时而捕捉她从上面挂下来的丝带，我在窗台上坐了好几个小时，听她在上面走的每一步，把她每一声偶然的敲打误认作沟通的信号，听她咳嗽，听她睡前的歌声。

十月二十一日。失去的一天。参观灵霍夫的工厂，参加艾伦菲尔的研讨会，去韦尔奇家，吃晚饭，散步，现在十点钟。我一直在想黑甲虫[1]，但不会去写。

在一座渔村的小港口中，一艘驳船正在为启航做准备。一位穿马裤的年轻男子在监工。两个老水手把麻袋和箱子抬到浮码头上，那儿有个双腿叉开的高大男人接过所有东西，并把它们转交给某几双从驳船内部向他伸过来的手。在环抱码头一角的大型方石上，五个人半躺半坐，把烟斗里的烟雾吹向四面八方。穿马裤

---

1 指《变形记》。接下去的那个片段或许是短篇小说《猎人格拉胡斯》的雏形，因为故事发生的地点确实在里瓦。——原编者注

的男人时不时走到他们面前，说上几句，拍拍他们的膝盖。通常，他们会从一块石头后面取出一把保存在荫凉处的酒壶，一杯不透明的红葡萄酒在男人们的手中传来传去。

十月二十二日。太晚了。悲伤和爱情的甘甜。在船上被她微笑看着。这是最美的事情。一直只想去死，但还硬撑着，单这一点就是爱。

昨天的观察。对我来说，最合适的情况是：倾听两个人的对话，他们讨论与他们密切相关的事情，我在其中则只占极少的一部分，另外，这完全是不计个人得失的。

十月二十六日。全家坐着吃晚饭。透过没有窗帘的窗户，我们看到了热带的夜色。

"我究竟是谁？"我喝问自己。我已经提着膝盖在长沙发上躺了很久，我起身，坐直。从楼梯间径直通往我房间的门打开了，一个低着脸、目光中带着探寻的年轻人走了进来。在狭窄的房间里，他尽他所能地绕开沙发，黑暗中，他站在窗边的角落里。我想看看那是个什么幽灵，走过去抓住了那个男人的肩膀。那是个活生生的人。他抬头——他个头比我小一些——微笑看着我，漫不经心地点点头，说道："您只管检查吧。"这话本应让我信服，尽管如此，我还是抓住了他背心的前襟和衣服的后摆，摇晃着他。他漂亮结实的金表链引起了我的注意，我抓着它，把它拽了下来，固定着表链的扣眼裂开了。他容忍着，只是低头看了看破损的地方，徒劳地试图把马甲的纽扣扣入撕裂的扣眼。"你干什么呢？"最后他说，给我看了看他的马甲。"闭嘴！"我威胁道。

我开始在房间里走来走去，从信步到小跑，从小跑到飞奔，每当经过那个人，我就对他举起拳头。他根本不看我，忙着弄他的马甲。我觉得非常自由，我的呼吸已经变得极不寻常，我的胸腔在衣物中只觉窒闷，无法尽情地提起。

好几个月以来，年轻的会计师威廉·门茨一直打算和一个姑娘搭话，在早上去办公室的路上，他常常在一条很长的街道上遇见她，有时是在这里，有时是在那里。他已经无奈地接受，准备把此事留在脑海里——在女人面前，他非常不果断，更何况，要去接近一个匆忙行路的女孩，在早上也不是一个合适的时机——碰巧的是，有天傍晚——那是圣诞节期间——他看到那个女孩正好走在他前面。"小姐。"他道。她转过身，认出了那个她总在早晨见到的男人，她的目光在他身上停留了片刻，没有停下脚步，又转过身去，因为门茨没有再说什么。他们在一条灯火辉煌、熙熙攘攘的街道上，门茨可以在不引起任何人注意的情况下接近她。在这个至关重要的时刻，门茨想不出什么合适的话，但他也不想在女孩面前继续做个陌生人，因为他既然已经那么认真地开始了，就决心一定要继续下去，于是他大着胆子去扯女孩外套的下摆。女孩忍气吞声，像是什么都没有发生。

十一月六日。这突如其来的信心从何而来？如果它能保持住该有多好！如果我能像个姑且还算笔挺的人那样，可以在所有的门里面进进出出就好了。只不过，我不知道自己愿不愿意那样做。

我们不打算向父母透露半分，但每天晚上九点过后，我们，我和两个表兄弟，会聚集在墓地栅栏旁边，那儿有一块小小的高地，给我们提供了良好的视野。

墓地的铁栅栏给左边空出了一大片绿草茵茵的场地。

十一月十七日。梦：在一条上坡路上，大概在斜坡的中段，更确切地说，在车行道上，从下面看，从左边开始就都是秽物或已经变硬的黏土，这些黏土因脱落而不断往右边塌陷，越陷越低，左边则像栅栏的栏板那样高高矗立。我往右走，那边的路几乎畅通无阻，看到一个男人骑着三轮车迎面而来，看似是径直骑过了障碍物。那像是个没有眼睛的男人，起码他的眼睛看上去似乎是两个模糊的孔洞。三轮车摇摇晃晃的，车虽然相应地骑得漫不经心、不太稳当，却毫无声息，安静轻盈得近乎夸张。我在最后一刻抓住了这个男人，让他停下来，好像他就是那辆车的把手，并把车转进我来时的那个缺口。他倒在我身上，我现在非常庞大，但我只是以一种受迫的姿势抱着他。此外，那辆车像是没有主人，开始往回开了，尽管很慢，但还是把我拖走了。我们经过一辆两侧有栅栏的马车，车上挤着一些人，他们都穿着深色的衣服，其中有个戴着浅灰色卷边帽的童子军。我在一段距离外就认出了他，我期待他助我一臂之力，可他转身挤进了人群。然后——三轮车一直在行驶，我不得不把身子弯得很低，岔开双腿——马车后面有人向我走来，为我提供了帮助，但我不记得是谁了。我只知道，那是个值得信赖的人，他现在就像是藏在张开的黑色布料后面，我应该尊重他的隐蔽。

十一月十八日。我又要写作了，但在此期间，我对我的写作产生了多少怀疑。从根本上来说，我是个无能且无知的人，若不是在一无所成的情况下被迫去上了学，还几乎没有认识到这种强迫性，我这种人可能就只能蹲在狗窝里，一有食物送进来就跳出来，吞下食物以后就跳回去。

在一方阳光分外明亮的院子里，两条狗迎面朝对方跑去。写给 Bl. 小姐[1]的信的开头让我焦头烂额。

十一月十九日。读日记的时候，我被感动了。是不是因为我对当下不再有丝毫的把握？一切在我眼里都是虚构。另一个人的每句话，每一道偶然的视线，都会把我心中的一切，甚至是被遗忘的、完全无关紧要的东西翻到另一边。我比以往任何时候都更觉得不确定，我只感受到生活的暴力。而且我空虚得毫无意义。我真的像一头迷失在黑夜与山岳中的绵羊，或是一头追赶另一头羊的绵羊。我如此迷茫，却没有悲叹的力气。

我故意穿过妓女所在的街道。从她们身边经过让我兴奋不已，这种跟着其中一个走的可能性虽然渺茫，但也绝非不可能。这是下流的行径吗？我却不知道还有什么比它更好了，而且，这实施起来在我看来基本上就是无辜的，我也几乎没有任何悔意。我只想找胖的、年纪大的，她们身上的衣服很过时，但由于有各

---

1 格蕾特·布洛赫，菲利斯·鲍尔的朋友，也是卡夫卡的笔友。据布罗德称，她曾为卡夫卡生下一个儿子。

种各样的装饰品而从某种意义上显得奢华。有一个女人可能已经认识我了。我今天下午见到了她，她还没穿上她的职业装，头发还披在头上，没有戴帽子，穿着像厨娘一样的工作服，还拎着一个什么包袱，也许是送去给洗衣女工的。没有人会在她身上发现吸引人的地方，除了我。我们瞥了一眼对方。现在已是傍晚，天这个时候已经变冷了，我看到她穿了一件紧身的黄褐色大衣，站在从泽尔特纳大街分出来的一条狭窄小道的一侧，她的林荫道就在那儿。我回头看了她两眼，她也捕捉到了我的目光，但后来，我其实从她身边离开了。

不确定感肯定来自对 F. 的念想。

十一月二十日。去了电影院。哭了。《洛洛特》。那位善良的牧师。那辆小自行车。双亲的和解。先是悲伤的电影《码头上的不幸》，然后是有趣的《终于一个人》。我非常空虚，感到非常没有意义，驶过的电车都更有活着的意义。

十一月二十一日。梦：法国政府部委，四个男人，围坐在一张桌子旁。正在进行磋商。我记得长桌右边那个人，他脸部的侧面轮廓相当扁平，肤色泛黄，鼻子格外笔挺，远远地凸显在外（因为整体轮廓过于扁平），油亮、乌黑而浓密的髭须在嘴上形成一道拱。

可悲的观察，肯定又是源自一种最底端飘浮在虚空中某处的虚构：我从书桌上拿起墨水瓶，把它挪到起居室的时候，我感觉我心里存在某种坚定，举个例子，就像一幢巨大的建筑在雾中出现，又立刻消失。我不觉得迷茫，有什么在我心中等待着，它与人无关，自然也与 F. 无关。现在，如果我从那里离开，举例来说，就像有个人一度跑进了田野里。

这种预测、这种循例、这种特定的恐惧是可笑的。这些虚构就算在它们占主导地位的想象中，几乎也只能抵达活泼的表面，肯定总是一下子就被淹没了。若谁有把它塞进机械装置中的魔法之手，一千把刀也不能使它粉碎并散落。

我正在猎取虚构。我来到一个房间，发现它们在一个角落里，泛白地混在一起。

十一月二十四日。前天在马克斯那儿。他变得越来越陌生，我觉得他总是这样，现在我在他眼里也是这样。昨天傍晚，我干脆躺在床上。

临近早晨时的梦：我坐在疗养院花园的长桌旁，甚至是桌子的最末端，我在梦中其实可以看见自己的背影。那是个阴沉的日子，我肯定已经结束了一次出游，坐在汽车里，这车在坡道上摇摇晃晃地向前行驶，方才开到这里。他们应该正要上菜，因为我看到了其中一名女服务员，一个年轻娇小的女孩，迈着非常轻盈的，或者说非常摇晃的步伐，穿着一件秋叶颜色的衣服，穿过被当作疗养院门廊的圆柱式大厅，向下走入花园。我还不知道她想要做什么，但我疑惑地指着我自己，想知道她是不是来找我的。她真的给我带了封信来。我想，它不可能是我期待的那一封，这是封极薄的信，上面的字迹陌生、纤瘦、不稳重。可我打开信封，出现在我眼前的是一大叠写满了字的薄纸，每一张纸上的字迹都是陌生的。我开始阅读，翻阅这些信笺，我意识到这一定是封非常重要的信，显然是 F. 最小的妹妹写来的。我热切地读了起来，这时，坐在我右边的人，我不知道是男是女，很可能是个孩子，越过我的手臂看信。我大喊：“不许看！”一桌紧张的客人开始颤抖。我大概已经招致了一场祸害。我试图用几句简单的话道歉，好继续读下去。我又俯下身看我的信，这个时候，我不可避免地醒了，像是被自己的尖叫惊醒的。我强迫自己在意识清醒的情况下再次入睡，梦境确实再度浮现，我还迅速地读了信上朦胧的两三行句子，内容我一点儿都没记下来，在继续沉睡的过程中，我丢失了这个梦。

高个子的老商人弯着膝盖上楼梯回家，他的手并非扶着，而是压着栏杆。来到房门前，那是一扇带栅栏的玻璃门，他正准备和往常一样，从裤子口袋里掏出钥匙串，这时，他注意到黑暗的角落里有个年轻人，正在向他鞠躬。

“您是谁？您想干什么？”商人问，他还在为爬楼梯的劳累呻吟。“您是商人梅斯纳吗？”年轻人问。“是啊。”商人道。

“那我要通知您一件事。至于我是谁，其实现在一点都不重要，因为这件事和我毫不相关，我只是来传信的。尽管如此，我还是自我介绍一下，我叫凯特，是个大学生。”

“原来如此。”梅斯纳说，思考了一会儿。“好吧，那是什么消息？”他又道。

“我们最好到房间里讨论，”大学生说，“这不是件能在楼梯上了结的事。”

“我怎么不知道我会收到这种消息？”梅斯纳说，侧视着地面。

"这也有可能。"大学生说。

"顺便说一句,"梅斯纳说,"现在已经是晚上十一点多了,没有人会在这里听我们说话。"

"不,"大学生答道,"我不可能在这里说。"

"不过我呢,"梅斯纳说,"夜里不接待客人。"他把钥匙用力插进锁眼,钥匙串上的其他钥匙叮叮当当地响了一阵。

"我从八点开始就在这儿等了,都三个小时了。"大学生说。

"那只能证明,这个消息对您来说很重要。我可不想听什么消息。每条我能避开的消息都是种收获。我不好奇,您走吧,走吧。"他抓住大学生薄薄的上衣,把他往旁边推了一些。然后他稍稍打开房门,从里面涌出一股浓重的热气,渗进寒冷的走廊。"对了,是和生意有关的消息吗?"他后来又问了一嘴,这个时候他已经站在打开的大门里了。

"这也不能在这里说。"大学生说。

"那我祝您晚安。"说罢,梅斯纳走进房间,用钥匙锁上门,拧开床头的电灯,在摆了不少利口酒瓶的小壁橱上斟满一小杯酒,边饮边咂嘴,并开始脱衣服。正当他靠在高高的枕头上,打算看报纸的时候,他感觉好像有人轻轻地在敲门。他把报纸放回被子上,交叉双臂,倾听起来。真的又有敲门声,更确切地说,简直是从门的很低处传来特别轻的敲门声。"真是只纠缠不休的猴子。"梅斯纳笑道。敲门声停下后,他又拿起了报纸。可这时候,敲门声越来越响,几乎是轰隆隆撞在门上。就像孩子为了玩耍而敲遍整扇门那样,一会儿沉闷地敲在下面的木头上,一会儿响亮地敲在上面的玻璃上。"我得起床看看。"梅斯纳摇摇头，心想。"我不能给房屋管理员打电话，因为电话在前厅，我得叫醒女房东才能到那儿。"除了亲手把这小伙子扔下楼去，没有其他的方法。他把毡帽拉到脑袋上，卷起被子，撑着双手挪到床边，慢慢把脚安放在地上，套上填满棉絮的家居拖鞋。"得了。"他咬着上唇，看着门，心想。"现在又安静下来了。可我到底还是得想法子获得一点安宁。"接着他自语道，从架子上抽出一根有着角制龙头的手杖，抓着杖的中间部分向门口走去。

"外头还有人吗？"他向关着的门发问。

"有，"门口传来声音，"请您把门打开。"——"我这就来开。"梅斯纳说着打开门，拿着手杖站在门口。

"别打我！"大学生警惕地说道，往后退了一步。

"那就快滚！"梅斯纳说，手指向楼梯指去。"可我不可以……"大学生道，极为惊讶地向梅斯纳跑过去……〔此处中断〕

十一月二十七日。我必须在不被直接摆脱的情况下停止。我也不觉得有丧失自我的危险，不管怎么说，我觉得无助，是个局外人。但最小限度的写作为我带来的坚实感是毋庸置疑的，也是美妙的。昨天散步的时候我就用这种眼光纵观一切！

打开大门的公寓女管理员的孩子。裹在一条老旧的女士披肩里，苍白、僵硬、肉嘟嘟的小脸蛋。夜里就这么被女管理员抱到门口。

管理员的贵宾犬坐在下面的一级台阶上，聆听我从五楼便响起的踩踏声，我走到它身边的时候它看着我，我走过去之后，它的目光还跟着我。愉快的熟悉感，因为它不害怕我，把我纳入熟悉的房子和它的噪声中。

图画：经过赤道时为船上的男孩施洗礼。水手们的游荡。这艘船的各个方向、各个高度上都爬满了人，四处都给水手们留了位置。高大的水手们挂在船梯上，一双脚上是另一双脚，他们圆润有力的肩膀倚在船体上，俯视这样的奇景。

十二月四日。成了年，但年纪轻轻便殒命，甚至是自杀，这从表面看来很可怕。在彻底的迷惘（其中或许还有进一步发展的意义）中离开，带着绝望，或留有唯一的希望，生命中诸如此类抱有极大期许的表象将被视作从未发生。我现在或许正处于这样的境地。死亡不过是将虚无献给虚无，可对于感觉来说，这是不可能之事，因为哪怕只是一种有意识的虚无，人怎么可能把自己献给虚无，况且那不仅仅是空洞的虚无，而是呼啸的虚无，其无意义只在于不可理解。

一圈男人，主与仆。精心打扮的脸庞闪耀着生动的色彩。主人坐下，仆人把托盘上的食物递给他。两人之间没有更显著的区别，没有其他可供评判的区别，就比方说一个在无数麻烦的共同作用下成为生活在伦敦的英国人和另一个与此同时在风暴中独自行船出海的拉普兰人之间的区别。当然，仆人可以——也只在某些条件下——变成主人，但这个问题无论怎么作答，也无法改变这里的一分一毫，因为这是一个评估当下情况的问题。

即便人类的统一性时不时在情感上遭受质疑，就连最容易相处、最温顺的人也不免怀疑它，但从另一方面来说，它也向，或似乎向每一个人表现出完整的、一再与整体及个体之发展亦步亦趋的共同性。甚至在个体最封闭的情感中亦如此。

对愚昧的恐惧。在每种奋不顾身、忘却其他一切的情感中见到的愚昧。那什么是不愚昧？不愚昧是乞丐般地站在门槛前，站在入口的一侧，腐烂、倾覆。可 P. 和 O. 是让人厌恶的傻瓜。一定有比其承载者更大的愚昧。这种在大愚昧中绷紧小愚昧的行为可能就是让人厌恶的地方。可基督不也是在同样的情况下在法利塞人 [1] 面前显圣的吗？

奇妙的、完全矛盾的想象，例如，一个在夜里三点死去的人其后应当立刻，比如说在黎明，进入一种更崇高的生命。在有形的人类与所有其他事物之间存在着一种多么巨大的不协调性！随秘密而来的秘密又是多么巨大！人类的计算器在第一时间就要气竭。人们其实应该害怕踏出房门。

十二月五日。我对我的母亲是何其愤怒！只消开始和她说话，我就已经被激怒，几乎要大喊大叫。

O. 毕竟是在受苦，而我不相信她在受苦，她可以受苦，我要是相信了，就违背了我这更好的眼力，我不相信，是为了不必帮她，这我做不到，因为我对她也很恼火。

从表面上看，至少有的时候，我只看到关于 F. 的数不尽的小细节。这使她的形象显得如此清晰、纯粹、原始，既概括又

---

1 在《马太福音》中，耶稣指责他们是言行不一的伪善者。

轻盈。

十二月八日。魏斯小说中的结构。消除它的力量，这么做的
责任。我几乎否认这些经历。我想要平静，一步一步来，或者跑
着来，但不是精心计算过的蝗虫之跃。

十二月九日。魏斯的《橹舰》。故事的流程开始时，效果减
弱。世界被征服，我们却眼睁睁看着。所以，我们可以平静转
身，继续生活。

厌恶积极的自省。灵魂的启示，比如：昨天我是这样的，
原因如何如何，今天我是这样的，原因如何如何。这不是真的，
不是因为这个，也不是因为那个，所以不是怎样怎样的。安静
地忍受，不要鲁莽，过必须要过的生活，不要像狗那样四处
乱跑。

我在灌木丛中睡着了。一阵噪声吵醒了我。我在双手间发现
一本我从前读过的书。我把它扔了，跳了起来。当时中午刚过，
我所在的山岗前方展开了一大片低矮的平原，上面有村庄与池
塘，形状统一的、高大的、芦苇般的灌木丛分布其间。我双手放
于臀上，眼睛探视着一切，耳朵聆听着噪声。

十二月十日。这些发现把自己强加给人类。

那张带着笑容的、少年气的、狡黠的、松弛的脸，我还从没
见过总督察有这样一副面孔，只有今天在给他读所长的一份文件
时，我偶然抬头看了一下，这才注意到。他还耸了一下肩，把右

手插进了裤兜，好像变了个人。

我们永远不可能留意、判断所有影响瞬时情绪的情况，更别提干预情绪，乃至干预判断了，所以，"昨天我觉得坚不可摧，今天我觉得绝望万分"这样的说法是不正确的。此类区分只能证明，我们乐于影响自己，还尽可能地与自己隔绝，躲到偏见与幻想后面，暂时过着一种仿造的生活，就像有人曾经在一家小酒肆的角落里，一个小小的子弹杯便足以将其藏好，只和自己一个人，只与彻底虚假的、无法证实的想象对话。

临近午夜，一个年轻男子从楼梯上下来，向小歌厅走去，他身穿一件暗灰的紧身格子大衣，上面稍许积了些雪。他在收银台前付钱，台子后面那位昏昏沉沉的小姐吓了一跳，一双黑色的大眼睛直勾勾地看着他，然后，他又站了一会儿，俯视着三级台阶之外的大厅。

几乎每天晚上我都要去国家火车站；今天，因为下雨，我在大厅里来回走了半个小时。一直在吃自动售货机里的糖的小伙子，手伸进口袋，从里面掏出一堆零钱，漫不经心地塞进投币口，边吃边看标签，从肮脏的地面上捡起几片碎片，直接放进嘴里。——站在窗边的男人嘴里咀嚼着什么，亲昵地和一个女人聊天，他们是亲戚。

十二月十一日。在托因比大厅朗读《米夏埃尔·科尔哈斯》[1]的开头。彻头彻尾的失败。选得不好，读得不好，最后在文本中

1　克莱斯特的中篇小说。

毫无意义地游来游去。模范观众。第一排很矮的男孩。为了打发无辜的无聊，有个人试着把帽子小心翼翼地扔在地上，又小心翼翼地捡起来，不止一次。因为他太矮小，没法在椅子上这么做，所以他总得把身子从靠背椅上滑下来一些。我读得粗野、糟糕、粗心、让人难以理解。下午的时候，我已经被朗读的热望弄得浑身发抖，几乎连嘴巴都闭不上。

真的无需外力撞击，只要把用在我身上的最后一点力气抽回，我就会陷入让我粉身碎骨的绝望。今天，在我设想自己一定要在诵读会上保持冷静的时候，我问自己，这会是一种什么样的冷静，它的基础在哪里，我只能说，那不过是照冷静本身意愿表现出的冷静，是一种难以言喻的恩典，无他。

十二月十二日。早上，我起得相对还算清爽。

昨天回家的路上，有个矮个子灰衣男孩快步走在一群男孩身边，一只手拍着自己的大腿，另一只手抓着另一个男孩，非常心不在焉地喊道："*Dnes to bylo docela hezky.*[1]"这场面令我无法

---

1 捷克语，意为"今天可真棒！"卡夫卡常常以如此幽默的口吻批评他在克莱斯特诵读会（见十二月十一日的日记）上的表现，男孩的这句话甚至成了我们朋友圈里无人不知的谚语。卡夫卡告诉我们，这个男孩还带着一脸早熟的表情补充道："Very Well（真棒）."但凡有人什么都不懂，居高临下、不懂装懂、施恩般地表扬某些东西的时候，我们就喜欢引用这句"真棒"，一听到这话，我们立刻就心领神会了。在现实中，整个诵读会的这段小插曲其实远没有日记里写的那么忧郁。卡夫卡自然读得十分精彩，作为观众，我至今仍历历在目。只是他选的章节太长，最后读的时候不得不缩减。另外，在这部伟大的文学作品与兴趣缺缺的贫穷观众之间存在着怪诞的对比，大多数观众只是为了配餐桌上一杯免费的茶水才来参加这种福利活动的。——原编者注

忘怀。

今天六点左右，我走在巷子里，带着日程安排稍作改变后的新鲜感。可笑的观察，我什么时候才能把它们根除。

早前，我仔细地看了看镜子里的自己，我的脸——当然只是在傍晚的光线下，而且光源在我身后，所以其实被照到的只有耳朵边缘的绒毛——似乎比我自己认为的好看，甚至在仔细查看的时候也是如此。一张清晰的、显然是有教养的、几乎轮廓鲜明的脸。头发、眉毛与眼窝的漆黑有如从其余期待着的部分中渗出的生命。目光一点儿都不失魂落魄，完全没有这样的痕迹，但也不稚气，反倒不可思议地炯炯有神，但或许"它只是在观察，因为我恰好在观察自己，所以打算吓吓自己"。

十二月十二日。 昨天很久都没睡着。F.终于有了计划，我也因此不安稳地睡着了，我拜托魏斯捎一封信去她的办公室，在这封信里，我别的什么都没写，只写了我一定要得到她的消息，或者有关于她的消息，所以我才让魏斯去，好让他为我写写她的事情。[1] 在此期间，魏斯坐在她的写字台边，直至她把信读完，鞠躬——因为他没有别的任务，又几乎没得到什么回音——然后离开。

公务员协会的讨论晚会。由我主持。可笑的自信的来源。我的开场白是："我不得不带着遗憾之情，宣布今天的讨论晚会就此开始。"换而言之，我没有及时得到通知，所以没有准备。

1　恩斯特·魏斯和菲利斯·鲍尔当时都生活在柏林。——原编者注

十二月十四日。比尔曼[1]的讲座。什么都没有，但讲演中时不时出现有感染力的自我满足。姑娘似的脸上长着甲状腺肿。几乎在说出每句话之前，他脸上的肌肉都以相同的方式收缩，就和打喷嚏的时候一样。他今天的日报文章里有一行写圣诞市场的诗句。

先生，为您的孩子买了它吧，

让他们只笑不哭。

他引用了萧伯纳的话："我是一个常常坐着的、胆怯的平民。"

在办公室里给 F. 写信。

上午去办公室的路上，碰见研讨会里那个与 F. 酷似的女孩时，恐怖感油然而生，我目前不知道她是谁，只意识到她虽然像 F.，可她不是 F.，却与 F. 有着某种更为深远的关系，也就是说，在研讨会上看到她的时候，我就总想到 F.。

现在，我读到陀思妥耶夫斯基的那段话，让我想起我的《不幸》[2]。

十二月十五日。给魏斯博士和阿尔弗雷德叔叔写信。没收到电报。

阅读《我们一八七〇、七一年的青年》。读胜利与振奋人心的场面时又压抑地啜泣。成为父亲，平和地与儿子交谈。可这

1　即著名记者阿诺德·霍尔利格尔，风格鲜明的旅行作家。——原编者注
2　见卡夫卡短篇集《沉思》。

样，就不能用玩具小锤子取代心脏了。

"你给叔叔写过信了吗？"母亲问我，我带着恶意期待着这个问题很久了。她忧心忡忡地观察了我许久，其一，出于各种各样的原因，她不敢问我；其二，她不敢在父亲面前问我；最后，看到我打算离开，她还是担惊受怕地问了。我经过她身后的扶手椅时，她的视线从纸牌上移开，飘向上方，以一种早已逝去又不知何时复生的细微动作向我转过脸，然后发问，她只仓促地朝上看了一下，带着羞涩的微笑，还没有听到答案，在提问的时候她就受辱了。

十二月十六日。"诸六翼天使狂喜如雷的呼唤。"

我坐在韦尔奇家的摇椅上，我们讨论我们生活的无序，他终究是有某种确信（"人必须去求不可能的东西"），我却没有，我看着我的手指，觉得我就是自己内在空虚的代言人，这是独一无二的，甚至算不上特别伟大。

十二月十七日。写信给 W.，交代任务。"向外猛溢，却只是一口冷灶上的锅。"

贝尔格曼[1]的讲座，《摩西与当代》。纯粹的印象。——无论如何，它与我无关。真正的、可怕的道路在自由与奴役之间相互交错，向前没有通途，业已经过的路即刻被焚毁。这样的道路数不胜数，或只有一条，我们无从确定，因为不能纵观全局。我就在

1　胡戈·贝尔戈曼（1883—1975），生于布拉格的以色列哲学家。

这。我离不开。我没有什么可抱怨。我并不过分痛苦，因为我的痛苦不连贯，它并未累积，至少我暂时没有感受到它。我痛苦的程度远远小于我或许应得的痛苦。

一个男人的侧影，他以各种各样的姿势半举起手臂，迎着浓雾向里走。

犹太教义中美好、强大的分类。人们各得其位。人们更好地审视自己，评判自己。

我要去睡觉，我倦了。或许这在那里就已经决定好了。做了许多相关的梦。

Bl. 写来的虚伪的信。

十二月十九日。F. 来信。美好的早晨，血里暖暖的。

十二月二十日。没收到信。

平静的脸庞与平静的谈吐产生的效果，尤其是来自一个还没看透的陌生人。神的声音从一张人类的口中发出。

在一个冬天的傍晚，有位老人穿过雾中的小巷。天气冰凉。小巷空无一人。没有人从他身边经过，他只是时不时在雾中隐约看见一个高大的警察，或一个披着皮毛或披肩的女人。他什么都不在意，一心想去看望一个很久没有拜访过的朋友，这位朋友刚刚派一位女仆来找他。

商人梅斯纳的房门被轻轻敲响时，午夜已深。没有把他叫醒的必要，因为他向来要到早晨才能睡着，不过在睡着以前，他习惯醒着趴在床上，脸埋在枕头里，伸开手臂，双手环抱着脑袋。

他立刻就听见了敲门声。"是谁?"他问。传来一声难以理解的耳语,比敲门声还轻。"门开着。"说着他扭开了电灯。一个身披大披肩,矮小而虚弱的女子走了进来。

一九一四年

一月二日。与魏斯博士一起快乐地度过了许多时光。

一月四日。我们在沙子里挖了个凹槽，窝在里面特别舒服。晚上，我们蜷在凹槽中间，父亲用树干遮挡它，往上面抛树枝，让我们尽可能不受风暴与动物的侵扰。"父亲！"每次木头下面已经很暗，却还没见到父亲的时候，我们总是焦急地喊叫。不过，我们已经能在一条缝隙里见到他的脚，他滑到我们身旁，稍微拍一拍我们每一个，因为只要他的手碰到我们，我们就觉得心安，然后我们简直是在同一时间睡着了。除了父母，我们共有五个男孩和三个女孩，对我们来说，凹槽里太拥挤，但若不是夜里我们如此紧密地相互依偎，我们就会非常害怕。

一月五日。下午。歌德的父亲在痴呆的状态下死去。他最后一次得病的时候，歌德正在创作《伊非姬尼亚》。

"把这人弄回家吧，她喝得烂醉。"某位宫廷官员对歌德说起克里斯蒂安妮[1]。

和母亲一样爱喝酒的奥古斯特和女人鬼混在一起，手段卑鄙。

父亲考虑到社会因素，强行把不受喜爱的奥蒂莉许了人。

1　歌德的妻子。下文中的奥古斯特是歌德的儿子，奥蒂莉是歌德的继女，沃尔夫（沃尔夫冈·马克斯米连·冯·歌德）及瓦尔特尔是歌德的孙子。

沃尔夫，外交官、作家。

瓦尔特尔，音乐家，没能通过考试。他在一栋带花园的小房子里隐居了数月。女沙皇想见他的时候，他说：

"请您转告女沙皇，我不是野生动物。"

"与其说我的健康是来自铁，倒不如说是来自铅。"

沃尔夫浅薄的、没取得什么成就的文学作品。

阁楼房间里白发老人们的聚会。八十岁的奥蒂莉，五十岁的沃尔夫和其他年迈的相熟之人。

在这样极端的情况下，他们才注意到，他们每个人是如何无可救药地迷失了自我，只有在对法则——它在他人身上，在他人心中，在所有地方都占了主导地位——进行沉思之时，才能得到安慰。从外表上看，在别人调动沃尔夫去别处，使他振作，激励他，让他参与系统性工作的时候，他是多么容易受人影响——而他的内心又是多么克制、岿然不动。

楚科奇人为何不迁出他们可怕的国家，考虑到他们当下的生活与当下的愿望，他们在任何地方或许都会生活得更好。但他们不能这么做：一切可能之事业已发生，只有发生之事才谓可能。

有位葡萄酒商从规模较大的邻城来，在 F. 小镇上开了一家葡萄酒酒馆。他在环形广场上的一栋房子里租了个拱顶地窖，在墙壁上绘了东方的纹饰，还摆上了几乎无法使用的长毛绒家具。

一月六日。狄尔泰[1]的《体验与文学》。对人类之爱，尤其是对

---

1 威廉·狄尔泰（1833—1911），德国哲学家、神学家。

其生成形式的最高尊崇，是在最合适的观察位置上冷静地退回。路德[1]少时之言。"来自不可见的世界的强大阴影受谋杀与鲜血吸引，进入了可见的世界。"——帕斯卡[2]。

替 A. 为他岳母写信[3]。丽瑟尔吻了她的老师。

一月八日。凡特尔的诵读会。《黄金首》[4]。"他把敌人甩出去，就像甩一只木桶。"

不安、枯燥、平静，一切都会在这当中流逝。

我和犹太人有什么共同点？我和自己几乎都没什么共同点，我应当安安静静地站在角落里，能呼吸就该心满意足了。

阐述莫名其妙的情绪。A. 说："自从那件事发生以后，看到女人我就难受，但并不是什么性兴奋，也不是纯粹的悲伤，我就只是难受。在我觉得丽瑟尔可信之前，也都会是这样。"

一月十二日。昨天：奥蒂莉的风流韵事，年轻的英国人。——托尔斯泰的订婚仪式，亲切的、雷厉风行的、具有魅力的、有先见之明的年轻人留下的清晰印象。衣着考究，是深色和深蓝色的。

咖啡馆里的姑娘。窄小的裙子，白色的、宽松的、带毛

---

1 马丁·路德（1483—1546），德国神学家、作家、哲学家，促进了新教的形成。

2 布莱士·帕斯卡（1623—1662），法国神学家、哲学家、数学家、物理学家。

3 下文提到的丽瑟尔是 A. 的未婚妻。——原编者注

4 保罗·克莱德尔（法国作家、诗人、外交官，译者按）的剧本。凡特尔（原名弗兰奇斯卡·卡茨，剧作家，译者按）与达尔克罗兹、保罗·阿德勒及雅各布·赫格纳等文人同属海勒乌文化圈。——原编者注

边的丝绸衬衫，裸露的脖子，同样面料的灰色绸帽子紧紧地罩在头上。她那张饱满的、一直随呼吸起伏的笑脸，虽然略有些矫揉造作，眼神却相当亲切。思念 F. 的时候，我脸上一阵烧热。

走在回家的路上，夜色明净，清楚地意识到我心中只不过是沉闷，这离伟大的、毫无障碍地流传的明朗太远了。

尼古莱[1]，《文学信札》。

对我来说，当然有许多可能性，可它们都藏在哪块石头底下？

向前飞驰，在马背上——

青春之无意义。畏惧青春，畏惧无意义，畏惧非人生活无意义地降临。

特尔海姆[2]："他有那种精神生活的无拘无束，在不断变化的生活环境中，一次次地在全新的方面给人惊喜，这是只有真正诗人的创作才有的特质。"

一月十九日。在办公室里，恐惧与自信交替出现。不然我还要更有信心。对《变形记》极为抵触。读不下去的结尾。几乎是根本上的不完美。如果我当时不被出差干扰，情况或许会好得多。

---

1 弗里德里希·尼古莱（1733—1811），德国作家、评论家。《文学信札》是德国作家莱辛与尼古莱及其他作家间的通信。

2 引自狄尔泰的《体验与文学》。——原编者注

一月二十三日。高级督察 B. 说起一位退了役的上校朋友，他睡觉时要把窗户完全打开："在夜里这特别舒服，可到了清早，我不得不铲掉窗边矮沙发上积的雪，然后开始刮胡子的时候，就不舒服了。"

图尔海姆伯爵夫人的回忆录：

母亲："她的温柔天性和拉辛特别相配。我经常听到她向上帝祈祷，愿主赐他永远的安息。"

可以肯定的是，在俄国大使拉索莫夫斯基伯爵于维也纳为他（苏沃洛夫[1]）举行的大型宴会上，苏沃洛夫像个贪吃鬼那样吃着摆在桌上的菜肴，谁都不等。吃饱之后，他站起来，把宾客独留在宴会上。

照着版画描绘一位温柔、坚定、迂腐的老人。

"这对你来说又不一定。"母亲的安慰之词很糟糕。最糟糕的是，我眼下竟不需要更好的安慰。这一点让我很受伤，而且我还会一直这样受伤，但除此之外，过去几天里合乎规律的、微弱交替着的、半称得上积极的生活（办公室里与"经营"有关的工作，A. 对他未婚妻的担忧，奥特拉的犹太复国主义，姑娘们听萨尔腾[2]、希尔德克劳特[3]讲座时的享受之情，阅读图尔海姆的回忆录，给魏斯和洛维写信，修改《变形记》）简直让我振作起来，给我带来些许坚定与希望。

1　亚历山大·瓦西里耶维奇·苏沃洛夫（1729—1800），俄国将领、战略家，俄罗斯军事奠基人之一。
2　费利克斯·萨尔腾（1869—1945），奥地利作家。
3　鲁道夫·希尔德克劳特（1862—1930），奥地利电影导演、剧场导演，曾与萨尔腾共同执导无声电影《命运的愚者》。

一月二十四日。拿破仑时代：节庆活动是多么拥挤，所有人都急于"尽情享受短暂和平时期的欢乐"。"另一方面，女性也在为这份欢乐施加她们的影响，仿佛它随时都会消逝；她们真的没有时间可以失去。那些时日里的爱情表现在更激越的热情与更隆重的奉献中。"——"如今，些许虚弱的时刻也再没了借口。"

没有给 Bl. 小姐写几行字的本事，已经有两封信没回了，今天又来了第三封。我并未真正领会什么，内心倒坚定，只是空虚不已。不久以前，又一次踩着固定的时间点走出电梯时，我突然想起，随着日子一天天地在细节方面愈发一成不变，我的生活倒像是一种惩罚性作业，受罚的学生根据各自犯下的过错，分别得写下同样的句子十遍、百遍，甚至更多遍，至少这样的重复抄写是毫无意义的，只不过，就我的情况而言，这种惩罚是这样的："如你所能承受的那般频繁。"

A. 平静不下来。尽管他对我很信任，尽管他想听听我的建议，可我总是在对话中不经意地打听到最恶劣的细节，对此，我总得尽我所能地压抑陡然而至的惊诧，却不免觉得，他肯定把我听到可怕消息时表现出的漫不经心当作冷淡，但或者也当作一种尽心尽力的抚慰。这也是我所打算的。我听到的接吻故事分了以下数个阶段，有的当中还隔了好几个星期：一位教师吻了他——她去了他的房间——他吻了她好几次——她经常去他的房间，因为她要为 A. 的母亲做手工活，教师房里的灯光好——她意志薄弱地任他亲吻——他很早就已经向她表示过爱意——她仍然无所顾忌地和他去散步——她打算给他做一份圣诞礼物——有

一次她写道，有些不愉快的事情发生在我身上，但没留下什么
痕迹。

A. 如此盘问她："是什么情况？我想确切地弄清楚。他只是
吻了你？多久一次？在什么地方吻的？他有没有趴在你身上？他
有没有碰你？他有没有脱你衣服的打算？"

她的回答："我坐在长沙发上做手工活，他坐在桌子另一边。
然后他走过来，坐到我身边，吻了我，我从他身边挪开，坐到沙
发的软垫边，把头埋了进去。除了这个吻，没发生别的事情。"

他发问的时候，她一度插道："你到底在想什么？我是个女
孩子。"

现在我突然想起，我给魏斯博士写的信可以完全展示给
F. 看。如果他今天是因为这么做才晚回信了，会是如何呢？

一月二十六日。读不进图尔海姆了，说起来，这就是我过去
几天里的娱乐活动。给 Bl. 小姐的信现在已经在车站里了。它是
如此纠缠着我，如此深刻地印在我的脑海里。而父母坐在同一张
桌子上打牌。

周日上午，父母和成了年的孩子（一儿一女）坐在桌前。为
了分汤，母亲刚站起身，把长柄勺伸进胖鼓鼓的汤锅里，这时候
整张桌子突然抬了抬，桌布飘起，压在上面的手一滑，汤和滚动
的培根丸子都撒到了父亲的大腿上。

我现在几乎就要责骂母亲了，因为她从艾莉[1] 那儿借来了《邪

---

1 卡夫卡的大妹妹。提到的书是奥斯卡·鲍姆的一本小说。——原编者注

恶的纯真》，我昨天才打算亲自把这本书交给艾莉的。"别动我的书！除了书我什么都没有了！"盛怒之下，我说出了这样的话。

图尔海姆父亲之死："即刻赶到的医生察觉病人的脉搏非常微弱，宣布他只剩下几个小时好活了。我的老天爷，他们说的是我的父亲——只几小时的大限一过，他便死了。"

一月二十八日。关于卢尔德神迹[1]的讲座。思想自由的医生，精力充沛，长了一口好牙，龇牙咧嘴的，言词中的咆哮是他的一大乐事。"是时候用德国人的缜密与真诚对抗南欧人的招摇撞骗了。"叫卖《卢尔德消息报》的人："今晚的治疗效果非常好。定能痊愈！[2]"——讨论："我只是个普普通通的邮局工作人员，仅此而已。"——"寰宇酒店。[3]"——出门时想念 F.，觉得无限哀愁。靠静思才逐渐平息下来。

给 Bl. 写信，附上了魏斯的《橹舰》。

挺久以前，有个用纸牌占卜的女人告诉 A. 的妹妹，她的长兄已经订婚，他的未婚妻在欺骗他。他说他当时愤怒地驳斥了这种说法。我说："为何只是当时？它现在还是错的，就和当时一样。她又没欺骗你。"他说："真的假的，她没有吗？"

二月二日。A. 的女性朋友给他的未婚妻写了一封娼妓般的

1　一八五八年二月十一日至七月十六日之间，在南法卢尔德地区，圣母马利亚先后于凡人面前显圣十八次，令病人痊愈，后被称作"卢尔德奇迹"。
2　原文为法语。
3　原文为法语。

信。"谁说我们要把一切都看得那么严肃,就像当时,那些忏悔式的布道非把我们束缚在它的影响力之下。""你为什么在布拉格过得那么压抑,与其大肆发泄,倒不如小小地纵情。"我带着好意解读这封对未婚妻有益的信。

昨天 A. 去了施鲁克瑙。他和她在房间里坐了一整天,手里拿着装了所有信件的包裹(那是他唯一的行李),不停地盘问她。他没打听到什么新内容,临行前一个小时,他问:"接吻的时候灯灭了吗?"然后,他得到一个让他绝望的消息,W. 在接吻(第二次)的时候把灯灭了。W. 在桌子的一边画画,L. 坐在另一边(晚上十一点,在 W. 的房间里),读《阿斯穆斯·塞姆佩尔》[1]。这时候,W. 站起来,去箱子里取东西(L. 觉得是圆规,A. 觉得是避孕套),然后他突然灭了灯,猝然用吻袭击她,她人沉在长沙发里,他搂着她的手臂,搂着她的肩膀,一边还说道:"吻我!"

另外有一回,L. 说:"W. 非常笨拙。"还有一次,她说:"我没吻他。"又有一次,她说:"我以为我在你的怀里。"

A.:"我必须要弄清楚(他考虑让医生为她做检查)。要是往后,我在新婚之夜发现她骗了我,那该怎么办。她那么平静,或许只是因为她用了避孕套。"

关于卢尔德:抨击对奇迹的笃信就是抨击宗教。因为无法证实祷告究竟有没有用处,这样的抨击可以借助同样的权力处处干涉教会、游行、告解和不卫生的程序。卡尔斯巴德[2]是比卢尔德更荒唐的骗局,而卢尔德的优势在于,人们是出于内心最深处的信

---

1 德国作家奥托·恩斯特的自传体小说。
2 捷克著名矿泉疗养地。

仰才到那里去的。那么，关于手术、血清疗法、接种疫苗的顽固意见又如何呢？

毕竟[1]：为流浪的危重病人设立的大型医院、肮脏的神龛池、一旁等待医疗专车赶来的担架、医疗委员会、山上巨大的白炽灯十字架，还有教皇每年征收的三百万。神父拿着圣体匣经过；有个女人在她的担架上大喊："我痊愈了！"她的骨结核后来一点都没好。

门开了一条缝。出现了一把左轮手枪，还有一条伸出来的手臂。

图尔海姆伯爵夫人回忆录，第二部，第二十八、三十五、三十七页：没有什么比爱情更甜蜜，没有什么比调情更有趣；第四十五、四十八页：犹太人。

二月十日。散步过后，十一点。比平时还要精神。为什么？

一、马克斯说，我很安静。

二、费利克斯要结婚了（和他闹得不开心）。

三、如果 F. 还是不要我的话，我就保持单身。

四、X. 女士邀请我，我正考虑如何向她介绍自己。

我偶然间走了和平时相反的路，即链桥，城堡区，查理大桥。平时我在这条路上真的会摔倒，今天，从相反的方向过来，我倒是感到些许畅快。

---

1 按上下文来看，可能在描述卡尔斯巴德温泉疗养地的情况。

二月十一日。狄尔泰的《歌德》，粗略浏览了一遍，非常野性，我把它带上了，为什么人不能点燃自己，在火焰中灭亡？还是就算没听到戒律，也要追随？在空荡荡的房间里，他坐在房中央的扶手椅上，凝视着镶木地板。在山中的狭路上高喊"前进"，在崖谷间所有的支路上，都听到几个人的呼唤，接着，看到他们出现。

二月十三日。昨天在 X. 女士家。平静、精力充沛，一种通过眼神和四肢所表现出的无懈可击的自信与深入钻研的力量。率真的个性，坦诚的眼神。我总是记得她那顶丑陋的、巨大的、庄严的、在文艺复兴时期流行的鸵鸟羽毛帽，要是我私下里不认识她，我会觉得她很讨人厌。她匆忙点到话题主旨的时候，皮手笼紧紧地贴在身子上，却又颤颤巍巍的。她的孩子某某和某某。

X. 女士的眼神、叙述时的忘我、全情的投入，还有娇小活泼的身躯都让人想起 W.，即便在谈论美丽衣帽时，那生硬低沉的嗓音也是如此，不过在 W. 身上从不会看见这样美丽的打扮。

从窗口望向河上。对话时有好多次，尽管她没有表现出任何疲态，可我完全不听自己使唤，目光空洞，听不懂她在说什么。最单纯的话语翻来滚去，一边又不得不看着她怎么倾听我说话的，她漫无目的地抚摸着小小的孩子。

梦境：在柏林，穿过大街，去她家，平静愉快的意识，我虽然还没有到她家，但去她家轻轻松松，我肯定可以到达。我看到两侧立着成排房屋的长街，一栋白房子上挂着标牌，大概写着"北方富丽之堂"（昨天在报纸上看到的），梦里还添了"柏林 W"

几个字。我问一位和蔼可亲、红鼻子的老警察，他这次套了一种公仆的制服。我得到了详尽的答复，他甚至还为我指出了远处小草坪上的栏杆，为了安全起见，我路过的时候可以扶着它。然后是和电车、地铁等交通工具有关的建议。我没听明白，大概知道自己低估了距离，震惊地问："是不是大概还有半小时的路？"这老人却答道："我过去只要六分钟。"太高兴了！某个男人，一道影子，一位同伴总是陪着我，我不知道那人是谁。我简直没有时间转身，没有时间侧身看。

我住在柏林某家膳宿公寓里，住在那里的显然全是年轻的波兰裔犹太人；房间极小。我打翻了一个水瓶。有人不停地在一台小打字机上打着字，有人问他要东西的时候，他几乎头都不转一下。没弄到柏林的地图。我总看到有人手里拿着看上去像地图册的书本。结果那总是其他完全不相干的东西，柏林学校索引、税务统计或类似的东西。我并不愿意相信，可人们微笑着，毫无疑问地向我证实了这一点。

二月十四日。如果我应当自杀，毋庸置疑，不是任何人的责任，哪怕，比如说，下面要提的这个明显的动机应该与 F. 的行为有关。我已经在半睡半醒间亲自设想过这样的场景：我已经预感到结局，口袋里揣着诀别信，来到她的公寓，她拒绝了我的求婚，我把信放在桌子上，走向阳台，所有人朝我冲过来，抓住我，被我挣脱，我跃过阳台护栏，一只伸向别人的手不得不松开。可信里写了，我虽是为了 F. 往下面跳，但即便她接受了我的请求，对我来说也不会有什么本质上的改变。我是属于下面的，我找不到其他补偿，F. 恰巧是见证我宿命的人，没有她我活不下去，我必须往下面跳，可是——F. 也意识到了这一点——我也许也无法与她一起生活。为什么不利用今夜来做这件事呢？今晚在家长碰面会上发言的人已然浮现在我眼前，谈论着生活与创造生活的条件——可我坚守想象，极度纠结地活在这样的生活里，我不会去寻死的，我冷漠至极，又很难过，脖子周围的衬衫卡着我，我真该死，在雾里喘着粗气。

二月十五日。回想起来，这个星期六和星期天对我来说是多么漫长。昨天下午我找人剃了头发，然后给 Bl. 写信，然后去马克斯那里待了一会儿，去的是他的新公寓，然后去家长碰面会，坐在 L. W. 身边，然后和鲍姆碰头（在电车里遇见了 Kr.），然后在回家的路上，马克斯抱怨我不发一言，然后有了自杀的念头，然后我的妹妹见完家长回来了，半个字都没能说出来。在床上躺到十点，睡不着，痛苦，痛苦。没有信，家里没有，办公室里也没有，把给 Bl. 写的信扔进弗朗茨-约瑟夫车站，下午见 G.，沿着伏尔塔瓦河散步，在他的公寓里朗诵，引人注目的母亲在吃抹了黄油的面包，面前摊着纸牌；我又独自闲逛了两个小时，决定星期五去柏林见柯霍尔 [1]；回家和妹妹、妹夫待在一起，接着去韦尔奇家商量订婚事宜（J. K. 点的蜡烛熄了），再回家，试图以沉默引来母亲的同情与帮助，现在妹妹谈起俱乐部里的晚会，十二点三刻的钟声响了。

---

1 捷克作家、历史学家。出版了《卡萨诺瓦、J. F. 奥皮茨书信集》（与奥托·皮克合编，手稿来自波希米亚国家博物馆）等作品。——原编者注

在韦尔奇家，为了安慰他情绪激动的母亲，我说："这场婚姻也让我失去了费利克斯。结了婚的朋友什么都不是。"费利克斯一言不发，他当然也说不了什么，可他甚至什么都不想说。

这本日记本开头写的是 F. 的事，一九一三年五月二日，她搅得我头脑不安宁，若是要以更糟糕的字眼代替"不安宁"，那我可以用相同的开头把这本日记本写完。[1]

二月十六日。一事无成的一天。我唯一的快乐是昨夜建立起来的希望，希望自己能睡得更好些。

傍晚店打烊后，我和往常一样回家，这时候好像有人注意到了我，根茨莫尔公寓的三个窗口里的所有人都轻快地向我招手，我想上去。

二月二十二日。尽管我没睡足，脑袋左上角几乎因不安而疼痛，或许我竟依然有能力冷静地构建一个更庞大的整体，或许我可以在其中忘却一切，只意识到自己的优点。

二月二十三日。我上车了。穆齐尔[2]的信。我又高兴，又难过，因为我一无所有。

年轻男子骑着一匹骏马出了别墅的大门。

1　卡夫卡的第七本日记从一九一三年五月二日开始记，到此结束。——原编者注
2　作家罗伯特·穆齐尔（奥地利作家，著有《没有个性的人》，译者按）邀卡夫卡同办一本文学杂志。具体细节，包括此次出行的细节我都不记得了。这次出行估计是去了柏林。——原编者注

祖母去世时，身边恰好只有护士。护士说，祖母临死前，在床垫上稍稍抬了抬身子，仿佛是在找谁，然后她又安静地躺回去，死了。

我无疑处在一种完全将我围绕的压抑中，但我必定没有与它畸长在一起，我注意到它偶有松动，它是可以被强行砸开的。有两种方法，结婚，或者去柏林，第二种更安全，第一种更具有直接的诱惑力。

我向下潜，很快就找到了方向。一小群人像锁链那样漂过，在绿意中迷失了方向。钟状物在水流的推力中来回漂荡——虚假的。

三月九日。伦塞走了几步，穿过半明半昧的走廊，打开餐室那扇糊着裱纸的小门，几乎看都没看，就朝着喧闹的人群喊道："请稍微安静一些。我有客人。请你们稍微体谅体谅我。"他重新向自己的房间走去，听到噪声和方才无甚区别，他停顿片刻，本打算回去，但还是改变了主意，返回他的房间。房里，一个大约十八岁的男孩站在窗边，俯视着院子。"已经比刚才安静了。"伦塞走进来的时候，他说，向伦塞扬起长长的鼻子和深邃的双目。"根本没安静。"伦塞说，拿起桌上的啤酒瓶喝了一口。"在这里根本得不到安宁。你必须习惯这些，小伙子。"

我很累，必须想办法靠睡眠恢复体力，不然我将会处处迷惘。撑住自己是多么辛劳啊！连建造一座纪念碑都不需要耗费这么多力气。

普遍的论证：我迷失在 F. 身上了。

大学生伦塞坐在他院子旁的小房间里学习。女仆进来了，说有个年轻男子想和他说话。那他叫什么名字？伦塞问。女仆不知道。

我不会在这里忘记F.，因而我不会结婚。这是不是非常确定？

是的，我可以如此判断，我快三十一岁了，认识F.几乎已经满两年了，所以我肯定已经可以概观全局。此外，即便F.对我来说并没有这样的意义，可我现在的生活方式是那种让我无法忘却的生活方式。它的单调、均一、舒适和不自主无可避免地把我扣留在我身处之地。另外，我比平时更倾向于过一种舒适而不自主的生活，所以，一切有害的东西都因为我变得更加恶劣。毕竟我也在老去，转变越来越困难。尽管如此，我却看到了我巨大的不幸，它可能会是永久的、无望的；但凡我还能经受得住，我可能将要在薪资之梯上，在岁月中拖着步子前进，越来越悲伤，越来越寂寞。可你不是想要这样的生活吗？

如果我结婚了，公务员生活对我来说可能是件好事。它会在各方面为我提供良好的支持，对社会、对妻子、对我的写作皆如此，而且它不要求过多的牺牲，另一方面，我也不至于在安逸与不自主中堕落，因为身为已婚男性，我或许不必担心这一点。然而，作为单身汉，我不能一直过这样的日子。可你到底能不能结婚？

当时我不能结婚，我内心中的一切都在反抗，可我一直还深爱着F.。主要是考虑到我的文学工作，是它妨碍了我，因为我相信婚姻会损害这种工作。我可能是正确的，但它已经被我如今生活中的单身汉习性摧毁。我已经一年没写东西，我再也写不出东西了，我脑袋里唯有一个念头，它蚀坏了我。当时我无法验证这一切。再说，由于不自主——至少，我这样的生活方式滋养了它——我做任何事情都犹豫不决，无法一锤定音。哪怕如今也是。

你到底为什么放弃了所有得到 F. 的希望？

我已经尝尽了所有的自我羞辱。在蒂尔加滕，我曾对她说："说'我愿意'吧，就算你觉得你对我的感情还没到结婚那一步，我对你的爱也已经够深了，足以弥补欠缺的那一部分，而且总体来说，它也已经够强大，足以让我接受一切。"F. 似乎对我的脾性感到不安，在长时间的通信过程中，它似乎引起了她的畏惧。我说："我足够爱你，可以放下一切让你困扰的东西。我会变成另一个人的。"就像现在，到了必须厘清一切的时候，我可以坦陈，即便在我们关系最融洽的时候，我也经常怀疑、经常因琐事而担忧 F. 并不是非常爱我，并没有倾其所有地来爱我。然而，就连 F. 现在也意识到了这一点，其中自然不乏我的缘故。我几乎担心，在我两次造访以后，F. 甚至会对我产生某种厌恶，尽管我们表面上对彼此很友好，相互以"你"相称，挽着肩膀一起走。我对她最后的记忆是，在她家的走廊上，我不满足于亲吻她的手套，而是扯开手套吻了她的手，她脸上露出非常嫌恶的神色。现在，顺便一提，尽管她答应把遥远的通信准时地保持下去，可她已经有两封信没回了，只说好了要给我发电报，就连这个诺言她也没有遵守，实际上她甚至从没回过我母亲的信。所以，毋庸置疑，通信怕是没什么指望了。

这些东西其实应该永远烂在肚子里的。从 F. 的角度来看，你之前的行为不也让她指望不上吗？

这是另一回事。我总是公开承认我对她的爱，哪怕是在夏天，那看似是最后一次告别之时，也是如此；我从未对这种残酷保持沉默；我的行为是有理由的，即便不赞同，也有商榷的余地。F. 有的仅仅是对完全不充分的爱的理由。

尽管如此，我也应该等待，这才是正确的。但我不能在双重的无望中等待：一方面，我眼见 F. 与我渐行渐远，另一方面，我发现自己越来越无能为力，找不到某种自救的手段。尽管或许是因为这与我心中所有压倒性的邪恶力量最为相称，它将会是我所能尝试的最重大的冒险。"你永远不知道会发生什么。"眼下的状况无法容忍，这句话也并非反驳它的论据。

那么你打算怎么做？

远离布拉格。以我所掌握的最激烈的反应方法应对我所面临的最强烈的人身侵害。

放弃岗位？

如上所述，这个岗位也是无法容忍的一部分。安全感、终身供职、丰厚的薪水，还无须耗尽我所有的精力——然而，这些纯粹都是让身为单身汉的我无法着手去做其他事情的东西，它们变成了折磨。

你打算怎么做？

我可以一口气回答完所有这样的问题：我没有冒什么风险，每一天和每一次最微小的成功都是一份馈赠，我所做的一切都会是好的。但我也可以更准确地回答：身为奥地利法学专家——其实严格来说我根本不是——我眼里看不到什么有用的前景：就这方面而言，我可能为自己争取到的最好的成就，我反正已经在这份工作里得到了，但我并不需要它。话说回来，如果我打算靠已经获得的法律专业知识为自己牟利，可能性也微乎其微，只有两座城市可供考虑：一是我必须离开的布拉格，二是我憎恨的维也纳，要是去了那里，我肯定会变得非常不幸，因为不幸必将降临，我将带着这样坚定的信念前往这座城市。所以，我必须到奥地利以外的地方去，由于我没有语言天赋，又很难从事与体力和商业有关的工作，我至少得先去德国，然后再去柏林，那里的谋生机会最多。

到了柏林，我也可以在新闻界最好、最直截了当地运用我的写作能力，并且找到一份对我来说稍微合适一些的生计。除此之外，我究竟有没有能力从事创造性的工作，目前我还没有丝毫把握。不过，我想我很清楚，在柏林，我将处于一种独立而自由的状况中（无论它会有多悲惨），而我会从中获得我依旧能体验到的、唯一的幸福感。

可你很娇贵。

不，我需要一间房、一些素食，几乎不再需要别的东西。

你不是因为 F. 才去的吗？

不，只是有了上述原因，我才选择了柏林，可是，我是因为 F.，因为以 F. 为中心想象出来的圈子才喜爱柏林，我控制不了我自己。如果共同生活能帮我把 F. 从我的血液中析出，那就更好了，这会是柏林的另一个优势。

你健不健康？

不，心脏、睡眠、消化都不好。

（一间租来的小房间。黎明。杂乱无章。）

大学生（躺在床上，面对着墙壁睡觉。传来敲门声。没人应门。敲门声更响了。大学生惊恐地直起身子，向门口看去）：请进。

女仆（柔弱的女孩）：早上好。

大学生：您要干什么？现在还是夜里呢。

女仆：请您原谅。有位先生找您。

大学生：找我？（停顿）胡说八道！他在哪里？

女佣：他在厨房里等着。

大学生：他长什么样子？

女仆：呃，他还是个男孩，不是特别英俊，我想他是个犹太佬。

大学生：就是他大半夜里来找我？顺便说一句，我不需要您对我的客人评头论足，您听好了。请他进来吧。不过要快。

（大学生把摆在窗边扶手椅上的小烟斗填满，抽了起来。）

（克莱佩站在门口看着大学生，大学生的眼睛盯着天花板，他安静地抽着烟。克莱佩个子很矮，站得笔挺，鼻子大、长且尖，还有一点点歪，肤色深，眼睛深邃，手臂很长。）

大学生：还要看多久？请您到床边来，把您想说的话说出来。您是谁？您想做什么？快！快！

克莱佩（非常缓慢地走到床边，走路的时候试图比手势解释些什么。讲话的时候，他靠伸长脖子来帮他抬起、放下眉毛）：我也是伍尔芬斯豪森人。

大学生：原来是这样？那儿很美，非常美。您为什么不留在那里？

克莱佩：请您考虑一下！那是我俩的故乡，很美，却是个穷困的偏僻地方。

三月十五日。在陀思妥耶夫斯基的棺材后面，大学生们想扛起他的柩椁。他死在工人住宅区，一栋出租公寓的四楼。

有一次，在冬天，临近清晨五点，衣冠不整的女仆通知大学生有客人来访。"什么客人？怎么会有客人？"仍旧睡意昏沉的大学生问，这时候，一个年轻男子拿着从女仆那里借来的点燃的蜡烛走了进来，一只手举起蜡烛，想照清楚大学生的模样，另一只拿着帽子的手几乎垂到了地上，他的手臂极长。

除了期待，什么都没有，永远的无助。

三月十七日。在房间里，坐在父母身边翻了两个小时的杂志，时不时朝面前看一眼，总体来说只是在等待，直到十点，我可以去睡觉了。

三月二十七日。总体而言，过得没什么不同。

哈斯匆匆向船冲去，跑过栈桥，爬上甲板，在一个角落里坐下，用手捂住脸，从那时候起，他就不理会任何人了。船上钟声响起，人们跑过去，真远，仿佛那是船的另一端，有个人放声高歌。

船员正打算收起浮动码头，这时，驶来一辆黑色的小马车，马车夫在远处喊了一声,他肯定用了全身力气才牵住那匹受惊跃起的马,一个年轻人跳下马车,亲吻车顶下向前弓着身子的白胡子老先生,提着一个小小的手提箱,跑上立刻就要离开陆地的船。

大约是夜里三点,不过在夏天,天已经半亮。此时,冯·格鲁森霍夫先生马厩里的五匹马,法莫斯、格拉萨弗、图尔内门托、罗西娜,还有布拉班特都站起来了。由于夜晚闷热,马厩的门只虚掩着;两个看马人仰面睡在稻草堆上,苍蝇在他们张开的嘴边上下盘旋,没有任何障碍。格拉萨弗高高支起身子,身下是那两个男人,它观察着两人的脸庞,要是他们有丝毫苏醒的迹象,它就准备用蹄子踹他们。与此同时,其他四匹马轻松地跳跃两下,一匹接一匹地离开了马厩,格拉萨弗跟在它们后面。

透过玻璃门,安娜看见租客的房间里一片黑暗,她走进去,扭开电灯,打算铺好床,为夜里做准备。但那个大学生半躺在长沙发上,对她微笑。她道了歉,打算离开。可大学生请求她留下来,让她不用在意他。她留了下来,干她的活,用几束余光瞄了瞄大学生。

四月五日。如果可能,就去柏林,变得独立,一天天地生活,甚至挨饿,但要让日子里的所有力量涌出来,也比把它节省在这里好,更比空耗在虚无中好!要是 F. 也愿意的话,她能帮帮我就好了!

四月八日。昨天连一个字都写不出来。今天没有好转。谁来拯救我？我心中的吵嚷，在深处，几乎看不见。我就像一面有生命的格栅，一道站定了却又想倒下的栅栏。

今天，和维尔弗在咖啡馆。从远处看，他在咖啡馆的桌子上是什么模样。蜷着身子，甚至是半躺在木扶手椅上，美丽的侧脸紧紧贴在胸口，饱满（并非真正的肥胖）得几乎喘不过气来，他完完全全地独立于周边环境，顽皮而无瑕。悬着的眼镜带来的反差令追踪脸部精致的轮廓线条变得更加轻松。

五月六日。 父母似乎已经为我和 F. 找到了一个不错的处所；这样一个美好的下午，我都在无所事事地四处闲逛。过完这因他们悉心照料而幸福的一生，他们是否还会把我带进坟墓。

一位名叫冯·格里斯瑙先生的贵族手下有个叫约瑟夫的马车夫，可能没有别的雇主能受得了他。他住在门房旁边一间底层的房间里，因为他肥胖又气短，爬不了楼梯。驾驶马车是他唯一的活动，可就连这件事，他也只在特殊的场合下才做，比如在招待贵宾的时候，除此之外，他整日、整周地躺在靠近窗户的沙发床上，用他那双深陷在脂肪中、眨得飞快的小眼睛从窗口看着那些树木，那些……〔此处中断〕

车夫约瑟夫躺在沙发床上，直起身子，只是要从小桌子上拿一片加了鲱鱼的黄油面包，然后，他又靠了回去，呆望着四周，咀嚼着。他用他那又大又圆的鼻孔艰难地吸着气，有时候，为了获取足够的空气，他不得不停止咀嚼，张开嘴巴，他的大肚腩在有许多皱褶的深蓝色薄衫下不停地颤抖。

窗户是开着的，可以看见一棵洋槐和一片空旷的广场。那是扇底层的矮窗，约瑟夫可以躺在沙发床上看见一切，每个人也可以从外面看见他。这令人很尴尬，但他只好住在那么低的地方，因为，自从他的脂肪大量堆积，他至少已经有半年根本爬不动楼梯了。得到这间门房旁边的房间时，他眼含热泪地紧握着主人冯·格里斯瑙先生的手，还亲吻了这只手，可现在，他发现了这个房间的欠缺——永远受人监视、与令人讨厌的门卫比邻、入口处和广场上的噪声、与其他仆役的居所相距甚远因而产生了疏远与怠慢——现在，他彻底认清了这些缺点，实际上，他也打算恳求雇主，让他搬回从前的房间去。尤其是主人订婚以来，这么多新雇来的小伙子为什么毫无作用地闲站在一旁，他们怎么就不能把他这位功劳卓著、独一无二的男人背上背下呢。

参加了一场订婚典礼。宴会结束，众人从桌边起立，所有窗户都打开了，这是六月里一个美好温暖的傍晚。新娘站在女友和熟人围起的圈子里，其余的人分成几个小群体，到处洋溢着笑声。新郎独自靠在阳台门口，往外面看。

过了一阵，新娘的母亲注意到他，走到他面前，道："你怎么一个人站在这里？你怎么不去找奥尔加？你们吵架了？"——"没有，"新郎答，"我们没吵架。"——"既然这样，"女人说，"那就到你的新娘旁边去！你的行为也太显眼了！"

纯千篇一律之物的可怕。

房东太太，一个羸弱的寡妇，身着黑衣，裙子笔直向下垂，空荡荡的公寓里，她站在靠中间的那间房里面。房间非常寂静，钟没有响。巷子里也静，这个女人有意选择了一条如此安静的巷子，因为她想要找些好房客，求静的人是最好的房客。

五月二十七日。母亲和妹妹在柏林。晚上我要独自面对父亲了。我想他是不敢上楼来的。我要不要和他打牌？（我觉得"K"很难看，它几乎让我厌恶，可我还是写了这个字母，它一定很能体现我的个性。）我触摸 F. 的时候，父亲会如何表现呢？

在一个秋天的下午，这匹白马第一次出现在 A. 城一条宽阔却不怎么繁华的大街上。它从一栋房子的走廊里走出，在这栋房子的院子里，有几间运输公司扩建的库房，经常会有畜力车从走廊上驶出，时不时也会有单独的一匹马，因此，这匹白马不是特别显眼。不过，它并不属于运输公司的马队。大门前有个工人正在用绳子把一捆货物系牢，他注意到了马，停下手里的活，抬头看了看，然后，他走进院里，看看马车夫是不是很快就跟来了。没人来，但那马一踏上人行道，就使劲地腾跃而起，在铺石路上擦出几点火星，有一瞬近乎摔倒在地，可马上又恢复了平衡，不疾不徐地在黎明空无一人的大街上小跑起来。工人痛骂马车夫，就他看来，是车夫玩忽职守，他朝着院子里喊出几个名字，确实也有人出来了，但站着没动，因为他们立刻就认出了这匹马并非公司之物，便只有点吃惊地挨个站在大门口。过了一会儿，他们当中才有几个回过神来，追着马跑了一小段路，但他们甚至没能看到它，所以很快就回去了。

在此期间，马已经跑到了最外面的近郊街道，一路畅通无阻。它比其他单独行走的马更能融入街道生活。它缓慢的步伐不会吓到任何人，它从没离开过车行道，甚至从没离开过规定通行的那一侧。如果有马车从横马路驶来，需要停下，它也会停下，哪怕是最谨慎的马车夫驾驭着它的笼头，它大概也不会表现得更加完美。尽管如此，它当然是道引人注目的风景线，时不时有人停下来，微笑着目送它；一辆啤酒车经过，车上的马车夫为了取乐，用鞭子抽打那马，它虽受了惊，举起两只前蹄，却没有加快步伐。

然而，一名警察恰巧注意到了此次突发事件，向那匹于最后一瞬仍试图改变方向的马走去，抓住它的缰绳（它虽体格不是特别强壮，但还是被戴上了驮马的笼头），说道，而且是非常友好地说道："停！你到底要去哪儿呀？"他把马扣在车行道中间好一会儿，因为他以为，主人很快就会来追逐他落跑的动物。

有意义，但很薄弱，血液流得很稀，离心脏太远。我脑袋里还有美妙的场景，我却停了下来。昨天入睡前，白马第二次出现在我面前，我的印象是，它似乎先是从我转向墙壁的脑袋里跑出来的，似乎从我身上跳离，跳下床，然后不知所终。可惜，后面写的这段并没有被上面写的开头推翻。

如果我没有彻底弄错，我确实正在接近。林间某块空地上似乎正在进行一场精神战斗。我闯进森林，一无所获，很快又因为虚弱而匆匆离开；离开森林的时候，我常听到，或者，我以为自己听到了那场战斗铿锵的武器声。也许战士的眼睛在森林的黑暗中寻找我，我对他们的了解是如此之少，而且那都是骗人的东西。

倾盆大雨。向雨而立，让铁的光芒刺穿你，在想把你冲走的水里滑行，但你得留下来，如此笔直地等待阳光突然而无尽地倾泻下来。

女房东扔下上衣，匆匆穿过房间。一位高大冷漠的女士。她突出的下颌把房客吓跑了。他们跑下楼梯，她透过窗户向他们看去，他们捂着脸跑开了。有一次，来了个矮小的房客，是个结实粗壮的年轻人，他的手一直放在上衣口袋里。也许这是他的习惯，但他也可能是想掩饰双手的颤抖。

"小伙子，"女人说，向前努了努下颌，"您想住在这里？"

"是的。"年轻人说，脑袋从下往上耸了耸。

"您会在这里过得很舒服的。"女人说着把他领到一张扶手椅前。途中她发现他的裤子上有污渍，于是，她在他身边跪下，开始用指甲去摩擦那片污渍。"您是个小邋遢鬼。"她说。

"老早就有这块脏东西了。"

"那您就是个老邋遢鬼。"

"把手拿开。"他突然开口，而且真的把她推开了。"您的手可真吓人，"他又道，抓着她的手转了一圈，"上面非常黑，下面白一些，不过还是够黑，而且……"他把手伸进她宽大的袖子里，"您的胳膊上甚至还长了点毛。"

"您弄得我很痒。"她说。

"因为我喜欢您。我不明白怎么会有人说您丑陋。他们就是这么说的。但现在我看到了，这根本不是真的。"

他站起来，在房间里来回走动。她仍跪着，看着她的手。

不知什么原因让他很狂野，他跳了过去，再次握住她的手。

"这样一个女人，"他说道，拍了拍她长长的、干瘦的脸蛋，"简直会让我在这里住得更舒服。但房租必须要便宜。而且您不可以接受别的租户。您必须对我忠诚。我毕竟比您年轻许多，所以我可以要求您忠诚。而且您必须好好做饭。我已经习惯了好的食物，这习惯永远都改不掉了。"

你们这些猪继续跳舞，和我有什么关系？

但它比我去年写的所有东西都更真实，也许倒和关节松动有关。我总能再写的。

一周以来，我的室友每天傍晚都会来和我搏斗。我不认识他，至今也还没和他说过话。我们只交换过几声称不上"谈话"的吆喝。格斗以"来吧"开始，"混蛋！"一个人被另一个打倒的时候偶尔会如此呻吟，"看招！"随之而来的是出乎意料的一击，"停！"意味着中止，但我们总是还要再厮打一小会儿。通常，他甚至还要从门口跳回房间一次，推我一把，让我摔倒。然后，他隔着房间的墙壁向我喊晚安。如果我想永远结束这种来往，就必须把房子退了，因为锁门也没有用。有一次因为想看书，我锁了门，可我的邻居用锄头把门劈成两半，因为他一旦抓住了什么东西，就很难再放手了，连我都差点被锄头伤到。

我懂得自我调整。因为他总是在特定的时间来，所以在那段时间里，我就做些轻松的工作，有必要的时候可以立刻停下。比如说整理箱子，写些东西，或读一本无关紧要的书。我必须这么安排，因为他一出现在门口，我就得放下手头的一切，立刻关上箱子，放下钢笔，扔掉书本，因为他只想打架，其他什么都不想。我要是觉得很有力气，就试着先避开他，用这种办法挑衅他。我从桌子下面钻过去，把椅子扔到他脚边，尽管和一个陌生人开这种完全属于单方面的玩笑很没品，我还是在很远的地方朝他眨巴眼睛。但大多数情况下，我们的身体会立刻进入战斗。显然，他是个大学生，整天都在学习，想在晚上睡觉前迅速做点运动。好吧，他在我这里找到了一个合适的对手，如果不考虑运气变化，我或许是我俩中间更强壮、更灵巧的那个。不过他耐力更好。

五月二十八日。 后天我去柏林。尽管失眠、头疼、忧心忡忡，或许情况比从前还好一些。

有一次，他带了个女孩来。我打招呼的时候没注意到他，他向我扑来，把我高高举起。"我抗议。"我大喊，举起了手。"闭嘴。"他在我耳畔低语。我察觉，在这个女孩面前，为了面上有光，他很想取胜，哪怕用上可耻的手段都在所不惜。

"他让我'闭嘴'。"所以，我喊道，把头转向那个女孩。

"哦，卑鄙小人。"男人低声悲叹道，他在我身上耗尽了所有力气。不论如何，他还是把我拖到了长沙发上，让我躺下，跪在我的背上，等候语言归来，然后，他说："那就让他躺在这里吧。"

"他应该再试试。"我本想这么说，可第一个字才说出口，他就狠狠地把我的脸按在坐垫里，我不得不保持沉默。"那好吧，"女孩说罢在我的桌旁坐下，浏览着桌上一封写了个开头的信，"我们是不是得走了？他正要开始写信呢。"

"要是我们走了，他也就不会再写下去了。你过来一下。打个比方，你如果在他的大腿这里捏一把，他就会像得病的动物那样颤抖。"——"我说了，让他去吧，走吧。"男人极不情愿地从我的身上爬下来。现在我可以把他打趴下，因为我已经休息够了，但是他为了按住我，浑身肌肉一直都紧绷着。他刚刚在颤抖，还以为颤抖的是我。他甚至还在颤抖。不过我放了他一马，因为那个姑娘在场。

"您对这场战斗很可能已经有了自己的判断。"我对女孩说，鞠了一躬，从她身边走过，坐到桌前继续写信。"所以，到底是谁在颤抖？"动笔前，我问道，为了证明不是我，我僵硬地把钢笔举在空中。纵是我已经在写信了，他们走到门口时，我还短促地向他们喊了一声再见，但稍微蹬了一下脚，以此暗示，至少对我来说，这可能才是他们应得的告别。

五月二十九日。明天去柏林。我感觉到的是紧张的团结，还是真正可靠的团结？那会是什么呀！是不是一旦掌握了写作的知识，就不会再错过，就不会再沉沦，可是，一飞冲天的情况也不会常出现了吧？这是不是意味着与 F. 的婚姻亮起了曙光？奇怪的状态，不过在我的记忆中，它并不陌生。

与皮克在门前站了很久。只是在考虑怎么能赶快离开，因为楼上已经为我准备好了我晚饭要吃的草莓。我现在要写的关于他的一切都很卑鄙，因为我一个字都没有让他看到，或者说，他看不到这些我很满意。可是，只要我和他走在一起，我就是他本性的同谋，所以，就算是除去言语中的矫揉造作，我对他的评价也就是对自己的评价。我制订计划。我直勾勾地看着前方，以免目光从我正欣赏的幻想万花筒的幻想观察孔内偏离。我把良好的意愿和自私自利的混在一起，良好的在五彩斑斓中褪了色，只好转变为自私自利的。我邀请天空和大地加入我的计划，可我没有忘记从每条支巷上钻出来的小人物，或许他们暂时可以更好地利用我的计划。毕竟这才刚开始，永远才刚开始。我还站在这里，在自己的悲苦里，可在我身后，我计划里庞大的车辆已经驶了过来，第一座小平台在我脚下钻过，赤裸的女孩——就像更加富有的国家的狂欢节花车上的那些——领着我从后面爬上阶梯，我在摇晃，因为女孩也在摇晃，我举起手，吩咐她们安静些。我身侧是一片玫瑰花丛，熏香在燃烧，月桂花环降下，众人把鲜花抛撒在我面前和身上，两名像用方石打造的小号手吹着铜号，小小的人民成群结队地涌过来，井井有条地跟在首领身后，空旷、明亮、开阔、设计得四四方方的广场变得昏暗，忙碌而拥挤，我感受到人类努力的极限，在我所处的高度上，我自发地以一种突然降临在我身上的技巧完成了多年前我所欣赏的一位柔术师的绝技，我缓慢地向后弯腰——天空正要在这一刻破开，为我合适的出场腾出空间，但它停下了——把头和上半身拉扯到两腿之间，并逐渐重新恢复直立。这是赐给人类的最后一次挺身？似乎确实如此，因为，我已经看见长角的小魔鬼从我身下深邃辽阔的土地上的所有大门中蜂拥而上，霸占了一切，在他们的脚步下，一切都从中间断开，他们的小尾巴抹除了一切，已经有五十条魔鬼的尾巴刚蹭我的脸，地面变软了，我的一只脚陷了下去，然后是另一只，我垂直落入自己的深渊，女孩们的尖叫声跟在后面，我穿过一条与我身体正好同宽、深度却无限的井道。这种无限诱使人一事无成，我所做的一切或许都很狭隘，我无意义地坠落，这是最好的。

陀思妥耶夫斯基寄给他兄弟的信，讲述他狱中的生活。

六月六日。从柏林回来。束缚得像个罪犯。如果有人用真正的锁链把我拴在一个角落里，让宪兵来到我面前，只让我以这样的方式旁观，大概没有更糟糕的事了。我的婚约就是如此，所有人都努力让我活下去，因为实在忍不了我这段时间的样子。可F. 是所有人当中最不努力的，她完全有权这么做，因为她受的苦最多。有些东西对其他人来说仅是表象，对她却是威胁。

在家里，我们一刻都忍受不下去。我们知道会有人来找我们。可尽管是晚上，我们还是逃跑了。我们的城市被山丘环绕。我们爬上这些山丘。下山时，我们从一棵树荡到另一棵树，使得每棵树都在颤抖。

傍晚打烊前在店里的姿势：双手插在裤子口袋里，稍微弯着腰，在拱顶地窖深处，透过敞开的大门眺望广场。员工在柜台后面有气无力地晃悠：无力地绑起一个包裹，心不在焉地掸掉几个箱子上的灰尘，堆起用过的包装纸。

有个熟人来了，和我讲话。我简直要躺倒在他身上，我是那么沉重。他如此声明：有些人这么说，我却觉得恰恰相反。他陈述他这么觉得的理由。我动摇了。我双手插在裤子口袋里，像是掉了进去，却又是如此松弛，仿佛只要把口袋轻轻翻折，它们很快就会掉出来。

我关了店，员工，那些陌生人，手里拿着帽子离开了。那是六月的一个傍晚，虽然已经八点了，但天还亮着。我没心思散步，我从来就没散步的心思，但我也不想回家。我最后一个学徒工转过街角的时候，我在打烊的店门口坐下，坐在地上。

一个熟人和他年轻的妻子路过，看到我坐在地上。"你看，谁坐在那里。"他说。他们停下脚步，男人稍微摇了摇我的身体，尽管如此，我从一开始就安静地看着他。

"我的老天爷，您为什么如此这般地坐在这里？"年轻女人问。

"这生意我不做了。"我说，"店里情况并不坏，虽然勉勉强强，但我完全可以履行自己的义务。可是，我操不了那么多心，管不好这些员工，没办法和客户商谈。我甚至从明天开始就不想再管这家店了。这一切我大概都想清楚了。"我看见，男人如何试着安慰他的妻子，他把她的手放在他的两只手中间。"那好吧，"他说，"您打算放弃您的生意，您不是第一个这么做的人。我们也——"他看了看他的妻子，"——只要我们的财富能够满足我们的需要，但愿尽快，我们就立刻放弃我们的生意，不会比您多犹豫半分。生意给我们带来的乐趣和给您的一样少。可您为什么要坐在地上？"

"那我该去哪？"我说。我当然知道他们为什么问我。是因为怜悯、惊讶和尴尬，可我根本顾不上再去考虑他们。

午夜已深。我坐在房间里，写了一封信，这封信对我来说十分重要，因为我希望借它获得一个海外的好职位。分别十年后，如今我偶然通过一个共同朋友牵线，再次与我的收信人联系上，我尝试提醒他回忆已经过去了很久的岁月，同时希望他能理解，所有事情都在逼我离开我的祖国，既然我没有其他良好的、影响力深远的关系，我把我最大的希望寄托在他身上。

直到晚上近九点，市政府公务员布鲁德才离开办公室，往家走。天已经很黑了。他的妻子在房门前等他，怀里紧紧抱着他们的小女儿。"情况如何？"她问。"非常糟糕，"布鲁德说，"你快进屋，然后我把一切都告诉你。"他们一进屋，布鲁德就锁上了门。"女仆在哪里？"他问。"在厨房里。"妻子说。"那就好，都来！"低矮宽敞的客厅里，落地灯亮了，大家都坐下来，布鲁德说："事情是这样的。我们的人根本是节节败退。从传到市政府办公室的确凿无疑的消息来看，鲁姆多夫的交战对我们极其不利。大部分部队也已经撤出城市。上头仍在隐瞒，为了不让恐惧在城里无止境地蔓延。我觉得这不太理智，最好把真相公开。但我的职责要求我保持沉默。不过，没人能阻止我告诉你真相。再说，所有人都预料到了真实情况，处处都能见到征兆。所有人都锁上了屋子，把所有能藏起来的东西都藏起来了。"

市政府办公室的几名公务员站在市政厅窗口的石头护栏前，俯视广场。最后一批殿后的部队在那里等候撤退的命令。全是些年轻、高大、红脸蛋的小伙子，他们牵着来回挪动的马，手里紧紧握着缰绳。在他们前方，两位骑马的军官缓慢地来回走动。他们显然在等待一条消息。他们时不时遣走一名骑手，骑手十分匆忙地消失在环形广场上一条陡峭上行的支路上。直到现在，没有一个人回来。[1]

公务员布鲁德向站在窗口的那群人走去，他虽然还年轻，却蓄了一脸胡须。由于他的级别较高，又因为才能出众而格外受人

---

[1] 上面这两段日记显得像是预言。它们几乎是在战争爆发前两个月写下的，而俄国人占领奥地利部分地区时，我们以非常类似的方式经历了日记里所写的这些桥段。——原编者注

尊重，所有人都礼貌地向他鞠躬，把护栏前的位置让了出来。"所以，这就是结局，"他看着广场道，"这也太明显了。"

"这么说，您觉得，议员先生，"一个年轻高傲的家伙说，尽管布鲁德已经走过来了，此人也没有挪动位置，他现在站在离布鲁德很近的地方，他们甚至看不见彼此的脸，"所以您觉得，战争已经失败了？"

"非常肯定。这一点毫无疑问。说句私心话，我们打得一塌糊涂。我们必须为各种各样的旧罪过赎罪。不过现在不是讨论这些的时候，现在得让每个人照顾好自己。我们确实已经快要彻底解体了。今天傍晚客人可能就要光临了。他们甚至不会等到傍晚，半小时以内就要到了。"

六月十一日。

乡村的诱惑 [1]

有一次，在夏天，临近傍晚，我来到一座我以前从来没有去过的村庄。我发现，道路是多么宽阔空旷。农庄前面到处都是参天古树。刚下过一场雨，空气很新鲜，我非常喜欢这一切。为了表达喜爱之情，我试着向站在大门前的人打招呼，他们虽然矜持，但友好地答复了我。我心想，要是能找到旅店，在这里过夜也不错。

我刚刚从一座庄园那覆满绿叶的高墙旁经过，那墙上打开一扇小门，门里出现三张向前张望的脸，脸消失了，然后门也重

---

1 这篇写于一九一四年六月十一日的日记是为几年后的小说《城堡》所作的习作。——原编者注

新关上了。"真奇怪。"我向身侧说道，仿佛旁边有个同伴。然而，我身边真的有个高大的男人，没戴帽子，没穿外衣，就套了一件黑色针织背心，抽着烟斗。我赶紧调整好情绪，表现得好像早就已经知道他的存在，说道："那门！您也看见那扇小门打开了吧？"

"是的，"男人说，"不过这有什么奇怪的，那是雇农的孩子。他们听见了您的脚步声，就来看看是谁那么晚了还在这里走动。"

"这解释倒简单，"我微笑道，"对外地人来说，总是很容易就觉得什么都奇怪。谢谢您。"我继续走。但男人跟着我。其实我并不惊讶，他或许与我同路，但他没有理由不和我并肩走，而非要走在我后面。

我转过身问："去旅店是这条路没错吧？"

男人停下脚步，道："我们这里没有旅店，或者这么说吧，我们有，但它没法住人。它属于乡政府，好几年前，由于没人申请经营权，政府把它分配给了一位他们一直以来都不得不照顾的老瘸子。现在，他和他的妻子共同经营这家旅店，具体说来，人们几乎没法经过旅店门口，从那里传出来的臭味太难闻了。在旅馆的餐厅里，人们因油污滑倒。一间潦倒的旅店，是村子的耻辱，也是乡里的耻辱。"

我本想反驳这个男人，他的外表诱使我这么做，这是张基本上来说相当干瘦的脸，脸颊泛黄，宛如皮革，略有些浮肿，下巴一动，黑色的皱纹就在整张脸上乱跑。"原来如此。"我说。我并未对这些情况表现出更进一步的惊讶，又道："好吧，我反正要住在那里，因为我已经决心要在这里过夜了。"

"只不过，"男人急忙说，"去旅馆您得往这里走。"他指了指我来时的方向。"一直走到下一个转角，然后右转。您立刻就能看到一个旅馆的标牌。那里就是了。"

我感谢他提供的信息，再次从他身边走过，他正特别认真地观察着我。或许他给我指了个错误的方向，我对此毫无办法，但我不会因为他现在强迫我从他身边经过而吃惊，更不会因为他如此显眼地迅速撤回了之于旅馆的警告而吃惊。还会有别人为我指出旅馆的方向，如果它很脏，我也可以在污物中将就一晚，只要我的执拗得到满足就行。再说，我也没有什么选择，天已经黑了，乡间路已经被雨浸湿，去下个村庄还要很久。

我已经把男人甩在身后，根本不打算再去搭理他，此时，我听到一个女声在和那男人说话。我转过身。在数棵悬铃木下的暗影中，走出一个挺拔高挑的女人。她的上衣闪着黄褐色的光芒，头和肩膀上披着一块黑色的粗麻布。"赶紧回家，"她对男人说，"你怎么不回家？"

"我就来，"他说，"再等一小会儿。我只是想看看这个人要在这里干什么。他是个外地人。他完全没有必要在这里晃荡。你瞧瞧。"

他在谈论我，仿佛我是个聋子，或者仿佛我听不懂他的语言。不过，我现在不太在意他说些什么，但如果他在村里散布某些关于我的虚假传闻，我肯定会觉得不愉快。于是，我对女人说："我在这里找旅馆，仅此而已。您的丈夫无权这么谈论我，这也许会让您对我产生一些错误的看法。"

但那女人几乎没看我，而是走到丈夫身边——我已经正确地判断出那就是她的丈夫，他们之间存在着如此显而易见的关系——并把手放到他的肩膀上："如果您想要做什么，请您和我丈夫说，别和我说。"

"我什么都不想，"我说，这样的对待让我恼火，"我不来管您的事，您也别来管我的事。这就是我唯一的要求。"在黑暗中，我还能看见女人的脑袋抽搐了一下，但她眼神传达的意思我已经看不到了。她明显想回答些什么，但她的丈夫说："别说了！"她沉默了。

在我看来，这次会面似乎终于结束了，我转过身，正打算继续前进，这时候，有人喊了一声"先生"。这可能是在喊我。起初我完全不知道声音从何而来，但后来我看到有个年轻男子坐在我头顶上的院墙上，他并着膝盖，双腿向下摆荡，漫不经心地对我说："我刚听说，您想在村里过夜。除了这里这座农庄，您上哪儿都找不到别的借宿地点了。"

"在农庄里？"我问，随后，我不由自主地生起气来，疑惑地看着那对夫妇，他们依然靠在一起，站在那里观察我。

"就是这样。"他说，他的回答中带着傲慢，他整体的态度也是如此。

"这里出租床位吗？"为求保证，我又问了一次，逼迫年轻男子回归房东的角色。

"是的，"他道，并且把目光从我身上稍稍挪开了些许，"这里出租供过夜的床位，不是每个人都可以租，只租给那些需要它的人。"

"我接受，"我说，"不过，我当然会付床位费，就和在旅店里一样。"

"请,"男子说,他的视线早已掠过我的头顶,"我们不会占您的便宜。"

他像个主人那样坐在上面,我像个小仆人那样站在下面,我非常想往上面扔一块石头,好让他更生龙活虎一些。然而,我只开口道:"那请您为我开门。"

"门没锁。"他说。

"门没锁。"我含糊地重复道,几乎在不知不觉间打开了门,走了进去。一进门,我偶然间抬眼看了看墙壁,那个男人已经不在上面了,他显然罔顾墙的高度,已经跳了下去,或许他正在和那对夫妇商谈。他们或许在讨论,我这样的一个年轻人会怎么样,他身上的现金不超过三古尔盾,除了背包里的一件干净衬衫和裤子口袋里的一把左轮手枪,他几乎没有别的财产。再说,这些人看起来根本不像要偷窃他人物品的样子。不过,他们还能从我身上取得什么东西呢?

这是大农庄里寻常的、未经打理的花园,坚固的石墙更是让人期待。高高的草地间均匀地分布着花期已过的樱花树。远处可以见到农舍,一座庞大的单层建筑。天色已经很暗了。我是个迟来的客人。如果墙上那个男的说了些什么谎,我可能会陷入尴尬的境地。我向房子走去,路上没有遇到任何人,但是,走到离房门只剩几步时,我在第一间房间敞开的门中看见两个高大的老人,一男一女,并排坐着,脸朝着门口,在同一个碗里吃着像是粥的东西。在黑暗中,我什么都分辨不清,只是男人的上衣上有处地方像金子那样闪闪发光;那或许是纽扣,或许是表链。

我与他们打招呼，脚暂时还没跨过门槛，我说："我正在村里找个借宿的地方，刚刚有个坐在您花园墙上的年轻人告诉我，可以在这个农庄里过夜，只是要付钱。"两位老人把勺子插进粥里，靠到长椅上，一言不发地看着我。这行为并不是特别好客。所以，我补充道："我希望我听到的消息是正确的，也希望我没有多余地打扰您二位。"我说得非常响亮，因为这两个人或许耳朵不大好。

"请您走近些。"过了一会儿，男人说。只是因为他年纪太大，我才听了他的话，否则，我当然会坚持让他以明确的方式回答我明确的问题；不管怎么说，走进去的时候，我说："如果我的入住会为您带来哪怕是一丁点的麻烦，请您坦率告诉我，我根本无须住在此处。我去旅馆住，我完全无所谓。"

"他话真多。"女人轻声说。

这只可能是侮辱，所以，她就这么以侮辱回应我的礼貌，可这是个老妪，我没办法替自己辩护。也许正因为这种毫无防备，女人这句无法还击的话语对我造成的影响才远远超出了它应有的程度。我觉得我理应遭受某种责难，并非由于我说得太多（因为我确实只说了最必要的东西），而是出于一些与我的存在极为接近的其他理由。我没有再说什么，坚持不作答，我看到近处黑暗的角落里有一张长椅，走过去，坐下。

老人们又吃了起来，一个女孩从旁边的房间里走出来，把一根燃着的蜡烛放在桌子上。现在看得见的东西比刚才还要少，一切都被集中到黑暗里，只有小小的火焰在老人略微弯下的脑袋上面颤动。几个孩子从花园跑进屋里，其中一个狠狠地摔了一跤，哭了，其他孩子跑跑停停，在房间里四下散开，老人说："孩子们，去睡吧。"

他们立刻聚集在一起，哭泣的孩子只顾着抽泣，我身边的一个男孩拽着我的上衣，好像觉得我也应该一起去，其实我也想睡了，于是我站起来，在吵吵闹闹、异口同声地道晚安的孩子中间，像我这么一个高大的成人默默地走出了房间。那个友好的小男孩牵着我的手，这么一来，在黑暗中我也能轻易辨认方向。但我们很快就来到壁挂梯前面，爬上去之后就是阁楼。透过一扇打开的小天窗，我们正好看见一轮狭长的月亮，走到小窗下面，呼吸温和又凉爽的空气极为愉快——我的头几乎都要伸进去了。一堵墙边的地面上堆积着稻草，那里也有足够的空间让我睡觉。孩子们——两个男孩，三个女孩——一边笑一边脱衣服，我穿着衣服躺倒在稻草上，毕竟是在陌生人家里，我没有在这里泰然自若的权利。我枕着手肘，看半裸的孩子们在角落里玩耍，看了好一阵子。后来，我却觉得非常疲劳，就把头靠在背包上，伸开手臂，还瞟了两眼屋顶的横梁，睡着了。在第一次睡眠中，我想我还听见了一个男孩的喊声："小心，他来了！"接着，孩子们向营地疾步小跑的脚步声在我已经逐渐消失的意识中回响。

我肯定只睡了一小会儿，因为我醒来时，透过天窗的月光几乎一成不变地落在地面上的同一块地方。我不知道我为什么会醒，因为我睡得很沉，没做梦。这时候，我发现我身边，大概在耳朵高度的地方，有条非常小的长毛犬，是那种丑丑的袖珍犬，脑袋比较大，一头鬈毛，眼睛和嘴巴松散地镶在上面，好似某些死气沉沉的、角状的大块珠宝。这样一条大城市里的狗怎么会跑到村里来？是什么让它在黑夜里在房间里乱跑？它为什么站在我的耳朵旁边？我哈了它几下，想把它轰走，或许它只是孩子们的玩具，只是跑错地方，来到了我身旁。它被我哈出的气吓了一跳，但没有走开，只是转过身来，弯着小腿儿站在那里，展示着它的身板，和大大的脑袋相比，它的躯干又小又弯。由于它安静地待着，我想继续睡觉，可我睡不着，我闭着的眼睛前面总是出现一条在空中摇荡的狗，向前压迫着我的眼球。这让人无法忍受，我不能把这个动物留在我身边，我站起来，把它抱在怀里，准备把它弄出去。可到现在为止一直都特别沉闷的小狗开始自卫了，打算用爪子抓我。所以，我也得控制住它的小爪子，这自然非常轻松，我一只手就可以把四个全握住。

"好啦，我的小狗狗。"我低头对那颗不安的小脑袋说道，那一整头鬈毛都在发抖，我和它一起走进黑暗中找门。直到现在我才注意到，这条小狗是多么安静，它不吠，也不发出尖细的叫声，只有血液在它的每一条血管里疯狂搏动，我感受到了。走了几步以后——狗占用的注意力使我大意了——我气急败坏地撞着了一个还睡着的孩子。阁楼小室里也非常幽暗，天窗中只透出一点点光线。孩子叹了口气，我安静地站了片刻，甚至没有动一下脚尖，以免造成任何使得孩子进一步苏醒的改变。为时已晚，我突然看见穿着白衬衫的孩子在我周围站了起来，仿佛是约定好了，仿佛是服从命令，这不是我的错，我只弄醒了一个孩子，而且这种弄醒根本算不上弄醒，只是一种孩童的睡眠肯定很容易承受的小干扰。好了，现在他们全醒了。"你们想做什么，孩子们，"我问，"回去睡觉吧。"

"您拿着什么东西。"一个男孩说道，五个孩子打算把我围起来。

"是的，"我说，我没什么可隐瞒的，要是这些孩子想把动物带走，那就更好了。"这条狗是我抱出来的。它让我睡不着。你们知道这是谁的狗吗？"

"克鲁斯特夫人。"起码我觉得，我从他们混乱、模糊且睡意惺忪的呼喊中听出了这个名字，这些呼喊与我无关，只是喊给他们彼此听的。

"克鲁斯特夫人是谁？"我问道，可激动的孩子们再没有回答我。其中一个孩子从我怀里接过那条现在已经彻底安静下来的狗，匆匆地带着它离开了，所有孩子都跟了上去。

我不想独自待在这里，现在我已经完全没了睡意；虽然我稍微犹豫了片刻，在我看来，我似乎对这栋房子里发生的事情干涉得太多，在这里，没有什么人对我表示出多大的信任，可最后我还是跟着孩子们跑了。我听见他们摸索的脚步声近在咫尺，可在完全的黑暗中，在不熟悉的道路上，我动不动就绊倒，甚至有一回，脑袋还撞到了墙上，撞得生疼。我们又来到我第一次见到老人的房间，里面没人，透过依然开着的门，可以见到月色中的花园。"出去吧，"我对自己说，"夜晚温暖明亮，你可以继续前行，或者在野外过夜。在这里跟着孩子跑实在没什么意义。"但是我还在跑，我的帽子、手杖和背包还在上面的阁楼里。可这些孩子是怎么跑的呀！我清楚地看见，在被月光照亮的房间里，他们身上的衬衫飘扬着，他们跳了两下就飞走了。我又想起，我已经体面地感谢过这所房子里的简慢了，为此我把孩子们吓得不轻，我自己在房子里筹办了一场巡回，我没有睡觉，而是在房里制造噪声（我沉重的靴子声几乎完全压过了旁边孩子们光脚的脚步声），甚至不知道这一切会带来什么后果。

突然，四下变得很明亮。在我们面前那间敞开的房屋里，有几扇大开的窗户，一个精致的女人坐在桌前，借着一盏漂亮的大落地灯的光线写东西。"孩子们！"她吃惊地喊道，她还没看见我，我待在门前的阴影里。孩子们把狗放到桌上，他们大概非常喜爱这个女人，总想盯着她的眼睛，一个女孩抓过她的手抚摸着，她任由女孩抚摸，几乎没有反应。那条狗站在她面前的信纸上——她刚才还在上面写着字——向她伸出它颤抖的小舌头，我在离灯罩极近的地方看得一清二楚。现在，孩子们请求留在这里，打算哄骗女人答应。女人犹豫不决，站起来，伸出手臂，指指那一张床和坚硬的地板。孩子们不愿接受现实，躺在他们原来站着的地板上试了试；房里悄无声息了好一阵子。女人双手合拢放在腿上，一脸微笑，俯视着孩子们。时不时有个孩子抬起头，可看到其他人都躺着，这孩子便又躺了回去。

一天傍晚，我从办公室回家，比平时稍微晚了一些——一个熟人在我家楼下大门口留了我很久——打开房门时，我还在思考那段主要围绕着阶级问题展开的对话，我把大衣挂在钩子上，打算去盥洗台，这时，我听见了陌生而短促的呼吸声。我往上看，发现，在半明半昧中，放在远处角落里的炉子上面有活物。发黄的、闪亮的眼睛盯着我，在那张无法辨认的脸下面，一对硕大浑圆的女人乳房摊在炉檐两侧，整个生物似乎只由成堆的柔软白肉组成，一条粗长发黄的尾巴从炉子上垂下，尾巴尖不断地在瓷砖的缝隙间来回扫动。

我做的第一件事就是迈着大步，低垂着脑袋——愚蠢！愚蠢！我祈祷般轻声重复着——向通往女房东住处的门走去。后来我才意识到，我没敲门就进去了……〔此处中断〕

那是在午夜时分。五个男人拦住我，在他们头顶上，第六个人举起他的手，打算来抓我。"放开。"我大喊，并转了一圈，让他们落荒而逃。我感觉某种法则占了上风，在作最后的努力时我便得知，它已然获得了成功，我看见，现在所有的男人都举起胳膊飞快地后撤，意识到，下一刻他们必定会一起向我扑过来，我转身来到房门前——我就站在离门口很近的地方——打开简直是在不寻常的仓促中自行爆开的门锁，逃上黑暗的楼梯。

在上面的最后一层楼里，我的老母亲站在打开的房门口，手里举着一根蜡烛。"小心，小心，"我在倒数第二层时就已经往上喊道，"他们在跟踪我。"

"到底是谁？到底是谁？"我母亲问道，"到底是谁会来跟踪你？我的孩子。"

"六个男人。"我气喘吁吁地说。

"你认识他们吗？"母亲问。

"不，陌生人。"我说。

"那他们长什么模样？"

"我几乎都没看清楚。一个留着满脸黑胡子，一个手指上戴了枚很大的戒指，一个系着红腰带，一个裤子膝盖的地方扯破了，一个只睁着一只眼睛，最后那个龇着牙齿。"

"现在别再想这些事了，"母亲说，"回你的房间去，躺下睡吧，我已经铺好床了。"母亲，这个老妇人，已经是活人无法攻破的了，她口中不自觉地重复着八十岁老人的傻话，嘴边浮现出一抹狡黠的神色。"现在就睡？"我喊道……〔此处中断〕

六月十二日。库宾。发黄的脸，稀疏的头发平平地铺在头颅上，眼睛里时不时地闪着激励人心的光芒。

沃尔夫斯基尔[1]，半盲，视网膜脱落，必须小心不要摔倒或者撞到，否则晶状体可能就会掉出来，这样就全完了。读书的时候，他得把书紧贴着眼睛，试着用眼角的余光捕捉字母。和梅勒西奥·莱赫特[2]一起去过印度，得了痢疾，他把在街上尘土里见到的每一个水果都吃了下去。

P. 从一具尸体上锯下一条银质贞操带，把在罗马尼亚某处把尸体挖掘出来的工人推到一旁，以话语宽慰他们，说他在这里见到一件有价值的小东西，他想把它当作纪念品带走，P. 把贞操带锯开，从骨架上扯下来。如果他在村中教堂里发现了一本有价值的《圣经》，一幅画或一页纸，东西又是他想要的，他就从书上、墙上、祭坛上把他想要的东西扯下来，放下一枚两赫勒银币作为还礼，他这就安心了。——对胖女人的爱。他拥有过的每一个情人都被拍了照片。他给每位访客展示这摞照片。他坐在沙发的一角，房客坐另一角，离他很远。P. 几乎不往那个方向看，却总是知道接下来是哪张照片，随即给出他的解释：那是个老寡妇，那是两位匈牙利女仆，等等。——关于库宾："是的，库宾大师，

1　卡尔·沃尔夫斯基尔（1869—1948），德国犹太裔作家、翻译家。
2　梅勒西奥·莱赫特（1865—1937），德国画家、版画家、图书设计师。

您的确正在上升期，要是这样继续下去，在十到二十年内，你的
地位就可以和拜罗斯¹比肩了。"

陀思妥耶夫斯基写给一位女画家的信。

社会生活在一个圈子里进行。只有那些受一种特定的苦难
折磨的人才能相互理解。他们根据各自苦难的性质形成了一个
圈子，并相互支持。他们沿着圈子的内缘滑行，他们让对方先
行，或是在人群中轻柔地推开对方。每个人都劝解其他人，希望
这么做对自己产生反作用，或者，劝解进行得十分热烈，众人直
接享受这种反作用。每个人都只拥有自身痛苦所允准的经验，尽
管如此，在这些同伴中间，他们还是听见众人交流着截然不同的
经历。"你就是这样，"一个人对另一个说，"你就是这样，与其
抱怨，倒不如感谢上帝。因为你如果不是这样，你可能会遭这样
或那样的不幸，受这样或那样的耻辱。"那么这个人是怎么知道
的？这种说法表明，此人与被搭话者属于同一个圈子，他所需求
的是同一种安慰。不过，在同一个圈子里，人们知道的总是同样
的事情。安慰者优于被安慰者的想法丝毫不存在。因此，他们的
对话只是想象力的结合，是一个人对另一个人的愿望的超载。有
时候，一个人看着地面，另一个人看着鸟，他们的来往就在这样
的差异中进行着。有时候，他们在信仰中取得一致，两人头并头
地往高处无限的方向看去。但只有他们一起低下头，同样的锤子
落在他们身上的时候，才能体现出他们对处境的理解。

---

1 此处讽刺之处在于，P.无知地把知名画家阿尔弗雷德·库宾与色情书籍的插
画家相提并论，后者曾以"拜罗斯伯爵"之名风靡一时。——原编者注

六月十四日。我安静的步态，与此同时，一根微微蹭着我头部的树枝在我脑袋四周颤抖，给我造成了最严重的不适。我很平静，我心中怀着对他人的信赖，但不知为何走到了错的那个尽头。

六月十九日。最近几天的激动心情。W. 博士那儿传递来的宁静。他为我承担的担忧。今天早上四点，我于酣睡后醒来，他们是如何把我迁走的。彼施特科沃·迪瓦德洛 [1]。洛文斯泰因。现在，读索卡 [2] 粗糙的、令人激动的长篇小说。恐惧。确信 F. 之必要。

我们，奥特拉和我，是如何于暴怒中发泄对人类关系的不满。

双亲的坟墓，儿子（波拉克，受过贸易方面的高等教育）也埋在里面。[3]

六月二十五日。从清晨到现在的黄昏时分，我在自己房间里来来回回。窗开着，那是个温暖的日子。窄巷里的噪声不断飘过来。晃荡的时候我看了一眼，就已经见到了房间里的每一件小东西。我的目光扫过每一扇墙。我查探地毯的图案和它老化的迹象，直至最后几条分岔。我好几次用手指一拃又一拃地测量着桌子中央。我已经对着女房东已故丈夫的照片龇了好几次牙。临

1　布拉格近郊的一座剧院。——原编者注
2　奥托·索卡（1882—1955），奥地利作家、记者。
3　此处展现出一种古怪的预兆，因为卡夫卡也与他的双亲埋在同一座墓里。——原编者注

近傍晚，我走到窗前，坐在低矮的护栏上。此时，我碰巧第一次安静地从一个地方抬头看着房间的内部，看向天花板。最后，要是我没有弄错的话，这个被我摇撼过那么多次的房间终于动起来了。是从白色的、用稀稀拉拉的石膏装饰围绕着的天花板开始的。小块的灰泥松动了，仿佛是偶然间砸落在地上，到处都发出某种响声。我伸出手，有几块也落进了我的手里，慌忙间，我甚至没有转身，就把它们从头顶上扔到了巷子里。上面断裂的地方还没有牵连到其他地方，不过我起码已经可以用某种方式把它们组合在一起。可现在，泛蓝的紫色开始与白色融为一体的时候，我就不再玩这样的游戏了，这种紫源自天花板的中心，它依旧是白色的，甚至简直在放射出白色的光芒，上面那盏破旧的电灯泡几乎就嵌在里面。色彩，或者说是一束光反复在撞击中逼近，向现在逐渐黯淡下去的边缘冲去。我根本不再注意坠下的灰泥，它们片片剥落，仿佛受了一台运行得极为精准的工具的重压。然后，黄与金黄的色彩从两侧涌入那紫。可天花板其实没有变色，色彩只让它变得有那么一点透明，似乎有东西在上面盘旋，打算破墙而入，我几乎已经可以见到那里喧嚣的轮廓，一只手臂伸了出来，一把银剑来回飘浮。毋庸置疑，这是向我而来的；一道要前来解放我的幽影正在酝酿。我跳上桌子，把灯泡连铜杆一起拽下来，扔在地上，以策万全；然后我跳下来，把桌子从房间中央推向墙边。无论什么东西想来，都可以静静地在地毯上安置，向我诉说它要诉说的事情。我几乎还没弄完，天花板真的破开了。还是从极高的地方——我判断不好有多高——一位裹着泛蓝的紫色法衣、系着金色绦带的天使，乘着巨大而洁白的、带着丝光的翅膀在半明半暗间缓缓降落，抬起的手中还握着一把笔直指向前方的剑。"原来是个天使！"我想，"它整天都在向我飞来，我却因为没有信仰而对此一无所知。现在他要和我说话了。"我垂下了目光。但当我再次抬眼，虽然天使还在那里，且相当低地悬在重新闭合的天花板下方，却不再是活的天使，而只是一个彩漆的木雕艏饰像，就像水手酒馆的天花板上挂着的那些。仅此而已。剑柄是用来插蜡烛并接住滴下来的烛泪的。我已经把灯泡扯下来了，我不想留在黑暗中，蜡烛还是可以找到的，于是我爬上一张沙发椅，把蜡烛放在剑柄上，点燃了它，然后，我坐在天使的昏暗灯光下，直至深夜。

六月三十日。海勒乌[1]。和皮克去莱比锡。我表现得很糟糕。不能问，不能答，不能动，几乎不能看他的眼睛。宣传舰队协会的曼，肥胖的、吃香肠的托马斯夫妇，我们住在他们家里，带领我们前去的普雷舍尔，托马斯夫人，赫格纳，范特尔及其夫人，阿德勒夫妇及其孩子安妮莉丝，K.博士夫人，P.小姐，方德女士的妹妹，K.，门德尔松（兄弟的孩子，高山花圃，蛴螬，云杉针浴），林中酒店，"大自然"，沃尔夫，哈斯，阿德勒在花园里朗诵《纳尔齐斯》，参观达尔克罗兹[2]的居所，傍晚去林中酒店，莱比锡书展——慌上加慌。

失败：没找到"大自然"，在斯特鲁维街上白跑一通；坐错

---

1 卡夫卡当日应该是赴海勒乌文化圈聚会。（见一九一四年一月八日原编者注）。
2 爱弥尔·雅克·达尔克罗兹（1865—1950），瑞士作曲家、音乐家、音乐教育家。

了前往海勒乌的电车，林间酒店里没有房间；忘了让 E. 在那里给我打电话，所以掉头回去了；再没碰见范特尔；达尔克罗兹在日内瓦；第二天早上太早来到林间酒店（F. 毫无意义地打了电话来）；决定不去柏林，而是去莱比锡；没有意义的旅行；乘错了普通列车；沃尔夫正坐车去柏林；拉斯克－许勒和维尔弗聊个没完；参观展览会毫无意义。最后，在阿尔克咖啡馆，毫无意义地和皮克翻了一笔旧账。

七月一日。太累了。

七月五日。必须承受、造成这样的痛苦！

七月二十三日。旅馆里的法庭[1]。乘坐出租车。F. 的脸庞。她用手捋了捋头发，打了个呵欠。她突然直起身子，说出了经过深思熟虑、酝酿许久、充满敌意的话。和 Bl. 小姐一起回来。宾馆里的房间，对面墙壁上反射的热气。拱起的侧墙也散发着热气，房间的窗户深深嵌在里面。此外还有下午的阳光。令人感动的侍者，几乎像是从东边来的犹太人。院子里的噪声，像是在一间机器工厂。糟糕的气味。臭虫。把它们踩扁是个艰难的抉择。旅店

1　一九一四年七月十一日，卡夫卡前往柏林看望未婚妻菲利斯，商谈婚娶事宜。抵达柏林的第二天，在卡夫卡下榻的阿斯坎尼庄园里，菲利斯、格蕾特、菲利斯的妹妹埃尔瑟以及曾为卡夫卡给菲利斯传信的魏斯组成了"审判法庭"，卡夫卡成了该"法庭"的被告。菲利斯指控卡夫卡反复无常，对她不忠诚，卡夫卡没作辩护，接受了这场"审判"。最后"法庭"宣判，解除两人之间的婚约。后来，卡夫卡以此为契机创作了《审判》（一译《诉讼》）。

女仆震惊：哪儿都没有臭虫啊，只有那么一次，有个客人在走廊里发现了一只。

在父母处。母亲零星落下些泪水。我讲述了这场教训。父亲从各方各面正确地理解了情况。他为了我专程从马尔默赶来，坐夜车，就穿了件衬衫。他们同意我的观点，没有什么，或者说，没有太多可以驳斥我的地方。简直清白无辜。显然是 Bl. 小姐的罪过。

傍晚，独自坐在椴树下的扶手椅上。腹痛。悲伤的检票员。站在人群前面，转动手中的票据，只有付了钱才能把它拿走。尽管他看起来很笨拙，但他的差事办得井井有条，在这种长时间的工作中，不可能一边来回飞奔，一边还得试图把乘客的脸都记住。在看到这样的人时，我总会产生这样的想法：他是如何得到这份差事的，他的收入怎么样，他明天会在什么地方，年纪大了会怎样，他住在什么地方，睡前会在哪个角落里伸展手臂？如果我也能承受这样的日子，我会感觉如何？腹痛战胜了一切。深受折磨的可怕一夜。却几乎没留下任何记忆。

观景台餐厅，和 E.[1] 在斯特拉劳桥边上。她还期待着有个好结果，或者是装的。喝了红酒。她眼中有泪。船驶向格吕瑙，驶向施韦尔陶。许多人。音乐。E. 安慰我，我不伤心，换句话说，我只是为自己伤心，在这件事上我很绝望。她给了我《哥特式房间》[2]。谈了许多事情（我一无所知）。特别是她在公司里是如何应付一位年迈、恶毒的白发女同事。她最希望的是离开柏林，拥有

---

1 埃尔瑟·鲍尔，菲利斯·鲍尔的妹妹。
2 瑞典剧作家奥古斯特·斯特林堡的长篇小说。

一番自己的事业。她喜静。在塞布尼茨的时候，她经常整个星期天都在睡觉。她也可以风趣。——海军之家对面那片岸。她的兄弟已经在那里租了套公寓。

为什么父母和阿姨要这样和我挥手告别？尽管一切都已明朗，为什么 F. 坐在旅馆里一动不动？为什么她给我打电报："好好期待，但我周二要出差。"期待我做出成绩？没有什么比这个更加自然。没有什么（被来到窗前的魏斯博士打断了）……〔此处中断〕

七月二十七日。第二天没再去父母那儿。只给雷德勒发了一封告别信。信写得不真诚且轻浮。"别把我留在坏念想里。"刑场讲话。

去了两次斯特拉劳湖岸的游泳学校。许多犹太人。脸庞发青，身体强壮，跑得狂野。晚上在"阿斯卡尼亚庄园"的花园里，吃了特劳特曼村的米饭和一个桃子。我试着用刀切开未成熟的小桃子时，一个喝红酒的人看着我。我没成功。出于羞愧，我在老人的注视下完全放开了桃子，把《飞翔报》翻了十遍。我在等，他到底会不会转过眼神。最后，我使尽全身力气，不顾他的目光，咬了昂贵而没有汁水的桃子。在我旁边的包厢里有位高大的先生，一心只关注着他精心挑选的烤肉和冰桶里的红酒。最后他点了一支大雪茄，我越过《飞翔报》观察着他。

从莱尔特车站出发，穿衬衫的瑞典人。戴许多银手镯的健壮姑娘。晚上在布痕换乘。吕贝克。射击协会的可怕旅馆。填得太满的墙壁，床单下面肮脏的裤子，冷清的房子，服务员就只有个小跑堂的。出于对房间的恐惧，我还是走进花园，带着一瓶哈茨山碳酸矿泉水坐在那里。对面有个驼背男子和一个瘦削贫血的、抽着烟的年轻人，旁边摆着啤酒。我的确睡着了，不过很快就被阳光刺醒，它透过大窗户，笔直照在我的脸上。窗户外是铁道路基，火车的噪声响个不停。搬到特拉弗区的帝王旅馆后，解脱了，很开心。

坐车前往特拉弗明德。浴场——家庭浴场。海滩的景色。沙中午后。因为赤脚，让人觉得不雅。我身边显然是美国人。没有吃午饭，倒经过了所有的膳宿公寓和饭店。坐在疗养宾馆门口的人道上，聆听餐桌上的音乐。

在吕贝克的城墙上散步。长椅上悲伤迷惘的男人。运动场上的生机。安静的场所，所有门外的台阶和石头上坐的人。窗外的早晨。从一艘帆船上卸木材。[1] W. 博士在火车站。与洛维源源不断的相似性。因格莱申多夫而难以抉择。在汉莎乳场用餐。"脸红的少女。"为晚餐采购。和格莱申多夫打电话。去马利恩利斯特。摆渡渡轮。在瓦格罗艾塞前往马利恩利斯特的车厢里，一个穿雨衣，戴帽子的年轻人神秘地消失，又神秘地出现。

七月二十八日。绝望的第一印象，对荒僻的地方，对穷酸的房子，对没有蔬果的糟糕饮食，对 W. 和 H. 之间的争吵。决定第二天就离开。解约。还是留下了。朗诵《袭击》，我听不进，无法融入享受，下不了判断。W. 的即兴演讲对我来说是无法实现

---

1 卡夫卡订婚之后，和恩斯特·魏斯及其女友一起进行了这趟短途旅行。——原编者注

的东西。写字的男人在花园中间，胖脸，黑眼睛，油亮的长发平
整地梳在后面。呆滞的眼神，忽左忽右地眨眼睛。孩子们不感兴
趣，像苍蝇一样坐在他的桌子四周。——我无力思考、观察、确
定、回忆、言语、存活的程度越来越严重了，我不得不承认，我
僵滞了。在办公室里，我的无力感更甚。如果我不在一种劳动中
自我拯救，我就会迷失。我是否和它一样清楚它是什么？我在
人前躲起来，不是因为我想安静地生活，而是因为我想安静地灭
亡。我想起我们，E. 和我，从电车站走到莱尔特车站的那段路。
没人开口，我没想别的，只觉得每一步对我来说都是收获。而且
E. 对我非常好，甚至令人费解地相信我，尽管她只在法庭上见
过我；我甚至时不时感觉到这种信任对我的影响，可我并不完全
相信这种感觉。好几个月以来，我第一次在人前感受到了生命是
在从柏林回来的路上，坐在车厢对面的瑞士女人。她让我想起了
G.W.。有一次她甚至还喊道："孩子们！"——她头疼，血液就
这么折磨着她。丑陋的、不修边幅的、矮小的身躯，在巴黎百货
公司买的廉价劣质裙装，脸上的雀斑。倒有双小脚，尽管身体沉
重，脚却因为娇小而完全在她掌控之中，圆润饱满的脸颊，活泼
的、永不熄灭的目光。

住在我隔壁的犹太夫妇。一对害羞又谦虚的年轻人，她大
大的鹰钩鼻和修长的身体，他有些斜视，脸色苍白，敦实魁梧，
晚上时而咳嗽。他们常常一前一后地走。看见他们房间里破烂
的床。

丹麦夫妇。他经常极为体面地身着西装上衣，她晒得黝黑，
虚弱，但脸上有粗糙的皱纹。他们总是沉默，有时候挨着坐，脸

歪斜地挨在一起，就像摆在刻有凹凸花纹的宝石上。

这个调皮的英俊青年。总抽烟。放肆地看着 H.，挑衅、钦慕、戏谑、轻蔑，全在一个眼神里。有时他根本不注意她。沉默地问她要一支烟。接着又从远处给她递一支。他的裤子破了。如果你想痛打他，必须在这个夏天里打，明年夏天，他就已经得自己打自己了。他挽起所有女侍者的肩膀并爱抚之，但既不恭顺，也不尴尬，反倒像哪个少尉，考虑到他眼下孩子般的外形，在某些方面，他可以敢做的事情要比以后多。吃饭的时候，他威胁要用刀砍掉一个人偶的脑袋。

四人组舞。四对夫妇。沉浸在大礼堂的灯火与留声机音乐里。每一个角色出现之后，都有个舞者匆忙来到留声机前，放进一张新唱片。准确的、轻快的、严肃完成的舞步，尤其是男士那一侧。那个风趣的、脸颊红润的、世故的男人，他隆起的硬衬衫让他宽阔高耸的胸膛更加挺拔——无忧无虑的、苍白的、站在所有人上方的、与大家同乐的男人，凸显的肚腹，宽松的浅色衣服，多种语言，阅读《未来》——借着沉重的呼吸和孩子般的小肚子，就能认出患甲状腺肿的、闹腾的一家人里的父亲；他和妻子（他刚才极其殷勤地和她跳着舞）一起坐在孩子们那一桌，带着示威的意思，不过在这张桌子上，他和他那一家是最活跃的。那个体面的、整洁的、值得信赖的男人，他的脸因为纯粹的严肃、谦逊与男子气概而几乎显得有些愠怒。前面他弹钢琴。那个国字脸上有疤痕的魁伟德国人，说话的时候，他的厚嘴唇是如此平和地相互贴合。他的妻子有张北欧人的脸，坚毅友好，有意着重的美丽的步态，有意着重了摇晃臀部的自在。来自吕贝克的女人，有双闪亮的眼睛。三个孩子，其中有个名叫格奥尔格，和蝴蝶似的没有方向，落在了完全陌生的人群里。然后，在幼稚的絮语中，他问了些没有意义的问题。比如说，我们坐下来修改《斗争》，他突然出现了，自然、自信、大声地问道，其他孩子跑哪儿去了。——那位僵硬的老先生展现了高贵的长脑袋北欧人年迈后的模样。若不再有年轻美丽的长头族在这里跑来跑去，那就说明这里堕落了，面目全非了。

七月二十九日。两个朋友，一个金发，像理查德·施特劳斯，面带微笑，克制，精明；另一个肤色较深，衣着端正，温顺坚定，通体轻盈，口齿不清。两个人都爱享受，总喝红酒、咖啡、啤酒和烈酒，不停地抽烟，给彼此倒酒，他们的房间在我的对面，摆满了法语书籍，天气好的时候，在昏沉的写字间里写很多东西。

约瑟夫·K.，一个富商的儿子，有天夜里和父亲大吵一架之后——父亲责备他生活太过放荡，并且要求他立刻停止——他没有什么明确的意图，只是在极其不安与疲惫的状况下走进了商会的房子，那房子四面八方都没东西，临近港口。看门人深深地鞠躬。约瑟夫飞速瞥了他一眼，没打招呼。"要求那些哑巴下属做什么，他们就做什么。"他想，"如果我觉得他在用不恰当的眼神看我，那他真的就在这么做。"他又转过身，向看门人走去，还是没有打招呼；看门人向街道转过身去，仰望被云层覆盖的天空。

我完全不知所措。前不久我还知道该做什么。老板已经伸出手，把我推到了店门口。两张书桌后面站着我的同事，我所谓的朋友，为了掩盖脸上的表情，他们把灰色的脸低进黑暗里。

"出去！"老板喊道，"小偷！出去！我说了，出去！""胡说！"我第一百次喊道，"我没偷东西！这是误会！是诽谤！您别碰我！我要起诉您！法院还没倒呢！我不走！我像个儿子那样服侍了您五年，现在您把我当成贼！我没有偷，您听着，看在老天爷的分上，我没偷！"

"别再说了，"老板说，"您走吧！"我们已经来到了玻璃门前，一个先前跑出去的学徒工匆忙开了门，虽然僻静街道上扰人的噪声更容易让我接受事实，可我还站在门里，手肘放在髋部，哪怕快透不过气来了，我还是尽可能地保持平静道："我要我的帽子。"

"您该拿。"老板说着往后退了几步，从伙计格拉斯曼手里接过帽子；刚刚这位伙计跨到书桌上，想把它扔给我，但弄错了方向，又扔得太用力，结果，帽子从我身边飞到了马路上。

"这帽子现在是您的了。"我说，然后走到了外面的街上。现在我不知所措。我是偷东西了，为了晚上能和苏菲一起去剧院，我从商店柜台里抽了一张五古尔盾。她根本不想去剧院。三天后就发工资了，那时候我就有自己的钱了，而且我这东西偷得荒唐，光天化日之下，在账房的玻璃窗旁边，老板就坐在后面盯着我。"小偷！"他大喊一声，从账房里跳出来。"我没有偷。"这是我说的第一句话，但那张五古尔盾纸币在我手里，收款台也开着。

在另一本笔记本上写了有关旅行的笔记。失败的工作开始了。尽管失眠、头疼，总体来说丧失了能力，但我没有屈服。相反，这是聚集在我内心最后的生命力。我观察发现，我不是为了安静地生活而躲避别人，而是为了能够安静地死去。但我现在就要自卫了。趁老板不在，我有一个月的时间。

七月三十日。 厌倦了在别人的店里干活，我开了自己的小纸张店。由于我财力有限，几乎所有东西就要以现金支付……〔此处中断〕

我寻求建议，我并不固执。如果我在丝毫不知情的情况下，沉默地笑看给我提建议的人，脸部抽搐地扭曲，脸颊闪着热光。那是张力，是准备接受，是病态的缺乏固执的态度。

"进步"保险公司的主管总是对他的职员极其不满。现在，每个主管都对他的职员不满；职员和主管之间的差异太大，不能仅靠主管的命令和职员的服从来弥补。只有相互憎恨才能带来弥补，让整个公司更加完善。

"进步"保险公司的主管鲍茨满脸狐疑地看着站在他的办公桌前申请职员一职的那个男人。他还时不时地读一读摆在面前桌子上的那个人的文件。

"您个子倒很高，"他说，"我看得出，可您有什么价值？在我们这里，职员可不能只会舔邮票，而这也正是他们无须在我们这里会的东西，因为这种事情在我们这里是自动化的。在我们这里，职员算是半个公务员，必须做责任重大的工作，您觉得您能胜任吗？您的头型真独特。您的额头长得可真靠后。奇特。您上一份工作是什么？怎么？您已经一年没有工作过了？为什么？

肺炎？是这样啊？行吧，这可不是什么好事啊，是不是？我们只能用健康的人。您入职前，还得先去体检。您已经恢复健康了？好吧。的确，这也有可能。您说话要是大声点儿就好了！您吞吞吐吐的样子叫我紧张极了。我也看到了，您结婚了，有四个孩子。而您已经一年没工作过了！哈，好家伙！您的妻子是洗衣女工。好吧。行。既然您已经在这里了，您立刻去找医生体检吧，有员工会带您去。就算医生的鉴定结果对您有利，您也别因此就得出结论，觉着您就能在这里上班了。根本不是这样。不管怎么说，您都会收到一份书面通知。说实话，我想马上告诉您：我根本不喜欢您。我们需要的是完全不是您这样的员工。不过，不管怎么说，您去体检吧。您现在快去，走吧。求情也没有用。我没有给您开后门的权力。您什么活儿都可以干。明白。谁又不是呢。这也不是什么特殊的嘉奖。只能表明您觉得自己的身份有多低微。现在我最后再说一次：您走吧，别再烦我了。真的够了。"

鲍茨不得不把手拍在桌子上，让手下把那个男人拖出了主管办公室。[1]

七月三十一日。我没时间。这是总动员。K. 和 P. 已经应召

---

[1] 上述几篇日记（自一九一四年二月十六日起）取自两本本四开本的笔记本，卡夫卡轮流在两本本子里写日记，并没有什么刻板的顺序。编者根据记录日期来确定某些文本的次序。写日记时，他经常得从一本本子跳到另一本。不过，下面那篇七月三十一日的日记虽以"我没时间。"开头，他却又直接在两本本子中的另一本中写了这样的话："……我有（十个月的）时间。"日期为七月二十九日。根据日期（还有相对更为平静的情绪）判断，七月三十日的日记肯定是从另一本笔记本补录到这本笔记本上的，此注释是为了解释七月二十九日至七月三十一日间日记的关系。——原编者注

入伍。现在我得到了独处的奖赏。然而，这几乎不是奖赏，独处只带来了惩罚。毕竟，所有的苦难不再那么触动我，我也比当时更加坚定。下午我必须去工厂，我不会住在家里，因为 E. 和两个孩子要搬来和我们住。可尽管如此，我还是要写作，绝对要写，这是我自我保护的战役。

八月一日。陪 K. 到火车上。办公室里到处围着亲戚。打算去瓦莉家。

八月二日。德国向俄国宣战。——下午去游泳学校。

八月三日。独自在我妹妹的公寓。它比我的房间还低，也在一条偏僻的巷子里，所以，楼下的邻居在门外大声说闲话。还有口哨声。除此之外就是完全的孤独。没有满心期待的妻子来开门。我本来这个月里就该结婚了。一个痛苦的说法：求仁得仁。你痛苦地贴墙站着，畏惧地沉下目光，看那只压着的手，伴着一种让人遗忘旧痛楚的新痛楚，你认出自己弯曲的手，它用一种从未行过好事的力量支持着你。你抬起头，又感到从前那种痛楚，你又沉下目光，这样的上上下下不曾停止。

八月四日。在为自己租房时，我很可能和房东签署了一份文件，文件里，我承诺缴纳两年甚至六年的租金。现在，他根据这份合同提要求。我的行为产生的愚蠢，或者说普遍的、已成定局的毫无防备。滑入河中。这种滑入在我眼里很可能是如此令人向往，因为它让我想起"被推"。

八月六日。炮兵在战壕中移动。鲜花、欢呼、高呼纳兹达尔[1]。痉挛般死寂的、震惊的、专心致志的、有着黑眼睛的黑脸庞。

我没有恢复，反倒支离破碎。一个空的容器，依然完整却已是碎片，或者说，已经是碎片却依然有个完整的形状。满是谎言、憎恨与嫉妒。满是无能、愚蠢与驽钝。满是懒惰、软弱与怯弱。三十一岁。我在奥特拉的照片上见到了两个经济学家。年轻有朝气的人，他们懂得一些知识，也有足够的手段，能在必然有一点抗拒的人们中间利用这些东西。——一个人牵着骏马，另一个人躺在草地上，在那张平时不动声色，定然值得信赖的脸上，他任舌尖在嘴唇间嬉耍。

我发现，我心里除了狭隘、犹豫不决，还有对那些斗争者的嫉妒与憎恨，什么都没有，我热切地希望他们诸事不顺。

从文学的角度上来看，我的命运非常简单。我梦幻般的内心生活所表现的意义将其他一切变成次要之物，它们以一种可怕的方式渐渐凋谢，而且这种凋谢从未停止。其他任何东西都无法满足我。不过现在，对于这种表现而言，我的力量不可估量，或许它已经永远消失，或许它最终还会再次出现在我心里，可我的生活状态并不有利于它。于是我就这么摇摆，不停地飞向山巅，却几乎无法在上面停留片刻。他人也摇摆，不过是在更低的区域里，用的力气也更充沛；如果他们有坠落的危险，为此走在他们

---

1 捷克语中的万岁。——原编者注

身旁的亲戚会抓住他们。但我在上面踌躇，可惜那不是死亡，却是永恒的死之折磨。

爱国游行。市长讲话。然后消失，然后出现，德语的叫喊："我们亲爱的君主万岁，万岁！"我带着凶恶的眼神站在一旁。这些游行是战争中最令人厌恶的伴随症状之一。至于犹太商人，他们一会儿是德国人，一会儿是捷克人，他们虽然承认这一点，却从来没像现在这样，可以把它那么大声地喊出来。当然，他们自然拉来了许多人。游行组织得很好。每天傍晚都重复上演，明天星期天有两场。

八月七日。即使你不具备任何最细微的、可见的分辨个人的能力，却依然按照自己的方式对待每个人。为了引起我的注意，"来自宾兹的L."向我伸出手杖，把我吓了一跳。

赴游泳学校的坚定脚步。昨天和今天写了四页，难以超越的琐碎之事。

非比寻常的斯特林堡。这些怒火，这些从拳击中取得的书页。

对面的旅馆中响起了合唱声。——我正走到窗前。睡觉似乎是不可能了。打开的玻璃房门里传出完整的歌唱。女孩的声音定了音。唱的是纯洁的情歌。我渴望警察的到来。正好来了一个。他在门前站了一会儿，倾听着。然后他喊道："老板！"女孩道："*Vojtišku.*[1]"一个穿长裤和衬衫的男人从角落里蹦出来。"把

---

1 捷克语，阿德尔伯特的爱称。——原编者注

门关上！谁要听这些噪声啊？""哦，请进。哦，请进。"老板说着做出了亲切迎合的动作；他仿佛在和一位女士谈判，先从身后关了门，然后把门打开，好溜出去，接着又把门关了。警察（他的行为，尤其是他的愤怒令人费解，因为歌声并不能打扰他，倒只能为他无聊的职务添一份甜意）离开了，歌手们失去了歌唱的欲望。

八月十一日。想象我留在巴黎，和叔叔手挽手，紧挨着彼此横穿巴黎。

八月十二日。根本没睡。下午在长沙发上躺了三个小时，毫无睡意，昏昏沉沉，夜里也差不多。不过这并不能妨碍我。

八月十五日。几天来我一直在写作[1]，希望能保持下去。我不像两年前那样，如此提防着爬进工作中，如今不这样了，但我至少取得了意义，我规律、空虚、疯狂的单身汉生活有了一个理由。我可以再次与自己对谈，而不是就这么瞪着完全的空虚。只有这条路上才有让我改善的方法。

回忆卡尔达铁路

我生命中有一段时间——距今已经过了许多年——在俄国内陆的一条铁路上供职。我从来没有像在那里那般孤独。出于各种与此文无关的理由，我当时正在寻找这样一个地方：孤独越冲击

1　卡夫卡当时开始创作长篇小说《审判》。两年前，他写了《判决》，一部分《美国》，还有《变形记》。——原编者注

我的耳朵，我就越喜欢，因而我现在也并不想抱怨。只是一开始
的时候我没有活干。

这条小铁路最初也许是出于某种经济目的才修建的，但资金
不足，建设就此停滞，铁路并未通往下一座较大的城镇，距离
我们五天车程的卡尔达，而是停在一个简直坐落于一片荒地上
的小定居点边上，从那里到卡尔达还需要花一整天。现在就算铁
路延伸至卡尔达，在望不到头的一段时间里，它还是会一直无利
可图，因为它的整个计划都失败了，国家需要公路，但不需要铁
路，可就这条铁路目前所处的状况来说，它根本就撑不下去，一
辆轻型马车或许就能装下每天运行的两列火车所装载的货物，而
且乘客就只有夏天里几个在田里干活的工人。但是，人们并不想
彻底让这条铁路荒废，因为他们仍然希望通过保持运营来吸引进
一步扩建的资金。在我看来，这种希望与其说是希望，倒不如说
是绝望与懒惰。只要手头还有物料和煤，人们就让铁路继续运营
着，他们削减了几个工人的薪水，发薪时间也不规律，仿佛这是
发自慈悲的馈赠，此外，他们在等待全盘崩溃。

我在这条铁路上就职，住在一个木板条屋里，从铁路建成起
它就一直在那里，也属于车站建筑。它只有一个房间，里面为
我摆了一张小木板床——还有一张为可能的文书工作准备的书
桌。上面安放着电报设备。我春天前去的时候，有一班火车很早
就会驶过车站，后来改时间了——而且有时候，某些乘客会在我
还在睡觉的时候来到车站。那他自然不会待在野外——一直到仲
夏，那里的夜晚都会非常凉——而是会敲门，我拨开门闩，然后
我们会花好几个小时闲聊。我躺在我的小床上，我的客人蹲在地

上，或者根据我的指示泡茶，接着我们就格外默契地喝了起来。所有这些村民都有个特点，格外能忍耐。此外我发现，我不太愿意承受完全的孤独，尽管我也不得不告诉自己，才过了没多久，我强加给自己的这种孤独就开始消解过去的担忧。总体而言，我觉得，把一个人长久地浸泡在孤独中是一种为承受不幸进行的力量试炼。孤独强于一切，它把人再度驱向人群。自然，人之后试图去找寻其他看似不那么痛苦的道路，而实际上却也只是未知的道路。

我和那里的人作伴的时间比我想象的多。当然称不上有规律的交往。就说我所顾及得到的五座村庄，每一座都离车站及其他村庄都有好几个小时的路程。如果我不想失去我的职位，我不能冒险，离开车站太远。而且我不想这么做，至少一开始完全没这个打算。我无法亲自进入村庄，只能一直依靠乘客或那些不介意走远路来拜访我的人。在第一个月里，就已经有这样的人前来，但无论他们多么友善，很容易就能看出他们只是来和我做生意的，再说他们根本也不掩饰他们的意图。他们带来了各种货物，起初，只要有钱，我通常几乎看都不看，就买下所有商品，我就是如此欢迎这些人，尤其是个别人。不过后来，我限制了自己购买的度，部分原因是，我觉得自己意识到了他们看不起我的购物方式。再说我也从火车上得到了食物，不过它们非常糟糕，而且比农民带来的贵许多。

我原本打算开辟一个小菜园、买一头奶牛，用这种方式尽可能地脱离对他人的依赖。我还带了农具和种子，这里有大片大片的土壤，未经耕耘的土地在我的小屋周围延展成一个平面，目之

所及的地方都没有丝毫起伏。可我体力太弱，无法征服这片土地。难以驾驭的土壤一直到春天都还冻得坚实，连我崭新锐利的锄头也敌不过它。深深播种在底下的种子也不知所终。干这份活的时候，我感觉绝望袭来。我成天躺在小床上，就连火车进站的时候也不出来。我只把脑袋伸出恰好位于床上方的小窗，报告自己得了病。后来，三名列车乘务员进来取暖，可他们并不觉得有多暖，因为我尽可能不去使用那个容易爆炸的老铁炉。我宁可躺着，裹在一件温暖的旧大衣里，身上盖着从农民那儿逐一买下的各色皮毛。"你老生病，"他们对我说，"你是个病秧子。你再也出不了这个地方了。"他们说这些话并不是为了让我难过，只要有机会，他们大概就会尽可能地实话实说。这么做的时候，他们的眼中通常都带着一丝奇异的呆滞。

督察每个月来检查一次我的登记簿（但时间总是不一样），取走我收的钱，并——但不总是——把工资发给我。前一天将他送到上一站的人会通知我他到来的消息。自然，尽管我每天都把一切安排得妥妥当当，他们照样觉得这份通知是他们能给予我的最大的恩惠。这么做反正也不花什么力气。可就连督察走进车站的时候也总是带着某种表情，仿佛他这次一定要揭发我的管理不善。他总是用膝盖顶开小屋的门，与此同时还看着我。刚打开簿子，他就发现了一个错处。我花了不少时间在他面前再次计算，才证明错的不是我，而是他。他对我的进账总是不满意，那时候他就拍拍簿面，又锐利地看我一眼。"我们得把这条铁路停了。"他每次都说。"会有那么一天的。"通常我这么作答。

审核结束以后，我们的关系就变了。我总是准备好烈酒，尽可能地弄来些美味佳肴。我们一起喝酒，他用还算过得去的嗓音唱歌，不过唱来唱去都是那两首，一首是悲伤的，开头的歌词是："你要到哪里去，小朋友，到森林里去？"第二首欢快的歌是这么起头的："欢乐的伙伴们，我是你们的一员！"——我能拿到多少份额的薪水，取决于我能让他陷入什么样的情绪。但只有在这种余兴节目的一开始，我才会有意无意地观察他，后来我们就变得格外团结，不顾廉耻地辱骂管理层，他在我耳边低语，暗中向我许诺，他会为我的事业上心，最后我们一起倒在小床上，拥抱在一起，经常十个小时都不撒手。第二天早晨离开的时候，他又是我的上司了。我站在火车前敬礼，他上车的时候通常还会向我转过身，对我说："好了我的小友，一个月后我们再见。你知道这当中有什么利害关系吧。"我仍然可以看见他那张浮肿的脸费力地转向我，这张脸上的一切都很突出：脸颊、鼻子、嘴唇。

这是我放任自流的一个月里唯一重大的变动。如果误留下一些烈酒，那么等督察离开以后，我就立刻将它一饮而尽，它咕嘟咕嘟进入我的喉咙时，我通常还能听到火车出发的信号。这样的夜晚过去以后，干渴总是可怕的，仿佛我的体内还有第二个人，从我的口中伸出他的头和脖子，吼着要可以喝的东西。督察有人照料，他在火车里总有许多饮料库存，但我不得不仰赖剩下的这一些。

但后来我整个月都没喝酒，也没有抽烟，我干我的活，不想做其他事情。说起来事情不多，但我做得很仔细。

比如说，我的责任是每天清理、检查车站前后一公里内的铁轨。但我没有按规定办事，经常走出去很远，远到我刚好还能看见车站的地方。天气晴朗的时候，在大约五公里外还能见到车站，因为地势确实相当平坦。若我之后走得太远，遥远的小屋几乎只在我眼前闪烁的时候，我有时会在视错觉的作用下看见许多向着小屋移动的黑点。那是一整队人，一支行伍。不过有时候真的有人来了，那我就挥舞着锄头，走长长的一段路回去。

接近傍晚，我完成了我的工作，终于回到了小屋。通常这个时候没有人来拜访我，因为夜里回村的路途并不怎么安全。这一带流窜着各种各样的无赖，不过他们不是本地人，也换地方出没，但他们总是回到这个地方。我见过其中的大多数人，这座清寂的车站吸引着他们，他们其实并不危险，但对待他们的时候必须态度严肃。

在漫长的黄昏时分打扰我的也仅有这些人。要不然，我就躺在床上，不想过去，不想铁路，也不想下一班列车要在晚上十点到十一点之间经过本站，简而言之，我什么都不想。我时不时地读一份有人从火车上丢给我的旧报纸，报上刊登着或许能让我感兴趣的卡尔达丑闻故事，可光读一期报纸我没法读懂。此外，每期报纸都连载了一部名为《指挥官的复仇》的长篇小说。我曾经梦见过一次这个指挥官，他身侧总是佩着一把匕首，有一次发生了特殊情况，他甚至把匕首夹在牙齿中间。顺便一提，我没办法阅读很久，因为天黑得很快，我又实在买不起煤油或蜡烛。铁路公司每个月只给我半升煤油，在这个月结束前我早就用完了，只为让火车的信号灯在傍晚亮上半小时。不过这盏灯也根本没有必要开，起码以后有月光的夜里我就根本不点它。我十分正确地预见到，夏天过去之后，我会非常迫切地需要煤油。因此，我在小屋的一个角落里挖了个坑，里面放了个陈旧的小啤酒桶，用沥青把缝隙填涂好，把每个月省下来的煤油倒进去。整件东西用稻草盖着，没人能发现什么端倪。小屋里的煤油味越重，我就越满意；臭味之所以那么浓，是因为那是个用又老又脆的木头打的桶，木头里浸满了煤油。后来，出于谨慎，我把桶埋到了小屋外面，因为有一次督察在我面前炫耀他那盒蜡梗火柴，我打算去拿时，他把燃起的火柴一根根地扔到空中。我俩，尤其是那些煤油都真正地身处险情，我久久地掐住他的脖子，直到他手里的火柴都落在地上，我才挽救了一切。

闲来无事时，我常思考自己该如何过冬。既然我已经在这温暖的季节里冻僵了——而且正如他们所说，现在已经是近年来最暖和的一季——那么冬天可能会非常难熬。我储存煤油只是一时兴起，我本应理智地收集各种各样的东西用以过冬；毋庸置疑，公司并不会特别照顾我，可我过于轻率，更确切地说，我不是轻率，而是对自己不够关心，没有打算在这方面特别用心。现在，在这温暖的季节，我过得还凑合，便就这么算了，没再做什么。

有机会打猎曾经是把我引来这座车站的诱惑之一。有人告诉我，这是个野兽四处出没的地区，而且我已经弄到了一把步枪，要是我已经攒下了一些钱，我本打算找人把它寄过来的。如今事实证明，此地并没有可供狩猎的野兽的踪影，据说这里只有狼和熊，但在最初的几个月里，我什么都没看见。此外，这里还有奇异的大家鼠，我一来就立刻能观察到，它们成群结队地在荒原上奔跑，像被风吹着似的。可我期待的野兽没有出现。人们没有骗我，野兽出没的地方确实存在，只是有三天路程——我没有考虑到，在这片数百公里无人居住的土地上，方位信息势必是不确定的。无论如何，我眼下不需要这把步枪，可以用这些钱去做些其他事情，但为了过冬，我必须弄把步枪，我为此规律地存钱。至于有时候进犯我食物的家鼠，我的长刀就足够了。

起初，在我对一切还很好奇的时候，有一回，我刺穿了一只这样的家鼠，把它挂到我面前的墙壁上，与我的眼睛同高。只有把体型较小的动物放在面前与眼睛同高的地方，才能看清楚它们；如果把腰弯向地面，观看地面上的动物，那就会得到一个错误的、不完整的印象。这些家鼠身上最引人注目的地方是它们的爪子，大，有点向内凹，趾尖却很锐利，非常适合用来挖掘。在把家鼠挂到我面前的墙壁上时，它在临终的痉挛中绷紧了爪子，似乎违背了其生机勃勃的本性，它们仿佛是向你伸出的小手。

总体上来说，这些动物并未对我造成多大的困扰，只不过在夜里，当它们在坚硬的地面上啪嗒啪嗒地蹿过小屋时，偶尔会把我吵醒。如果我直起身子，点亮一支小蜡烛，我就可以看见，在木支柱下面的一道缝隙里，一只家鼠的爪子从外面伸进来，狂热地劳作着。这完全是无用功，因为，要为自己挖一个足够大的洞，它可能得劳作好几天，可天色只要稍有一点点亮，它就已经逃走了。尽管如此，它还是像一个知道自己目标的工人那样干着活。它的活干得很好，虽然挖掘的时候有不易察觉的颗粒飞起，但若不做出些成果，爪子大概是不会消停的。我经常在夜里长久地凝视着此情此景，直至其中蕴含的规律与平静让我入睡。后来，我再也没有力气去把小蜡烛吹灭，它又照耀了劳作中的家鼠一小会儿。

有一次，在一个温暖的夜晚，我又听到爪子劳作的声音，我小心翼翼地走出去，没有点灯，想亲自看看那动物。只为了尽可能靠近木头，并把爪子尽可能深地钻进木头里面，它长着尖嘴的脑袋垂得低低的，几乎夹在两条前腿中间。你本来以为，小屋里的某个人会抓住它的爪子，把整只家鼠都拽进去，全身都绷得那么紧。然而，一切皆随着一脚告终，这一脚踹死了这只畜生。在完全清醒的状态下，我不能忍受我的小屋，我唯一的财产，受到攻击。

为了防止这些家鼠破坏我的小屋，我在所有的缝隙里填满了稻草和麻絮，每天早晨都要检查一圈周围的土地。小屋的地面上至今都只有夯实的泥土，我还打算在上面铺上木板，这对过冬也有好处。为实现我的目标，隔壁村一个名叫叶柯兹的农民很早就答应给我带来结实的干木板，为了这句承诺，我也常常招待他；他从来不会缺席很久，每十四天就来一次，有时候也借火车送些东西来，可他从来没有带木板来。对此他有各种各样的理由，最常说的是他自己年纪太大了，扛不动那么重的东西，他儿子会把木板带过来的，他正在忙农活呢。据叶柯兹自己说，他已经七十多岁了，看起来确实也是如此，可他身材高大，依旧相当强壮。再说他也会换借口，另有一次，他提及要弄来那么长的木板并不容易。我没催他，我不是非要这些木板不可，当初也是叶柯兹自己给我出的主意，让我把地面铺一铺，或许就算木板铺起来也根本没什么好处，简言之，我可以平静地聆听老人的谎言。我通常的问候便是："木板，叶柯兹！"他立刻支支吾吾地开始道歉，我的称谓是检查员、车掌，抑或只是电报员，他答应我，接下来不仅要把木板带来，而且，他的儿子和几位邻居会帮助我把整间小屋拆掉，并在那里建一座牢固的屋子。我一直听到厌倦，才把他推出去。但他依然在门口，举起那据说羸弱不堪的手臂以求原谅，实际上，他本可以用这手臂闷死一个成年男子。我知道他为什么不把木板带来，他觉得，冬天临近时，我对木板的需求就更为迫切，付的价钱也就越高，另外，只要木板不送来，他这个人于我而言就更有价值。他自然不傻，明白我清楚他别有用心，但我并没有对此加以利用，他从中看出了他的优势，也守住了这一优势。

我就任的第一季度接近尾声，我患上了重病，为保护小屋不受动物侵扰，以及为自己过冬所做的一切准备都不得不中止。近年来我从未生过病，就连最轻微的不适也没有过，但这次我病了。起初是严重的咳嗽。从车站向内陆走大约两小时，有一条小溪，我经常在手推车上放个桶，去那里取水存起来。我也经常在那里泡澡，结果导致了这场咳疾。咳嗽发作起来格外厉害，我咳的时候不得不蜷起身子，我觉得，如果我不蜷缩起来，集中所有的力量，我就无法与咳嗽抗衡。我以为，乘务员会被这样的咳嗽吓到，可他们见识过它，他们叫它狼咳。自此，咳嗽的时候我就听出了嗥叫声。我坐在小屋前的小板凳上，嗥叫着迎接火车，嗥叫着陪伴它启程。夜里，我跪在小床上，而非躺着，为了起码不让自己听见嗥叫声，我把脸埋进皮毛里。我焦急地等待，等待某条重要的血管破裂，或许就能让这一切结束。可这样的事情并未发生，咳嗽几天后甚至消失了。有种能镇咳的茶，一位火车司机答应给我捎点来，但他向我解释，咳嗽开始后的第八天才能喝，否则就没有用。第八天，他真的带来了茶，我记得，除了乘务员，还有乘客，两个年轻的农民，也来到了我的小屋，因为据说听见喝完茶之后的第一声咳嗽是个好兆头。我喝了茶，第一口就咳到了在场之人的脸上，不过后来，我真的立刻就感觉舒服不少，虽然最近两天咳嗽得已经不那么厉害了。但热度还在，没有退。

这热度使我非常疲倦，我丧失了所有抵抗力；还会发生这样的事：我额头上非常出人意料地发汗，然后我浑身颤抖，不论我在何处，都不得不躺下，等意识重新恢复。我非常清楚地感觉到，我的病情并没有缓解，反倒恶化了，对我来说，我很有必要乘车去卡尔达，在那里待上几天，直到情况有所好转。

八月二十一日。怀着如此的希望开始，却又被这三个故事击退，今天这感觉最强烈。那个俄国故事确实应该等写完《审判》再修改，或许这才是正确的。怀着这种明显只以呆板想象为依据的荒谬希望，我又开始写《审判》了。——倒也不是完全徒劳无功。

八月二十九日。一章的结尾失败了，另一章开头起得很棒，我却几乎写不下去，或者说，肯定没法写得很精彩，而当时，在夜里的时候，我肯定可以成功。但我不能抛弃自己，我完全是独自一人。

八月三十日。寒冷而空虚。我透彻地感觉到自己能力的界限，若我并未完全理解这一点，那它无疑只是狭窄的。而且，即便我理解了，我也相信我只是被拖入了狭窄的界限，却未感觉到自己业已卷入其中。尽管如此，在这些界限里仍有生存的空间，我可能会为此利用它们，直至一种卑鄙的程度。

夜里两点三刻。对面有个孩子在哭。突然，同一间屋子里的人说话了，近得就像在我窗前。"我宁可飞出窗外，也不想再听下去了。"他还紧张兮兮地咕哝了一番，女人则试着默默地发出咝咝声，重新哄孩子入睡。

九月一日。在彻底无望的状态中，几乎没写满两页。尽管我睡得很香，我今天还是十分畏缩。但我清楚，如果我想超越受其余生活方式压制的、位于最底层的写作之苦，走向可能迎接着我的更大的自由，我就不能屈服。我意识到，从前的愚钝还没有完全离开我，心之冷漠或许永远不会离开我。什么羞辱都不能使我退缩，这可能既意味着绝望，也意味着希望。

九月十三日。又没写到两页。起初我以为，对奥地利战败的悲伤以及对未来的恐惧（一种在我看来基本上既是可笑的，又是卑劣的恐惧）会让我根本无法写作。并非如此，那只是种一再袭来又需要一再克服的沉闷。在写作之余，处理悲伤本身的时间足够多。与战争相关的思绪以折磨人的方式于各方各面侵蚀我，和从前由 F. 引起的忧愁一样。我无力承担忧愁，或许我生来就要被忧愁毁灭。如果我足够病弱——而且这肯定不需要花多久——也许最细微的忧愁就足以让我支离破碎。尽管前景如此，我还可以找到尽可能延迟不幸的可能。虽然我当时耗尽了相对而言仍未如此病弱的天性中的力量，也没怎么消解 F. 引发的忧愁，可我当时只有刚起步的写作带给我的巨大帮助，我现在再也不愿让人把它夺走。

十月七日。为了推进小说的进度，我请了一星期假。到今天为止，尽是失败——现在是星期三夜里，到星期一，我的假期就结束了。我写得很少，内容很贫乏。不过我上周就已经在走下坡路了，可我没料到情况会变得这么糟糕。过了这三天，是不是已经有结论了，我是不是根本不配过不去办公室的日子？

十月十五日。好好干活的十四天，片面来说，完全理解了自己的境况。——今天星期四（我的假期星期一就结束了，我又请了一星期的假），收到 Bl. 小姐的信。我不知道该如何是好，我知道我非常确定自己会保持独身（要是我还会活下去的话，这可一点儿都不确定），我又不知道我爱不爱 F.（我想起自己看到她严肃地低着头跳舞时产生的厌恶，或是她离开前不久，在"阿斯坎尼庄园"用手掩住鼻子，然后又伸进头发里的模样，还有无数完全陌生的瞬间），可尽管如此，无限的诱惑又一次出现了，我整个傍晚都在把玩这封信，写作中断了，我仍然觉得（虽然折磨人的头疼已经纠缠我整整一个星期）我有能力追求她。我还凭记忆写下了我给 Bl. 小姐写的信：

真是个奇特的巧合，格蕾特小姐，我今天才收到您的信。我不想提与之相关的巧合是什么，它只和我，和我今晚大概三点钟躺在床上时思考的东西有关（自杀，给马克斯写的信里嘱托了好多事）。

您的信让我非常惊讶。让我惊讶的倒不是您给我写信这件事。您凭什么不能给我写信？您虽然写道，我恨您，但这并不是真的。就算所有人都恨您，我都不恨您，不单单因为我没有恨您的权利。在"阿斯坎尼庄园"里，虽然作为法官的您坐在我上面吃饭，可这对您、对我、对所有人来说都很难堪——但只是看起来如此而已，实际上，是我坐在您的位置上，时至今日依然如此。

您完全误解 F. 了。我这么说并不是为了从您那里套取细节。我想不出任何细节——我的想象力经常在这个圈子里来回穿梭，所以我相信它——我是说，我想不出任何可以说服自己的细节，让我相信您没有误解。您暗示的东西是完全不可能的；想到 F. 会因为一些莫名其妙的原因而自我欺骗，这让我很不快。但这也是不可能的。

我一直认为您的关心很真切，是对您自己的无情。就连写下最后一封信也不是易事。我由衷感谢您。

这又能怎么样呢？这封信看起来不屈不挠，但只是因为我感到羞愧，因为我觉得写信无须负责，因为我害怕屈服，倒也不是因为我不打算屈服。我甚至只打算屈服。如果她不回信，那对我们所有人来说都最好不过，可她会回信的，我也会等待她的回复。

……天休假。夜里两点半，几乎什么都没有

……次阅读，觉得很糟。两类

……失败。我面前是办公室和

……走向末路的工厂。可我是

……没有理解。我最强的支点是

……的方式想到 F.，尽管在昨天的信里，任何接触的企图都被我拒绝了。现在，我安静地生活了两个月，与 F. 没有任何实质上的联系（除了通过和 E. 的通信），梦见 F. 就像梦见一个永远不可能再活过来的死人，而现在，因为我又有了接近她的可能，她又成了一切的中心。她或许也打扰了我的工作。最近我偶尔想起她的时候，我觉得她是我见过最陌生的人，尽管我又得告诉自己，这种极为特殊的陌生是因为 F. 比其他任何人都更接近我，或者至少是被别人安排到了离我那么近的地方。[1]

稍稍翻阅了一下日记。对这种生活的安排有了一种模糊的认知。

十月二十一日。四天来几乎什么都没做，总是只写一个小时，而且只有几行字，但睡得安稳些了，所以头几乎不疼了。Bl. 没回信，明天是最后的机会。

十月二十五日。几乎完全停工。写下的东西似乎不是独创的，而是从前好作品的复现。Bl. 的回信来了，我完全没考虑好要不要回复。思想如此龃龉，我根本没办法把它们写下来。昨日的悲伤。奥特拉跟着我上楼，说起一张明信片……想听听我

1　这张纸被撕去了一部分，所以此处及后文的文本中有缺漏，十月二十五日的日记写在这张纸背后，因而亦有缺漏。——原编者注

的一些答复，我什么都没说。因为悲伤而完全丧失了能力……我只是耸耸肩膀给了个信号……尽管皮克的故事有个别优点，W.……今天的报纸上刊登了福克斯的诗。

十一月一日。昨天酝酿了很久，取得了进展，有一段写得不错，今天又几乎没什么进展，假期过完后的十四天几乎完全是浪费了。

今天是个部分美好的星期天。在乔泰克公园阅读陀思妥耶夫斯基的自白书。兵团集会时宫殿里的卫兵。图恩宫的喷泉。——一整天都洋洋得意。现在写作的时候一败涂地。而且这甚至不是失败，我看到了使命和通向它的道路，只是需要冲破某些薄薄的障碍，我却做不到。——玩味着对 F. 的思念。

十一月三日。下午给 E. 写信，翻阅了皮克的故事《盲客人》，记下了改进之处，读了一点斯特林堡的东西，然后没睡觉，八点半到家，十点回来，已经开始的头疼让我害怕，而且因为晚上睡得极少，没再工作，怕糟蹋了昨天写的尚且过得去的那一段也是部分原因。自八月以来，这是第四个我根本没有写一个字的日子。都怪那些信，我试着不写信，或者只写很短的信。我现在多么拘束，它把我折腾成什么样子了！昨天傍晚，读完几行耶麦[1]的诗，我欣喜若狂，我和他平素没什么关系，但他的法语——事关对一位诗人朋友的拜访——对我产生了如此

---

1 弗朗西斯·耶麦（1868—1938），法国诗人。

强烈的影响。

十一月四日。P. 回来了。大喊大叫，情绪激动，难以自持。说起鼹鼠在他身下的战壕里打洞的故事，他觉得那是一道神启，让他离开那里。他刚走，一发子弹就击中了一名在他身后匍匐、此时位于鼹鼠上方的士兵。——他的首长。可以清楚地看见他是如何被俘的。第二天，他们却在森林里发现了一丝不挂、被刺刀刺穿的他。他很可能带了钱，有人想搜他的身，抢劫他，可他"像军官那样"不愿让人碰。——P. 正从火车站回来，遇见了他的上司（他以前毫无节制地、荒谬地崇拜他），上司衣着优雅，喷了香水，带着望远镜去看戏。一个月后，他拿着上司给他的票做了同样的事情。他看的是《不忠的埃克哈特》，一部喜剧。——在萨皮哈侯爵的城堡里睡过一晚，在奥地利火光冲天的炮兵营睡过一晚，他是那里的预备队员，在农庄的一间房里睡过一晚，一左一右两张床，都靠墙，每张床上各睡两个女人，一个女孩睡在炉子后面，八个士兵睡在地上。——对士兵的惩罚。绑在一棵树上，直到他们面无血色。

十一月十二日。期待子女感恩的父母（甚至还有如此要求的父母）就像放高利贷的人，只要能获得利息，他们乐意拿资本去冒险。

十一月二十四日。昨天在图马赫街，众人给加利西亚难民分发旧的床单与衣物。

马克斯，布罗德夫人[1]，卡伊姆·那格尔先生。那格尔先生理性、耐心、友善、勤奋、健谈、风趣，值得信赖。那些把自己的圈子彻底填满的人，他们觉得，他们肯定会在整个世界的圈子里获得所有的成功，可他们没有从自己的圈子中踏出过一步，这也是属于他们的完满。

从塔尔努夫来的卡内基塞夫人，聪明、活泼、谦逊，她只想要两条毯子，但要好看的，虽然有马克斯援助，她还是只拿到了又脏又旧的毯子，新的好毯子则都放在一间单独的房间里，供身份更高的人使用。他们也不打算把好的给她用，因为她的床上用品从维也纳运过来只要两天，而且，因为有传染霍乱的危险，他们也不允许回收用过的物品。

卢斯蒂希夫人领着几个年龄不一的孩子，还有个淘气的、自信灵活的小妹妹。她花了许多时间挑选一件童装，直到布罗德夫人向她喊道："您现在快把这件拿走吧，要不您一件都拿不到了。"此时卢斯蒂希夫人却用更大的声音喊道："善行[2]比这所有的破烂都更有价值！"并做了一个幅度很大的、很狂野的手势作结。

十一月二十五日。空虚的绝望，无力振作，只有伴随着痛苦的满足才能让我停下。

十一月三十日。我再也不能写了。我在最后的边界上，我或

---

1 我的母亲，她当时立刻投入了难民救助的活动，做了不少好事。她毅力可嘉，不过也太果决，太寡言少语，这正是这个作风。——原编者注
2 Mizwe，字面意思为履行诫命。——原编者注

许会在它前面再次坐上好几年，然后或许再开始一个写不完的新故事。这种命运折磨着我。我也又一次变得冷漠不理智，留下的只有对完全休眠的老态龙钟的爱。我像一头与人类完全脱离的动物，已经又开始扭动脖子，打算在这段时间里再次得到 F.。我也真的会去尝试，只要我自己的恶心不妨碍我。

十二月二日。 下午和马克斯及皮克在维尔弗家。朗读《在流放地》，并非完全不满意，除了那些非常明显、无法磨灭的错误。维尔弗读了《波斯皇后以斯帖》中的诗歌和两幕戏。令人神往的两幕。不过，我很容易混乱。马克斯对这出戏并不特别满意，他的阐释和分析令我困扰，我对该剧的整体记忆远远不如聆听时那么深刻，当时它把我震住了。对说通俗语的演员的回忆。W. 漂亮的姐妹们。年长的靠在沙发椅上，常常侧身照镜子，用一根手指轻抚她衬衫中间别着的一枚胸针，然而这一幕已被我的目光充分吞噬。这是一件开口很低的深蓝色衬衫，领口填充着薄纱。重现剧院里的一个场景：演《阴谋与爱情》的时候，军官们总是大声地对彼此嚷道："施佩巴赫在摆身段了！"他们指的是一个靠在包厢座墙边的军官。

当天的结果，甚至赶在维尔弗之前道："绝对要继续工作，难过的是今天不可能了，因为我累了，头疼，早上在办公室就有征兆了。绝对要继续工作，就算失眠，就算要上班，这一定能行。"

今夜的梦。在威廉大帝处。在城堡里。美景。一个类似"吸烟协会"的房间。和马蒂尔德·塞拉维见面。可惜全忘了。

十二月五日。E.来了封信，谈起她家里的情况。只有把自己理解为家中的败笔，我与家庭的关系才会对我产生统一的意义。这是唯一合理的解释，顺利解除了所有令人震惊的疑惑。这也是目前我与家庭之间存在的唯一有效的联系，因为说起来，我在情感方面完全与家庭分离，不过或许不比我与世界分离得那般彻底。（一个漆黑的冬夜，在广阔平原边缘那片被掘至深处的田野上，有一根无用的柱子浅浅地插在土地里，上面覆盖着雪和霜，这便是我在这方面的存在之写照。）生效的只有毁损。我让F.不快乐，削弱了她此刻迫切需要的应激能力，我害她父亲去世，令F.和E.离心，最后让E.也不快乐，所有的预感都告诉我，这种不幸还会继续。我费尽心力写给她的最后一封信在她看来很平静；用她的话来说，这封信"透着那么多的平静"。然而，她说这种话未必不是出于一种温柔的感情，出于爱惜，出于对我的关心。我整个心灵已经受了足够的惩罚，我在家中的地位就已是足够的惩罚，我也受了如此的折磨，我永远都无法痊愈（我的睡眠、我的记忆力、我的思考能力、我对最细微的烦恼的抗压能力都无可救药地变差了，奇怪的是，这大概都和长期监禁带来的后果差不多），可眼下，与家庭的关系让我承受的痛苦并不多，无论怎么说都比F.和E.少。令人稍觉难受的是，现在我要和E.去圣诞旅行，而F.留在柏林。

十二月八日。毫无疑问，那么长一段时间以来，昨天第一次有了好好工作的能力。却只写了母亲篇[1]的第一页，因为我几乎已经两天没合眼了，因为早上已经有了头痛的征兆，还因为我对第二天的来临怀着莫大的恐惧。再次认清，所有以碎片形式、所有不是在夜晚大部分的时间里写下的东西（即便已经成篇）都很低劣，是我的生活环境造就了这种低劣。

十二月九日。和来自芝加哥的 E.K. 在一起。他几乎让人动容。之于他平静生活的描述。八点至五点半在函购办公室。在针织品部门监督发件。每周十五美元。十四天假期，其中一周带薪，五年以后十四天都带薪。有段时间，针织品部门太空闲，他就在自行车部门帮忙。每天卖三百辆。一家有一万名员工的批发企业。仅靠寄送产品目录招揽客户。美国人喜欢跳槽，夏天他们根本不急着上班，但他看不出这有什么益处，钱和时间都浪费了。迄今为止，他已经在两个岗位上各做了五年，他回去之后——他的假期没有上限——都会回到原来的岗位上，雇主可以永远要他，永远缺他却也不是问题。晚上他大多数情况下都在家，和熟人玩斯卡特牌，为了解闷，有一次到电影院里待了一小时，夏天去散步，周日去湖上游玩。尽管他已经三十四岁了，他对结婚仍持保留看法，因为美国女人往往只是为了离婚而结婚，这对她们来说很容易，对男人来说却太昂贵。

十二月十三日。没工作——我只写了一页（给圣徒故事作诠

---

1 指残篇《拜访母亲》，录于《审判》一书的附录中。——原编者注

注）——反倒在读写完的章节，觉得部分内容不错。一再意识到，每一种满足与幸福的感觉，比如说，特别是圣徒故事给我带来的感觉，都必须付出代价，换而言之，绝对不要沉迷于休养，事后一定要付出代价。

最近去了费利克斯那儿。回家路上，我对马克斯说，倘若不是特别痛苦，我会非常满意地躺在灵床上。我忘了补充，后来也有意略过不提：我笔下最好的东西都基于这种能够满足地死去的本事。在所有好的、特别具有说服力的段落中，总有人死，他过得十分艰难，这对他来说是一种不公，至少是一种困苦，对读者来说，至少在我看来，却会很动人。不过，就我而言，相信自己能满足地躺在灵床上，这样的描述在暗地里是一种游戏；死在灵床上确实让我满意，因此我处心积虑地利用了读者集中于死亡的注意力，我的理智比他们清明许多，我估计他们在灵床上也会哀叹，所以我的哀叹尽可能完美，不像真正的哀叹那样总是戛然而止，而是进行得优美而纯洁。这就好比我总向母亲抱怨我的痛苦，它却远没有抱怨中让人相信的那么难熬。当然，在我母亲面前，我不需要像对读者那样，展示那么多艺术性。

十二月十四日。工作可悲地向前爬动，或许是在最重要的地方，在那里，一个美好的夜晚是多么必要。

下午在鲍姆那儿。他给一个戴眼镜的、脸色苍白的小姑娘上钢琴课。男孩静静地坐在半明半昧的厨房里，漫不经心地玩着一些认不出来的东西。极其舒适的印象。尤其是对高大的女仆在桶里清洗餐具这一操作。

塞尔维亚的败仗，莫名其妙的统帅。

十二月十九日。昨天几乎无意识地写了《乡村教师》[1]，但过了一点三刻就不敢再写了，这种畏惧是有根据的，我几乎没睡觉，大约只忍受了三场短梦，然后在办公室里也处于相应的状态。昨天父亲因为工厂的事情责备我："你把我哄进去了。"然后回家，安静地写了三小时，意识到我无疑是有过失的，虽然没有父亲说得那么严重。今天，星期六，没有去吃晚饭，一方面是害怕父亲，一方面是为了充分利用晚上的时间工作，但我只写了一页，而且写得不怎么好。

每部中篇小说的开头起初都很可笑。这个新的、仍未完成的、到处都易于损坏的有机体似乎没有在世界上完善的组织（它和所有完善的组织一样，努力使自己终结）中存续的希望。不过，说到这一点，我们忘记了，如果中篇小说是合理的，即便它还没有完全展开，它自身就含有完善的组织；因而，在中篇小说开始之前，在这方面感到绝望是不合理的；父母面对婴儿时肯定同样会感到绝望，因为他们并不想把这个悲惨的、格外可笑的生命带到这个世界上。然而，我们永远不知道我们的绝望是合理的还是不合理的。但这样的思考会带来某种支持，缺乏这种经验已经对我造成了损害。

---

1 编者编辑时拟题为《巨型鼹鼠》。之后或许要对《一次斗争的描述》（成稿确切日期不详）第一稿的注释进行修正（《乡村医生》后收录于《一次斗争的描述》，译者按）。——原编者注

十二月二十日。马克斯对陀思妥耶夫斯基有异议，认为他让太多精神病人出场。完全不正确。他们不是精神病人。疾病的命名不过是一种定性手段，更确切地说，是一种非常柔和、非常有成效的手段。比如，你只需极其顽固地一直在背地里议论某个人，说他头脑简单，是个白痴，如果他心里有陀思妥耶夫斯基式的内核，那其表现简直就会被煽动到极致。在这方面，对他的定性与朋友间脏话的性质大略相当。如果朋友间彼此说"你是个傻瓜"，他们既不是指对方是真正的傻瓜，也不是觉得这种友谊令彼此受辱，如果不是单纯开玩笑（即便只是如此也一样），其中通常包含无限多的混合意图。例如，老卡拉马佐夫固然邪恶，但他根本不是傻瓜，而是一个非常聪明、几乎与伊万[1]势均力敌的人，举例来说，他无论如何都比他那未受小说家指摘的堂兄，或比在他面前感觉如此优越的地主侄子聪明许多。

十二月二十三日。读了几页赫尔岑[2]的《伦敦之雾》。根本不知道里面在写什么，然而那一整个无意识的人出现了，坚定的、自我折磨的、自制的，然后又消逝了。

十二月二十六日。与马克斯夫妇去库腾堡。我对这自由的四天有着怎么样的指望呀，我费了多少个钟头思索该如何恰当地利

1　与上文中的老卡拉马佐夫都是陀思妥耶夫斯基《卡拉马佐夫兄弟》中的人物，伊万是老卡拉马佐夫的次子。

2　亚历山大·伊万诺维奇·赫尔岑（1812—1870），俄国哲学家、作家，《伦敦之雾》指的应该是他的回忆录。

用它们，可现在或许是我误算了。今天傍晚我几乎什么都没写，可能没有能力继续写《乡村教师》了，如今我已经写了它一星期，本来我肯定能在三个空闲的夜晚里完成它，纯粹，没有外在缺陷；然而现在，它几乎还只有个开头，却已经有了两个无可救药的错误，更别说它已失去活力了。——从现在起，重新规划日程表！更好地利用时间！我在这里抱怨，是为了在这里找到救赎吗？救赎不会从这本子里出来，它会在我躺在床上的时候来，让我仰面躺下，美丽地、轻盈地、蓝中带白地躺着，没有其他的救赎会来。

库腾堡莫拉维茨区的旅馆，醉醺醺的仆役，带天窗的封顶小院。周身轮廓昏暗的士兵靠着庭院建筑二楼的栏杆。他们给我提供的房间，窗户朝向一条黑暗无窗的走廊。红色的长沙发，烛光。雅各布教堂，虔诚的士兵，唱诗班里女孩的声音。

十二月二十七日。不幸严重折磨着一位商人。他忍了很久，但最后觉得再也忍不下去了，便去找一位法律专家。商人想向他请教，想知道该怎么做才能抵御不幸，或是让自己有能力忍受不幸。这位法律专家总把文件摊在面前进行研究。他有个习惯，爱用这样的话来欢迎每一位前来找他咨询的人："我正在读你的案子。"一边用手指着他面前那页纸上面的一段话。商人也听说过这个习惯，他不喜欢它，虽然法律专家立即以此方式宣称他有帮助咨询者的可能，且消除了在黑暗中运作的，无法传达给任何人，任何人都无法共情的痛苦所引发的骇惧，然而此断言的失信度实在太高，甚至让商人先前不愿去找这位法律专家。即便是现在，他也只是犹豫地走进他的办公室，停在敞开的门口。

十二月三十一日。八月以来一直在工作。总体来说量不少，内容也不差，但无论是量，还是内容，都没有达到我的能力极限，因为我本该挑战极限的，尤其是因为各种迹象（失眠、头痛、心衰）表明，我的能力不会持续太久。未完成的作品：《审判》《回忆卡尔达铁路》《乡村教师》《副检察官》，还有几个没写多少的开头。写完的只有：《在流放地》和《失踪者》的第一章，都是在两周的假期内完成的。我不知道为什么要做这个总结，根本就不像我做的事情！

一九一五年

一月四日。并没有向开始写一个新故事的巨大愿望屈服。这都是无用功。如果我不能在夜里追逐故事，它们就会爆发并消散，就好比现在这篇《副检察官》。明天我要去工厂，P. 介入以后，我可能每天下午都要去。一切都停了。对工厂的想法是我永续的赎罪日[1]。

一月六日。暂时放弃了《乡村教师》和《副检察官》。但也几乎没有能力继续写《审判》。想念伦贝格的姑娘[2]。对某种幸福的承诺，与对永生的希望类似。从一定的距离外观察，希望不灭，人们不敢接近。

一月十七日。昨天第一次在工厂里口授信件。毫无意义的工作（一个小时），但并非没有满足感。之前的下午很糟糕。一直头痛，害得我不得不一直用手按着脑袋才能平复（在阿尔克咖啡

1　根据犹太教教义，在这一天，人们要思考自己的罪过。但"赎罪日"（*Yom ha-Kippurim*）从词义上来说还有其他的含义：宽恕。——原编者注

2　阿尔弗雷德·恩格尔教授为来自加利西亚的犹太难民儿童建立了一所学校（实际经营者也是他），我在里面教授"世界文学"。卡夫卡是唯一一参加我课程的外来人员，他经常来（参见后文中四月十四日有关"荷马课"的日记）。他在这里结识了一些我的女学生，以及她们的亲属，其中有一位来自伦贝格的 F. R. 小姐，从此之后卡夫卡常提到她（例如五月十四日的日记）。——原编者注

馆出的状况），到家躺在长沙发上的时候心口痛。

读了奥特拉写给 E. 的信。我真的压迫过她，而且毫无顾忌，出于疏忽与无能。在这方面，F. 说得对。所幸的是，奥特拉特别坚强，她会在一座陌生的城市里立刻摆脱我的阴影。因为我的过错，她与人沟通的能力有多少没有发挥出来。她写道，她在柏林感觉不快乐。不是真的！

我承认，自八月以来，我根本没有充分利用时间。通过下午大量的睡眠使自己有能力继续工作至深夜，不断尝试这样的事情可谓徒劳，因为才过了十四天，我就发现，我的神经系统不允许我在一点以后睡觉，因为这样我根本就无法入睡，第二天就会特别糟糕，我在自我毁灭。这么说来，我下午躺得太久，但夜里很少工作到一点多，可我最早也要在十一点前后才开始工作。这是不对的。我必须八点或九点就开始，晚上肯定是最佳时间（假期！），但它可望而不可即。

周六我就要见 F. 了。如果她爱我，我也配不上。如今我得承认，我在一切事物上的局限是多么大，因而在写作上也不外如此。当一个人非常强烈地意识到自己的局限，他肯定会被击溃。大概是奥特拉的信使我意识到了这一点。我最近尤为自信，在F. 面前自辩和作自我主张的时候，我有许多异议。可惜我没有时间把它们写下来，今天我做不到。

斯特林堡的《黑旗帜》。关于来自远方的影响：你肯定感觉到他人如何反对你的所作所为，虽然他们并没有将之表达出来。你在孤独中感受到一种宁静的舒适，却弄不清楚为什么；远方有人对你有好感，说你的好话。

一月十八日。在工厂以同样的方式徒劳地工作到六点半，阅读、口授、倾听、书写。然后又是同样毫无意义的满足感。头疼，睡不好。无法长时间集中精力工作。在户外的时间太少。虽然开始写新故事了，但又怕糟蹋了旧的。现在我面前排着四五个故事，就像节目开演前，马戏团导演舒曼面前的那些马。

一月十九日。只要我必须去工厂，我就写不出任何东西。我想，我现在感觉到的是一种之于写作的特殊的无能为力，和我在"忠利"[1]工作时的状况类似。尽管我的内心几乎尽可能地拒绝参与，可职业生活近在咫尺，夺走了我所有纵览全局的能力，仿佛在一条峡谷间的窄路上，我还要低着头。例如，今天的报纸上刊登了一份瑞典相关负责部门的声明，该声明称，尽管三国联盟[2]对其进行威胁，它依然保持中立。文中最后道："三国同盟会在斯德哥尔摩碰壁。"今天，我几乎完全按字面意思来理解这份声明。如果是三天前，我可能会觉得有个斯德哥尔摩的鬼魂在这里说话，所谓"三国联盟的威胁""中立""瑞典相关负责部门"都只是空中楼阁，只能用眼睛欣赏，而无法用手指触碰。

星期天我和两个朋友相约一同出游，可我非常意外地在碰面的时候睡过头了。我的朋友们知道我向来守时，对此感到讶异，他们来到我住的地方，先在那里站了一会儿，然后上楼敲我

1　忠利保险公司（Assicurazioni Generali），卡夫卡在那里工作得很艰难，也很努力。这是他的第一份工作。——原编者注

2　指当时的德意志帝国、奥匈帝国及意大利王国。

的门。我大吃一惊,从床上跳起来,别的什么都没留意,只是尽快做着准备。待我穿戴整齐,走出门时,我的朋友们显然被吓到了,在我面前连连后退。"你脑袋后面是什么?"他们喊道。从醒来以后,我就感觉有什么东西在阻碍我向后仰头,现在我用手摸到了这个障碍物。我正握住脑后的剑柄,已经稍稍靠过来一些的朋友们又喊:"小心点,别伤着自己!"他们走近,查验了我一番,把我领到房间里的衣橱镜前,脱去我上半身的衣物。一把十字剑柄的老式骑士剑插在我的背上,只有剑柄留在外面,剑刃却在皮肉之间以精准得难以理解的方式穿过,没有造成任何伤害。可就连剑刃刺入我脖子的地方也没有伤口,朋友们向我保证,剑刃留下的缝隙就这么张开着,完全没有血迹,也很干燥。乃至现在,朋友们爬上扶手椅,慢慢地、一毫米一毫米地拔出剑时,也没见血,脖子上的开口处闭合了,只剩下一条几乎察觉不到的缝。"这是你的剑。"朋友们笑道,把剑递给我。我用双手掂了掂,这是一把珍贵的武器,大概有十字军战士用过。谁能忍受年迈的骑士在梦中徘徊,不负责任地挥舞宝剑,把它刺入无辜的沉睡者体内,又不造成严重的伤口呢——因为他们的武器最初很可能是从活人身上滑落的,也因为忠诚的朋友站在门的后面,做好了助人的准备前来敲门。

一月二十日。写作完毕。它什么时候才会再接受我?我和F. 见面的时候状态有多差!放弃写作后立刻出现的思维迟缓,无法为这场碰面做准备,上周我却几乎无法摆脱它引发的重要念头。愿我享受唯一能想象到的好处:睡得更好。

《黑旗帜》。我读得也很不顺利。我对自己的观察又是多么恶毒而虚弱。我似乎无法穿透这个世界，但可以安静地躺着，感受，展开我感受到的东西，然后安静前行。

一月二十四日。与 F. 在博登巴赫。我相信我们再没有结合的可能，但在至关重要的时刻，我既不敢告诉她，也不敢告诉自己。我又这样敷衍她，以毫无意义的方式，因为每一个日子都让我变得更年老、更僵化。当我试图理解，她在受苦的同时为何可以安静而喜悦时，从前的头痛又回来了。我们不可以再写那么多信彼此折磨了，最好把这次碰面当作单独事件；还是说我相信，我会在这个地方取得自由，靠写作维生，前往异国或任何别的地方，在那里和 F. 秘密地生活？我们发现彼此在其他方面也根本没怎么变化。我俩都默默地告诉自己，对方是不可动摇的，是无情的。我要求过一种梦幻般的、只顾及自己写作的生活，对此寸步不让，她则木然地反对所有无声的请求，想过平庸的日子，要舒适的公寓、工厂的利润、充足的食物，晚上十一点就得睡觉，房间里要有暖气，还打算把我三个月来一直提前了一个半小时的生物钟调到实际的时间。她是正确的，以后也会一直正确下去。我和服务生说："请您把报纸拿过来，等到读完再说。"她因此指责我的时候是正确的；她说起室内陈设的"个人特色"（不过只是嘎吱嘎吱的声响）时，我也完全无法反驳。她说我两个年纪较长的妹妹很"肤浅"，她根本没问起最小的那个。关于我的作品，她几乎没提什么问题，显然也没怎么了解。这是一个方面。

我还是这么无能沉闷，实在没时间思考其他问题，只想知道怎么还有人对我感兴趣，用小拇指碰触我。我迅速用那股冷气逐一吹向三类人，海勒乌文化圈的人、博登巴赫的 R. 一家，还有 F.。

F. 说："我俩在这里真挺不错。"我沉默不语，我似乎在这声感叹中失去了听觉。我们在房间单独待了两小时。围绕我的只有无聊和绝望。我们在一起的时候没有哪一刻是愉快的。我本来可以在这段时间里自由地呼吸。和 F. 交往时，除了在信中，我从未体会过和心爱女子在一起时的甜蜜——就好比我在祖克曼特尔和里瓦感受到的那样——只有无尽的钦佩、顺从、怜悯、绝望与自我厌恶。我也给她朗诵过，句子令人作呕地纠缠在一起，无法和听者产生联系，她闭着眼睛躺在长沙发上，默默接受。不冷不热地向我要一篇手稿，问我能不能誊抄一份。读门卫的故事时，她精神更集中，提的观点也更出色。故事的含义先是让我恍然大悟，她也正确地把握了其中的意思，不过后来我们粗略地谈了谈具体内容，我起的头。

我与人交谈时遇到的困难对其他人而言肯定很不可思议，困难的起因源自我的思维，或者更确切地说，我的意识内容完全像雾一样，但凡它只由我驱使，我便可在其中不受干扰地休憩，有时候还颇觉满足，可与人谈话时需要升华、巩固与长久的关联性，我内心没有这些东西。没有人愿意与我一起躺在云雾之间，即便有人愿意，我也没法把雾从他们的额前驱散；两个人之间的雾会消融，最后什么都不是。F. 绕了很大的弯路来到博登巴赫，大费周章地办了护照，通了一宵以后还要忍受我，甚至得听我朗诵，这一切都毫无用处。她是否和我一样，也觉得这些都是痛苦？必然不会，就算她与我同样敏感，她也没有愧疚感。

我的判断是正确的，别人也首肯：每个人都爱另一个人原来的模样。可这个人觉得，正因为另一个人是那副模样，他们才无法共同生活。

这样的一组人：W.博士试图让我相信F.很可恨，F.试图让我相信W.很可恨。两个人我都信，我也都喜爱，或者说我尽力在这么做。

一月二十九日。又打算写东西了，几乎没结果。最近两天很快就去睡了，十点钟，很久没有这么早睡了。白天感觉很自由，有那么一点满足感，在办公室里的适应力变强了，有和人交谈的可能。——现在膝盖非常疼。

一月三十日。一成不变的无能。中断写作几乎还不到十天，却已经把它抛得好远。极大的劳累又在眼前。必须实在地潜入水下，比眼前的东西下沉得更快。

二月七日。完全停滞不前。无尽的煎熬。

在自我认知的某个阶段与其他有利于观察的伴随现象中，人肯定会常常发现自己面目可憎。每一种善——无论对其看法有多么不同——都会显得过于伟大。你会意识到，自己不过是个心怀隐秘的念头的老鼠洞。没有任何行动能使人摆脱这些隐秘的念头。它们会变得如此肮脏，你在自省的状态下甚至都不打算将它们考虑清楚，却仅仅满足于在一定距离之外观察它们。这些隐秘的念头或许并不只与自私有关，对这些隐秘的念头来说，自私是善与美的典范。你将发现的污垢会是为了它自己而存在的，你将认清，你是满载着这样的负担来到世界上的，离开的时候亦将因此变得无法辨认或过于易于辨认。这种污垢将是你找到的最低的地面，最低的地面将不再含有熔岩，而是污垢。它将是最低的，也将是最高的，就连自省中的怀疑也将很快变得脆弱而自满，像一头在污水中摇晃的猪。

二月九日。昨天和今天写了一点东西。狗的故事。

正在阅读开头。很难看，叫人头疼。尽管极其真实，但它是恶劣的、迂腐的，是沙滩上一条呆板的、还勉强呼吸着的鱼。我很早就写了《布瓦尔与佩库歇》[1]。如果那两个元素——在《司炉》与《在流放地》中最为明显——无法相结合，我就完了。可这种结合真有可能吗？

终于找到一间房了。在毕勒克街的同一栋楼里。

二月十日。第一晚。邻居和女房东聊了好几个小时。两人都很小声，女房东说话几乎听不见，因而更加糟糕。已经进行了两天的写作中断了，不知道得停多久。纯粹的绝望。每间公寓里都是这样的吗？在每一座城市，在每一位女房东那儿都有这样可笑且必然置人于死地的苦难在等着我吗？我的班主任[2]在修道

---

1 实为福楼拜一部未完成的小说。
2 卡夫卡就读文理高中时的班主任是位修士。

院里有两间房。但立刻便绝望是没有意义的，不如寻找解决办法——不，这并不违背我的性格，我内心仍有一些陡峭的犹太性，只不过它大多数时候只是帮倒忙。

二月十四日。俄国无限的吸引力。一条望不到尽头的大河形象比果戈理笔下的三套马车更令人神往，那河水是浅黄的，处处都涌起波浪，但浪头都不算特别高。岸边凌乱的不毛荒地，折弯的草。虚无掌控了此地，更确切地说，它熄灭了一切。

圣西门主义。

二月十五日。一切停滞。糟糕的、不规律的时间安排。公寓毁了我的一切。今天又听了房东家女儿的法语课。

二月十六日。找不到前路。好像我拥有的一切都离我而去，似乎就算它们回来也对我没什么好处。

二月二十二日。于各方各面都失能，很彻底。

二月二十五日。接连好几天的头痛之后，终于有了点自由和自信的感觉。如果我是个陌生人，观察着我和我的生命进程，我或许得说，这一切必定都以徒劳告终，在不断的怀疑中逐渐消磨，只在自我摧残中筋疲力竭。可我希望做个参与者。

三月一日。几周的筹备与恐慌以后，我非常艰难地把房退了，也没有什么特殊原因，这里足够安静，我只是依然工作得不顺利，所以没有充分地尝试宁静与躁动。我退房更是出自个人的躁动。我想折磨自己，想一直改变自己的状态，我相信变化可以拯救我，我更相信，这样的小变化（其他人在半梦半醒间发生的小变化我却很可能需要在所有理性力量的激发下才能完成）能让我产生大变革。我当然换了一间在各方各面都更差的公寓。毕竟今天是第一（或者第二）天，要是头痛得没那么厉害，我真的可以好好工作。我飞快地写了一页。

三月十一日。时间飞逝，又已经过了十天，我一事无成。我做不到。偶尔能写成一页，但我坚持不下去，第二天我就无能为力了。

东方与西方的犹太人[1]，一台晚会。东方犹太人对本地犹太人的鄙夷。这种鄙夷的根据。东方犹太人是何等熟悉这种鄙夷，西方犹太人对此却不熟悉。比如，母亲尝试与他们接触时就怀着可怕的、超越一切荒谬的构想。就连马克斯的讲演中也有不足与纰漏，解开上衣衣扣，又扣上。但意愿是好的，是最好的。反观某位 W. 先生，紧紧扣着潦倒的小外套，领子脏得不能再脏，比系的假领子还脏，大声吵吵着"是又不是，是又不是"。嘴边挂着一种魔鬼般的、令人不适的微笑，年轻的脸上的皱纹，手臂的动作狂野而尴尬。不过最棒的是那个小矮子，完全就是受过训练的

---

1 在辩论晚会上，犹太复国主义者利用布拉格存在来自东欧的犹太战争移民这一事实厘清东西方之间的关系。起初自然有许多误解，但后来两方之间形成了富有成效的合作，对彼此也产生了影响。——原编者注

代名词，尖细的、无法再提高声调的嗓音，一只手插在口袋里，另一只伸向观众，不停提问，立刻证明需要证明的东西。金丝雀的嗓音。以语言的金银丝细工填塞焙烧着的、迷宫般的凹槽，直至成为折磨。甩脑袋。我像是一只被推到大厅中央的木制衣架。却心怀希望。

三月十三日。一个这样的夜晚：六点钟躺在长沙发上。大约一直睡到八点。起不了床，等钟声响，昏昏沉沉地漏听了一切。九点起来。没再回家吃晚饭，也没去马克斯那儿，今晚他家有个聚会。原因：食欲不振，害怕晚上回得太晚，但最主要的是想到昨天什么都没写，离写作越来越远，有失去过去半年来辛苦得来的一切的危险。其证据是，新故事我写了一页半，写得很烂，已经被我抛弃了，然后，在一种肯定部分是由无精打采的胃引起的绝望中，为了多少受一受他的引导，我读了赫尔岑。他结婚第一年时的幸福，看见自己被置于此等幸福时产生的恐惧，他圈子里的伟大生活，别林斯基[1]、巴枯宁[2]整天裹着毛毯坐在床上。

时而会有一种几乎要撕裂的不快乐感，同时又坚信它的必要性，还有由每一种不快乐的诱惑所拟定的目标。（现在受了对赫尔岑的回忆的影响，不过平时也会发生这样的事。）

三月十四日。一个这样的早上：在床上一直赖到十一点半。

1　维萨里昂·格里戈里耶维奇·别林斯基（1811—1848），俄国哲学家、文学评论家。

2　米哈伊尔·亚历山大罗维奇·巴枯宁（1814—1876），俄国无政府主义者。

纷乱的思绪慢慢形成，以不可思议的方式固化。下午读书（果戈理，关于抒情诗的文章），傍晚带着一部分早上产生的、持久却不可靠的想法去散步。坐在乔泰克公园里。布拉格最美的地方。鸟儿歌唱，有长廊的城堡，老树披着去年的叶片，半明半暗。后来，奥特拉和 D. 来了。

三月十七日。被噪声纠缠。一个比毕勒克街的房间舒服得多的好房子。我非常迷恋这里的风景，这里很美，泰恩教堂。但我已经开始习惯楼下汽车的巨大噪声。但要习惯下午的噪声是不可能的。厨房或走道里不时传来巨响。昨天，在我楼上的地板上永远有个球在滚，就像在打保龄球，不知道有什么目的，楼下的钢琴也是。昨天傍晚相对较为安静，稍微带着希望工作了一会儿（《副检察官》），今天兴致勃勃地开始写了，突然，隔壁还是楼下传来了一阵商务谈话，响亮又变幻莫测，仿佛在我身边盘旋。稍微与噪声抗争了一会儿，然后躺到了长沙发上，神经简直要断了，十点之后没声音了，但我再也没法工作。

三月二十三日。一行都写不出。昨天我舒舒服服地坐在乔泰克公园里，今天我坐在查理广场上读斯特林堡的《在开阔的海边》。今天在房间里的舒适感。如海滩上的一枚贝壳般中空，随时会被一脚踩碎。

三月二十五日。昨天，马克斯的讲座，《宗教与民族》。《塔木德》的引文，东欧犹太人。伦贝格女子。被哈西德教派同化的西欧犹太人，耳朵里的棉花塞。斯泰德勒，一名社会主义者，修剪得轮廓鲜明的、有光泽的长发。东欧犹太女人偏执着迷的那种发式。炉子旁的一群东欧犹太人。穿阿拉伯长袍的 G.，不言而喻的犹太生活。我的困惑。

四月九日。公寓里的折磨。无边无际。好好工作了几个晚上。要是我能在夜里工作就好了！今天，噪声让我无法入眠、无法工作、无法做任何事情。

四月十四日。加利西亚姑娘们的荷马课。穿绿色衬衫，脸色严肃锐利的女孩，举手时，她的手臂呈直角举起，穿衣服时动作匆忙；若是举手时没被叫到，她会难为情，把脸转到一边。缝纫机旁年轻强健的绿衣服姑娘。

四月二十七日。与妹妹[1] 在纳吉米哈利，无法与人一起生活，无法交谈。完全沦陷于自身，只想着自己。沉闷、没有想法、畏惧。我没什么可分享的，从来都没有，无论是对着谁。——乘车去维也纳。什么都懂，什么都评判，对旅行很有经验的维也纳人，高大，金发，跷着二郎腿，读《晚报》；他乐于助人，正如艾莉和我注意到的那样（在这方面，我们以同样的方式进行窥伺），但也拘谨。我说："你的旅行经验真丰富！"（他知道我需要的所有铁路路线——尽管后来发现其说法并非完全正确——知

---

1 卡夫卡陪同长妹艾莉赴前线附近探望以预备役军官入伍的丈夫。——原编者注

道维也纳所有的电车路线，告诉我在布达佩斯该怎么打电话，知道配送包裹的机构，知道如果把行李带进计程车厢内就可以少付钱）——闻言，他未作答，只低头一动不动地坐着。日兹科夫来的女孩，温和，健谈但几乎插不进话，贫血，未发育完全的身子再也长不开了。德累斯顿来的老妇，长了张俾斯麦的脸，后来发现她是维也纳人。这个肥胖的维也纳女人是《时代》杂志一位编辑的妻子，报刊知识相当丰富，谈吐清晰，她同意我大部分的观点，我对此极其反感。我基本没开口，不知道该说些什么，在这个圈子里，战争并没有在我心里激起任何值得表达的意见。维也纳——布达佩斯。两个波兰人，中尉与夫人，很快就下车了，在窗边耳语，她肤色苍白，不太年轻，脸颊几乎深陷，手常放在被裙子裹得紧紧的臀边，抽许多烟。两个匈牙利犹太人，其中那个靠窗的像伯格曼，另一个的脑袋枕在他的肩膀上，睡着了。大约从五点起，商业会谈持续了一整个早晨，账单信件手手相传，一个手提包里掏出了形形色色的货物样品。坐在我对面的是一位匈牙利中尉，睡着的脸空洞而丑陋，张着嘴，可笑的鼻子，刚才谈起布达佩斯的情况时他兴致勃勃，眼睛发亮，整个人都映现在他生动的嗓音里。邻座是来自比斯特里茨的犹太人，他们正返乡。一个男人领着几个女人。他们获悉，柯罗斯梅索的民用交通刚刚被封锁。他们必须在火车里坐上二十个小时，说不定还得更久。他们说起一个男人，他在达拉茨待得太久，直到俄国人兵临城下，他没有别的逃生手段，只好坐在最后经过的一门奥地利大炮上。布达佩斯。关于如何前往纳吉米哈利的说法五花八门，结果，那些不方便的、我不信的才是正确的。火车站里有个身着系带皮袄的轻骑兵在跳舞，提起的脚像一匹引人注目的马。向一位即将离开的夫人告别。即便不以语言，也要用舞蹈动作与军刀柄上的手势轻松地、不断地与她沟通。由于对火车可能已经开走抱着谨小慎微的担心，他带着她上楼梯，到车厢边看了一两次，手几乎插在她的腋下。他中等身材，有一副有力健康的大牙齿，皮袄的剪裁和突出的腰线让他显得有些女性化。他总是朝着各个方向微笑，一种简直可谓下意识、无意义的微笑，仅仅证明了他个性之和谐乃理所应当，它在军官尊严的要求下几乎显得完整且永恒。

一对含泪告别的老夫妇。无意义地重复无数次的吻，就像是身处绝望中的人不知不觉一而再地拿起香烟。不顾周遭环境的家庭式行为。在所有的卧室里都是这样。根本无法注意到她的面部特征，一个不起眼的老妇，如果你更仔细地观看她的脸，如果你试着更仔细地看它，它简直就要溶解了，脑海里只留下对某些细小的、同样不起眼的丑恶的微弱记忆，比如那个红鼻子，或者说那几粒麻子。他留了一把灰色的髭须，大大的鼻子，真的长了麻子。骑车时穿的斗篷和手杖。尽管他很激动，但控制得很好。在沉重的悲恸中抓着老妇的下巴。当一个老妇的下巴被抓住的时候，里面包含了怎么样的魔力啊。最后他们哭着看彼此的脸。他们不想这样的，但你可以这么理解：甚至连有如这两位老人之间的结合般悲惨渺小的幸福也受到了战争的干扰。

巨人般的德国军官披挂着各种各样的小装备，先在火车站行进，然后又穿过火车。因为高大又魁梧，他很僵硬；他移动的方式几乎让人震惊；腰杆之坚挺，脊背之宽阔，整体身材之颀长，为了一眼看尽这一切，你得把眼睛睁得大大的。

车厢里的两个匈牙利犹太女人，一对母女。两人很相像，但母亲的状态很体面，女儿则是个悲惨却自信的残余。母亲——精心修饰过的大脸盘，下巴上长着毛茸茸的胡须。女儿更矮小，尖脸，皮肤不干净，蓝裙子，平坦的胸脯上嵌着件白衬衣。

红十字会的护士。非常坚定可靠。坐车旅行时就像能自给自足的一大家子。她像父亲那样抽烟，在过道上走来走去，像儿子那样跳到长椅上，从背包里取些东西，像母亲那样小心地切肉、面包和橙子，像俏皮的女儿那样（她原本就是这样的）在对面的长凳上展示她美丽的小脚，她结实的腿上套着黄色的靴子和黄色的丝袜。她或许完全不介意别人与她搭话，甚至开始向自己发问，问起我们都能看见的远方群山，她给我旅游手册，好让我在地图上找山。我怏怏地躺在自己的角落里，尽管我非常喜欢她，可我不乐意以她所期待的方式探问她的情况，这样的情绪在我内心堆积起来。显露不出年纪的粗糙的棕色脸庞，毛糙的皮肤，拱起的下唇，旅行装，里面是护士服，软软的鸭舌帽，随意地压在紧紧缠绕的头发上。由于无人发问，她零零碎碎地自行说了起来。我的妹妹稍微回了几句，后来我才知道，我妹妹根本不喜欢她。她要去沙托劳尔尧乌伊海伊，到了那儿她就知道接下去该做什么了，她最喜欢去那些有很多事情可做的地方，因为时间在那里过得最快（我妹妹由此得出结论，她不快乐，我却觉得不是这样）。你会经历各式各样的事情，比如说，有个人睡觉时的鼾声令人难以忍受，他们把他叫醒，请求他考虑下其他病人，他答应了，可他一躺下，可怕的鼾声又来了。这很可笑。其他病人用木拖鞋扔他，他躺在房间角落里，因而是个不会错失的目标。你必须对病人严格，不然就没法达成目标，是，是，不，不，就别让他们和你讨价还价。此时，我说了一句愚蠢的、对我来说却非常有代表性的、阿谀奉承的、狡诈的、旁敲侧击的、不近人情的、冷漠的、不真实的、从最近某种病态的秉性中远远得来的、更是受了前一天晚上所读斯特林堡文章影响的话：允许女人这样医治[1]男人对她们来说一定是件好事。她没听见这话，或者说没理会。我妹妹当然完全听明白了话里的意思，笑着附议。又说了不少关于一个完全不想死的破伤风病人的故事。

晚些时候，匈牙利的车站长带着他的小儿子上车了。护士递给男孩一颗橙子。男孩接过。她又递给他一块杏仁软糖，用它碰了碰他的嘴唇，可他犹豫了。我说：他可能觉得难以置信。护士一个字一个字地重复这句话。非常愉快。

窗外是蒂萨河与博德洛格河春日的巨流。河景。野鸭。产托考伊葡萄酒的群山。在布达佩斯附近，犁过的田地上突然出现一处半圆形的防御阵地。铁丝网障碍物，以长凳精心支撑起来的掩体，好似模型。对我来说很难理解的说法："适应地形"。识别地形属于四足动物的本能。

乌伊海伊肮脏的旅馆。房间里的一切都很破旧。床头柜上还留有上一个睡过的人留下的雪茄灰。床只是看似铺得很整洁。试着先去分队指挥部，然后再到后方指挥部获取乘坐军用火车的许可。两个指挥部都设在舒服的房间里，尤其是

1　此处卡夫卡用了一个双关，德语中的医治（behandeln）亦有对待之意，与英语的"treat"类似，本译文中暂时无法还原这个双关。

后者。军方与官方之间的对立。对文书工作正确的评价：摆着墨水瓶和钢笔的桌子。阳台的门和窗户都开着。舒适的长沙发。后院阳台上一间蒙着布帘的棚屋里传出餐具的碰撞声。点心端了上来。有人——后来才知道他是中尉——掀开帘子，看看在这里等的人是谁。"人必须赚工资。"说这话的时候，他没再用点心，向我走了过来。顺便一提，尽管我得再回去一次，也为了取我的第二张证明，我却什么都没拿到。在证明上，他们只为我写了第二天使用邮政列车的军方授权，一份完全多余的授权。

火车站周边地区土里土气的，年久失修的环形广场（科苏特纪念碑，有吉卜赛音乐的咖啡馆，糕点店，一家优雅的鞋店，《晚报》的叫卖声，一名以夸张姿势骄傲地走来走去的独臂士兵，在过去二十四小时里，每当我经过一幅描绘德国胜利的粗糙彩色印刷品，都有人围在一旁仔细观看，遇见了 P.），更加纯粹的近郊。晚上在咖啡馆里，净是平民，乌伊海伊的居民，简朴却奇怪的一群人，有时显得可疑，倒不是因为战争而可疑，而是因为他们令人难以理解。一名随军神甫独自读报。——上午，年轻英俊的德国士兵来到旅馆。命人上了很多菜，抽一支很粗的雪茄，然后写东西。锐利严肃却又年轻的眼睛，端正的、胡子刮得干干净净的洁净的脸。然后拉上行囊。后来我又看到他向某人敬礼，但我不记得在什么地方了。

五月三日。完全的漠然与迟钝。一口干涸的井，水在无法触及的深处，那里是未知的。虚无，虚无。不理解斯特林堡《破裂》里的生活；他所谓的美一旦放在我身上就让我厌恶。给 F. 写信，虚假的，寄不出去。是什么让我为了过去或未来而坚守？现在鬼影重重，我并非坐在桌前，而是在桌旁扑腾。虚无，虚无。荒凉，无聊。不，不是无聊，只有荒凉、徒劳和虚弱。昨天去多布日科维茨[1]。

五月四日。因为我读了斯特林堡的作品（《破裂》），状态好了许多。我不是为了读他而读他，而是为了感受他的胸怀。他抱着我，就像把一个孩子抱在左臂上。我坐在那里，像个坐在雕像上的人。我有十次陷入滑下去的危险，但在第十一次尝试时，我坐得很稳，感觉很安全，视线良好。

考虑别人和我的关系。尽管我或许微不足道，但这里没人能从整体上了解我。如果有人拥有这样的理解力，比如说一个女人，那就意味着有了来自各方各面的支持，有了上帝。奥特拉理解一些，甚至许多，马克斯、费利克斯理解一些，有些人，好比 E.，就只理解一点点，但其烈度令人痛苦，F. 或许根本不理解，然而，我们之间存在不可否认的内在关系，因而形成了一种伟大的特殊地位。有时候我相信，她不自知地理解了我，例如，当时她在地铁站旁等我，我正无望地思念着她，一心只想尽快冲过去找她，我以为她在楼上，差点从她身旁跑过，她却悄悄地抓住了我的手。

1　布拉格附近的游览地。——原编者注

五月五日。什么都没做，些许作痛的沉重脑袋。下午在乔泰克公园，读滋养着我的斯特林堡。

黑眼睛、黄皮肤、孩子气的长腿姑娘，风趣淘气又活泼。她见到一个矮个子的女友手里拿着帽子，便问："你有两个头啊？"女友立刻听懂了这个笑话，笑话本身非常无趣，却因为她的嗓音和矮个子朋友的整体参与而生动起来。她笑着对几步之外的另一个女友道："她问我是不是有两个头！"

早晨遇见了 R. 小姐[1]。简直是一道丑陋的深渊，一个人竟能如此改变。臃肿的身躯仿佛还未从睡梦中醒来；我见过的那件旧夹克；她在夹克下穿的东西既无法辨认又可疑，或许只是衬衫；在这种状态下被人碰见对她来说显然也很可怕，可她做错了事，她没有把尴尬的地方藏起来，反倒好似内疚地把手伸进夹克领口，把夹克拉正。上唇上浓密的绒毛，但只集中在一个地方，留下了极其丑陋的印象。尽管如此，哪怕她的丑陋毋庸置疑，我还是非常喜欢她，此外，她微笑之美并未改变，她眼睛之美则因为整体的退化有所减损。再说，我们之间隔了好几个大洲，我肯定对她不了解，她则满足于从我这儿得到的肤浅的第一印象。她极为天真地问我要了一张面包票。

傍晚读了一章《新基督》[2]。

年迈的父亲与年长的女儿。他明事理，留着尖尖的胡子，稍微佝偻着腰，背后有根小棍子。她鼻子很宽，下颚强壮，脸虽圆，却有凹陷，宽大的臀部沉重地转动。"他们说我很难看。可

---

1 一九一一年，我们在去苏黎世的路上偶遇。——原编者注
2 我未完成的长篇小说。——原编者注

我又不难看。"

五月十四日。 从规律的写作中抽身。常去户外。和 St. 小姐去特洛伊区，和 R. 小姐、她的妹妹、费利克斯及其夫人，还有奥特拉去卡斯塔利采的杜布里乔维茨。像受刑。今天在泰恩街做礼拜，然后去了图马赫街，再是大众食堂。今天读了《司炉》中的旧章节。今天我似乎触及不到（已经触及不到了）力量。害怕心脏问题让我变得不中用。

五月二十七日。 对最近写的文章非常不满意。我在毁灭。如此毫无意义、不必要地走向毁灭。

九月十三日。 父亲生日前夕，新日记本。不像往常那么需要写日记了，我不必烦躁，反正我已经够烦躁了，但为什么呢，它什么时候会来，一颗不太健康的心脏怎么能承受这么多不满和这么多不断拉扯的欲望？

精神涣散，记忆力衰退，愚蠢！

九月十四日。 和马克斯及朗格[1]拜访奇迹拉比。齐兹科夫，哈兰托瓦街。人行道和台阶上有许多孩子。一家旅馆。楼上一片黑

---

1 来自布拉格的格奥尔格·莫德凯·朗格多年来试图在东欧过一种哈西德教派式的生活，后来用捷克语、德语与希伯来语写了介绍卡巴拉及相关内容的文章。他已经出版了两卷希伯来语诗集。——这里提到的奇迹拉比或者说义人（Zaddik）是"贝泽尔拉比"的亲戚，由于俄国人进犯，他从格罗代克逃到了布拉格，他的拥趸也追随着他。——原编者注

暗，伸手盲目地摸索了几步。一个看得见苍白暮色的房间，灰白的墙壁，几个矮小的女人和女孩，戴白头巾，苍白的脸，站在周围，动作幅度很小。无血色的印象。下一间房。全黑，满是男人和年轻人。高声祈祷。我们挤在一个角落里。我们刚要稍微环顾一下四周，祷告就结束了，房间空了。一个靠边角的房间，有两面窗墙，上面各有两扇窗。我们被推到一张桌前，站在拉比右边。我们反抗。"你们不也是犹太人吗。"最强大的、父亲般的本性成就了拉比。"所有拉比看起来都很狂野。"朗格说。拉比身穿丝绸长袍，下面的衬裤都露出来了。头发盖住了鼻翼。他不断来回推动镶着毛边的帽子。肮脏而纯粹，这是深思熟虑者的特性。挠胡子根，用手擤鼻涕并往地上甩，把手指伸进菜里——但如果他把手放在桌子上一会儿，你就能见到他肤色之白皙，类似的白皙可能只在你童年的想象中出现过。不过当时，父母当然也是纯洁的。

九月十六日。波兰犹太人念诵"科尔尼得累"的景象。小男孩两只胳膊下夹着祈祷斗篷，从父亲身边跑过来。不去庙宇就是自杀。

打开《圣经》。关于不公正的士师。所以我找到了自己的观点，或者说，我起码找到了迄今为止在我心里的观点。顺便一提，这没有意义，我显然永远不会为这样的事情左右，《圣经》的书页不会在我眼前翻动。

最有成效的位置似乎在脖子和下巴之间。抬起下巴，把刀刺进紧绷的肌肉里。但这个位置很可能只有在想象中才有成效。你期待见到大量的鲜血从那里涌出，撕开肌腱与小骨节形成的网状结构，在烤火鸡大腿上就能找到类似的东西。

读了《福斯特·弗莱克在俄国》。拿破仑返回博罗季诺战场。那里的修道院。它被炸毁了。

九月二十八日。完全一无所成。马塞林·德·马尔博将军和霍尔茨豪森的回忆录《一八一二年德国人的苦难》。

抱怨无用。对此的回答是脑袋里的针刺。

一个小男孩躺在浴缸里。这是他第一次洗澡，按照他从前的心愿，母亲和女仆都不在场。他的母亲时不时地在隔壁房间叫他，为了遵从她的吩咐，他用海绵仓促地抹了抹身子。然后他伸了个懒腰，在热水里享受静止。煤气的火焰有规律地嗡鸣，炉子里即将熄灭的火焰噼啪作响。隔壁房间里已经很久没有发出声音了，也许母亲已经离开。

为什么提问没有意义？抱怨意味着提问，等待答复。可产生时就回答不了的问题永远都不会得到回答。提问者和回答者之间没有距离。

没有距离可克服。因此，提问和等待没有意义。

九月二十九日。各种缥缈的决定。我成功了。在费尔迪南大街偶然看见一幅算不上特别杂乱无章的画作。一幅糟糕的湿壁画草稿。下面是一句捷克格言，意思大概是：丧失理智的人，你为了姑娘离开了酒杯，很快你就会得到教训而回到原地。

睡眠尤为糟糕，早上折磨人的头痛，但白天比较自在。

许多梦。梦中人的外貌是厂长马什纳和雇员皮米斯克的混合体。泛红的、结实的脸颊，打理过的黑胡子，同样浓密而狂野的头发。

从前我以为：没有什么能杀死你，这个坚硬清晰的、几乎空空如也的脑袋，你永远不会无意识地，或者在痛苦中闭上眼睛，皱起眉头，两手抽搐，你永远只会这么描写。

福丁布拉斯[1]怎么能说，哈姆雷特已经经受住了至高王权的考验？

下午无法控制自己去读昨天写的东西，"前一天的污秽"，再说这也没什么危害。

九月三十日。成功地让费利克斯没去打扰马克斯。然后去了费利克斯那儿。

罗斯曼和K.[2]，无罪者和有罪者，最后两人都被无差别地以惩罚的方式处死了，无罪者与其说是被打倒，倒不如说是被更为轻柔的手推到了旁边。

十月一日。马塞林·德·马尔博将军回忆录第三卷[3]。波洛兹克——贝雷西纳——莱比锡——滑铁卢。

---

1 莎士比亚戏剧《哈姆雷特》中的人物，挪威王子，哈姆雷特的继任者。
2 分别为《美国》和《审判》中的人物。——原编者注
3 手稿后面的八页对该作品进行了摘录。接下去的两页摘录了保罗·霍尔茨豪森的《一八一二年在俄国的德国人》。——原编者注

十月六日。各种形式的紧张。我相信,噪声已经不能再干扰我了。不过我现在不工作了。然而,一个人的坑挖得越深,就越安静,一个人越不焦虑,就越安静。

朗格的故事:比起上帝,人们更应该服从于义人。巴尔·舍姆[1]曾对一个他最喜爱的弟子说,他应该去受洗。弟子受了洗,声名渐隆,成了主教。这时候,巴尔·舍姆派人去找他,允许他重归犹太教。他又转了教,并为他的罪过大作忏悔。巴尔·舍姆为这条命令作了解释,这位弟子因其出色的品质受到了恶人极大的迫害,洗礼是为了转移恶人的注意力。巴尔·舍姆亲自把弟子扔到恶人中间,弟子走出这一步并非出自内疚,而是奉命而为,对恶人来说这里似乎已经没什么可做的了。

每百年都会出现一位至高无上的义人,一位世代义人。他根本不必为人所知,也不必是奇迹拉比,然而他就是至高无上的那一位。巴尔·舍姆那个年代的世代义人并不是他,更确切地说,那人只是德罗霍比茨一个无名的商人。他听说巴尔·舍姆和其他义人一样在写护身符,怀疑他是沙巴泰·兹维[2]的追随者,在护身符上写他的名字。因此,他明明没亲自见过巴尔·舍姆,就从远方剥夺了他写护身符的权力。巴尔·舍姆很快意识到他的护身符已经失效了——可他向来只在护身符上写自己的名字——过了一段时间后,他也明白了始作俑者是那个德罗霍比茨人。有一次,德罗霍比茨人来到了巴尔·舍姆的城市——那是星期一——巴

---

1 巴尔·舍姆·托夫(约1700—1760),犹太教拉比,据说是哈西德教派的创始人。
2 犹太拉比,宣称自己是弥赛亚,"沙巴泰运动"的发起人,后改信伊斯兰教。

尔·舍姆让他不知不觉地睡过去了一天，于是德罗霍比茨人在计算时间的时候总是少一天。星期五晚上——他以为那是星期四——他想回家过节。此时他见到人们向庙宇走去，意识到自己犯了错。他决定留在这里，让人带他去找巴尔·舍姆。巴尔·舍姆下午就已经嘱咐妻子，让她准备三十个人的饭食。德罗霍比茨人到了，祈祷完毕后他立刻坐下吃饭，很短的时间内就吃完了三十个人的饭。可他不但没吃饱，还要求继续加餐。巴尔·舍姆说："我料到有位一级天使会来，却没准备好接待一位二级天使。"他让人取来了家中所有的食物，可即便这样还是不够。

巴尔·舍姆并非世代义人，但他还更崇高。世代义人亲自见证了这一点。有一次，他于傍晚时分来到巴尔·舍姆未来的妻子未出阁时住的地方。他去女孩父母家做客。在上阁楼睡觉以前，他要了一支蜡烛，但家里没有。他没点蜡烛便上楼去了，可女孩后来在院子里抬头望时，楼上明亮得宛如点了节日的灯彩。她意识到他是个特殊的客人，请求他娶她为妻。她可以如此请求，因为她认出了这位客人，这证明了她更崇高的命运。可世代义人说："你注定要嫁给一位更崇高的人。"这证实了巴尔·舍姆比世代义人更加崇高。

十月七日。昨天和 R. 小姐在旅馆的前厅待了很久。睡得不好，头疼。

跛子把格尔蒂吓着了，内翻足的可怕。

昨天在尼克拉斯大街上有匹摔倒的马，膝盖出了血。我望向别处，在光天化日之下不受控制地做了个鬼脸。

解决不了的问题：我崩溃了吗？我在衰退？几乎所有迹象都对此表示赞同（漠然、迟钝、神经衰弱、心不在焉、丧失工作能力、头疼、失眠），只有希望表示反对。

十一月三日。最近看了不少东西，头不怎么疼了。与R.小姐一起散步。和她去看吉拉尔迪演的《他和他的姐妹》。（您究竟有天赋吗？——容我出面替您回答：有，有的是哪！）去市立阅览室。在她父母家看国旗。

奇妙的埃斯特与蒂尔卡两姐妹宛如明灭间的对立。蒂尔卡格外美丽，橄榄棕色的皮肤，低垂的弧形眼睑，深邃的亚洲轮廓。两人的肩上都围着披肩。她们中等身材，偏矮小，却像女神那样显得那么挺拔高耸，埃斯特倚靠在长沙发的圆垫上，蒂尔卡坐在角落某个无法辨认的坐具上，或许是盒子。半梦半醒之间，看了埃斯特很久，在我印象中，她对一切涉及精神的事物都充满了热情，她用这样的热情紧紧地咬住一枚绳结，在空旷的房间里像钟锤（想起一张电影海报）那样用力来回摆荡。

两位L.小姐。在半梦半醒间，我还看到了矮小的、恶魔般的女教师，在一种哥萨克风格却又飘逸的舞步中，她如追猎般在一条微微倾斜的、崎岖不平的、在暮色中一片暗褐的砖石路上面上下翻飞。

十一月四日。回忆布雷西亚的一个角落，我走在那里相似的铺石路上，却在光天化日之下给孩子们分零钱。回忆维罗纳的一座教堂，仅出于一名前来消遣的旅客的轻微强迫感，以及一个在徒劳中逐渐枯竭者的沉重强迫感，我极其怅惘而不情愿地走了进去，看见一个比真人还大的侏儒蜷缩在圣水池下面，我略微转了一圈，坐了坐，同样不情愿地走了出去，仿佛外面还有一座同样的教堂，与这一座门挨门地建在一起。

近来，犹太人纷纷从国家火车站离开。两个男人扛着一个袋子。为了尽快登上站台，那位父亲把家当分摊到好几个孩子身上，最小的那个也不例外。那个强壮健康、几乎看不出身形的年轻女子带着一个婴儿坐在行李箱上，熟人们围在她身边热烈地交谈。

十一月五日。下午的兴奋状态。始于考虑是否应该购买、购买多少战争债券。为了下必要的订单，去了两次公司。又回来了两次，并没有进去。狂热地计算利息。请求母亲购买一千克朗债券，又把数额加到了两千克朗。其间我发现，我对属于我的那大约三千克朗存款一无所知，而且听到这个消息的时候，我也根本不为所动。只有战争债券引起的疑惑在我脑海中挥之不去，我在最繁忙的街道上散步时，它在我脑子里转了半个小时。我觉得自己直接参与了战争，这固然是我知识范围内的事，可我只非常笼统地权衡了经济上的前景，把某一日终会供我使用的利息加加减减，等等。可是渐渐地，兴奋的情绪发生了变化，思维转向写作，我觉得我可以做到，除了写作的可能，我什么都不想要，念及接下来一段时间内哪几晚能留给写作，感觉不允许迸发的噬人火焰燃起了我已经如此熟知的不幸，为了表达自我，为了使自己平静，我想出了"朋友啊，倾吐吧！"这句唱词，不停地用特殊的旋律唱着，为了应和这支歌谣，我一次次地把口袋里的手帕按紧又放开，像在摆弄风笛。

十一月六日。看见公众在战壕[1]前面和里面如蚂蚁般挪动。

去奥斯卡·珀拉克[2]的母亲那儿。对她姐姐的印象很好。顺便问一句，在谁面前我不是低声下气的？

至于格林伯格[3]，就我看来，他是个至关重要的人，而且几乎受到了普遍的低估，原因我也不甚理解：比如说，若有人要让我做选择，我俩中的一个必须立刻死亡（考虑到他本人的情况，这样的可能性非常大，因为据说他患有终末期的肺结核），但至于是哪一个，决定权在我手里，我或许会觉得这个问题是所有理论问题中最为荒谬的一个，因为当然得留下远比我珍贵的格林伯格。就连格林伯格也会同意我的观点。然而，在最后无法自持的时刻，我会和其他所有人一样，早早地编造出对我有利的证据，它们在平时却会因为粗野、空洞和虚假而令我作呕。尽管没人强迫我选择，可现在正是最后的时刻，是我放下所有令人分心的外部影响，试着审视自己的时刻。

十一月十九日。虚度时日，在等待中耗尽心力，尽管什么都不做，可脑袋还是飘飘忽忽、钻心刺骨地痛。

给维尔弗写信。回复。

---

1 战壕模型，为红十字会筹资而向公众开放的展品，位于布拉格附近。——原编者注
2 卡夫卡少时的友人。——原编者注
3 亚布拉罕·格林伯格，来自华沙，年轻的战争难民，才智过人，当时我们常与他来往。他在战争期间死于肺结核。——原编者注

在 M. - T. 夫人那儿，对一切毫无防备。在马克斯家恶意的谈话，第二天对此感到厌恶。[1]

和 F.R. 小姐和埃斯特在一起。

在新旧犹太会堂参加米示拿[2]讲座。和耶特勒斯博士[3]一起回家。对个别有争议的问题非常感兴趣。

对严寒、对一切过于感伤。现在是晚上九点半，隔壁房间里有人正在公用的墙上敲钉子。

十一月二十一日。彻底无能。星期日。夜里失眠得厉害。在床上一直躺到十二点一刻，太阳照进来。散步。午餐，读报纸，翻阅旧目录手册。在许贝纳尔街、城市公园、文策尔广场、费尔迪南大街散步，然后向波多利走去。艰难地把时间延长到两个小时。时不时感觉到一度令人灼伤的强烈头痛。吃了晚饭。现在回家。谁能睁着眼睛把这些东西从头到尾通读一遍？

十二月二十五日。打开日记本有特殊目的：想让自己入睡。但我正好只随机翻到最近的一篇，可以想见，我在过去三四年里记了上千篇雷同的东西。我无意义地自我消耗，如果能让我写，

---

1 卡夫卡幽默地描述了他对 M. - T. 夫人的拜访。事后他对这种没有恶意的嘲讽感到后悔。——原编者注
2 米示拿是犹太法典《塔木德》的核心，即口传律法，与成文律法（律法书，即《妥拉》）为犹太教的两大支柱。
3 出身于虔诚的李本家族的《塔木德》学者，布拉格人。在纳粹政权的统治下，这个枝繁叶茂的家族后来仅有两名成员幸存，一个是这位讲师，另一位是生活在以色列基布兹集体社区的青年。——原编者注

那就幸福了，可我没写。再也摆脱不了头痛。我真的对自己火冒三丈。

昨天与我的上司摊牌了，由于做了开口的决定，还有我不愿退缩的誓愿，竟使得我前天晚上不安分地睡了两个小时。和我的上司提了四种可能性：一、让一切继续保持原状，就和糟糕透顶的、受尽折磨的上星期一样，以患上伤寒、精神错乱或其他疾病告终；二、休假，出于某种责任感，我不打算休假，而且休了也没用；三、辞职，但为了父母和工厂，我现在不能辞职；四、只剩下服兵役了。答复：一周假期，造血治疗，上司想和我一起去。他自己可能也有重病。如果我也离开，这个部门可能就荒废了。

摊牌之后轻松了。"辞职"这个词几乎正式地撼动了机构里的空气。

尽管如此，今天几乎没睡。

这一直是主要的恐惧：要是我一九一二年离开，带着清晰的头脑、充分支配我所有的力量，不被压制生机的疲累吞噬就好了！

和朗格一起。他要过十三天才能读马克斯的书。他本可以在圣诞节读的，因为根据一个古老的习俗，人们不允许在圣诞节读《妥拉》，可今年的圣诞节落在了星期六。可再过十三天就是俄国的圣诞节，到时候他就会读了。根据中世纪的传统，一个人要到七十岁才可以接触此等美好的文学作品，或是其他世俗的知识，一个更为温和的观点认为要到四十岁。医学是唯一可以研究的科学。如今甚至这样都不行了，因为医学现在与其他科学联系得过于紧密。——不许在厕所里思考《妥拉》，因为在那里只可以读世俗的书籍。有个非常虔诚的布拉格人，某个叫 K. 的人，懂得许多世俗的东西，都是在厕所里学来的。

一九一六年

四月十九日。他想打开通往走廊的门，可打不开。他往上看，往下看，没有找到障碍物。门也并未上锁，钥匙插在里面，如果有人试图从外面锁门，钥匙就会被挤出来。怎么可能有人锁门呢？他用膝盖撞门，磨砂玻璃哐哐响，但门一动不动。你看看。

他回到房间里，走到阳台上，俯视着街道。可当他再次回到门前，试着再次打开它的时候，他还没能用思维去理会楼下寻常的下午生活。可现在不用试了，门立刻打开了，几乎不需要任何压力，它就突然迎着阳台上吹过来的微风打开了；就像有人开玩笑地让一个孩子去触碰把手，与此同时，一个高个子真的按下了把手，他轻而易举地进入了走廊，就像那个孩子。

我有三个星期属于自己的时间。这是否意味着受到了残酷的对待？

最近梦见：我们住在大陆咖啡馆附近的护城河上。一个军团从赫伦大街拐进来，往国家火车站的方向走。我父亲说："只要条件允许，你就必须看见这样的东西。"然后，他（穿着费利克斯棕色的睡袍，整个身形混合了两人的特征）跃到窗户上，张开双手，跨在外面极宽的、非常陡峭的窗台护栏上。我抱住他，攥住他睡袍腰带穿过的两个小铁环。出自恶意，他的手伸得更远了，我使尽浑身解数抱住他。我想，要是我能用绳索把双脚绑在某些坚固的东西上该有多好，这样我就不会被父亲拖着走了。但为了实现这一点，我起码要把父亲放开好一会儿，而这是不可能的。睡眠——更别提那是我的睡眠了——无法承受全部的张力，我醒了。

四月二十日。在走廊上，女房东拿着一封信来找他。他审视着老妇人的脸，而非那封信，与此同时他打开了信。然后，他读道："极为尊敬的先生。您已经在我对面住了好几天了。您与我的一位老熟人极其相似，这令我非常在意，今天下午，万望您屈尊前来一聚。谨此问候，路易丝·哈尔卡。"

"行。"他既对仍旧站在他面前的女房东，也对信说。这是个令人愉快的机会，在这座他还相当陌生的城市里，他能结识一个或许用得上的朋友。

"您认识哈尔卡女士吗？"他伸手去够帽子时，女房东问。

"不认识。"他带着疑问道。

"送信的姑娘是她的女仆。"女房东像是在道歉。

"可能吧。"他不打算掺和，匆匆走出了公寓。

"她是个寡妇。"到了门槛上，女房东还追着他耳语。

一个梦：两组男人互相打斗。我所在的小组抓住了一个敌手，一个巨人般的裸男。我们中的五个人抱着他，一个抱头，各两人去抱手臂和腿。可惜我们没有刀来刺他，我们匆忙地问了一圈有没有刀，没人带刀。但出于某些原因，没有时间可浪费了，而且附近有个炉子，发着红光的铸铁炉门异常巨大，我们就把那人拖了过去，把男人的一只脚靠近炉门，直到它开始冒烟，再把它拉回来，让烟蒸发，这样我们很快又能接近他。我们就这样单调地做着同一件事，直到我醒来，我不仅出了一身冷汗，连牙齿也真的在格格作响。

屠夫的两个孩子，汉斯与阿玛利亚，正在仓库的墙边玩弹珠。那是一座宛若堡垒、巨大古旧的石头建筑，两排装有重重栅栏的窗户沿河岸延伸至极远。在发射前，汉斯仔细查验弹珠、道路和坑洞，阿玛利亚蹲在坑洞旁边，不耐烦地用小拳头敲打地面。可突然间，两人都放下了弹珠，慢慢站起来，看着离得最近的那扇仓库窗户。传来一声噪声，像是有人尝试把四分五裂的窗玻璃中一块细小、浑浊而暗淡的碎片擦拭干净，却没能成功，它现在裂成了两片，一张似乎透着深不见底的微笑的干瘦脸庞隐约出现在小广场上，大概是个男人，他说："来吧，孩子们，来吧。你们没看到仓库？"

孩子们摇摇头，阿玛利亚热烈地仰视着男人，汉斯则望向后方，想看看附近是否有人，但他只看到一个对一切都无动于衷的男人，弯着腰，沿码头栏杆推着一辆装得沉沉的推车。"你们马上可就会真的大吃一惊。"那人非常急切地说道，仿佛他必得借助这种急切来克服环境的不利——墙、栅栏和窗户把他与孩子们隔开了。"快来吧。正是时候。""我们怎么进去？"阿玛利亚问。"我告诉你们门在哪儿。"男人说，"只要跟着我就行，我现在要往右走，把每扇窗都敲一遍。"

阿玛利亚点点头，向下一扇窗跑去，那里真的传来了敲窗的声音，后面的窗也是如此。阿玛利亚听从陌生男子的吩咐，漫不经心地跟着他跑，大致就像是跟在一个木头轮胎后面，与此同时，汉斯则只是慢慢地走在后面。他感觉不舒服，这座他至今从未想过要进去的仓库当然很值得一看，但是否真的可以进去，却根本不是随便哪个陌生人的邀请可以说了算的。其可能性相当渺茫，因为如果可以进去，他的父亲之前肯定已经带他去了，毕竟父亲不仅住得离这里非常近，甚至还认识这个广阔街区里的所有人，颇受他们欢迎与尊重。汉斯现在突然想起，这个陌生人肯定也是这样，为了证实这一点，他跟在阿玛利亚身后，她和那个男人停在一扇正位于地面下方的铁皮小门边上时，他赶上了她。它就像一扇巨大的烤炉门。那男人又从最后一扇窗上敲下一块小玻璃，说道："这里就是门。你们稍等片刻，我去把里面的门打开。"

"您认识我们的父亲吗？"汉斯立刻问道，可那张脸已经消失了，汉斯只得带着问题等待。此刻他们听到，里面的门好像真的打开了。起初几乎听不见钥匙的嘎吱声，然后，近旁的几扇门内传来的嘎吱声越来越响。这里厚重的砖石似乎被一扇接一扇密密麻麻的门取代了。最终，最后一扇门朝内打开，为了能够看见里面的情况，孩子们躺在地面上，现在，那男人的脸庞出现在半明半暗之间。"门开着，进来吧！赶快，赶快呀！"他用一只手臂把许多门板推到墙上。

经过在门前的等待，阿玛利亚似乎有些醒悟了，她现在挤到汉斯身后，不想第一个进去，却把他往前推，因为她很想和他一起进入仓库。汉斯离门口很近，他感觉到从中传来的凉爽气息，他不想进去，不想去找那个陌生人，不想到那许多可以上锁的门后面去，也不想进入那栋凉爽、陈旧、巨大的房子。只因为他现在已经趴在门前，他问道：

"您认识我们的父亲吗？"

"不认识，"男人道，"倒是快进来啊，我不可以让门开那么久。"

"他不认识我们的父亲。"汉斯对阿玛利亚说道，他站了起来；他似乎轻松了，他现在肯定不会进去了。

"可是我认识他，"男人说罢，脑袋又在门口朝前努了努，"我当然认识他，那个屠夫，桥边那个高大的屠夫，我自己有时候也在那里买肉，如果我不认识你们这一家子，你们觉得我会让你们进仓库吗？"

"那你为什么一开始不说你认识他？"汉斯问道，他双手插在口袋里，已经完全背对着仓库。

"因为我现在不希望在这样的情况下长谈。先进来吧，然后我们什么都可以谈。顺便说一句，你根本不必进来，小家伙，相反，我宁愿你和你那没教养的行为留在外面。可你的妹妹，她懂事多了，她会受到我的欢迎。"他向阿玛利亚伸出了手。

"汉斯，"阿玛利亚说着把自己的手靠近陌生人的手，但还没有抓住它，"你为什么不想进去？"听完那个男人最后的回答后，汉斯也说不清他拒绝的明确原因，只是轻声地对阿玛利亚说："他像这样发出嘶嘶声。"而事实上，这陌生人不止说话时发出嘶嘶的声音，沉默的时候也是。"你为什么发出嘶嘶声？"阿玛利亚问道，想要调解汉斯与陌生人的关系。

"阿玛利亚，我来回答你，"陌生人道，"我呼吸很重，因为我始终待在此处这座潮湿的仓库里，我也不建议你们在这里待很久，但就那么一小会儿就格外有意思。"

"我去。"阿玛利亚笑道，她已经彻底信服了。"可是，"她接
着又更缓慢地补充道，"汉斯也必须一起来。"

"当然。"陌生人说，他的上半身向前闪出，抓住惊讶不已的
汉斯的双手，使他立即跌倒在地，并用尽全力把他往洞里拽。"就
从这里进，我亲爱的汉斯。"他不顾汉斯上衣的一只袖子被门上
锋利的边棱扯成了碎片，把挣扎着大声叫喊的汉斯往里拖。

"玛利，"汉斯突然喊道——他的脚已经在洞里了，尽管他全
力反抗，进展得还是如此迅速——"玛利，把父亲找来，把父亲
找来，我再也出不来了，他拉得好用力。"可玛利对陌生人粗暴
的干涉大为困惑，她更觉得有些内疚，因为从某种程度上来说，
确实是她招致了此等恶行，她最后却又非常好奇，就像一开始的
时候那样，她没有逃跑，而是紧紧抓住了汉斯的双脚……〔此处
中断〕

众人当然很快就知道拉比正在制作陶塑。他的房子，还有所
有房间的门都日夜敞开，没有任何看得见的东西是不会立即被大
家发现的。总有几个弟子、邻居或陌生人在房子的楼梯上来回走
动，查看每一个房间，如果没有碰巧在某个地方碰见拉比本人，
他们就会走进各自喜爱的地方。有一次，他们在一个洗衣槽里发
现了一大块发红的陶土。

拉比给予他们的肆意在家行走的自由已经把他们宠坏了，他
们甚至毫无顾忌地去触碰那块陶土。它很硬，哪怕手指用力按压
也不会沾上它的颜色，它的味道——好奇的人肯定也得用舌头舔
舔它——很苦涩。拉比为什么要把它存放在洗衣槽里，让人无法

理解。

苦涩，苦涩，这是最主要的词语。我将如何从碎片里拼凑出一个摇摆不定的故事？

一缕淡淡的灰白色烟雾轻柔连续地从烟囱中飘出。

拉比像个洗衣妇那样挽起袖子站在水槽前，揉捏着已经显出人类原始轮廓的陶土。即便拉比只是在处理小细节，比如一段指节，他也总是用双眼紧盯着整体形象。尽管陶塑的造型显然成功地体现了人类的模样，拉比的所作所为却像个暴怒的人。他的下颌总是推向前方，嘴唇不停地上下拨弄。在一旁的水桶里浸湿双手的时候，他伸入的动作是如此粗野，水都溅到了空荡荡的穹顶上。

五月十一日。就这么把信交给经理。前天。我要求：如果战争秋天结束，之后要休长假，且不带薪；不然，如果战争继续，我要撤销对我免除兵役的主张 [1]。彻头彻尾的谎言。如果我立刻请长假，被拒绝则要求解雇我，那是半句谎言。真相本是，如果我辞职。两者我都不敢，所以是彻头彻尾的谎言。

今天的谈判毫无成效。经理以为我想勒索三周正常的假期，作为索赔人的我本无权享有，所以他不由分说地批了假，据说他在我递信之前就已经决定好了。他根本不谈兵役的事，好像信里没写似的。我说起的时候，他也不理会。他显然觉得不带薪的长假非常荒谬，他小心翼翼地以这样的语气提及这一点。他催我立

---

1 卡夫卡因身为保险公司职员而被免除兵役。

刻休了这三个星期的假。和所有人一样，他以外行精神医生的身份弄出了一些无关紧要的插曲。我又不像他那样需要承担责任，他的那个位置才会让人生病呢。他以前准备辩护律师考试的时候，还得在机构里上班，他那时候得干多少活。九个月，每天工作十一小时，然后是最主要的差别。我究竟会不会在什么时候，不知怎么地担心起这个位置？但他就有这种担忧。他在机构里说不定有敌人，他们会想尽一切办法，甚至以这样的方式砍断他的"生命之枝"，把他扔进废铜烂铁里。

奇怪的是，他没有提到我的写作。

我虽软弱，但也觉得这几乎关乎我的生命。我坚持想去服兵役，三个星期对我来说根本不够。于是，他把谈判推迟了。要是他不是那么友好，那么有同情心就好了！

我会坚持以下观点：我要去服兵役，顺从这个压抑了两年的愿望；出于各种与我个人无关的原因，如果我要是能请到长假，我更愿意去当兵。但从官方和军方的角度来看，这或许都是不可能的。我说的长假是指——公务员羞于启齿，病人则不然——半年或一整年。我不想要薪水，因为这不是一种器质性的、确诊无疑的疾病。

这一切都是谎言的延续，但如果我坚持不懈，实际上就接近了真相。

六月二日。尽管我头疼、失眠、有白发、绝望，可我还是在姑娘堆里迷了路。我数了数：夏天以来至少有六个。我无法抗拒，要是我不听任自己欣赏一个值得钦佩的女人，不爱她到耗尽最后一丝钦佩的地步，那无异于从嘴里扯出我的舌头。对所有这六个人，我几乎只有内心感到歉疚，但有一个通过别人责备了我。

摘自乌普萨拉大主教瑟德布鲁姆[1]的《上帝信仰之形成》，完全是科学的，没有个人或宗教的参与。

马赛人的原始神灵：他是如何用皮筋把第一头牛从天上牵下来，赶进第一座环形村寨的。

澳大利亚一些部落的原始神灵：他是个强大的巫医，来自西方，他造出人、动物、树木、河流、山脉，制定神圣的仪式，规定某个其他部族的成员应该从哪个部落娶妻。完成这些事情后，他离开了。其他巫医可以爬到树上或是绳子上找他，从他那里汲取力量。

其他情况：在充满创造力的漫游过程中，他们偶尔也会上演神圣的舞蹈与仪式。

其他情况：在史前时代，人类自己通过举行仪式创造了图腾动物。所以，神圣仪式本身就召唤出了它们所意指的对象。

海岸边的宾比加人知道有两个男人在史前时代的漫游中创造了泉水、森林和仪式。

六月十九日。忘记一切。打开窗户。清空房间。风吹过它。你只见到空虚，你在所有的角落中寻找，找不到它。

和奥特拉在一起。她被英语女教师接走了。穿过码头、石

1　纳坦·瑟德布鲁姆（1866—1931），瑞典牧师，因倡导世界基督教会间的团结而获一九三〇年诺贝尔和平奖。

桥、布拉格小城的一小段、新桥，回家。卡尔大桥上激动人心的圣徒雕像。晚间空旷的桥上披着夏日奇怪的霞光。

对马克斯获得解放的喜悦。我相信这种可能性，可我现在又看到了现实。对我来说又没有可能性了。

它们听见天主之声在花园中穿梭，因为天变凉了。

亚当与夏娃的休憩。

天主给亚当和他的妻子做了皮衣衫，为他们穿上。

上帝对人类家庭的怒火。

那两棵树，

无来由的禁令，

对一切（蛇、女人和男人）的惩罚，

对该隐的偏爱，上帝的言论更激怒了该隐。

人类想借助我的精神免于受罚。

与此同时，人们开始传扬主的名字。

他过着虔敬的日子，上帝就将他带走了，再也没人能看见他。

七月三日。和 F. 在马利恩巴德。门挨门，两边都有钥匙。

三所房子相互毗邻，形成一座小院子。这个院子里有个棚子，里面还安置了两间作坊，角落里有一摞堆得高高的小箱子。在一个狂风暴雨的夜晚——风迅疾地把积雨从房子最低处卷入院子——一个还在阁楼间埋头读书的大学生听见院子里传来响亮的哀号。他起身听了听，却没声音了，一直都没有。"大概是错觉。"大学生自语道，然后又读起了书。"不是错觉。"过了一小会儿，书中的字母真的组合起来了。"错觉。"他重复道，用食指沿着那些变得躁动的字行，帮助它们前进。

七月四日。我被禁锢在一个篱笆四角形中，不论横向还是纵向，都没留下超过一步的空间，我醒了。绵羊夜里也被关在类似的围栏里，可它没有那么窄小。阳光直射在我身上；为了保护我的脑袋，我抱头缩在胸前，弓着背蹲在那里。

你是什么？我是悲惨。我的太阳穴上钻了两块小木板。

七月五日。共同生活的艰辛。被陌生、怜悯、肉欲、懦弱、虚荣逼迫，或许只有在极深处才有一条值得称之为爱的细流，寻求无门，在一瞬之间闪现一瞬。

可怜的 F.。

七月六日。不幸的夜晚。不可能和 F. 一起生活。无法忍受与任何人一起生活。对此不遗憾；遗憾的是不可能不保持单身。但进一步来说，遗憾无用，顺从，最后理解。从地上爬起来。专心看书。但它们又回来了：失眠，头痛，从高高的窗户往下跳，却跳到被雨打湿的土地上，撞在上面不会死。闭着眼睛，无休无止的辗转反侧，眼前是某些开阔的风光。

只理解《旧约》——对此还没有什么可说。

梦见 H. 博士坐在他的办公桌后面，不知何故，他的身体又往前倾又往后倚，水般明亮的眼睛，缓慢而准确地以他的方式整理着他清晰的思路，即便在梦中几乎听不见他在说什么，只是跟着他言语的条理走。当时他的妻子也陪伴在侧，她拿了许多行李，令人震惊的是，她在玩弄我的手指，她袖子上的厚毛毡被撕掉了一块，她的手臂塞在这个袖子最小的部分中，袖管里装满了草莓。

卡尔根本不关心被嘲笑之事。他们算是什么样的毛头小子，他们懂什么。光洁的美国面孔，才两三条皱纹，但它们深刻而鼓胀地刻在这个额头上，或刻在鼻子和嘴巴的某一侧。天生的美国人，他们判断事情的方式简直足以锤炼他们石头般的额头。他们懂什么……〔此处中断〕

有人得了重病躺在床上。医生坐在推到床边的小桌子旁观察病人，病人又看他。"没救了。"病人说，不像是发问，倒像是回答。医生稍稍打开了一本放在桌边的大型医书，远远地瞥了一眼，合上书道："救星从布雷根茨来。"病人费力地眯起眼睛时，医生又添了一句："福拉尔贝格的布雷根茨。"——"那很远。"病人说。

拥我入你怀吧，那是深渊，如果你现在拒绝，那就以后吧。

带我走，带我走，愚蠢与痛苦编织的网。

黑人从灌木丛中出来。他们围绕拴着银色锁链的木桩起舞。祭司坐在旁边，把一根小棍子举过铜锣。天空阴云密布，但没下雨，很安静。

除了在祖克曼特尔，我还没和女人亲密过。然后还有在里瓦时的瑞士女人。第一位是个女人，我没有经验；第二位是个女孩，我彻底迷糊了。

七月十三日。敞开你的心扉。人走出来。呼吸空气与寂静。

那是温泉疗养地里的一家咖啡馆。下午下了雨，没有客人。直到傍晚将至，天空才放晴，雨慢慢停了，女侍者开始把桌子擦干。老板站在门拱下面，盼望客人到来。果然有人已经沿着林间小路走上来了。他的肩头披了一件有长长流苏的方格子旅行毛毯，头一直歪在胸前，每走一步都要伸出手，把手杖远远地放在地上。

七月十四日。以撒在亚比米勒面前否认他的妻子，就像从前亚伯拉罕否认他的妻子。

与基拉耳的水井混淆。重复一节经文。

雅各的罪孽。以扫的宿命。

一座钟在朦胧的意识中敲响。

走进屋子的时候你且听。[1]

七月十五日。他在森林里寻求帮助，他几乎跃过山麓小丘，赶往他遇到的溪流的源头，他的手在空中扑打，用鼻子和嘴巴喘气。

七月十九日。

梦境与哭泣，可怜的族群

你找不到路，你走丢了。

1　此处与日记中其他零星几处地方都有插画。这里暗示亚伯拉罕为燔祭献上了其子以撒。——原编者注

"唉!"是你晚上的问候,早晨的一声"唉!"。

我什么都不要,只想夺回自己

深渊之手伸来,

让我这个无能为力的人下坠

沉重地落在准备就绪的手中。

远处的山中朗朗响起

缓慢的言谈。我们倾听。

啊,他们驮着地狱的幼虫。

遮起的鬼脸紧贴身躯。

长长的列车,长长的列车载着未完成的人。

离奇的司法惯例。在没有其他人在场的情况下,被判处死刑的人在自己的房间里被刽子手刺死。他坐在桌前,写完那封信,信中写道:你们这些亲爱的人,你们这些天使,你们在何处飘荡,我一无所知,不被我的尘世之手理解……〔此处中断〕

七月二十日。一只小鸟从邻居家的烟囱里钻出来,它紧贴烟囱边缘,四下环顾,提起身子飞走了。从烟囱里飞出的不是寻常的鸟。一个女孩透过二楼的窗户仰望天空,见到那鸟振翅高飞,她喊道:"它在那里飞,快点,它在那里飞。"两个孩子已经挤到她身边,也想看看那只鸟。

怜悯我吧亲爱的,我本性中的角角落落都有罪。但我的天资并非绝对鄙薄。我有小小的良好的能力,我荒废了它们,我这个无人问津的生物,就在这个外在的一切将为我变好的时刻,我正在走向自己的末路。不要将我推向迷惘的人群。我知道,这里说的是一种可笑的虚荣，不论是从远处还是从近处看它都很可笑，可我既然活着，我也有活着的人的虚荣，如果活着的人不可笑，那他们必要的表达也不可笑。——可怜的辩证法！

如果我受到审判，我不仅被判处死刑，更被判处抵抗至死前的最后一刻。

星期天上午，在我离开前不久，你似乎想援助我。我盼望。虚妄地盼到今天。

不管我抱怨什么，都不可信，我甚至没有真正的痛苦，像一艘迷航之船的锚，遥遥地在它可以抛到的深渊上晃动。

让我晚上睡个好觉吧——幼稚的抱怨。

七月二十一日。他们叫喊。多么美好。我们起身，形形色色的人，我们聚集在房前。街道寂静，就像每天清晨那样。一个烤面包的男孩放下篮子，看着我们。所有人都前赴后继地跑下楼梯，所有六层楼的住客都混在一起，我本人帮着二楼的商人穿上他迄今为止都拖在身后的大衣。这个商人领着我们，这很正确，他是我们所有人当中历练最丰富的。他先把我们聚成一堆，劝最不安分的人静下心来，他拿走银行职员手中不停挥舞的帽子，把它扔到街对面；每一个孩子都牵着一个成年人的手。

七月二十二日。离奇的司法惯例。死刑犯在自己的牢房里被刽子手刺死，不允许其他人在场。他坐在桌前写完信，或是用完最后一餐。有人敲门，是刽子手。"你弄完了吗？"他提问与命令的内容及顺序都是规定好的，不能违规。死刑犯先从他的座位上跃起，又坐下，瞪视前方，或将脸埋进手中。因为刽子手没听到答复，他就打开木板床上的工具箱，挑选匕首，他的刀刃种类繁多，他甚至试着把其中几处打磨得更完美。天已经很黑了，他架起一只小小的便携灯笼，把它点亮。死刑犯偷偷把头转向刽子手，可注意到刽子手手头的活时，感到毛骨悚然，又转过身去，不想再看。"我准备好了。"过了一会儿，刽子手说。

"准备好了？"死刑犯喊出了这个问题，他跳起来，直勾勾地盯着刽子手。"你不会杀了我，你不会把我放在小床上，然后捅死我的，你毕竟是个人，你可以在主席台上带着帮手，在法院官员面前处决我，但不能在此处这间牢房里，单对单地把另一个人杀死！"这时，刽子手在工具箱前俯下身子，沉默不语，死刑犯更加平静地添了一句："这不可能。"直到此时，刽子手还是一言不发，死刑犯又说："正因为不可能，才引入了这种离奇的司法惯例。这个形式应该保留，但死刑不应该继续执行。你会带我去另一间监狱，我很有可能要在那里待很久，但不会被处决。"刽子手从他的棉护套中解开一把崭新的匕首，道："你大概是在想，童话里仆人奉命去抛弃一个孩子，他却没有这么做，宁愿把孩子托付给鞋匠做学徒。那是个童话，可这儿不是在童话故事里。"

八月二十一日。参加展会。"面对生命的原始力量，所有关于超越本性的漂亮话都徒劳无益。"（反对一夫一妻制的论文）

八月二十七日。糟糕透顶的两天两夜过后，最终得出的结论：多亏了你的公务员恶习（软弱、吝啬、优柔寡断、斤斤计较、处心积虑，等等），你没把给 F. 的明信片寄出去。你可能不会将它盖销，我承认，这有可能。结果又会如何？一场行动，一次转机？不。这样的行动你已经实施了好几次，没有任何改善。别试图为此解释；你当然可以解释所有的过去，因为你甚至不愿意在没有事先对未来作出解释的情况下拿它去冒险。这正是不可能的。那就是所谓责任感，是非常值得尊敬的东西，归根结底，那是官僚主义，是幼稚，是从父亲那儿遗传来的残破的意志。改善这一点，为此努力，这就是你手边的事情。换而言之，别体谅你自己（反正要以你所爱的 F. 的一生为代价），因为体谅是不可能的，表面上的体谅如今几乎毁了你。这不仅是对 F.，对婚姻、孩子、责任等事的体谅，也是对你闲坐其中的办公室的体谅，对你并未搬离的糟糕公寓的体谅。一切都是。所以别再这样了。你不能体谅自己，不能提前预知。至于什么对你有利，你对自己一无所知。比如说今晚，两种价值相当、势均力敌的考量以你的大脑与心脏为代价展开了一场斗争，两者都让你担忧，那就叫不可能的计算。还剩下什么？别再把自己贬低到这样的战场上，那里的战争简直对你毫不顾忌，除了斗士们可怕的打击，你什么都感受不到。所以你得振作起来。改善自己，摆脱官僚气，开始看清你是谁，别再计算你应该成为什么。接下来的任务必定是：当兵。也别犯无意义的错误，别去和福楼拜、克尔凯郭尔、格里尔帕策这些人比较。这绝对是少年意气。作为计算链中的一环，这些榜样当然是有用的，可更确切地说，它们于整体计算而言是无用的，不过如果单独进行比较，它们从一开始就已然是无用的。福楼拜和克尔凯郭尔清楚地知道他们面临着什么，拥有直截了当的意志，那不是计算，而是行动。但对你来说，那是绵绵不绝的计算，是起伏了四年的惊涛骇浪。与格里尔帕策的比较或许是正确的，可在你看来，格里尔帕策并不值得模仿，他是个不幸的榜样，后来人应当感谢他，因为他为他们受了苦。

十月八日。福斯特[1]：把处理学校生活中包含的人际关系当作教学的主题。

教育是成年人的阴谋。我们用托辞把那些自由自在地四处喧闹的孩子引诱到我们狭窄的屋子里，但我们也相信这些托辞，竟也不把它们当作借口。（谁不想成为一个高尚的人呢？关门。）

诠释、驳斥马克斯与莫里茨时的荒谬。

纵容恶习的无可替代的价值在于，即便你在参与的兴奋中只见到一丝它们的微光，它们却会动用所有的力量与数量出现在你面前，变得清晰可见。你不会因为在水坑里练习而学会如何成为水手，但会因为在水坑中训练得过于激烈而无法成为水手。

十月十六日。作为结盟的基础，胡斯派成员向天主教徒提出了四个条件，其中有一个条件规定，所有的弥天大罪——包括贪食、酗酒、不贞、说谎、作伪证、收取忏悔费及弥撒费——都当以死刑惩戒。有个派别甚至想赋予每个人权力，只要见到有谁沾染了上述的某项罪过，就可以执行死刑。

先通过理性与愿望辨认未来冰冷的轮廓，然后才在它的牵引

1　弗里德里希·威廉·福斯特（1869—1966），德国学者、教育家、哲学家。

与推动下，逐渐走进同一个未来的现实，这可能吗？

我们可以亲手让意志这根鞭子在头顶飞舞。

十月十八日。摘自一封信[1]。

你对母亲、双亲、鲜花、新年和宴会发表的言论，我没办法那么简简单单地就接受，你说，你也觉得，"在你家，和你全家一起坐在餐桌前算不上是什么特别舒服的事情"。当然，你只是在陈述你的观点，非常正确，没有考虑会不会让我不开心。好吧，它让我不开心了。可如果你要是写了相反的内容，我可能会更加不开心。请尽可能清楚地告诉我，这种不舒服是怎么引起的，你觉得它的原因是什么？至少就我而言，我们确实常常讨论这件事，可要在这方面总结出一些正确的观点太难了。

简而言之——因而带着一种与事实不完全相符的严厉——我大致可以如此解释我的立场：大多数情况下都不自主的我对独立、自主和各方各面的自由带有无限的渴望。我宁可戴上防止马匹受惊的眼罩，走自己的路走到极致，也不愿让家里那群人围着我转，分散我的视线。所以，我对父母说的每一句话，或他们对我说的每一句话，都很容易成为飞到我脚下的一道横梁。所有不由我亲自创造或赢取的关系（哪怕与自我某些部分相抵触）都没有价值，妨碍我走路，我恨它们，或者说离恨也不远了。道路漫长，力量渺小，这种恨的理由过于充足。可我是我父母生的，我和他们、和几个妹妹血脉相连，在寻常生活中，我因为目标特

1　写给菲利斯·鲍尔。——原编者注

殊，必须误入歧途，觉察不到这一点，可从根本上来说，我对此的尊重超出了自己的认知。有一次，我也带着恨意去追究它，看到家里的双人床、用旧的被单、精心搁好的衬衣，就能刺激我至呕吐，能把我的五脏六腑都翻出来，仿佛我最终没有出生，仿佛我一次次地因这个沉闷房间里的沉闷生活来到人世，又不得不一次次地在那里得到证实，与这些令人厌恶的东西联系在一起，我和它们若不说是完全无法分割，但起码也是部分，它们至少还挂在我打算跑路的脚上，还卡在初生时半流质的奶糊里。有时候确实如此。

可话说回来，我又知道他们毕竟是我的父母，是我自身存在必要的组成部分，一再赋予我力量，它不仅是障碍，更是属于我本性中的东西。于是我便很想拥有它们，就像人总想拥有最好的东西：如果我心怀所有的恶意、淘气、自私与无情，在他们面前却还是战战兢兢——其实时至今日依旧如此，因为我无法改变这一点——如果他们，父亲是在一方面，母亲是在另一方面，又几乎不可避免地摧毁了我的意志，那我想看见的是，他们是配得上这种行为的。我受了他们的骗，可若不发疯，我又无法违背自然法则，所以除了恨，就只有恨（奥特拉偶尔看起来就像是我遥远想象中的母亲：纯粹、真实、诚实、有逻辑。谦逊与骄傲、感性与疏离、殷勤与独立、羞怯与勇气，无不处于恰好的平衡。我提到奥特拉，因为她毕竟也流着我母亲的血，尽管根本看不出来），我希望他们也能配得上我这样的行为。

你属于我，我把你带到我身边，我不相信会有为哪个童话里的哪个女人所作的斗争有我内心为你所作的斗争更激烈、更绝望，一开始就是这样，它总在重新开始，或许永远都会是这样。你是属于我的，因此，我与你亲戚的关系和我与我亲戚的关系类似，不过自然，不管是好或不好，它都要不温不火得多。他们建立了一种阻碍我的纽带（即便我应该从未和他们说过半个字，也会产生阻碍），从我上文提到的观点来看，他们配不上。我对你坦诚相告，就像对我自己那样，你别对此见怪，也别觉得里面藏着傲慢，它不在那里，起码在你可能想搜寻的地方没有。

现在你在这里，你坐在我父母的桌前，我父母内心对我的敌意对我的攻击面自然就广了许多。在他们眼里，我与整个家庭的关系似乎变得更为紧密（但并非如此，也不应如此），在他们看来，我被安插在他们的行列里，其中有个岗位就在隔壁的卧室里（可我没接受）。之于我的反抗，他们觉得在你身上找到了一个与之匹敌的帮手（他们没找到），这让他们显得愈发丑陋鄙薄，因为在我眼里，他们本应不止这点眼界。

既然如此，你的言论为何不让我觉得愉快？因为我确实站在我的家人面前，为了一再伤害、捍卫这个家庭，我不停地挥刀画圈，在这一点上，让我完全代表你，你则不必在你的家人面前代表我。我最亲爱的，这样的牺牲于你而言是不是太沉重？这确实骇人听闻，可如果你不愿让我这么做，我肯定会凭借本性强迫你，只有这样，你才能轻松一点。但如果你愿意，那你就为我做了一件大事。在接下来的一两天里，我会有意不给你写信，让你能够在不受我干扰的情况下好好考虑并作出答复。至于答复——我对你的信心是如此之大——一个词就够了。

十月三十日。两位先生在围场里谈论一匹马，有个马夫正在按摩它的后腹。"我已经，"一只眼睛微微眯着的白发老者轻咬下唇道，"有一个星期没有看到阿特罗了，哪怕训练得再多，对马的记忆还是那么模糊。我现在想念阿特罗身上的一些东西，在我的回忆里，这些东西绝对占了一席之地。我现在谈的是整体印象，哪怕是我现在甚至发现这里或那里的肌肉松弛了下来，细节可能也的确没错。您看这里和这里。"他倾斜的脑袋带着探究之意移动着，双手在空中摸索。

一九一七年

四月六日。[1] 除了渔船，小港口里往往就只泊着两艘维系海上交通的客运汽船，今天那里停了艘陌生的小舟。一艘沉重的老驳船，船身较浅，泡胀起鼓，脏乱不堪，像是彻底被脏水浇透了，发黄的船舷似乎还往下滴着水，桅杆高得令人费解，主桅杆从上三分之一处开始弯折，皱巴巴的、粗糙的黄褐色帆布纵横交错地耷拉在木头之间，打着补丁，经不起一阵风。我惊讶地看了它许久，等待有人在甲板上露面，但没人出来。一个工人在我身旁的码头堤岸上坐下。"这艘船是谁的？"我问，"我今天是第一次见它。""它每两三年来一次，"那男人说，"这是猎人格拉胡斯的船。"

七月二十九日。宫廷小丑。关于宫廷小丑的研究。

宫廷小丑的伟大时代可能已经一去不复返。一切都指向另一处，这不可否认。至少我还在享受宫廷小丑的遗产，尽管它现在已经被人类淡忘了。

我总是坐在工厂深处，完全身处黑暗，有时你不得不猜测手

1　在一九一六年十月三十日至一九一七年的这段空档期内，有些日记录在八开本的簿子里，不过，与十三开本的日记本相较，其内容具有更不同、更"客观"的特点。里面只包含中篇小说、短篇小说的片段（开头）以及沉思（箴言），几乎没有与当天事件有关的内容。——原编者注

里拿的是什么，尽管如此，每一块糟糕的矿石都会挨一下师傅的打。

我们的国王不铺张浪费。没在图画里见过他的人绝对认不出他是国王。他的服装缝制得很糟糕——顺便提一下，不是在我们的车间里缝的——布料很薄，上衣总是不扣扣子，飘在空中，压得皱巴巴的，帽子凹下去一块，粗重的靴子，轻率、大幅度的手臂动作。一张坚毅的脸上长了个又大又挺的男人鼻子，短胡子，有点过于锐利的眼睛，脖子有力而匀称。有一次，他经过的时候在我们车间门前停了下来，把右手搭在门梁上，问道："弗兰兹在吗?"他知道所有人的名字。我从我黑暗的角落里挤出来，从工友中间穿过。"他要搬进城堡了。"他对师傅说。

七月三十日。K. 小姐的诱惑，她的本性没随着它走。嘴唇的开合、伸展、噘起与绽开，仿佛手指在无形中塑造。那突然又或许紧张却井井有条的、总是令人吃惊的动作，比如整理膝头的裙子、换座位。言谈时话语不多，想法很少，没别人附和，主要靠转头、打手势、各种停顿、目光之生动来产生交流，必要时她会握紧小拳头。

他逃离他们的圈子。雾气吹拂他。一块圆形林间空地。灌木丛中的凤凰鸟。一只在看不见的脸上一遍遍比十字架的手。清凉永恒的雨，一首变幻的歌谣，像是来自起伏的胸脯。

一个无用之人。一位朋友? 如果我试图让自己忆起他拥有什么，即使经过最有利的判断，留下的也只有他的嗓音，它比我的嗓音低沉一些。如果我得喊"得救了"，我是说，假使我是要喊

"得救了"的鲁滨孙，我就会用他低沉的嗓音重复。倘若我是可
拉[1]，得喊"输了"，那他低沉的嗓音立刻就会在我耳畔重复。总
有这个低音提琴手陪在身边逐渐使人厌烦。他自己对此也完全愉
快不起来，他只是重复，因为他不得不这么做，而且他没别的事
可做。偶尔，在假期里，我有时间把注意力转到这些个人事务上
时，好比在园亭里，我就和他商量，我该怎么摆脱他。

七月三十一日。 忘了是坐在一节火车车厢里，像在家里一样
生活，突然想起身在何处，感受到火车向前冲的力量，成为旅行
者，从行李箱中取出帽子，更自由、更光荣、更迫切地遇到同路
人，不费力地被带到目的地，稚气地感受它，成为女人的宠儿，
在窗户的永恒吸引力下站到它前面，窗台上总留有一只伸出的
手。量身定制的、更为确切的景象：没有想起已经遗忘的事情，
一下子变成了在急行列车上独自旅行的孩子，急促颤抖着的车厢
围绕着他，每一个细枝末节都令人惊叹，像是从一个魔法师手中
变出来似的。

八月一日。 在游泳馆里，O. 博士的老布拉格故事。弗里德里
希·阿德勒[2]学生时代发表的反富人狂言，让所有人都乐不可支。
后来他娶了个富家千金，就此沉寂了。O. 博士少年时从阿姆谢尔
贝格来到布拉格上文理高中，住在一位犹太民间学者家里，他妻

1　《圣经》人物，以斯哈的儿子（利未人），反叛摩西失败，后受到地裂的惩罚。
2　布拉格诗人（与诗人胡戈·萨卢斯齐名），对我们之前那一代人产生了决定性的
　　影响。使他成名的诗剧《绿裤子的堂吉尔》改编自西班牙语。——原编者注

子是旧货铺的售货员。食物是从一个餐饮业者那儿买的。每天五点半，O. 就被叫起来祈祷。——他负责教育所有弟弟妹妹，这很费心力，却也让人自信而满足。一位后来成为财政委员，早已退休的 A. 博士（一个极其自私自利的人）当时建议他离开，躲起来，干脆避开他的亲戚，不然他们就会毁了他。

八月二日。大多数情况下，你要找的人就住在隔壁。这并不好解释，你必须先认可这一经验之谈。它是如此根深蒂固，即便是有意，你也无法阻碍它的发生。原因是你对要找的这位邻居一无所知。换句话说，你既不知道自己在找他，也不知道他住在隔壁，但他毋庸置疑就住在隔壁。你当然知道这样普遍的经验之谈，就算你故意把这样的知识记在心里，它也完完全全不会让你烦恼。我要说这么一件事情……〔此处中断〕

帕斯卡尔在上帝现身前把一切都整理得井井有条，可这个〔该词难以辨认〕的人用奇妙的刀子把自己割开时却还带着熏肉贩子的平静，这当中必定存在一种更深刻、更可怕的怀疑。这种平静从何而来？下刀的笃定又从何而来？难道上帝是一辆用绳索从远处拖至舞台上，承载了劳动者所有辛劳与绝望的凯旋战车？

八月三日。我再次对这个世界放声大喊。然后有人牢牢地堵住了我的嘴，绑住我的手脚，用一块布蒙住我的眼睛。我被翻来滚去好几回，被竖起来又被放平，又是好几回，有人来拽我的腿，我痛得晃了起来，他们让我安静地躺了一会儿，随后却又有人用某些尖锐的东西刺我，随心所欲地突然这里刺一下、那里刺一下。

多年来我一直坐在大十字路口边上，但明天新皇帝就进宫了，我得离开我的位置。基于原则，也出于反感，我对周围的事情不闻不问。我也早已不再乞讨，那些长期以来一直路过的人因为习惯、忠诚和熟稔而送我东西，新来的人也会效仿。我旁边有个小篮子，每个人都往里面扔他们认为好的东西。但正因为我不关心任何人，在街上的喧嚣与胡闹中守住了冷静的目光与安静的灵魂，我比任何人都更了解一切与我有关的事宜，比如我的立场、我的合理要求。关于这些问题，不可能存在任何争议，这里只有我的意见才作数。所以今天早上，当一名警察（他当然很了解我，我自然也从来没留意过他）停在我身边道："明天皇帝就进宫了，你明天就别到这里来了。"我以提问作答："你多大了？"

八月四日。文学被当作主题说出来的时候，它就成了一种极其强烈的语言上的简化——也许从一开始它就带着这样的意图——渐渐地，思想上的简化也随之而来，它采取正确的视角，让主题远远地落在目标前面，掉在很远的地方。

虚无的噪声喇叭。

A：我想向你求教。

B：为什么恰好是我？

A：我相信你。

B：为什么？

A：我常常在聚会上见到你。而我们的这些聚会，到头来都是在寻求建议。我们在这方面不是一致的吗？不管是什么样的聚会，不论大家是在一起演戏喝茶、呼唤鬼魂，还是打算去帮助穷人，说到底都得靠建议。多么需要建议的人们啊！而且不止表面看起来如此，因为在这些聚会上提出建议的人只是在发出声音，他们的内心同样希望得到建议。在寻求建议的人当中总有他们的二重身，他们特别针对这些人。但就是这些人特别不满意，厌恶地离开，并把提出建议的人拖去参加其他的聚会，玩同样的游戏。

B：是这样吗？

A：当然，你自己也意识到了。这也不是什么功绩，全世界都意识到了，它的请求就更迫切了。

八月五日。下午和奥斯卡在拉德索维茨。悲伤，虚弱，起码努力尝试抓住核心问题。

八月六日。

A：我对你不满意。

B：我不问为什么。我知道。

A：接下去呢？

B：我无能为力。我什么都改变不了。耸耸肩，撇撇嘴，我没别的可做了。

A：我把你带去我的主人那儿。你愿意吗？

B：我很惭愧。他会怎么接待我？直接去主人那儿？太轻浮了吧。

A：我来负责。我带着你。来吧！

他们穿过一条走道。A 敲门。传来"请进"的喊声。B 想逃跑，但 A 把他抓住了，他们就这么进去了。

C：这位先生是谁？

A：我想——跪倒在他脚下。

〔以下为《在流放地》残稿〕

旅行者觉得太累了，他无法在这里发号施令，甚至什么都做不了。他只是从口袋里掏出一块布，挥了挥，像要把它浸在远处的桶里那般把它按在额头上，然后躺在坑边。指挥官派去接他的两位先生找到他的时候他就这么躺着。他们和他打招呼，他多么神清气爽地一跃而起。他把手放在心口道："我要是允许你们这么做，岂不成狗腿子了。"可接着，他照着字面意思，开始四肢着地，到处走动。只是有时他跳起来，奋力挣脱，紧紧挂在其中一位先生的脖子上，哭喊道："为什么我要经受这一切！"然后又赶紧回到原位。

仿佛这一切让旅行者意识到，接下来就只有他和死者的事情了，他一挥手，把士兵和受刑的人打发走，他们犹犹豫豫，他向他们扔了一块石头，他们还在商谈，他向他们跑去，用拳头推搡他们。

"怎么回事？"旅行者突然发话。有什么给忘了？一个至关重要的词语？握一次枪？伸一次手？谁能渗透这一团乱麻？该死的邪恶的热带空气，你在这里给我捣什么乱？我不知道发生了什么。我的判断力还留在北方的家里。

"给蛇开路！"有人高喊。"给伟大的夫人开路！""我们准备好了，"有人高呼作答，"我们准备好了！"而我们这些开路者，备受尊崇的石器时代生人从灌木丛中向前进发。"出发!"我们向来开朗的指挥官喊道,"你们这些吃蛇的,出发!"于是,我们举起锤子,方圆数里之内,最辛勤的敲敲打打开始了。不允许休息,只允许换手。根据通知,我们的蛇晚上就要来了,在夜晚来临前,所有东西都得捣成灰,我们的蛇连最小的石头都无法承受。在哪儿能找到这样一条敏感的蛇?这也是独一无二的蛇,受到我们劳作的无上宠溺,因而她也已变得无上娇贵。我们不明白,我们抱怨,她为什么还自称为蛇。至少她应该永远称自己为夫人,就算是身为夫人,她也是无上的。但这不是我们操心的问题,我们的目标是制造灰尘。

前面的,把灯举高!其他人安静地跟在我身后!都排成一排!小声点儿!这什么都不是。别害怕。我负责。我带你们出去。

八月九日。旅行者做了个不确定的手势,不再费力,再次把两人从尸体旁推开,示意他们立刻去营地。他们喉头迸发的笑声表明,他们渐渐理解了这条指令,受刑的人把那张反复抹了许多次油的脸贴在旅行者手上,士兵用右手——步枪在他的左手中挥舞——拍了拍旅行者的肩膀,现在他们三个是一伙了。

旅行者不得不强行克制向他袭来的感情,他认为在这种情况下已经形成了完美的秩序。他越来越累,放弃了现在埋葬尸体的计划。仍在不断攀升的温度——为了不至于脚下趔趄,旅行者不愿意抬起头看太阳——军官最终陡然而至的沉默,对面那两个人盯着他的奇怪眼神,因军官之死而被切断的,他与他们之间所有的纽带，最后还有军官在这里发表的观点，这些顺滑的、机械般的驳斥——所有这一切——让旅行者再也无法笔直站立，他在藤椅上坐了下来。如果他的船奋力划过不成路的沙地向他驶来，将他捎上该有多好——这将是最美妙的事情。他或许会登船，只不过就算到了楼梯上，他还是要责备军官对受刑者的残酷处决。"我会在家里讲述这件事情。"他本可以提高嗓音，让好奇地从上面的甲板护栏上俯下身来的船长和水手也听清。"被处决?"军官或许会言之凿凿地问。"可他人不就在这里吗?"军官会指着为旅行者搬运行李的人道。实际上，经过仔细观察，详细审视过面部特征之后，旅行者确信他就是那个被判刑的人。"我得承认。"旅行者不得不说，且说得很高兴。"变戏法呢?"他又问。"不，"军官说，"是您弄错了，被处决的是我，下令的是您。"这个时候，船长与水手听得更加认真了。所有人都看见军官的手是如何抚过额头，开裂的额头上歪歪扭扭地向前伸出一根尖刺。

那是美国政府不得不对印第安人发动最后一次大规模战役期间。向印第安人最远的——也是最坚固的——要塞推进的任务由萨姆森将军指挥，他在抗战中多次获得表彰，赢得了民众与士兵坚定不移的信任。对一个印第安人来说，听见一声"萨姆森将军"的大喝，不亚于见到一杆步枪。

有天早上，巡逻队在森林里截住了一个年轻人，按照连最微末的事情都要亲力亲为的将军的常规指令，他被带到了总部。由于将军正在与边境地区的几位农民进行磋商，这个陌生人先被带到了副官奥特维中校面前。

"萨姆森将军!"我喊道，踉跄地退后一步。从高大的灌木丛中走出来的人正是他。"嘘!"他说着指了指身后。一个大约由十名男子组成的护卫队跌跌撞撞地跟在他身后。

"不! 放开我! 放开我!"我沿着小巷不停地喊道,她一次次地抓着我,塞壬的爪子一次次地从侧面,或是越过我的肩膀,落在我的胸口上。

九月十五日。[1]但凡有机会存在,你就有机会重新开始。别浪费它。如果你想深入,你将无法避免从你体内涌出的污泥。但别在里面打滚。如果肺部创伤只是一个象征,就像你所说的,创伤的象征,那它引发的炎症是 F.,它的严重程度是自我辩护,如果是这样的话,那么医嘱(光线、空气、太阳、休息)也是象征。把握这些象征。

哦,美丽的时光,卓越的文本,杂草丛生的花园。你转身走出房子,在花园的小径上,幸运女神迎面向你走来。

庄严的幻想,帝国的王侯。

村庄广场,献给夜色。小孩子的智慧,动物的优越。妇女。——以再自然不过的方式在广场上挪动的牛。我乡土上的沙发。

九月十八日。粉碎一切。

---

1 于此期间,卡夫卡首次被诊断为肺结核,他决定解除与 F. 的婚约,正式开始休假,搬到了他妹妹所居住的乡下(苏劳,后改名为弗吕奥,位于卡尔斯巴德东部约五十公里处)。他于一九一七年九月十二日成行。——原编者注

九月十九日。"非常欢迎。米歇罗布车站。感觉极好。弗兰茨、奥特拉。"玛伦卡两次带着这封电报前往弗吕奥，但据说邮局在她到达前不久关门了，所以电报没能送出去，我便写了一封告别信，又一下子压抑住已经开始的痛苦情绪。然而告别信写得模棱两可，一如我的心意。

与其说造成痛苦的是创伤的深度与增殖，倒不如说是因为它年份久远。同一道伤口被反复撕开，目睹已经做过无数次手术的伤口再次被处理，这才是最糟糕的。

脆弱的、反复无常的、无意义的本性——一封电报将它草拟，一封信令它支起，使它有了生机，信后的沉寂让它麻木。

猫与山羊的游戏。山羊都很类似：波兰犹太人、S. 叔叔，E. W.，还有我。

农庄看守 H.（他今天没吃晚饭，也没打招呼就走了，问题是他明天会不会来）、小姐们，还有玛伦卡，他们令人难以接近的方式不一样，但都特别严厉。基本上，在他们面前我觉得格外拘束，就像是对着畜栏里的动物——你若要求它们做什么，它们竟会出乎意料地照着做。可这里的情况更加艰难，因为他们时常在那一瞬显得那么平易近人、那么易于理解。

我始终不明白，为何几乎每一个写作的人都能在承受痛苦的过程中把痛苦客观化；就比如说，在我不快乐的时候，很可能我那不快乐的头正在灼痛，我却还能坐下来，用文字告诉别人：我不快乐。是的，还远不止如此，我还能依据天赋耍弄各种各样似乎看起来与不快乐没有关系的辞藻，甚至干脆对它本身，对与之相反的命题，或者对联想到的整个管弦乐队进行幻想。而且这根本不是谎言，也不能平息痛苦，它单纯只是在痛苦明显地将我所有力量耗尽，直至无法承受、生命根基被刮伤之时，在那一刻仁慈地留下的力量盈余。那么这又是一种怎么样的盈余？

昨天写给马克斯的信。虚伪、虚荣、像个喜剧演员。在苏劳的一周。

和平年代你庸庸碌碌，战争年代你流血而死。

梦见维尔弗。他说，在下奥地利，也就是他现在待的地方，他不小心在街上撞到了一个人，那人痛骂了他一顿。具体的话我忘了，我只记得其中有句"野蛮人"（来自世界大战），最后是"您这个无产阶级的土鸡"。一个有趣的组合：土鸡是方言中土耳其人的说法，"土耳其人"这个骂人的词显然还得追溯到旧时的土耳其战役及围攻维也纳的传统，再加上新的脏话"无产阶级"。这充分表示了骂人者的愚鲁和落后，因为如今，"无产阶级"和"土耳其人"其实都不算脏话。

九月二十一日。F. 在这里，坐车来见我，三十个小时，我本该阻止的。在我看来，她承受了极端的不幸，罪责主要在我。我自己也不知道如何自控，既完全没了知觉，又无能为力，想到我的一些舒适生活受到干扰，就演些喜剧作为我唯一的让步。她在一些小事上犯了错，在捍卫她所谓的，甚至可以说是真正的权利时犯了错，但总体来说，她是个被判了严刑的无辜之人；不义的是我，因此受折磨的是她，使用刑具的也是我。——这一天以她的离开（载着她和奥特拉的马车绕着池塘行驶，我径直走向前，再次接近她）与我的头痛（喜剧演员在人世的残留）告终。

梦见父亲。——这是父亲首次在一小群听众（为了说明这一点，范塔太太位列其中）面前公开传达他对社会改革的想法。对他而言，这些被选中，尤其是按他心意甄选的听众要负责宣传他的想法。表面上看，他表达得相当谦逊，只要求听众在了解一切内容以后，告知他对此感兴趣的相关人士的地址，或许他们会受邀参加即将召开的大型公开会议。我父亲还从未与所有这些人打过交道，因此对他们过分认真，还穿上了黑色的西装上衣，他格外清晰地阐述了想法，处处都显示着他的业余。尽管听众根本没准备听演讲，可他们立刻意识到，此时提出的不过是早已被彻底讨论过的、古旧过时的想法，父亲却还骄傲地号称这是完全的原创。他们让父亲感受到了这一点。然而父亲料到会有这样的反对意见，他带着宏伟的信念认为它们毫无价值，他自己似乎也常常这么反对，他带着文雅而苦涩的微笑，更为断然地陈述他的观点。待他讲演完毕，能从普遍闷闷不乐的咕哝中听出，他既没有说服他们相信他想法的独创性，也没说服他们相信其可行性。没多少人会对此感兴趣。不过，偶尔也有人出于好意给了他几个地址，或许是因为他们与我相识。我父亲完全没有受这种普遍的情绪干扰，他清理了演讲稿，取出准备好的一小沓白纸写下寥寥可数的名字。我只听到一个叫斯特里扎诺夫斯基的内廷参事，或诸如此类的名字。——后来，我看到父亲坐在地上，背靠着长沙发，就像和费利克斯[1]玩耍时那样。我吃了一惊，问他在做什么。他在思考他的观点。

1　卡夫卡的外甥，后被纳粹杀死。

九月二十二日。什么事都没干。

九月二十五日。去森林的路。如果你已经摧毁了一切，却没实际拥有过它们。你该如何把它们重新拼凑起来？之于这个最伟大的作品，漂泊的灵魂还留下什么力量？

塔格尔[1]的《新世代》，悲惨、自大、敏锐、娴熟，有些地方写得很好，业余之处让人不寒而栗。他有什么权利炫耀？基本上，他和我，和所有人一样悲惨。肺结核患者生孩子并不完全是亵渎神明。福楼拜的父亲就有肺结核。选择：要么孩子的肺会吹笛（指的是医生把耳朵贴在胸口时听到的音乐，非常优美的表达），要么孩子会成为福楼拜。在空旷的地方谈论此事时，父亲发抖了。

我仍能从《乡村医生》这样的作品中获得短暂的满足，前提是我还能写出类似的东西（可能性非常低）。但是，只有当我能把世界提升到纯粹、真实、恒久的程度时，才能得到幸福。

五年来，我们相互抽打的鞭子上已经打了不少结。

九月二十八日。与 F. 的谈话概要。
我：故我已走了这么远。
F.：是**我**已走了这么远。

---

1 费尔迪南·布鲁克纳（1891—1958），原名提奥多尔·塔格尔，奥地利德裔作家。

我：我让你走了这么远[1]。

F.：那确实。

我愿意把自己托付给死亡。残存的信仰。回到父亲身边。伟大的赎罪日。

摘自给 F. 写的一封信，或许是最后一封（十月一日）。如果我审视自己的最终目标，就会发现，我实际上并不是在努力成为一个好人，经受住最高法院的审判，恰恰相反，我在努力综观整个人类与动物群体，认识它们的基本偏好、欲望和道德理想，将其归结为简单的规则，并尽快朝这个方向发展，便于让自己受到所有人的青睐，而且我确实（此处该有飞跃）如此受人青睐，毕竟我是唯一可以在众目睽睽之下实施我内心固有的卑劣行为，却没有失去众人的爱，也没有被送上火刑架的罪人。总而言之，我只关注人类法庭，而且我想欺骗它，虽然我没有真正地实施欺骗。

十月八日。于此期间：F. 写信诉苦，G. B. 写信威胁。绝望的状态（四肢酸痛）。喂羊，到处都是老鼠洞的田地，采土豆（"风是如何吹在我们的屁股上"），摘野蔷薇果实，农夫 F.（七个女儿，其中一个很矮，目光甜美，肩头有只小白兔），房里的《嘉布遣会地下墓穴里的弗兰茨·约瑟夫皇帝》画像，农夫 K.（孔武有力，自负地讲述了他家农场的世界史，不过他为人友好善良）。对农民的总体印象：逃到农业中的贵族，他们把农

---

1 此处应该有一个双关，卡夫卡指的不仅是距离上的遥远，更是思想上的遥远。

业工作安排得明智而谦逊，使之与整体完美结合，他们受到保护，不受波动与晕船症的影响，直至他们极乐地死去。真正的地球居民。

那些傍晚在高地宽阔的田野上追赶四散逃跑的牛群的男孩，他们同时还得不断地拉拽一头拒绝跟随、来回转悠的小公牛。

狄更斯的《大卫·科波菲尔》(《司炉》纯粹是对狄更斯的模仿，计划中的小说更是)。手提箱的故事、惹人喜爱的男子、琐碎的劳作、庄园里的情人、肮脏的屋子，等等，但主要是手法。正如我现在看到的，我的意图是写一部狄更斯式的小说，只是得用我从时代中取得的更锐利的光芒与我从自己身上获取的更暗淡的光芒来充实它。狄更斯的文笔丰富多彩并漫不经心地有力奔涌，可随之而来的是糟糕无力的段落，他只是疲劳地将已经取得的效果搅在一起。无意义的整体印象诚然野蛮，不过多亏了我的软弱，也多亏了从模仿中吸取的教训，我避免了这种野蛮。感情泛滥的风格背后是无情。这些粗野的人物个性大木块被人为地嵌在每个人体内，要是没有它们，狄更斯就爬不上他的故事，再短暂都不行。(瓦尔泽在模糊地使用抽象比喻时与他有关系。)

十月九日。在农夫鲁夫特纳那里。偌大的门厅。整个过程充满了戏剧性。他紧张地嘻嘻哈哈，敲打桌子，抬起手臂，耸动肩膀，举起啤酒杯，像个华伦斯坦[1]的兵。旁边是他妻子，一个老

1　阿尔伯莱希特·华伦斯坦（1583—1634），波希米亚（今捷克）军事家。

妪，十年前他们结婚时，他是她的家仆。他钟爱打猎，疏忽了农事。马厩里有两匹巨大的马，一束转瞬即逝的阳光透过马厩的窗户，映出了荷马史诗般的人物。

十月十四日。一个十八岁的男孩来与我们告别，他明天就要入伍了："我明天入伍，我来向您告假。"

十月十五日。傍晚走在前往奥伯克雷的乡间小路上。之所以去，是因为看守和两个匈牙利士兵坐在厨房里。

奥特拉房里暮色中的窗景，对面是一幢房子，后面就是空旷的田野。

在我窗户对面的山坡上，K. 和妻子在他们的田里。

十月二十一日。美好的一天。阳光明媚，温暖，无风。

即便有人只是从远处走下来，大多数狗都会毫无意义地吠叫，有些狗，或许不是最好的看门狗，却是理智的生物，它们安静地接近陌生人，嗅嗅他，只在闻到可疑的气味时才吠。

十一月六日。纯粹的无能。

十一月十日。我至今没写出至关重要的东西，我还在两条支流间徘徊。等着要做的工作让人害怕。

梦见塔利亚门托河之战。一片平原，实际上不存在河流，许多拥挤兴奋的观众，准备随着形势变化向前或向后跑。我们面前是一片高原，我们能非常清晰地看见空地和高大的灌木丛在其边缘上方交替出现。在高原上和高原的另一边，奥地利人正在作战。大家都很紧张，接下来会怎样？在此期间，显然是为了休整，我们看着黑暗山坡上零星的灌木丛，有一两个意大利人躲在那后面射击。可这毫无意义，我们却已经走开了一小段路。接着又是高原：奥地利人沿着空旷的边缘奔跑，在灌木丛后面猛地停下，又跑起来。事态显然进展得很糟糕，也变得很令人费解，可它又怎么可能顺利，人毕竟只是人，怎么可能战胜那些拥有自卫意识的人呢。巨大的绝望，全面撤退或许在所难免。这时，一位普鲁士少校出现了，顺便说一下，他一直与我们一起观看战争，可现在当他极其冷静地走入突然空无一人的空间时，他有了新的形象。他把两只手的两根手指放进嘴里，吹起口哨，就像对着狗吹口哨，只是充满了深情。这是向他的分队发出的信号，这支分队在不远处等待，现在正向前行进。那是普鲁士的近卫军，安静的年轻人，人数不多，或许只有一个连，似乎都是军官，至少他们都配着长马刀，穿着深色的制服。他们迈着急促的步伐，缓慢而拥挤地经过我们身边，偶尔瞄一眼我们，这种死亡行军中的理所应当既让人感动、振奋，也为胜利作了担保。这些人的干预救赎了我。我醒了。

一九一九年

六月二十七日。重新记日记，其实只是因为我读了旧日记。有一些原因与意图，现在十一点三刻，已经无法确定。

六月三十日。在里格尔公园。和 J.[1] 在茉莉花丛间来回走了走。谎言与真实，谎言在叹息中，真实在束缚中，在信任中，在包容中。躁动的心。

七月六日。总是同样的想法，渴望，恐惧。却比平时平静，仿佛正要面临巨大的进展，我感觉到它遥远的颤抖。话说得太多。

十二月五日。再次被这条可怕的、狭长的裂缝撕裂，只有在梦中才能克服它。然而，在清醒的时候，出于我个人的意愿，我绝对无法这么做。

十二月八日。星期一，在果树园、在餐厅、在画廊度过假期。悲伤与快乐，罪恶与无辜，就像两只紧紧握在一起的手，要把它分开，就得穿过血、肉和骨头。

1　卡夫卡的第二任未婚妻，尤莉·沃里泽克小姐。这段关系大约只持续了半年。——原编者注

十二月九日。很多埃利塞乌斯[1]。但无论我转向何处，黑色的浪潮都向我涌来。

十二月十一日。星期四。寒冷。与 J. 在里格尔公园一言不发。护城河上的诱惑。这一切都太沉重了。我准备得还不充分。从某种精神意义上来说，正如贝克老师二十六年前说的那样（虽然他并未意识到他在开一个预言性的玩笑）："您还是让他继续上五年级吧，他太弱了，这样揠苗助长以后会有恶果的。"实际上我就是这么生长的，正像一棵过早被拔高而且遭到遗忘的幼苗，若有一阵穿堂风吹来，它的回避动作带着某种人为的精致，要是你愿意的话，甚至能在那动作中找到一丝动人之处，事实就是这样。就像埃利塞乌斯和他春天在城市中的差旅。人们根本就不该低估他：埃利塞乌斯也可以成为这本书的主人公，汉姆生青年时代很可能就会这么做。

1　卡夫卡当时在阅读克努特·汉姆生的《大地的成长》（埃利塞乌斯是书中的人物）。他非常喜爱、欣赏这位作家。——原编者注

一九二〇年

一月六日。他所做的一切对他来说都显得格外新鲜。如果那不是生命的新鲜，那他知道，根据他自身的价值观念，它将不可避免地成为来自腐朽地狱沼泽的某些东西。但这种新鲜欺骗了他，令他忘记或轻视它，或是虽然看透了它，却觉得不痛不痒。今天无疑是个大日子，在这一天，着手继续向前迈进。

一月九日。迷信，原则，以及生命之促成。

通过恶习的天堂能到达美德的地狱？那么简单？那么肮脏？那么不可能？迷信可真容易。

他的后脑勺上被切掉了弧形的一块。有了太阳，全世界都在往里面看。这让他觉得紧张，使他无心工作，他也很恼火，恰巧只有他看不到这幅景象。

如果第二天，囚禁状态继续保持不变，甚至变本加厉，或是有人明确宣布它将永远不会停止，这并非在驳斥最终解脱的预言。相反，这一切都能成为最终解脱的必要条件。[1]

1　日记第十二卷到此为止，只留下几张松散塞在封皮里的纸。许多内容已被作者撕掉并销毁。——原编者注

一九二一年

十月十五日。大约一星期前，把所有日记交给 M.[1]。自由一些了吗？没有。我是否还有写出某一类日记的能力？无论如何，这将是另一种日记，倒不如说，它会自我隐藏，根本就没有日记了。比如说和我打交道很频繁的哈特，就算我费尽心力，也只能写下一点点和他有关的事情。好像我已经写下了有关于他的一切，或者换句话说，好像我已经不在人世了。我或许可以写写 M.，但这并不是我的主观意愿，也可能是因为这和我的关系太过密切，我再也不像从前那样，需要那么烦琐地让自己弄清这些事情，在这方面，我没有从前那么健忘，我已经有了活生生的记忆，因而失眠。

十月十六日。星期日。永远处在开始阶段的不幸，由此而生的幻觉错在觉得一切都不过是开始，甚至连开始都算不上，其他不懂这一点的人的愚蠢，比如说最终为了"出人头地"而踢足球，自己的愚蠢像在一具棺材里那样自我埋葬，他人的愚蠢则相信在这里真的见到了一具棺材，即一具能够运送、打开、毁损和

1　一九二〇年初，卡夫卡结识了米莲娜·耶申斯卡女士。她是一位聪明、十分睿智勇敢、思想自由的捷克女子，一名出色的作家。她与卡夫卡建立起了非常亲密的友谊，最初两人间充满了希望与快乐，后来陷入了绝望。这段关系大概持续了两年多。一九三九年，耶申斯卡女士在捷克被捕，在集中营遇害。——原编者注

替换的棺材。

走在公园前面的年轻女性之中。不妒忌。有足够的幻想来分享她们的幸福，有足够的判断力来认清我太过虚弱，无力消受这样的幸福，有足够的愚蠢来相信我看透了我和她们的境遇。不够愚蠢，有一条微小的缝隙，风呼啸而过，阻止了完全的共鸣。

如果我有成为田径运动员的伟大愿望，这很可能就和我希望上天堂一样，两者都让我同样绝望。

无论我的基础是多么不堪，"在同等情况下"（尤其是考虑到意志薄弱），甚至是地球上最为不堪的，我却必须，就算是从我的角度来说，试着用它实现最好的目标，如果说用它只能实现一件事，因而这件事便是最好的，那就是空洞的诡辩了。

十月十七日。我没有学到任何有用的东西，而且——这两者是相关的——还把自己的身体弄垮了，这背后可能隐藏着一个意图。我想保持心无旁骛，不让一个健康有用之人的生活乐趣使我分心。难道疾病和绝望就不同样使人分心吗！

我或许可以用各种方式来修饰这个想法，从而得出对我有利的结论，但我不敢也不相信——至少今天是这样，大多数日子里也是这样——任何对我有利的解决方案。

我不羡慕个别的夫妇，我只羡慕所有的夫妇——就算我只羡慕某一对夫妇，实际上我也羡慕整体婚姻幸福中那无尽的多样性，在单一婚姻的幸福中，即便情况再良好，我很可能还是会感到绝望。

我不相信有人的内心境遇与我相似，不过，我还是可以想象这样的人，但我根本无法想象的是，那只隐秘的乌鸦也像在我脑袋四周那样永远围着他们的脑袋飞舞。

经年来对自己的系统性破坏令人震惊，像一场缓慢进行的决堤，一次意图明显的行动。完成这一切的灵魂现在肯定在庆祝胜利，它为什么不让我参与？但或许它的意图仍未达成，因而不作他想。

十月十八日。永恒的童年。生命的又一声呼唤。

很容易想象，生命的辉煌就在每个人身边，所有的丰饶永远准备就绪，它却是蒙蔽的，在深处，看不见，极遥远。但它就在那里，没有敌意，没有反感，并不麻木。若用恰当的词、恰当的名字呼唤它，它就会来。这就是魔法的本质，它不创造，它召唤。

十月十九日。荒漠之路的本质。一个身为组织中人民领袖的人，对正在发生的事情只意识到了半分（再多便无法想象了），踏上了这条路。他一生都在探寻迦南，直至死前才想看看这片土地，多么不可思议。这最终的展望只能体现出人类的生命是多么不完美的瞬间。不完美，是因为像这样的生命可以持续到永远，结果却依然又仅仅只是一个瞬间。摩西没有去迦南，不是因为他的生命过于短暂，而是因为这生命是人类的生命。《摩西五经》的这个结局与《情感教育》的最后一幕有相似之处。

那些活着的时候无法接受生命的人需要一只手来抵挡一下他对命运的绝望——这发生得很不完美——不过，他可以用另一只手记录他在废墟中看到的东西，因为他看到的东西与别人不同，他看到的更多，毕竟他活着的时候就死了，实际上却是幸存者。前提是他在与绝望斗争时不需动用两只，或者更多只手。

十月二十日。下午见朗格，然后是马克斯，朗读《弗朗齐》。

一场梦在短暂抽搐的睡眠中短暂抽搐地紧抱着我，带着无度的幸福。一场分支众多的梦，其中囊括的无穷多的关系同时在一瞬间变得清晰，但留下的回忆几乎只剩最基础的感觉：我兄弟犯罪了，我相信是谋杀，我和其他人都是共谋，惩罚、瓦解与救赎正从远处接近，有力地茁壮成长，我们通过很多迹象注意到它们不可阻挡地接近，我相信我的妹妹总在预示这些迹象的来临，我则总在用疯狂的感叹迎接它们，它们愈接近，我愈疯狂。我以为我永远不会忘记任何一句感叹，因为是些短句、言简意赅，结果我现在一句都没记起来。它们只能是感叹，因为我说话非常困难，不得不像是在忍受牙疼那样鼓起脸颊，撇起嘴巴，才能说出一个词。幸福在于，惩罚来了，我如此自由、确信、快乐地欢迎它，这景象一定打动了诸神，连我都感受到了诸神的感动，几乎落下泪来。

十月二十一日。他已经不可能走进这间屋子，因为他听到一个声音告诉他："你等着，我来赶走你！"他便这么继续躺在房前的尘土中，尽管一切可能都已无望（正如莎拉所说）。

一切都是幻想，家庭、办公室、朋友、街道，全都是幻想，更远或更近的是女人。但最接近的真实只是：你把头紧贴在无窗无门的牢房墙壁上。

十月二十二日。一个行家，一个专家，一个懂得自己分内事的人，然而有种知识是无法传授的，但幸运的是，似乎也没有人需要。

十月二十三日。下午。巴勒斯坦电影。

十月二十五日。昨天在艾伦斯坦。

父母在打牌；我一个人坐在那里，完全是个陌生人；父亲说我该一起打，或至少得看一看；我不知怎么地说了心里话。这种从小开始就重复多次的拒绝意味着什么？我本可以借助邀请从某种程度上与他们共同接触公共生活，要求我参与的事情我不一定做得很好，但起码也过得去，打牌甚至很可能都不见得让我觉得无聊——尽管如此，我还是拒绝了。据此判断，我在抱怨自己从未被生命之流攫住、从未离开过布拉格、从未参加过任何运动或手工项目，或者类似的事情时，我是错的——我很可能总在拒绝提议，就像拒绝这次打牌的邀请。只接受无意义的东西，大学法律课程、办公室，接着又是无意义的增补，比如一点点园艺、木工之类的，可以用一个人如此的行为来解释这些增补：他把需要帮助的乞丐攮出门外，然后独自扮演善人，用右手把施舍塞进左手。

可我总是拒绝，或许是因为我素来意志格外薄弱，我只是相对较晚才意识到这一点。我曾经以为这种拒绝是个好征兆（我对自己总是寄予厚望，我受此诱惑），如今这种美好的念想却只留下了残渣。

十月二十九日。接下来的一个傍晚，我真的参与了，我为母亲记录结果。但没有更进一步，即便有那么一点点痕迹，也被疲惫、无聊和失去时间的悲哀所淹没。事情总是这样。我只是极少越过孤独与集体之间的边陲，我在那里定居的时间甚至比我在孤独中的时间还长。相比之下，鲁滨孙岛是一块多么生动美丽的土地。

十月三十日。下午在剧院，帕伦堡。

我本人成为吝啬鬼（我不是说去表演，或是去写《吝啬鬼》，而是去成为）的内在可能性。只需要坚定迅速地一握手，整个乐队都会着迷地望着指挥棒从指挥台上方升起的那个地方。

完全无助的感觉。

是什么让你与这些密不透风、会说话、会眨眼的身体联系在一起，而不是与任何其他东西，比如你手中的钢笔？或许你是他们的同类？可你不是他们的同类，这正是你提出这个疑问的原因。

人类身体的固定界限很可怕。

古怪，拒绝毁灭的不可捉摸，沉默的引导。它催促荒谬道："从我这方面来说，我早就迷失了。"就我这方面来说。

十一月一日。维尔弗的《山羊之歌》。

无视法律，拥有一个自由的世界。法律之强加。这种守法的幸福。

只把法律强加于世人，其他一切都保持不变，新的立法者却是自由的，没有这样的可能。那就不是法律，是专断、反叛和自我谴责。

十一月二日。模糊的希望，模糊的信心。

一个无尽的、昏暗的周日下午，消耗了整整数年，一个维持数年的下午。在空旷的巷子里感到绝望，在长沙发上又释怀了，如此往复。时而讶异于几乎不断流逝的、无色无意义的云。"你得为伟大的周一保留体力！""说得好，但星期天永远不会结束。"

十一月三日。电话。

十一月七日。无法逃避的自省义务：如果我被别人观察，那我自然也得观察自己；如果我没有被别人观察，我就得更仔细地观察自己。

与我为敌的人，或是我漠不关心、觉得讨厌的人都值得羡慕，因为他们能够轻易摆脱我（前提很可能是那与生命无关；曾经和 F. 在一起的时候，就似乎和生命有关，要摆脱我并不容易，当然我那时还年轻，身强力壮，我的愿望也很有力量）。

十二月一日。在拜访我四次之后，M. 明天要离开了。煎熬的日子里，有四天过得比较平静。从不为她的离开而悲伤（并非真正的悲伤），到为她的离开而无限悲伤，这两者之间的路很长。自然：悲伤不是最糟糕的。

十二月二日。在父母的房间里写信。衰弱的形式难以想象。——最近在想，我还小的时候就被父亲打败了，尽管这么多年来，我一直在被打败，可现在因为好胜心，我不能离开战场。——总是 M.，或不是 M.，可那是一条原则，黑暗中的一盏灯。

十二月六日。摘自一封信："在这个悲哀的冬天，我以此取暖。"让我对写作绝望的原因不少，隐喻是其中之一。写作的不自主，对生火取暖的女仆的依赖，对在火炉边取暖的猫的依赖，甚至对取暖的可怜老人的依赖。所有这些都是独立的、符合自身规律的日常活动，只有写作是无助的，不活在自己身上，是乐趣也是绝望。

仅有两个孩子在公寓里，他们爬进一个大箱子，盖子落下来，他们打不开，闷死了。

十二月二十日。在思考中备受折磨。

我从沉睡中惊醒。在房间中央一张点着蜡烛的小桌子旁，坐着一个陌生男人。在半明半暗中，他坐得宽大而沉重，未扣扣子的冬衣使他更显宽大。

最好能想清楚：

拉贝临终时，他的妻子抚摸他的额头："真美。"

祖父张着没有牙齿的嘴巴对着孙子笑。

不可否认，可以平静写下"窒息可怕得难以想象"是某种幸福。它当然难以想象，所以我什么都没写下。

十二月二十三日。又坐着读《童子军运动》[1]。《伊凡·伊里奇之死》[2]。

---

1 《童子军运动》(*Náš Skautík*)，捷克语杂志。卡夫卡对所有的教育问题都很感兴趣。——原编者注
2 托尔斯泰著名的短篇小说，和《民间故事集》(尤其是《三个白发老人》)一样备受卡夫卡钟爱。——原编者注

一九二二年

一月十六日。上周像是崩溃了，上次如此彻底的崩溃还得追溯到两年前的一个夜晚，除此之外，我没有经历过类似的事情。一切似乎结束了，今天看来当然也没有什么不一样。可以从两个方面理解这样的崩溃，大概两者也都是正确的。

第一：崩溃，无法入睡，无法苏醒，无法忍受生命，更确切地说，无法忍受生命的连续。时钟不一致，内在的时钟以魔鬼或恶魔或无论怎么说都非人的方式追逐着，外在的时钟则停滞不前地走着老路。除了这两个不同的世界分裂，还能发生什么呢？内部运转的狂野可能有不同的原因，最明显的是自省，它不让想法停止，它追上每一个想法，只是为了让自己再度成为它，继续被新的自省追逐。

第二：这种追逐的方向来自人类。孤独在很大程度上总是被强加给我的，在一定程度上是我自愿寻求的——可这不是强迫又是什么——现在，它变得相当明确，而且走向了极端。它将去往何方？看起来最迫在眉睫的是，它可能导致疯狂，关于这一点没什么可以继续讨论的，追逐穿过我，把我撕碎。但或许我可以——我可以吗？——把持我自己，哪怕只是一星半点，让狂野的追逐带我走。那我会被带到何处？"追逐"的确只是一个比喻，我也可以说成"对地球最后边界的冲击"，而且是来自下方的攻击，来自人的攻击，由于这也只是一个比喻，我可以"用来自上面的冲击"替代之，它向下攻击我。

所有这类文学都是对边界的进犯，如果没有犹太复国主义的干预，它可能很容易发展成一种新的神秘学说、一种卡巴拉。有这样的征兆。然而，这需要一位难以想象的天才，他得重新扎根于古老的世纪，或重新创造古老的世纪，而且完全没有将自己耗尽，而是现在才开始花费力气。

一月十七日。几乎没变化。

一月十八日。那有点平息了，因为 G. 来救赎我或让我恶化了，随便你怎么想。

一瞬间的想法：懂得知足，学习（学习，一个四十岁的人）在当下休息（没错，但凡你能做到）。是的，在一瞬间内，可怕的一瞬间。它并不可怕，只是对未来的恐惧让它变得可怕。当然，回望时也是。你用你性别的恩赐做了什么？失败了，他们最后会说，就是如此而已。可它或许很容易成功。决定它的自然是一件小事，甚至小到难以察觉。你对此作何感想？世界历史中最大的战争也是这样的。琐事决定琐事。

M. 是对的：恐惧是不幸，但这并不意味着幸福是勇气，它是无畏，勇气或许比力量还重要（在我的班上，或许只有两个犹太人有勇气，他们在上文法学校的时候，或不久之后开枪自杀了），换而言之，幸福不是勇气，而是沉静、睁开眼睛、忍受一切的无畏。不要强迫自己做任何事情，但别为不强迫自己而不快，或者，在你应该要做的时候，不要为可能不得不强迫自己而不快。如果你不强迫自己，也不要一再贪恋强迫的可能性。自然，事情永远不可能那么清楚，或者说却总是那么清楚，举个例子：性压迫我，日夜折磨我，我或许得克服畏惧和羞耻，或许还有悲伤，才能满足它，但另一方面，可以肯定的是，在畏惧、羞耻与悲伤不在场的时候，我会立即利用一个迅速、紧密、心甘情愿出现的机会；那么，根据上述情况，我还剩下的法则是，不去克服畏惧和那些东西（但也别把克服的想法当作儿戏），但或许得利用机会（但如果机会没到，也别抱怨）。自然，在"行动"和"机会"之间存在一种折中，即召来、诱来"机会"，可惜的是，我不仅在这方面，更是在任何地方都遵行这样的实践。尽管有这样的"诱来"，尤其是当它以不正当的手段进行的时候，看起来与"把克服的想法当作儿戏"极为相似，而且其中没有一点点沉静、睁开眼睛的无畏，可就"法则"而言，它几乎没有什么可辩驳的。即便"字面上"尚与"法则"相符，但它是可怕之物，是定要避开之物。自然，要避免它需要强迫，到头来我还是解决不了。

一月十九日。昨天的论断到了今天意味着什么？意味着和昨天一样，都是真的，只是，血液渗入法则巨石之间的凹槽。

坐在他孩子的摇篮旁，面对母亲，那种无限的、深刻的、温暖的、带来救赎的幸福。

当中也有些许这样的感觉：它不再与你有关，除非你想这样。相反，没有孩子的人的感觉：它总是与你有关，不管你想不想，每时每刻，直到最后，每一个撕扯神经的时刻，它总是与你有关，没有结果。西西弗斯是个单身汉。

没有什么不好：你只要跨过了门槛，一切都很好。另一个世界，你也不必开口。

两个问题[1]：

我羞于提及的是，我从几个细节中得出了这样的印象，最后几次来访虽然一如既往地亲切而高尚，却也有点疲累、有点勉强，像在探访病人。这印象正确吗？

你在日记中有没有发现什么对我不利的决定性因素？

一月二十日。稍微平静些了。这是多么必要。几乎不是平静一些，而是简直太平静了。好像只有在不快乐无法忍受的时候，我才会真正感受到自己。这或许也没错。

抓着衣领，拖着步子穿过街道，撞进门里。司空见惯的事情，实际上反作用力是存在的，只是它的细节——那活着的、受折磨的细节——不如它反对的东西那么狂野。两者都让我受害。

这所谓的"太平静"。对我来说，似乎安心创作的生命可能性是封闭的——这是某种身体上的、长年身体上的折磨（信心！信心！）的后果——因为折磨的状态对我来说不是休息，不外乎一种向内封闭的、对一切封闭的自我折磨，此外，它什么都不是。

裸体躯干雕像：从侧面看，从长筒袜的上缘网上看，膝盖、大腿和臀部，属于一个肤色很深的女人。

1　致米莲娜·耶申斯卡。——原编者注

对土地的渴望？不确定。土地碰撞渴望，无限的渴望。

M. 对我的看法是正确的："一切都很美好，只是不适合我，很公道。"很公道，我说，我指出自己至少还有这样的信心。换句话说，我连这样的信心都没有？因为我实际上没有思考"公道"，因为生活具有纯粹的说服力，其本身不存在公道与不公。正如你在临终时刻无法沉思公道及不公，在绝望的生活中也是如此。只要箭矢能精确对准它们弄出的伤口就已足够。

另一方面，在我身上找不到对我这代人进行的普遍谴责的线索。

一月二十一日。还不是很平静。突然，在剧院里，面对着弗洛雷斯坦监狱，深渊张开了。一切——歌手、音乐、观众、邻居——一切都比深渊遥远。

据我所知，没有人的任务如此艰难。你可以说：这不是任务，甚至不是一个可能完成的任务，连不可能本身都不是，它甚至还不如一个无法生育的女子所希望的孩子。然而，那是我呼吸的空气，只要我还得呼吸。

午夜过后，我睡着了，五点醒来，一个非凡的成就、非凡的快乐，再说，我还是很困。但幸福是我的不幸，因为现在无法抵挡的想法来了：你配不上那么多快乐，所有复仇之神都降临在我身上，我看见它们愤怒的上神狂野地张开手指，威胁我，或可怕地敲打铙钹。七点以前的两个小时内，激动不仅消耗了睡眠的收益，还使我整天都颤抖不安。

没有祖先，没有婚姻，没有后代，有的是狂野的祖先，以及对婚姻与后代的欲望。一切都向我伸手：祖先、婚姻和后代，可对我而言太遥远。

这一切都有人造的、可怜的替代品：替代祖先、婚姻与后代。人在痉挛中创造了它，如果他还未因痉挛灭亡，那他会因替代品的绝望灭亡。

一月二十二日。夜间的决策。

关于《记忆的单身汉》的评论[1]极具眼光，不过是在极其有利的前提条件下的眼光。与鲁道夫舅舅的相似，而且相似之处令人吃惊：我俩都安静（他更安静），都依赖父母（我更依赖），与父亲为敌，为母亲所爱（他仍被判处与父亲一起过可怕的日子，自然也受父亲审判），都害羞，过度谦虚（他更谦虚），都被看作高贵善良的人，在我身上并看不到这一点，据我所知，在他身上也见不到多少（害羞、谦虚与胆怯被视作高贵善良，因为这些特质对个人扩张的本能没什么抵抗力）。我俩都先有疑病症，然后都真的得了病；我俩都游手好闲，都被世界保护得很好（因为他不如我游手好闲，所以得到的保护也不如我）；我俩都是公务员（他更称职），都过着最一成不变的生活，从年轻到老死都没什么变化，比起年轻，倒不如表达成保养得好；我俩都近乎疯狂，他带着莫大的勇气和跳跃力（通过它可以衡量精神错乱的危险程度）远离犹太人，在教会中得到了拯救，就我们目之所及，他的精神状态直到最后都还保持得尚可，而他自己可能已经失去控制

---

1 评论出自卡夫卡的第一本书《沉思》。见《对单身汉的不幸》的研究（收录于《卡夫卡短篇小说与散文集》）。——原编者注

好多年了。对他或有利或不利的一个区别是，他的艺术天赋不如我，因此本可以在年轻时选择一条更好的道路，无须那么分裂，也不需要依靠野心。我不知道他是否为女人（和自己）进行过抗争，我读到过一个有关他的故事，表明他这么做过，我还小的时候，也有人说过类似的事情。我对他的了解太少了，我不敢问他这个问题。顺便说一下，到目前为止，我写他的时候都很漫不经心，就像在写一个活人。说他不好也不是真的，我没有注意到他身上有吝啬、嫉妒、憎恨或贪婪的痕迹；他很可能太过卑微，无法帮助自己。他远比我无辜，这方面我们没有可比性。在细节上，他是我的漫画，可在本质上，我是他的漫画。

一月二十三日。不安又来了。从哪里来？来自某些很快就会被遗忘的想法，留下的不安却让人无法忘怀。比起想法本身，我很快就能列出它们出现的地点，比如说在新旧犹太会堂铺着草皮的小路上。之所以不安，也因为某种舒适感时不时地接近我，够胆怯，也够遥远。不安也是因为，每晚的决定依然只是决定。是因为我的生活到目前为止一直是种站立的行军，最多只是像一颗正在变得中空、腐烂的牙齿那样进展着。从我这方面来看，没有任何经得住考验的生活方式。就好像我和其他任何一个人那样，被赋予了一个圆心，就好像我得像其他任何一个人那样，走完至关重要的半径，然后画出那个美丽的圆。相反，我永远在重新开始走我的半径，可我总是不得不立刻终止（比如：钢琴、小提琴、语言、日耳曼学、反犹太复国主义、犹太复国主义、希伯来语、园艺、木工、文学、尝试结婚、自己的公寓）。初始的半径在假象的圆心中呆望，已经没有进行新尝试的空间了，没有空间意味着衰老和神经衰弱，不再尝试意味着终结。一旦我把半径延长得比平时远一点点，比如在大学读法律的时候，或是订婚的时候，一切都会因为那一点点而变得更糟，而不是更好。

把那晚的事告诉了 M.，还不够。接受症状，不抱怨症状，沉入你的痛苦。

心动过速。

一月二十四日。办公室里，年轻的、年长的人夫的幸福。我无法触及，就算能触及，对我来说也无法忍受，但我有唯一能让我满足的天资。

出生前的犹豫。如果有转世，那我还没落到最低层。我的生命是出生前的犹豫。

稳固。我不想以特定的形式发展，我想去另一个地方，实际上是"想去另一颗星球"，我大约只要站在自己身边就够了，我只要能把握住作为另一个人能站住的地方就够了。

这种发展很简单。在我还感到满意的时候，我想变得不满，用所有我可以利用的时间和传统的手法把自己推入不满，现在我想要有能返回的能力。所以我总是不满，甚至不满于我的满意。奇怪的是，系统性足够强的喜剧能成为现实。幼稚的游戏（我却意识到了它的幼稚）标志着我精神衰落的开始。比如，我人为地使脸部肌肉抽搐，我双臂交叉在脑后走过护城河。幼稚到恶心，但游戏成功了。（写作的发展也与之类似，只可惜这种发展后来停滞了。）如果能以这种方式迫使不幸发生，那么一切应该都是可迫使的。尽管发展似乎驳倒了我，尽管以这种方式思考根本与我的天性相悖，但我无论如何都无法承认，我不幸的最初起点是内在的、必然的，它们或许存在必然性，但不是内在的，它们像苍蝇那样飞来，或许可以像赶苍蝇那样轻松地将它们赶走。

在彼岸的不幸或许也同样巨大，很可能更大（由于我的软弱），我毕竟有这方面的经验，杠杆在一定程度上还在随时间颤抖，和我上次调整它时一样，但为何我要通过渴望彼岸来放大在此岸的不幸？

有理由悲伤。依赖于理由。总是涉险。没有出路。这一次是多么容易，这一次是多么困难。暴君多么无助地看着我："你把我带去什么地方？"尽管发生了这一切，却不得安宁；早上的希望下午就被埋葬。要带着爱意接受这样的生活是不可能的，肯定还没有人能做到这一点。其他人来到这个界限时——光是走到这里就已经很可悲了——他们回头了，我不能回。在我看来，我好像根本不是自己来的，而是从小就被推到了这个地方，被铁链锁在这里，只不过，不幸的意识逐渐显现，我的不幸本身业已完成，不需要先知之视，只需要一双透彻的眼睛就能看透它。

早上我想："也许你倒可以以这种方式生活，现在只要保证这种生活不受女人影响。"不受女人影响，可她们已经刻在"这种方式"里了。

说你抛弃了我是很不公正的，但我被抛弃了，而且有时候是很可怕的抛弃，真的。

即使从"决断"的意义上来说，我也有权利对我的处境感到无比绝望。

一月二十七日。在什平德莱勒夫姆林。必须摆脱裹挟着笨拙的不幸，比如这些双板雪橇、破旧的手提箱、摇晃的桌子、昏暗的光线和下午在旅馆里得不到的安宁，诸如此类。忽视是没有用的，因为它们不容忽视，只有靠鼓起新的力量才能摆脱它们。不过在这里，确实有惊喜，连最绝望的人都得承认，根据经验，无中确实可以生有，马车夫随着他的马匹从翻倒的猪圈里爬出来[1]。

坐雪橇时片片剥落的力量。你不能像体操运动员那样靠倒立创造生活。

奇怪的，神秘的，或许危险、或许带来救赎的写作之慰藉：跳出杀戮者行列，观察行为。以此创造出一种更高等级观察的观察行为，一种更高层次但非更尖锐的观察，层次越高，就越不能从"行列"中获得，就越不受他者影响，越遵循自身行动规则，它的前路就越难以预测、越快乐、越高升。

尽管我已经清楚地把名字写给了旅馆，尽管他们也把我的名字写对了两次，但下面牌子上的名字仍然是约瑟夫·K.[2]。我应该去和他们说清楚，还是让他们来和我说清楚？

一月二十八日。有点失去知觉，滑雪橇很累，还是我很少使用的武器，我很难掌握它们，由于我不理解使用它们的乐趣，我小的时候就没学。不仅是"因为父亲的错"才没学，而

1　引自一九一九年出版的《乡村医生》。——原编者注
2　约瑟夫·K.是卡夫卡小说《审判》的主人公，该小说写于一九一四或
一九一五年，在卡夫卡生前并未出版。——原编者注

是因为我真的想破坏"宁静",扰乱平衡,因为我既然已经费了力气把某个人埋在了这里,就不可以让它在那里重生。我自然也在这里提到了"错",要不然为什么我想离开这个世界?因为"他"不让我在世界里、在他的世界里生活。但我现在不可那么清楚地下定论,因为我现在已经是另一个世界的公民了,这个世界与寻常世界的关系就好比沙漠与耕地(我从迦南迁出已有四十年),我像个外国人那样回头看,我自然也是这另一个世界里最渺小、最胆怯的人——我带去的父亲的遗产——而且只有依靠那里特殊的机制才能生存,按照该机制,哪怕最卑微的人也可能如闪电般获得提升,却也要承受如大海压顶般的千年重负。尽管发生了这一切,难道我不应该感激吗?难道我一定找得到来这里的路吗?难道我不该被那里的"放逐"以及这里边境上的回绝压垮吗?难道驱逐不是借父亲的力量变得如此强大,最终大到无可匹敌(而我不是)吗?毫无疑问,这就像怀着希望(尤其是对女人),不断向沙漠接近的逆行漫游:"或许我到头来会留在迦南。"与此同时,我早已在沙漠之中,那都只是绝望的幻象,特别是,在沙漠里的这些时刻,我也是所有人中最为悲惨的一个,而迦南必须是唯一的应许之地,因为对人类来说,不存在第三片土地。

一月二十九日。傍晚,在积雪的路上遭到攻击。总有好多想法混在一起,大概是这样:在这个世界上,境遇可能很糟糕,独自一人在什平德莱勒夫姆林,再说是在一条荒凉的路上,人们在黑暗中积着雪的路上不断跌倒,再说它还是一条没有世俗目标的无意义之路（通向桥？为什么要通向那里？我甚至还从未到过那里），再说连我也是被遗弃在这个地方（我不能把医生算作我友善的私人助手，我配不上，我和他基本上只有酬金上的关系），我无力结识任何人，无力承受任何一种交往，基本上，看到一群欢乐的人（不过在这家旅馆里没什么欢乐可言，我不想过于深入，说造成这一切的就是我，把自己说成一个"阴影太大的人"，可我的阴影在这个世界上确实太大，目睹了一些人的坚韧给我带来全新的惊讶，然而，"即便如此"，我也想活在它当中，活在这道阴影当中，但关于这一点，可以讨论的内容还有太多），或者哪怕只是看到孩子和他们的父母在一起，都会让我感到无限惊讶，再说我也不只是在这里被遗弃，而是在哪里都被遗弃，在布拉格，我的"家乡"也是如此，具体来说，我不是被人遗弃——这或许不是最糟糕的，只要我活着，我就可以追着他们跑——而是被我和人的关系，被我和人的关系中的力量遗弃了，我想有爱人，但我爱不了，我太遥远，我受到驱逐，因为我毕竟也是人，我的根也需要滋养，所以我在那"下面"（或上面）有代理人，可悲的、资质不足的喜剧演员，他们只能因此让我满足（当然，他们根本不能满足我，所以我才如此孤绝），因为我主要的滋养来自其他空气中的其他根，这些根也很可悲，但更能生存。

这就引发了想法的混合。如果它只能像雪中的小路那样，那就太可怕了，那我就会迷失，这并非威胁，而是即刻处刑。可我在他处，只是人类世界的吸引力太大，一瞬间就能让人忘记一切。但我的世界的吸引力也很大，那些爱我的人爱我，是因为我

"被抛弃"了，换而言之，或许不是出自魏斯式的真空[1]，而是因为他们觉得，在快乐的时刻，我在另一个平面上享受我在这里完全不具有的行动自由。

比方说，如果 M. 突然来到这里，那就太可怕了。虽然从表象上看，我的地位会一下子变得相对辉煌。我或许会被尊奉为其他人中的一员，除了正式的话语，我还能听见其他的，我会坐到（自然不必像现在这样端正，因为我独自坐着，哪怕是现在，我也坐得歪歪扭扭）演员集团的那一桌，从社会外表上看，我几乎与 H. 博士旗鼓相当——但我将堕入一个我无法在其中生存的世界。剩下的只有这个谜要解：为什么我在马利恩巴德的十四天那么快乐，在突破了极度痛苦的边界以后，我又为什么可以在这里和 M. 过得那么快乐？但难度或许要比马利恩巴德大得多，我的思想体系更坚固，我的经验更丰富。以前的一条分界线现在成了一堵墙或一座山，或者更确切地说：一座坟。

一月三十日。 等待肺炎。恐惧，与其说是对疾病的恐惧，不如说是因为母亲而恐惧，是在她面前，在父亲、经理和所有人面前的恐惧。这方面似乎很清楚，确实存在两个世界，面对疾病，我是如此无知、如此不知所措、如此不安，就像面对着上司。然而，这种划分对我来说似乎过于明确，它的明确中藏着危险、悲哀，而且太过专横。我究竟是不是活在另一个世界？我敢这么

1　据解读，有人猜想此处的魏斯指的是法国物理学家皮埃尔·魏斯，但他提出的是磁畴理论，与真空无关。我猜测这里应该是指卡夫卡的朋友魏斯和他之间的交往方式，但实在无法确认卡夫卡在表达什么。

说吗？

如果有人说："我活着又有什么意思？只是因为我的家人，我才不打算死。"但家庭恰是生命的代表，他的确是因为生命才活着。好吧，要是提到母亲，对我来说也是如此，但也只是最近才这样。可让我这样的不是感激与感动吗？之所以感激与感动，是因为我看到，她以一种对她这个年纪来说无穷无尽的力量，努力弥补我与生命之间的隔绝。但感激也是生命。

一月三十一日。这可能意味着，我是因为母亲而活着。这不可能是正确的，因为即便我比现在这个我重要得多，我仍然是一个生命的使者，就算没有其他原因，我也会因为这个使命与生命相连。

无论多么强烈，单纯的否定都是不充分的，我在最不快乐的时候就会这么觉得。因为，如果我只登上最小的台阶，处于某种哪怕是最可疑的安定之中，我就会伸展四肢，等待否定降临，它大概不会爬到我身上，但会把我从小台阶上扯下去。因此，这是一种防卫本能，它不能容忍我制造半点持久的安逸，比如说，在婚床还没搭好之前，它就把床砸了。

二月一日。没什么，只是累。马车夫的幸福，他的每个夜晚都和我今天所经历的一样，而且还要美好。傍晚大概在炉子上。人比早晨纯洁，疲惫入睡前的时间是真正远离鬼魂的纯洁时间，所有鬼魂都被赶走了，随着黑夜降临，它们才会再次接近，到了早晨，他们来齐，即便仍然无法辨认，它们每日的驱逐又在健康人的身上开始了。

以原始的眼光来看，真正的、无可辩驳的、不受外界（殉道，为他人献祭）干扰的真理只是肉体的痛苦。奇怪的是，痛苦之神不是第一批宗教的主神，在稍后出现的宗教里才是。每个病人都有个家神，肺病患者的家神是窒息之神。如果不在可怕的结合之前对它产生同情，又怎么能忍受它的接近？

二月二日。上午，在去塔能斯坦的路上斗争，在看跳台滑雪比赛的时候斗争。天真无邪的、快活的小个子 B. 不知不觉地被我的鬼魂遮蔽，至少在我眼里是这样，尤其是我想象中那穿着灰色卷边长袜的腿、那漫无目的四处扫视的目光、那漫无目的的话语。这时候我突然想到——但那已经是不自然的了——接近傍晚，他想陪我回家。

在学一门手艺的时候，"斗争"很可能会很恐怖。

由于"斗争"，否定的力量很可能已经大大增强，疯癫与安全之间的抉择近在眼前。

有人相伴的幸福。

二月三日。失眠，几乎彻夜未眠；被梦境困扰，它们好像在我的身体里抓挠，像是进入了一种让它们反感的材料。

一个弱点，一个很明显的缺陷。但很难描述，它是胆怯、矜持、多嘴和冷淡的混合，我想用它来阐述一些明确的东西，一组弱点，在某个特定方面构成精准定性的弱点（它与诸如狡诈、虚荣等大的恶习不能混为一谈）。弱点既使我远离癫狂，也使我远离进步。为了让我远离癫狂，我培养了弱点；因为害怕癫狂，我牺牲了进步。而在这一层面上，我的交易将要亏本，因为在这个层面上不存在交易。若没有困倦加以干扰，用它夜以继日的工作扫除一切障碍，清出道路就好了。但这么一来，又只有癫狂才会接纳我，因为我不想进步，只有想要进步的人才能获得它。

二月四日。在绝望的寒冷中，变幻的面孔，不可理解的他人。

M. 所说的与人闲聊的快乐，不能完全理会其中的道理（也有一种合理、悲哀的高傲）。闲聊怎么可能让我之外的人快乐！可能太迟了，通过一条奇特的弯路返回人们身边。

二月五日。逃离它们。某种机敏的跳跃。在家中寂静的房间里，在灯下。不小心说出口。它把它们从森林里喊出来，仿佛点亮这盏灯是为了帮助它们寻踪。

二月六日。听说有人在途经巴黎、布鲁塞尔、伦敦和利物浦的巴西汽船上服务过，船沿亚马孙河而上，直到秘鲁边境。德意志解放战争期间，此人相对轻松地忍受了冬季战役在七大社群[1]内引发的可怕苦难，因为他从小就过惯了劳苦日子，这故事给了我安慰。之所以觉得安慰，是因为故事不仅展示了这种可能的示范

---

1 位于基斯马顿（今奥地利艾森斯塔特）及周边地区的七个犹太社群。

性，更带来了一种愉悦感：在一个层面上取得这些成就的同时，势必也会在另一个层面上取得它，很多东西一定是从捏紧的拳头里拧出来的。所以，这是可能的。

二月七日。受到 K. 和 H. 的保护和消耗。

二月八日。被他俩压榨到了极点，可是——虽然我不能这样生活（这不是生活，而是拔河，对方不断地拔，不断胜利，却从未将我拉过去），但这是一种平和的麻木，就和当时在 W. 那里一样。

二月九日。损失了两天，但也是入籍所需的两天。

二月十日。失眠，和人没有丝毫关系，除了他们亲自制造出来、暂时说服了我的东西——和他们的所做一切没有区别。

G. 的新进攻。比以往任何事情都更明显，我被极其强大的敌人左右夹击，我既不能往左，也不能往右退避，只能向前，饥饿的动物，那道路通往可食用的养料、可呼吸的空气、自由的生活，即便它在生命的背后。你指引着众人，伟大高挑的指挥官，带领绝望的人们穿过雪地底下别人找寻不到的山间小道。又是谁给了你力量？谁给了你清晰的视野？

指挥官站在破旧小屋的窗前，瞪大眼睛，目不转睛地看着外面在黯淡月光下的雪地上行进的部队。他觉得，好像时不时就有一名队伍外的士兵停在窗边，把脸贴在窗玻璃上，迅速看他一眼，接着继续走。尽管每次都是不同的士兵，可看起来总像是同一个人，一张骨架分明的脸，厚脸颊、圆眼睛、粗糙发黄的皮肤，而且，每次他离开的时候，总会束好皮带，耸耸肩，摆摆腿，再次跟上背景中一成不变的大部队的步伐。指挥官不打算再容忍这种儿戏，他暗中埋伏下一名士兵，当着士兵的面推开窗户，抓住那人的衣襟。"你给我进来。"他说，并让士兵从窗户里爬进来。他把士兵推到他面前的一个角落，问："你是谁？"——"谁都不是。"士兵不安地说。"意料之中，"指挥官道，"你为什么要往里看？""想看看你是否还在这里。"

二月十二日。我总遇见的拒绝姿态并不意味着"我不爱你"，而是意味着"你不能像你想的那样爱我，你不快乐地爱着对我的爱，而你对我的爱不爱你。"因此，说我经历过"我爱你"这句话是不正确的，我只经历过本该由我那句"我爱你"所打破的等待中的静寂，我只经历过这些，无他。

对乘雪橇的恐惧，在湿滑的雪地上行走的不安；我今天读到的小故事再次勾起了一个忽略许久却始终存在的想法：我之所以堕落，是否并不是因为疯狂的自私——对自我的恐惧，更确切地说，对更崇高的自我的恐惧——而是对卑微幸福的恐惧，那么自然，我已经在我心里派出了复仇者（一个特殊的我：右手不知左手在做什么的我）。我的办公室里似乎还在算计，仿佛我的生命明天才开始，但我已经活到了尽头。

二月十三日。全心全意服务的可能。

二月十四日。舒适赋予我的力量，不舒适带给我的无力。我不知道这两者能同时在谁的身上起那么大的作用。因此，我建立的一切都很虚浮、不牢靠，早晨忘记给我送温水的女仆就能颠覆我的世界。舒适一直困扰着我，它不仅夺走了我忍受其他事物的力量，也让我失去了自己创造舒适的力量；它在我四周自行创造，或者，我通过祈求、哭泣、放弃更重要的东西来使它实现。

二月十五日。我楼下有一点点歌声，走廊上有一点点关门声，一切消失。

二月十六日。冰川裂隙的故事。

二月十八日。剧院导演，他必须亲自从头开始创造一切，甚至要先培养演员。访客不允许进入，导演正忙于重要的戏剧工作。是什么呢？他在给未来的演员换尿布。

二月十九日。希望？

二月二十日。觉察不到的生活。觉察得到的失败。

二月二十五日。一封信。

二月二十六日。我承认——我向谁承认？向这封信？——在我身上有一些可能性，一些近在咫尺而我还不清楚的可能性。只要能找到通往它的道路！我只要找到它，我就敢去做！这意味着不少事情，甚至意味着一个无赖可能成为一个正直的人、一个在正直中快乐的人。

你最近半梦半醒的幻想。

二月二十七日。糟糕的午休，一切都变了，苦难再次逼近身体。

二月二十八日。观看塔楼和蓝天。休息中。

三月一日。《理查德三世》。昏厥。

三月五日。在床上躺了三天。床前的一小群人。骤变。逃跑。彻底失败。总锁在房间里的世界史。

三月六日。新的严肃与疲惫。

三月七日。昨天经历了最糟糕的一晚。仿佛一切都将结束。

三月九日。但这只是疲惫，今天又是一次让我额头冒汗的新发作。如果把自己扼死会是什么感觉？如果通过迫切的自省，你向世界倾注自己的开口变得太小，或者完全关闭又如何？有时，我离这种情况并不遥远。一条倒淌的河流。在大多数情况下，这就是一直在发生的事情。

把进犯者的马当成自己的坐骑。唯一的可能。但这需要多少力量与技巧啊！而且这都多晚了！

丛林生活。嫉妒幸福又不竭的自然，它明显是有需要（与我没什么不同）才工作，却总能满足对手的要求。而且那么轻盈，那么悦耳。

以前，如果我觉得痛，它消失后我就很高兴，现在我只是松了一口气，却有一种苦涩的感觉："只盼早日恢复健康，不求别的。"

援助在某个地方等待，围猎者把我赶过去。

三月十三日。纯粹的感觉，以及对其原因的清晰认识。看到许多孩子，特别是一个女孩（笔直的步态，黑色的短发），还有另一个（金发，不确定的面部特征，不确定的微笑），令人振奋的音乐，行进的步伐。一个身陷困境之人的感觉，援助就要到来，但他并非因为获救而觉得快乐——他根本没有得到拯救——而是因为新一批年轻人来了，他们满怀信心，做好了作战准备，虽然他们对即将发生的事情一无所知，但这种无知并没有让旁观者绝望，反倒使他觉得钦佩又喜悦，令他落泪。对斗争对象的憎恨也掺杂其中（但我相信，犹太人的感情很少）。

三月十五日。从作品中摘取的异议：大众化，而且带着乐趣——和魔术。他如何途经危险（布吕赫）。[1]

逃亡到一个被征服的国家，很快就发现无法忍受，因为无处可逃。

还没出生，就已经被迫在街上闲逛，与人交谈。

三月二十日。晚餐时谈及凶手与处决。不熟悉平静呼吸着的胸膛中每一种的恐惧。不熟悉已完成的谋杀和策划好的谋杀之间的区别。

三月二十二日。下午。梦见脸颊上的疮。在寻常生活与看似更加真实的恐怖之间，永远在颤抖的边界。

三月二十四日。它是如何埋伏我！比如，在去见医生的路上，常常会这样。

三月二十九日。在潮流中。

四月四日。从内心的困苦到像在院子里那样的场景，这条道路有多远，回来的路有多短。既然已经在家乡，就再也无法离开。

1　论战的肇因是汉斯·布吕赫的《赛奥西塞·尤达伊卡》。卡夫卡于此处指出的布吕赫的错误正是后者声称在犹太书籍中发现的那些错误。——原编者注

四月六日。两天以来一直有预感，昨天爆发了，进一步追击，敌人的力量很强大。原因之一：与母亲的谈话，关于未来的玩笑。——打算给米莲娜写信。

厄里倪厄斯[1]。逃进小树林。米莲娜。

四月七日。展览上的两幅画，两具赤土陶器。

童话中的公主（库宾），一丝不挂地躺在睡椅上，透过敞开的窗户往外看，一拥而入的风景，那种自由的微风像是能在施温德[2]的画上看到的。

裸体女孩（布鲁德[3]），德裔波希米亚人，情人忠实地捕捉到她令人无法接近的优雅；高贵、有说服力、诱人。

皮耶希：坐着的农家女孩，一只脚放下，脚踝弯曲，享受地休息着；站着的女孩，她的右臂环着腹部以上的身体，左手在下巴下面支着脑袋，宽鼻子，带着淳朴与沉思的独特脸庞。

施托姆的信。

四月十日。通往地狱的五条定理（根据遗传学排序）：

一、"最糟糕的东西在窗户后面。"所有其他的东西都如同天使，要么明确承认，要么在看不见的地方默认（这种情况更常见）。

二、"你必须占有每一个姑娘！"不是唐璜式的，而是按照魔

1　希腊神话中的三位复仇女神的总称。
2　莫里茨·冯·施温德（1804—1871），奥地利画家。
3　参展的一位画家。——原编者注

鬼的说法，"性礼仪"。

三、"你不许占有这位姑娘！"所以不能这么做。天堂的复杂蜃景在地狱。

四、"一切都只是必需品。"既然你有，就知足吧。

五、"必需品就是一切。"你怎么可能拥有一切？因此，你甚至没有必需品。

还是童男的时候，我（若不是被强行被推到性事上，我可能还会保持童贞很久）对性事就像如今面对着相对论：那么天真，那么不感兴趣。我只想起一些细节（可就算是这些，也是经过明确指导的），比方说，我觉得街上最美丽、穿得最漂亮的女人应该是最坏的。

不可能拥有永恒的青春；即便没有其他障碍，自省也让它变得不可能。

四月十三日。马克斯的苦恼。上午去了他的办公室。

下午在泰恩教堂门口（复活节的礼拜天）。

年轻矮小的女孩从教堂出来，十八岁，鼻子，头型，金发，仓促看见了侧影。

四月十六日。马克斯的苦恼。和他去散步。周二他乘车离开。

四月二十七日。昨天，马加比协会的姑娘打电话到《自卫》编辑部："*Přišla jsem ti pomoct.*"马加比协会的姑娘。纯粹诚挚的声音与话语。[1]

不久之后，M. 打开了门。

五月八日。用犁耕作。它钻得很深，向前推进却很容易。或者它只划破了地面。或者它随着高高举起的、无用的犁铧空落落地向前推，有没有犁铧都无所谓。

工作结束，正如一道未愈的伤口能愈合。

如果对方沉默不语，而你为了保持对话的假象，试图取代他，进而模仿，进而戏仿，亦即戏仿自己，这还叫进行对话吗？

M. 来过这里，她不会再来了，可能是明智的，也是真实的，然而，也许有一种可能，我俩都守着这一可能的紧闭的门，让它不打开，更确切地说，我们不会打开它，因为一个人无法打开它。

五月十二日。《讲经人》[2]。不间断的多样性，而且在这当中，曾出现过变化能力瞬间减弱的感人场面。

引自《朝圣者卡玛妮塔》[3]，原文出自《吠陀》[4]："哦，可敬的人，恰如他们蒙着一个人的眼睛，将他从犍陀罗国领到此处，然

1　马加比是一个犹太复国主义体育俱乐部的名称。《自卫》是布拉格一份犹太复国主义周刊的名称。这里这句捷克语的意思是"我是来帮助你的"。——原编者注

2　《伟大的讲经人》是马丁·布伯写的一本关于哈西德教派拉比道夫·巴尔·冯·梅斯里奇的书，后者是巴尔·舍姆的弟子。——原编者注

3　这段引文摘自卡尔·盖勒鲁普的传奇小说《朝圣者卡玛妮塔》。——原编者注

4　婆罗门教及现代印度教最重要、最基本的经典，吠陀，意为"明"、"知识"。

后放生到荒地上，他被驱逐至东方或北方或南方，因为他被蒙着眼睛领来，也被蒙着眼睛放生；但有人摘下他的眼罩，告诉他："外面住着犍陀罗人，你去外面。'其后，他在一座座村庄中询问，得到了启迪与智慧后，他就回到了故乡犍陀罗国。因此，一个在人世间找到导师的人也明白：我只是在得到救赎前属于尘世的喧嚣，然后我就回家了。"

同上。"这样一个人，只要他还在躯体里的时候，人与神都能看到他，可他的躯体在死亡中腐烂之后，人与神再也看不到他。将一切尽收眼底的自然亦再也看不到他：他蒙蔽了自然的眼睛，他在恶中消隐。"

五月十九日。他觉得，两个人的时候比独处时还寂寞。如果他与某人相伴，这第二个人就会把手伸向他，他则无助地任其摆布。如果他独自一人，虽然全人类都把手伸向他，但伸出的无数条手臂彼此纠缠，没有一条能抵达他。

五月二十日。老城环形广场上的共济会成员。每种言论与学说可能的真相。

矮小的、脏兮兮的、赤足奔跑的姑娘，她身穿小短褂，发丝飘扬。

五月二十三日。如此评价某人是不正确的：他过得很轻松，他没吃过什么苦；更正确的评价是：他是怎么样的人，他不会怎么样的；最正确的评价是：他遭受了所有痛苦，但全都在共同的、唯一的须臾之间，还有什么能发生在他身上呢，因为在现实中，或者，在他的正式声明中，痛苦的变化已经完全消耗殆尽。（两位英国老妇人在泰纳[1]处。）

六月五日。米斯尔贝克[2]的葬礼。

有"修修补补"[3]的天赋。

六月十六日。在谈论这本书时，除了布吕赫思维与幻想的力量动辄带来无法克服的困难，我们还陷入了困难的境地，因为奇怪的是，几乎每一句话都很容易使人怀疑，我们或许打算带着讽刺否定这本书里的思想。即使像我这样，觉得没有任何东西能比这本书离讽刺更远，也不免产生怀疑。这种谈论的难度又与布吕赫无法克服的困难形成了对立。他自称是个不带仇恨的反犹主义者，不带愤怒与偏袒[4]，他确实如此，但几乎他的每一句话都很容易引起人们怀疑，他是犹太人之敌，要么带着快乐的恨，要么带着不快的爱。这些困难像自然现象那样相互对峙，有必要对此加以注意，以免在思考这本书时碰上这些谬误，从而自一开始就无法进一步深入。

照布吕赫的说法，人们无法通过归纳数据、诉诸经验来反驳犹太民族，旧反犹主义的这种方法不适用于犹太民族，它可以用

---

1 伊波利特·阿道夫·泰纳（1828—1893），法国评论家、历史学家、哲学家。
2 一位重要的捷克雕塑家。——原编者注
3 马丁·布伯所著的《伟大的讲经人》中的说法。
4 原文为拉丁语。

来反驳所有其他民族，却不可以来反驳犹太人这个被选中的民族。对于反犹主义者提出的每一项个人指控，犹太人都能够以合理的方式逐一回复。自然，布吕赫非常粗略地概括了这些个人指控和对它们的回复。

就犹太人而言，这种认知是深刻真实的，就其他民族而言则不然。布吕赫从中得出了两个结论，一个整体的，一个一半的……〔此处中断〕

六月二十三日。普拉纳[1]。

七月二十七日。几次发作。昨天傍晚带狗散步。塞德勒要塞。森林出口旁的樱花大道，它几乎形成了一种房间的隐秘。从田间返回的夫妇。站在破败农庄马厩门口的女孩，仿佛在和她丰腴的胸脯战斗，那无邪专注的动物眼神。戴眼镜的男人牵引载有沉重饲料的马车，他年迈，有些驼背，却因紧张显得非常挺拔，穿高筒靴，手持镰刀的女人，在旁边，在后面。

九月二十六日。两个月什么都没记。随日记中断而至的好时光，感谢奥特拉。这几天来又崩溃了。头一天在森林里就有征兆了。

十一月十四日。傍晚总是三十七度六，三十七度七。坐在书

---

1 卡夫卡又和他的妹妹奥特拉在位于卢兹尼采河畔的普拉纳休养。卢兹尼采河是伏尔塔瓦河的一条支流，位于波希米亚东南部。——原编者注

桌前，什么都做不成，几乎没上过街。尽管如此，依然假仁假义、抱怨疾病。

十二月十八日。一直在床上。昨天读《非此即彼》[1]。

---

1 克尔凯郭尔作品。——原编者注

一九二三年

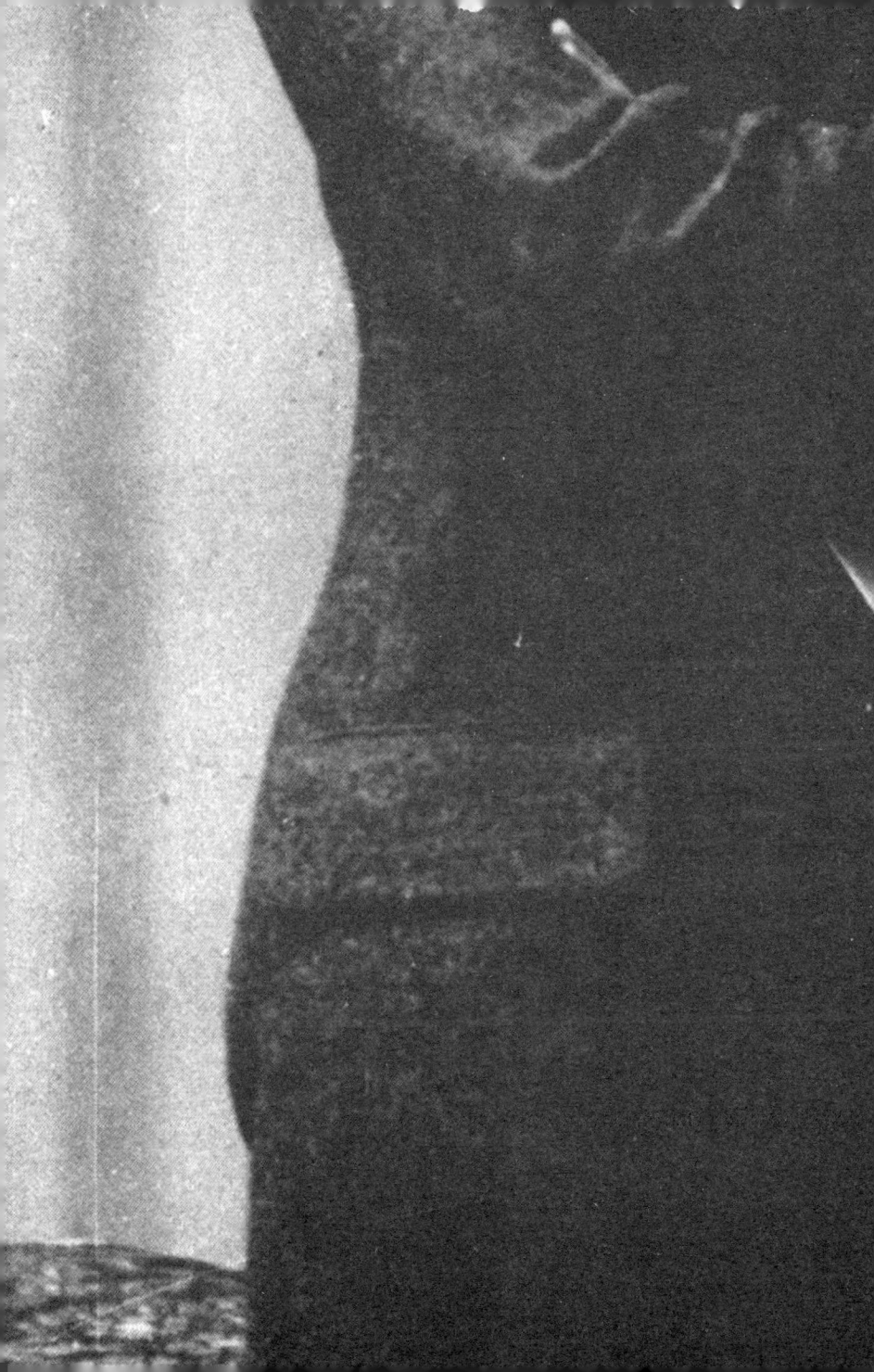

1912.01.31 什么都没写。

——

我宁可在自己的圈子

一切障碍

王星及又

1912.06.01 什么都没写。

1912.06.02 几乎什么都没写。

我再也不放下
这本日记了

我必须在这里
坚守住自己
因为我只能在这里

这
么
做

空。

无成的一天。

1912.08.10 什么都没写。

1912.08.11 什么都没写。
什么都没写。

1921.10.15

我是否还有写出某一类日记的能力？
无论如何，这将是另一种日记，
倒不如说，它会自我隐藏，根本就没有日记了。

Franz Kafka Tagebuch

Franz Kafka

卡夫卡日记

让卡夫卡成为你真正的嘴替

那云彩的何……无没写。
明天开始写。

西。

重读旧日记，
而不是让它们
妨碍我

为日记的立场是错误的

那片被掘至深处的田野上
在广阔平原边缘
一个漆黑的冬夜
有一根无用的柱子
浅浅地插在土地里
上面覆盖着雪和霜
这便是我在这方面的
存在之写照

日记的立场是错误的

1912.06.07 很
什么都没写。明

1914.02.16

Franz Kafka Tagebuch

Franz Kafka

卡夫卡日记

亮着的灯泡、安静的公寓、
外面的黑暗、最后清醒的片刻，
它们给了我写作的权利，
即便那是最悲惨的事情。
我仓促行使这一权利。
所以这就是我。

1912.08.15 一事无成的一天。

一个不写日记的人对

因为除了文学
我什么都不是，
我不能，
也不想成为
除此之外的任何东

1912.07.09
那么长时间一点没写

三晚没睡，
正好在这精力触底的时刻，
尝试做一些最做未的事情。

总体而言，
过得没什么不同。

再说，
忍受这些有什么意义吗，
我会因此获得时间吗？

很糟。
什么都没写。
明天没空。

什么都没做。什么都没做。
什么都没做。虚弱，自毁，
地狱之火的焰尖穿透地面。

很长一段时间以来我一直
在抱怨，我虽然确实有病，
但也不是什么让我非得躺
在床上的特别的病。

你绝望了？
是吗？你绝望吗？
逃跑？你想躲起来？

什么都没写。

生效的只有毁损。

说话是因为我有这个心情，
否则，除了告别的寒暄，
我一句话都不说。

厌恶积极的自省。

三天只字未写。
那么长时间一点没写。
明天开始写。

一事无成的一天。
睡过了头，不知所措。

睡觉，醒来，
睡觉，醒来，
悲惨的生活。

人们几乎都要
相信爱了。

还是让未来去睡
它该睡的觉吧。

六月十二日。可怕的濒死时刻，难以计数，几乎没间断过。散步，夜晚，白天，对什么都力不能及，除了疼痛。

但却。没有什么"但却"，你如此不安且紧张地凝视我，我面前明信片上的克里扎诺夫斯卡娅。

在书写中越来越不安。这是可以理解的。每一个词都在灵魂手中翻转——这种手的摆荡是它们特有的动作——变成回刺说话者的矛。像这样特别的一句话。就这样成为无限。唯一的慰藉是：无论你想不想，它都会发生。而你想要的东西对你的帮助微乎其微。比慰藉更重要的是：你也有武器。